Geistlicher Liederborn, Oder, 330 Biographien Geistlicher Liederdichter: Aus Dem Porst'schen Und Bollhagen'schen Gesangbuch, Sowie Aus Dem Univerfälschten Liedersegen Gezogen Und Chronologisch Und Geographisch Geordnet, Nebst Angabe Ihrer Lieder In...

Anonymous

Nabu Public Domain Reprints:

You are holding a reproduction of an original work published before 1923 that is in the public domain in the United States of America, and possibly other countries. You may freely copy and distribute this work as no entity (individual or corporate) has a copyright on the body of the work. This book may contain prior copyright references, and library stamps (as most of these works were scanned from library copies). These have been scanned and retained as part of the historical artifact.

This book may have occasional imperfections such as missing or blurred pages, poor pictures, errant marks, etc. that were either part of the original artifact, or were introduced by the scanning process. We believe this work is culturally important, and despite the imperfections, have elected to bring it back into print as part of our continuing commitment to the preservation of printed works worldwide. We appreciate your understanding of the imperfections in the preservation process, and hope you enjoy this valuable book.

Geistlicher Liederborn

oder

330 Biographien geistlicher Liederdichter,

aus dem

Porst'schen und Bollhagen'schen Gesangbuch, sowie aus dem Unverfälschten Liedersegen gezogen und chronologisch und geographisch geordnet, nebst Angabe ihrer Lieder in genannten Liedersammlungen

und einer

kurzen Geschichte des geistlichen Liedes

als Einleitung.

W. Petrácek

Neu-Ruppin.
Druck und Verlag von F. W. Bergemann.
1860.

BV
325
.G45
1860

Vorwort.

Vorliegende Sammlung von Biographien geistlicher Liederdichter ist so geordnet, daß sie zusammengenommen eine fortlaufende Geschichte des deutschen geistlichen Liedes von Luther bis zur Jetztzeit bildet. Alle bedeutenden Dichter sind in ihr vertreten und ihr Einfluß auf Verbreitung und Ausbildung des geistlichen Liedes in der Erzählung ihrer Lebensumstände berücksichtigt; dann sind sie so geordnet, daß in jedem Zeitraum die Dichter jeder Gegend oder Provinz unsers Vaterlandes zusammengestellt sind und in der Zusammenstellung die bedeutenderen womöglich zuerst auftreten. — Wer also aus Beruf oder Vorliebe die Geschichte des deutschen geistlichen Liedes studiren will, wird in vorliegender Sammlung gewiß manchen Beitrag zur Vermehrung seiner Kenntnisse in der Geschichte des Reiches Gottes finden.

Da es aber für Manchen unbequem sein möchte, aus allen Biographien sich erst eine Geschichte des geistlichen Liedes zu sammeln, so ist zur besseren und klareren Einsicht in die Geschichte der Biographien eine kurze Geschichte derselben vorangestellt und soll nur als Einleitung zu den Biographien im Zusammenhange angesehen werden. Doch ist in derselben auch ein kurzer Blick auf die Geschichte des hebräischen, griechischen und lateinischen geistlichen Liedes gethan und das Wissenswürdigste aus derselben beigebracht, um klar zu zeigen, wie der Geist des Herrn die Männer Gottes getrieben hat, zu singen von der Gnade des Herrn.

Die Biographien einzeln betrachtet, tragen, ebenso wie zusammengenommen, die Kraft in sich, die Kenntnisse zu vermehren und das Herz zu erbauen und zu bewegen. Um zu Letzterem noch mehr Anlaß zu finden, ist das Verzeichniß der Lieder des Dichters am Schluß jeder Biographie hinzugefügt. Das Lesen oder Singen der Lieder wird, wenn es von Herzen geht, nicht nur dasselbe erbaulich bewegen, sondern auch den Dichter selbst lebendiger vor die Seele führen und wiederum die Betrachtung der Lebensumstände desselben zum bessern Verständniß des Liedes helfen.

Das Verzeichniß der Lieder ist aus den drei auf dem Titel dieses Buchs genannten Gesangbüchern gesammelt. Die Gründe, gerade diese Liedersammlungen bei dem Verzeichniß der Lieder zu benutzen, sind einestheils, daß alle drei so viel möglich die Originalfassung der Lieder bewahren, anderntheils die weite Verbreitung des Porst'schen und Vollhagen'schen Gesangbuches, so wie auch, daß in diesen drei Sammlungen alle Richtungen der geistlichen Liederdichtungen vertreten sind. — Unter diesen drei Sammlungen ist das Porst'sche Gesangbuch besonders berücksicht und das darum, weil dem Verfasser keine Bearbeitung der Biographien seiner Dichter bekannt ist, auch weil es vom Hochwürdigen Consistorium der Provinz Brandenburg vermehrt und verbessert, und weil es im täglichen Gebrauch des Verfassers ist.

Zur Erklärung der Zeichen bei Angabe der Lieder merke:

P. soll heißen: Porst'sches Gesangbuch.
B. soll heißen: Vollhagen'sches Gesangbuch.
L. S. soll heißen: Unverfälschter Liedersegen.

So möge auch vorliegende Arbeit ausrichten, wozu sie gesandt ist, so bittet

Der Verfasser.

Kurze Geschichte des geistlichen Liedes.

Das geistliche Lied im alten Bunde.

„Ich will dem Herrn singen", so beginnt das erste Lied zum Lobe Gottes (2 Mose 15, 1). Es ist gesungen von einem ganzen Volke, welches der Herr sein Volk nennt, dessen Feinde er ersäufet im Meer. Es ist gesungen auf der Pilgerreise zum verheißenen Erbe und gedichtet vom ersten und größten Propheten des alten Bundes, von Mose. Es ist ein rechtes Glaubens- und Loblied (Psalm 106, 12), ein Wechselgesang und Volkslied. Das Volk hat es später bei dem Morgenopfer täglich gesungen; es blieb ihm ein theures Kleinod. Ein zweites Volkslied findet man 4 Mose 21, 17—20.

Etwa 38 Jahre nach dem Erscheinen des ersten Liedes, da Moses des Lebens Last und Hitze reichlich getragen, auch selbst müde und lebenssatt war, sang er sein Gebetslied, den 90. Psalm. Sein drittes und letztes Lied schrieb Mose auf den ausdrücklichen Befehl Jehovahs (5 Mose 31, 19.). Es sollte dies Lied dem Herrn ein Zeuge sein unter den Kindern Israel, und unter ihren Kindern unvergessen bleiben. Deßhalb sangen es die Kinder Israel täglich bei ihrem Abendopfer, und der Apostel Johannes hat es auch von den Seligen vor Gottes Thron singen hören (Offb. 15, 3).

Wie auch die Weiber und Jungfrauen dem Herrn gesungen, lesen wir im Buch der Richter von der Prophetin Debora und der Tochter Jephthas (Richter 5. 11, 34) und von Samuels Mutter, der frommen Hanna (1 Sam. 2).

Das sind die Erstlinge des geistlichen Liedes. Mit Samuel beginnt nun die gesegnetste Zeit für's Reich Gottes im alten Bunde. Seine Prophetenschulen hatten das Wort Gottes in Lehre und Lied reichlich ausgestreut, und es war wohlgerathen. Dies bezeugt uns besonders der Mann nach dem Herzen Gottes, der königliche Sänger David. Wie ein Born lebendigen Wassers quellen die heiligen Lieder aus dem von Gott begeisterten Herzen des Sohnes Isai. Er beginnt sein Lied als Hirte auf den Feldern zu Bethlehem (Ps. 121); — seine Harfe tönt fort und vertreibt den bösen Geist im königlichen Palast zu Gibea und klingt besonders köstlich bei dem Verfolgten in der Wüste Juda. Als er nun selbst die königliche Krone trägt, bestellt er einen gläubigen Sängerchor bei der Lade des Herrn Zebaoth auf Zion, und die Leviten unter Assaph, Heman und Ethan oder Jeduthun singen täglich die köstlichen Lieder zum Preise Jehovahs in der über die Bundeslade gebreiteten Hütte. (Die Stiftshütte war indeß zu Gibeon). So ist David der Stifter des Kirchengesangs geworden auf Antreiben des Geistes Gottes. Wie er bezeugt: „Der Geist des Herrn hat durch mich geredet und Seine Rede ist durch meine Zunge geschehen." (2 Sam. 23, 2.). Von diesem Geiste getrieben sangen auch Assaph und Heman neue Lieder. Sie sangen ihre Lieder abwechselnd, zur Rechten und Linken der Lade. Je nachdem eine Chorabtheilung ihren Stand hatte, so wurden auch für sie die Psalmen bestimmt, welche sie mit Harfen, Psaltern und Cymbeln begleiteten oder auch ohne Instrumentalbegleitung sangen. Das ist der Anfang der Wechselgesänge (Responsorien). Auch in Salomos Tempel fanden die Leviten ihren Stand, und Salomo selbst vermehrte die Psalmen durch zwei (Ps. 72. 127).

Nach der Trennung Israels in das Reich Juda und das Reich Israel finden wir bis zu der Zeit, wo die Kinder Moabs und Amons das Reich Juda unter Josaphat vertilgen wollten, keine neuen Lieder. In dieser Noth und Hülfe sang ein Levit aus Assaphs Sängerchor den 83. Psalm, und die Kinder Korah dankten mit dem 47. und 48. Psalm. — Zur Zeit, als Israel zum Theil wie die Schafe nach Assyrien getrieben und Juda von Sanherib hart heimgesucht wurde, sang ein Assaph den 80. Psalm. Zu dieser Zeit sollen auch der 93., 76., 46., 97., 99. u. a. gerichtet sein. Zu Anfang der Regierung des frommen Josia, nach dem gottlosen Regiment des Mannasse und Ammen, baten die Kinder Korah mit dem 85. Psalm: Herr! laß uns deine Gnade sehen und schenk uns dein Heil". — Heman der Esrahite aus den Kindern Korah legt den 88. Psalm dem Jeremia in den Mund, und Ethan der Esrahite aus Korahs Kindern singt zur selben Zeit im Namen eines rechtschaffenen Königs von Israel den 89. Psalm. Ueber die Zerstörung Jerusalems ertönt der 74. und 79. Psalm.

Aus der Gefangenschaft zu Babel singen die bekehrten Israeliten Psalm 137 und 126, 115 und 105. Als nun der Herr so Großes an Israel that und die Gefangenen sammelte aus allen Ländern der Heiden, ertönte ihm ein Hallelujah im Psalm 106 und 114; als es sein Erbtheil wieder einnahm, sangen sie Psalm 111, und als es zum ersten Mal zum Altar des Herrn trat, ertönte Psalm 95, und als Danklied Psalm 107 und 98. Als die Heiden im Lande Juda das Volk Gottes am Werk des Herrn hinderten (Esr. 4.), rief es zu Gott mit dem 120. und 146. Psalm. Mit seiner Hülfe vollendeten sie das Haus des Herrn und dankten ihm mit dem 100. und 96. Psalm. Darnach bauten die Kinder Israel die Stadt; als sie darüber von den Häuptlingen der fremden Völker im Lande verächtlich angesehen und verspottet wurden, sagten sie's dem Herrn im 123. und 129. Psalm, der half ihnen, und die Mauern wurden fertig. Da ertönte sein Lob in Psalm 149, 148, 136 und 135, und als endlich die Stadt wieder voll Volkes ward, da sang es Psalm 147. Das geschah zur Zeit des Propheten Maleachi.

Zu dieser Zeit wurden außer allen heiligen Schriften auch sämmtliche Psalmen gesammelt und in ein Buch geordnet, in unserer Bibel „der Psalter" genannt. Es besteht aus 5 Büchern. Das erste Buch enthält Loblieder Davids (Ps. 1—41) zum Lobe des Herrn, des Gottes Israel (Jehovah). Das andere Buch (Ps. 42—72) enthält zwei Reihen von Lobliedern, nämlich zuerst der Leviten, hierauf Davids, dem Gott der Götter (Elohim). Das dritte Buch

(Pf. 73—89) enthält Loblieder der Leviten, dem Jehovah. Das vierte Buch (Pf. 90—107) beginnt mit dem Gebet Mosis und enthält hierauf zwei Reihen Trostlieder, die erste (Pf. 91—101) Davidischen Ursprungs, die andern (Pf. 102 bis 107) aus späterer Zeit. Das fünfte Buch (Pf. 108—150) enthält Loblieder, zuerst drei Davidische und zwei spätere, dann den Osterlobgesang Psalm 111—117 und den Festgesang Psalm 118; hierauf das Unterweisungslied Esras (Pf. 119). Diesem folgen die 14 Wallfahrtslieder und ein Schluß von 16 Lobpsalmen. Das ist das Liederbuch des alten Bundesvolkes, sie sangen das Lob Jehovahs und Elohims und warteten auf den Trost Israels, den Messias. Das Liederbuch des alten Bundes war, wie alle heiligen Schriften desselben, in hebräischer Sprache verfaßt.

Das geistliche Lied in den ersten Jahrhunderten des neuen Bundes.

„Meine Seele erhebet den Herren, und mein Geist freuet sich Gottes meines Heilandes." So singet die Seele, in der der Messias Wohnung gemacht (Luc. 1, 34). Das ist der Inhalt der christlichen Gesänge von der Maria bis heute.

Im Glauben sang Maria ihr Lied (Luc. 1, 34 zc.), in demselben Glauben stimmte Zacharia auch ein: „Gelobet sei der Herr, der Gott Israels, denn er hat besucht und erlöset sein Volk!" zc. In heiliger Freude stimmten selbst Engel an ihr „Ehre sei Gott (Luc. 2, 14)." Das sind die Erstlinge des heiligen Liedes im neuen Bunde. Christus sang mit seinen Jüngern die Psalmen des alten Bundes, am letzten Osterfest den Ostergesang Psalm 113—118 (Matth. 26, 30). So thaten es auch die ersten Christen-Gemeinden in ihren Versammlungen, wozu sie der Apostel Paulus wiederholt und ernstlich ermahnt (Ephes. 5, 19; Col. 3, 16). Sie sangen aber auch in hoher Begeisterung in öffentlicher Versammlung frisch und von Herzen neue Lieder (1 Cor. 14, 15. 26 Ap.-Gsch. 4, 24—30). Ebenso sollte auch jeder für sich Psalmen singen, wozu Jacobus (5, 13) ermahnt. Die frommen Christen sollten gern solchen Ermahnungen der Apostel und sangen sowohl bei ihren öffentlichen Gottesdiensten, als auch in ihren Wohnungen Lieder Christo, ihrem Gotte. Im hohen Alter des Apostels Johannes kam durch den bekenntnißfreudigen Bischof Ignatius zu Antiochien in Syrien, der 116 nach Christo zu Rom seines Bekenntnisses wegen von Löwen zerrissen wurde, die Sitte ums Jahr 90 n. Chr. auf, bei den Gottesdiensten kurze Bibelsprüche, das Vaterunser, die Einsetzungsworte der Sacramente, Evangelien und Episteln, auch Gebete abzusingen. Das sind die ersten Anfänge der liturgischen Gesänge in der christlichen Kirche. Der christliche Gesang wurde eine Macht, der die Heiden nicht widerstehen konnten; Viele wurden durch denselben zu Christo gezogen. Doch hatten die Christen in den drei ersten Jahrhunderten nach Christo an den wenigsten Orten Kirchen; sie waren verachtet, ein Schauspiel der Welt, und um nur nicht unter die Hände der Henker zu gerathen, mußten sie ihre Versammlungen in Höhlen und düsteren Wäldern halten. Die Apostel predigten und schrieben in griechischer Sprache.

Die Zeit des ambrosianischen Kirchengesanges.

In der abendländischen Kirche war der Gesang in den ersten Jahrhunderten noch nicht ein wesentlicher Act der öffentlichen Erbauung. Wohl sang man geistliche Lieder, auch hie und da bei öffentlichen Gottesdiensten, aber allgemein wurde diese Weise der Anbetung erst zu und nach Ambrosius Zeit.

Ambrosius, um 340 n. Chr. zu Trier geboren, wurde um 374 als kaiserlicher Statthalter auf den Bischofsstuhl zu Mailand berufen. Er hatte ein schweres Amt übernommen. Die Mutter des Kaisers, Justina, war der Irrlehre des Arius, welcher die Gottheit Christi leugnete, zugethan. Sie wollte den Arianern eine Kirche in Mailand verschaffen; Ambrosius sollte die seine hergeben. Er aber that die Arianer in den Bann. Der Kaiser schickte Soldaten, die belagerten ihn und seine Gemeinde Tag und Nacht in der Kirche. Man drohte, ihn zu enthaupten. Während der Zeit dieser heiligen Gefangenschaft in der Kirche hatte Ambrosius zu bestimmten Stunden der Nacht von ihm selbst verfaßte Wechselgesänge auf den dreieinigen Gott singen lassen, um das Volk wie die Geistlichen in der gemeinsamen Noth aufrecht zu erhalten. Der Herr erhörte das vereinte Rufen der Gläubigen. Die Soldaten zogen ab, und der Kaiser gab seinen Plan auf. Wie mächtig aber die ambrosianischen Lieder auf die Gemüther gewirkt, erzählt uns Augustinus also: „Wie weinte ich über deine Lobgesänge und Lieder, o Gott, als ich durch die Stimme deiner lieblich singenden Gemeinde kräftig gerührt wurde. Diese Stimmen flossen in meine Ohren und deine Wahrheit wurde mir ins Herz gegossen. Da entbrannte inwendig das Gefühl der Andacht und die Thränen liefen herab, und mir war so wohl dabei!" — „Damals wurden jene Lobgesänge nach der Sitte der morgenländischen Kirche eingeführt — und sie sind von der Zeit an beibehalten, da viele und fast alle Gemeinden dies nachahmten." So ist Ambrosius der Begründer des Kirchengesanges in der abendländischen Kirche geworden. Lieder von ihm sind: „O lux beata trinitas (B. neuer Anhang 6); Veni redemtor gentium (L. S. Nr. 17 verdeutscht von Luther); Christe qui lux es (L. S. 507 verdeutscht von Wolfgang Meußlin und Erasmus Alber)." — Auch soll das Te deum laudamus (Herr Gott, dich loben wir) von ihm sein.

Nach der Weise des Ambrosius sangen später, etwa ums Jahr 450 der Isländer Cölus Sedulius, ein christlicher Aeltester die Lieder: „A solis ortus cardine (Christum wir sollen loben schon L. S. 25), und Hostis Herodes (Was fürcht'st du Feind Herodes sehr L. S. 81)." — Auch der Bischof zu Pavia Ennodius, 521 gestorben, dichtete das Patrem (Wir glauben all) und das Agne dei (O Lamm Gottes).

Der ambrosianische Gesang zeichnete sich aus durch eine bestimmte Modulation und rhythmische Betonung; er war ähnlich unserm Figuralgesange, und ein Gemeindegesang.

Der gregorianische Kirchengesang.

Nach Ambrosius blühte der Kirchengesang fröhlich auf im ganzen Abendlande, und überall wurden von den Gemeinden Lieder Gott zu Ehren gesungen. Aber durch das Bestreben der Bischöfe, welche die Künste über die Erbauung stellten, waren aus diesem so herrlichen Gesange schauspielartige Gesangaufführungen geworden. Gegen solche Unsitte im öffentlichen Gottesdienst trat auf der römische Papst, Gregor der Große, 540 am 12. Dec. geboren, gestorben an demselben Datum 604, ein ernster, strenger, gar frommer Mann. Um den entarteten ambrosianischen Kirchengesang auszurotten, verbot er der Gemeinde das Singen in der Kirche ganz, stellte statt dessen einen eigenen Sängerchor bei dem Gottesdienste an, daher der Name: Choralgesang. Das lebhafte Singen wurde ganz abgeschafft, dagegen führte er den tactlosen, ernsten und gewaltigen Chorgesang ein. — In den Häusern sollte das Volk singen; deshalb ließ er durch seine Chöre die neuen Singweisen in den Straßen singen, damit das Volk damit bekannt würde. So wurde Gregor der Begründer der Currendesänger. Von ihm ist: Da pacem, domine (Verleih uns Frieden gnädiglich L. S. 220 b.).

Trotz des Ansehens und der Strenge des Gregor war es ihm nicht gelungen, überall den Choralgesang einzuführen. Da kam 200 Jahre später Kaiser Karl der Große, der sämmtliche Deutsche dem Kreuz Christi und seinem Scepter zu unterwerfen suchte und bei Einrichtung des Gottesdienstes den gregorianischen Choralgesang einführte. Mächtig wirkte bei dieser Sangesweise der Gebrauch der Orgeln bei dem Gottesdienst mit; die erste erhielt um 750 der fränkische König Pipin von dem griechischen Kaiser. Jetzt schon wurde die lateinische Sprache in den Ländern, wo das Volk sie nicht verstand, Veranlassung zum abergläubischen Vertrauen auf die Wirkungen des Gottesdienstes. Auch bei den Deutschen wurde in öffentlichen Gottesdiensten die lateinische Sprache gebraucht. Für Ausbildung des Kirchengesanges that Kaiser Karl sehr viel; er errichtete Sängerschulen und verordnete, daß jeder Geistliche eine strenge Prüfung in der Musik bestehen mußte. Er umgab sich mit einem Kreise von Dichtern und Gelehrten, von denen auch manches schöne Lied der Kirche geschenkt worden, als: Veni, creator spiritus (Komm, Gott Schöpfer heiliger Geist L.

S. 172), und Media vita in morte sumus (Mitten wir im Leben sind).

Wiewohl die römische Kirche den Laien den Kirchengesang so ganz verbot, gelang es ihr doch nicht ganz. Nämlich es war Sitte, daß in der römischen Messe bei dem Schlußwort Hallelujah, oder Kyrie Eleison, auf die letzte Sylbe „jah" und „leison" noch einmal die ganze Melodie des gesungenen Hymnus ohne Worte wiederholt wurde. Der Mönch Notker Balbulus († 912) zu St. Gallen in der Schweiz, dem es schwer fiel, die Melodie ohne Worte zu behalten, dichtete sich nun zu jeder Melodie einen Schlußvers, den er statt des „jah" und „leison" sang. Solche Verse wurden Sequenzen genannt. Die Gemeinde erlaubte sich öfter, in solche Sequenz (Leisen) einzustimmen; da sie aber den Vers oft nicht kannte, so sang sie das Hallelujah oder Kyrieeleis, welches früher von dem Priester gesungen wurde. Das ist die einzige gebliebene Spur von dem durch Ambrosius gegründeten Gemeindegesang. Von Notker ist auch als Sequenz gedichtet: „Grates nunc omnes (Gelobet seist du, Jesus Christ)." Etwas später wurde vom Bischof zu Meißen Benno (1010—1107) das Lied: Dies est laetitiae (Der Tag der ist so freudenreich). Zur selben Zeit lebte und sang auch Bernhard von Clairvaux, der heilige Bernhard genannt (1091—1153). Viele seiner Lieder werden theils in Uebersetzungen, theils in Nachahmungen zu unserer Zeit mit großem Segen gesungen, besonders die meisten aus seinem siebenfachen Passionsgruß an die Gliedmaßen Jesu: „Salve, salus mea deus (Gegrüßet seist du Gott mein Heil); Salve, Jesu, rex Sanctorum (Gegrüßet seist du meine Kron'); Salve, Jesu summe bonus (Ich grüße dich, du frömster Mann); Salve caput ecruentatum (O Haupt voll Blut und Wunden); Salve, Jesu pastor bone (Sei wohl gegrüßet guter Hirt); Summi regis cor aveto (O Herz des Königs aller Welt); Jesus dulcis memoria (O Jesu süß, wer dein gedenkt)." — Luther sagt von diesem Bernhard: „Ist jemals ein wahrer gottesfürchtiger Mönch gewesen, so war es St. Bernhard, den ich allein viel höher halte, als alle Mönche und Pfaffen auf dem ganzen Erdboden und zwar habe ich seines Gleichen niemals weder gelesen noch gehört." Nach ihm ist als berühmter Liederdichter zu nennen: Adam von St. Victor († 1177) ein frommer Mönch zu Paris; er hat 35 Lieder gedichtet, darunter auch das: Quem pastores laudavere.

Nach dieser Zeit verschwindet das Leben des Geistes in der römischen Kirche immermehr, auch finden wir keine ausgezeichneten Liederdichter mehr in ihr. Nur Thomas von Celano schrieb um 1250 die berühmte Sequenz: "Dies irae, dies illa. Von uns unbekannten Verfassern rühren her: "In natali domini (Da Jesus geboren war ꝛc. S. 26); Surrexit Christus hodie (Erstanden ist der heil'ge Christ B. neuer Anhang 3); Coelos ascendit hodie (Gen Himmel aufgefahren ist); Patris sapientia, veritas divina (Christus, der uns selig macht); und Anima Christi, sanctifica me (Die Seele Christi heil'ge mich)." Ganz aber ist die Liederdichtung aus der katholischen Kirche nicht verschwunden, zum Zeichen, daß der Herr auch in der befleckten Kirche immer noch "sein Volk" (Offb. 18, 4) hat. Dazu möchte wohl zu zählen sein: Johann Huß, Professor und Prediger zu Prag; er starb als Märtyrer 1415 zu Kostnitz den Tod in den Flammen; er dichtete lateinisch: Jesus Christus unser Heiland, der von uns Gottes Zorn wand. Auch Thomas von Kempis (1380—1471) dichtete zu dieser Zeit 19 Lieder. Mit großem Segen wird noch jetzt auch unter evangelischen Christen gelesen sein Werk "Von der Nachfolge Christi". — Von Peter Dresdensis (Faulfisch) haben wir lateinisch-deutsche Lieder, als: "In dulci jubilo, nun singet und seid froh" u. m. a. Er mag hier als der letzte lateinische Sänger stehen; da wir in seinen Liedern den Uebergang zum deutschen Kirchenliede finden, welchem wir uns nun mit inniger Freude zuwenden wollen. Dresdensis, ein heftiger Hussit, starb zu Prag 1440.

Deutsche Lieder vor Luther.

Wohl gab es schon vor Luther deutsche geistliche Lieder, aber sie klingen wie Freiheitsseufzer eines hart Gefesselten; denn der römische Gottesdienst erlaubte der Gemeinde nur ein Kyrieeleis zu singen. Gottesfürchtige Prediger aber durchbrachen diese Schranken. Sie setzten es auf der Kirchenversammlung zu Mainz 847 durch, daß wenigstens deutsch gepredigt werden durfte, und am Osterfest erlaubte man, daß die Gemeinde wenigstens einmal im Jahr öffentlich jubelnd singen durfte: „Christ ist erstanden" (P. 123). Das ist das älteste deutsche Kirchenlied, etwa um 1150 gedichtet. Das Volk wollte aber mehr und öfter singen, sollte es nicht in der Kirche, so tönte es von Bergen, Feldern und Wiesen her: „Schönster Herr Jesu" (L. S. 776). Der fromme Bruder Berthold († 1272) stimmte zu seinen Feldpredigten mit den Tausenden seiner Zuhörern an: „Nun bitten wir den heiligen Geist." Mit bewegtem Herzen sang das Volk diese herrlichen Lieder wieder und immer wieder. Einen besondern Aufschwung nahm die deutsche Dichtkunst nach den Kreuzzügen. An den Höfen der Fürsten, Grafen und Herren erklangen seit dieser Zeit anmuthige Lieder, die nach ihrem Hauptinhalt schon früh Minnelieder genannt wurden, und da sie meist in schwäbischer Mundart geschrieben waren, auch „Schwäbische Lieder" hießen, von denen aber keine, weil sie öfters schriftwidrige katholische Lehren enthalten, in unsere Gesangbücher übergegangen sind, auch in der katholischen Kirche bei Gottesdiensten nicht zu singen gestattet wurden. Nach dem Jahr 1400 erhob sich wieder eine Bewegung unter dem deutschen Volk, in welcher sich die Baiern die Freiheit erwirkten, bei ihren Gottesdiensten zum Spiel der Orgel deutsche Lieder zu singen. Von der Zeit fing man an, lateinische Lieder ins Deutsche zu übertragen; so finden wir deutsche Lieder um diese Zeit: „Gelobet seist du, Jesus Christ, Vers 1; Der Tag, der ist so freudenreich, Vers 1; Also heilig ist der Tag; Christ fuhr gen Himmel; Komm heiliger Geist, Herre Gott; Gott der Vater wohn uns bei; Gott sei gelobet und gebenedeiet," u. a. m. Zu Ende des 15. Jahrhunderts gestattete die Synode zu Schwerin 1498 den Geistlichen, deutsche Gesänge bei der Messe zum Spiel der Orgel oder im Chor anzustimmen. So weit war dem Dr. M. Luther der Weg bereitet, als ihn der Herr sandte, seine Kirche zu reformiren.

Luther als Begründer des deutschen Kirchengesanges.

„Nun freut euch lieben Christen g'mein und laßt uns

fröhlich springen, daß wir getrost und all in ein mit Lust und Liebe singen, was Gott an uns gewendet hat und seine süße Wunderthat, gar theu'r hat er's erworben." So erklingt das erste deutsche Lied aus der Reformationszeit und reiht sich seinem Inhalte sowohl, als auch seiner Sprache nach würdig an dem ersten Liede des alten, wie auch des neuen Bundes an. Was stimmte denn den Luther so fröhlich, dem Herrn ein solches Loblied zu singen?

Wir wissen, wie Luther am 31. October 1517 durch Veröffentlichung seiner 95 Sätze gegen den Ablaßhandel die Reformation der tiefverderbten Kirche begann. Bekannt ist auch, wie er seinen Glauben freimüthig zu Worms 1521 vor Kaiser und Reich bekannte, wie er ihn in der Schrift gefunden hatte. Damit auch Andere die Erlösung durch Christum erlangten, predigte er in unserer Sprache das ewige Evangelium (Offb. 14, 6) und übersetzte auf der Wartburg dasselbe in unsere Sprache, daß es so in alle Welt gehe. Als er sahe, daß „das Wort war wohlgerathen", da freute er sich von Herzen und forderte zu dieser heiligen Freude durch ein neues Lied auch des Herrn Volk auf. Das Volk tönte es in frohen Chören wieder, daß es voll zum Himmel drang. Luther kannte die Macht des heiligen Gesanges und wollte deshalb dem deutschen Volke auch was Rechtes zu singen geben. Allein fühlte er sich schwach, und deshalb schrieb er an Georg Spalatin, den Hofprediger seines frommen Landesherrn Churfürst Friedrich des Weisen, 1524 also: „Ich bin Willens, nach dem Beispiel der Propheten und alten Väter der Kirche deutsche Psalmen für das Volk zu machen, das ist geistliche Lieder, daß das Wort Gottes auch durch Gesang unter den Leuten bleibe. Wir suchen also überall Poeten c." — Er fand, was er suchte, und köstliche Lieder ergossen sich wie Bächlein des lebendigen Wassers unter das Volk.

Das Volk wollte aber nun, da es die heilige Schrift und so herrliche Lieder in ihm verständlicher Sprache hatte, solche köstliche Gaben auch im öffentlichen Gottesdienste genießen. Luther wurde also genöthigt, die Messe (Liturgie) deutsch zu halten. Auf Befehl des Churfürsten Johann des Beständigen geschah dies am Weihnachtsfest 1525 in Wittenberg zum ersten Mal. Luther selbst dichtete nun auch weiter frisch und fröhlich Lieder zu Gottes Ehre.

Die Lieder Luthers athmen den biblischen Geist und führen eine frische, körnige Sprache. Das Volk seiner Zeit fand sie köstlich; es sang dieselben bei kirchlichem Gottesdienste, im Hause, auf dem Felde, in Städten auf öffentlichen Plätzen. Ueberall wohin man hörte, tönte das liebliche Wort Gottes in köstlichen Weisen, und nicht selten ist das Papstthum durch Gesang vertrieben.

Dem Volk war sein Recht geworden; es durfte nun wieder thätigen Antheil nehmen an öffentlicher Erbauung. — Aber auch die musikalischen Instrumente aller Art wurden im Dienst der Kirche erhalten oder in denselben genommen, und so tönten Posaunen, Hörner und Zinken der Wächter von den Zinnen der Thürme dem Volke die heiligen Melodien hernieder als Weckstimmen, dem Herrn eifrig zu dienen mit Psalmen und Lobgesängen. Auch der seit Gregor dem Großen geknechtete rhythmische Gesang wurde entfesselt und wiederhergestellt. So erquickte sich das Volk reichlich und täglich am Wort Gottes und bekannte mit Luther: „Gott hat unser Herz und Muth fröhlich gemacht durch seinen lieben Sohn, welchen er für uns gegeben hat zur Erlösung von Sünde, Tod und Teufel. Wer solches glaubt, der kanns nicht lassen; er muß fröhlich und mit Lust singen und sagen, daß es auch Andere hören und dazu kommen. (Seine Lieder siehe in der Biographie).

Luthers Zeitgenossen.

Wie der Herr dem Luther für die Fassung der Lehre den Philipp Melanchthon, für die Einrichtung der kirchlichen Ordnungen den Johann Bugenhagen zur Seite gestellt hatte, so stand ihm zur Einführung des Kirchengesanges der churfürstliche Kapellmeister Johann Walther zur Seite (Siehe Biographien Nr. 2). Er schuf verschiedene neue Melodien und setzte auch ältere Melodien für den mehrstimmigen Gesang in Noten. Außer ihm haben in Wittenberg dem Luther bei dieser Arbeit geholfen die Pfarrer Justus Jonas und Paul Eber und die Pfarrfrau Elisabeth Cruciger. In Berlin sangen die Pfarrer Joh. Agricola und Erasmus Alber. Aus Preußen ertönten die kernigen Lieder des Bischofs Paul Speratus und des Pfarres Joh. Graumann (Poliander); von der Oder her der Stettiner Pfarrer Nicolaus Decius und der Breslauer Geistliche Joh. Heß. In Böhmen sangen zu dieser Zeit zu Joachimsthal der Kantor Nic. Hermann und sein Freund der Pfarrer Joh. Matthesius und zu Falnec der Hussite Pfarrer Mich. Weiß. Aus der freien Reichsstadt Nürnberg lieferten zum deutschen Liederschatze schätzbare Beiträge die beiden Geistlichen Veit Dietrich und Seb. Heyd und der Stadtschreiber Lazarus Spengler nebst dem Schuhmacher und Poeten Hans Sachs. Aus dem westlichen Deutschland sind als Sänger zu nennen: Der Eisleber Superintendent Joh. Spangenberg, der Gothaer Vicar Joh. Schneesing (Chiomusus), der alte Geheimschreiber des Ritter Georg Freundsberg, mit Namen Adam Reißner zu Frankfurt a. M. und Hans Witzstädt von Wertheim in Franken. Als fürstliche Sänger nenne ich: Albrecht d. Jüngeren, Markgraf von Brandenburg-Culmbach und Maria Königin von Ungarn. In plattdeutscher Sprache dichtete in Norddeutschland der Lübecker Superintendent Hermann Bonnus, der Greifswalder Professor Joh. Freder, der Pastor Joh. Magdeburg zu Magdeburg und der Prediger Hermann Vespasius zu Stade; ebenfalls ist noch zu nennen Andreas Cnephius (Knöpken).

Die reformirte Kirche, welche nur in Verse gesetzte Psalmen bei ihren Gottesdiensten zuließ, zählt folgende Dichter: Zwei Prediger zu Costnitz am Bodensee, nämlich: Ambrosius Blaurer und Joh. Zwick, zwei Geistliche aus Basel, den Joh. Kohlros und den Wolfgang Fabricius Capito; Strasburg hatte unter seinen Geistlichen Psalmdichter, nämlich: Wolfgang Dachstein, Matthäus Greiter, Conrad Hubert, Wolfg. Menßlin, Ludwig Oeler, Christoph Selius und Heinrich Vogther. Noch merken wir uns den Hofprediger der Landgräfin Margarethe von Hessen, Burkhard Waldis und den Pastor Buchfelder zu Emden.

Alle genannten Männer, zum Theil persönliche Freunde

Luthers, strebten auch mit ihm, dem christlichen Volke das Bewußtsein seiner priesterlichen Würde zurückzugeben, Christum und sein Reich wieder in demselben zu beleben. Deshalb sind auch ihre Lieder gewaltige Glaubenslieder; kirchlich und volksmäßig, stark und tüchtig bewegen sie sich, auch wo sie nur Ausdruck des Einzelnen sind, im großen Ganzen des christlichen Lebens und seiner Freuden und Leiden, Schätze und Erfahrungen. In Verkündigung und Anbetung, Klage und Bitte ist ihr steter Mittelpunkt: Gott in Christo, durch sein Thun, sein Wort und seinen Geist für uns, an uns und in uns wirkend, uns erlösend und beseligend, sich dadurch bethätigend und verherrlichend.

Die Zeit der Lehrstreitigkeiten.

Den Aufrichtigen läßt es der Herr gelingen; so war auch durch Luthers und seiner Freunde Bestreben ein neues, frisches Kirchenleben erwacht, dem auch der Laueste seine Theilnahme nicht ganz zu versagen vermochte; aber es standen auch unruhige Köpfe und zanksüchtige Leute auf, welche die ärgerlichsten Streitigkeiten erregten, und statt sich mit der Lehre zu beschäftigen, die nütze ist zur Strafe, zur Besserung, zur Züchtigung in der Gerechtigkeit, wurden sie seuchtig in Fragen und Wortkriegen, stritten über die heiligsten Geheimnisse des Reiches Gottes, über die wahrhaftige Gegenwart des Leibes Christi im heiligen Abendmahl, über die Bedeutung der guten Werke, den freien Willen und Anderes mehr, stritten in fleischlicher Weise und mit fleischlichen Waffen. So konnte ein solcher Streit auch nur Werke des Fleisches gebären, als: Zorn, Zank, Zwietracht, Rotten, Haß, Mord. Die friedliebenden frommen Seelen jammerte des Volks, wie gern hätten sie ihm zu dem Frieden verhelfen, welcher höher ist denn alle Vernunft. Insbesondere ließ der edle, fromme Churfürst August von Sachsen zur Vereinigung der streitenden Parteien im März 1577 im Kloster Bergen bei Magdeburg durch mehrere gelehrte und ausgezeichnete Geistliche die Eintrachtsformel abfassen.

„Böse Menschen haben keine Lieder", auch von den heftigen Streitern dieses Zeitraumes haben unsere Gesangbücher keine aufzuweisen. Nur die friedeerstrebenden frommen

Seelen sangen Jehovah Lieder, in welchen sie häufig um Erhaltung bei reiner Lehrer und um Beständigkeit baten. Aus der Mark Brandenburg erklingen zu dieser unerquicklichen Zeit die kräftigen Lieder des ernsten Bußpredigers Bartholomäus Ringwaldt zu Langefeld bei Sonnenburg, des Kanter Bartholomäus Gesius zu Frankfurt a. O. und des Pfarrers Bartholomäus Fröhlich zu Perleberg. In Chursachsen sangen zu Leipzig 4 Geistliche: Dr. Nicolaus Selnecker, Dr. Corn. Becker, Dr. Vincent Schmuck und Lic. Joh. Mühlmann; zu Dresden der Churfürst Christian II. und der Diakonus M. Casp. Füger, in Wittenberg Dr. Georg Mylius und in Schneeberg der Pfarrer Urban Langhans. Aus Sachsen-Weimar habe ich euch 5 Sänger zu nennen, die beiden Diakoni M. Martin Rutilius und Dr. Joh. Groß (Major), den Bürgermeister Melchior Frank, den Kapellmeister Joh. Leonhard Stoll und den Kanter Melchior Vulpius. Die weitern Sänger Thüringens sind: die Gräfin Anna zu Stolberg, der Superintendent M. Ludwig Helmbold zu Mühlhausen; zu Gotha der Diakonus M. Joh. Kämpf und der Kanter Joh. Lindemann; zu Friedrichsroda, südwestlich von Gotha, sang der Pfarrer M. Cyriakus Schneegaß und sein Amtsbruder der Pfarrer zu Wolfis bei Ohrdruf, Joh. Leon. Auch der Stadtschultheiß zu Meinungen, Joh. Steuerlein, war ein gekrönter Poet; zu Coburg sang der Generalsuperintendent Melch. Bischof und zu Schleiz der Superintendent Joh. Siegfried. Der Pastor Basilius Förtsch zu Gumperda bei Cahla südlich von Jena stimmte sein: „Heut triumphiret" an. Der Generalsuperintendent zu Altenburg Casper Bienemann, (Melissander) sang zur Zeit seiner Verfolgung: „Herr wie du willst, so 2c." und M. Erasmus Winter, Pfarrer zu Meuselwitz, nordwestlich von Altenburg: „Wenn dich Unglück thut greifen an." — Von den norddeutschen Dichtern nenne ich zuerst zwei Generalsuperintendenten zu Celle, nämlich: M. Christoph Vischer und den Verfasser des „wahren Christenthums", Johann Arndt, dann den Capellmeister des Wolfenbüttel'schen Hofes, Michael Prätorius, ferner den Wolfenbütteler Generalsuperintendenten Aegidius (Basilius) Sattler, ferner den Stiftsprediger an S. Nicolai zu Magdeburg M. Georg Rollenhagen, der berühmte Verfasser des „Froschmäusler", und endlich den Hofpredizer zu Waldeck Phil. Nicolai, der die beiden mächtigen Lieder: „Wie schön leuchtet der Morgenstern 2c." und „Wachet auf, ruft uns die Stimme" gedichtet hat: — Aus Süddeutschland merken wir aus dieser Zeit den Pastor am Münster zu Straßburg, Joh. Papvus, den Sigismund Weingärtner, Pfarrer unweit Heilbronn, Martin Schalling, Pastor zu St. Marien in Nürnberg und Sänger des Liedes: „Herzlich lieb hab' ich dich, o Herr", den Pastor Balthasar Schnurr zu Hengstfeld in Franken und Caspar Schmucker aus Redwitz im Baireuthschen. — Gehen wir nun längs des Erzgebirges hin, so kommen wir in die Lausitz; dort finden wir zu Lauban, östlich von Görlitz, den Pastor prim. Martin Behemb (Böhm), in Görlitz selbst die beiden Pastoren Martin Möller und Gregor Richter; aus Löwenberg, östlich von Lauban, stammt der Rechtsgelehrte Dr. Georg Reimann. In Sprottau, westlich von Glogau, dichtete der Pfarrer Cristoph Cnoll zur Pestzeit das Lied: „Herzlich thut mich verlangen." Noch merken wir den Pfarrer Joh. Gigas zu Schweidnitz und den Superintendent Melch. Eckhart zu Oels. — Aus Polen sang der apostolisch kindlich fromme Valerius Herberger als Pfarrer zu Fraustadt sein: „Valet will ich dir geben." Aus Königsberg in Preußen jubelt der Rector Peter Hagen (Hagius), der Dr. der Rechte Ambros. Lobwasser übersetzt gar trefflich die Psalmen Davids, und aus Riga singt Paul Oderborn, ein Prediger: „der Tag hat sich geneiget." So schließt die Reihe der Dichter aus der Zeit der Lehrstreitigkeiten am Ende des Tages und im hohen Norden.

Sehen wir uns die Lieder dieser Zeit näher an, so finden wir, daß nur sehr wenige die Kraft und Würde der lutherischen und seiner Zeitgenossen erreichen; viele sind trockne Reimereien biblischer Texte, die Sprache ist häufig rauh und die Form wenig angenehm. Nur die Lieder Ringwaldt's und Selneccers und einiger Anderer machen eine ehrenvolle

Ausnahme. Auch finden wir, daß man sich in der Sprache fremder Wörter und Redensarten bediente.

Noch will ich über den Kirchengesang bemerken: Zu Luthers Zeit erschienen die Lieder mit vorgedruckten Noten vierstimmig, doch lag die Melodie nicht immer in der Oberstimme. Die Oberstimme hieß der Cantus firmus. Der Erfinder der Melodie war nicht immer ihr Setzer. Luther erfand manche Melodie, Joh. Walther aber setzte sie kunstmäßig in Noten. Bei dem Gottesdienste begleitete die Orgel, auch Blech- und Streichinstrumente, den Gesang. Zu Anfange des 17. Jahrhunderts wurde die Melodie in die Oberstimme gelegt (Diskant) und dadurch die Harmonie von der Melodie abhängig gemacht. Der Kirchengesang stand zu dieser Zeit in schönster Blüthe; am meisten für denselben wirkten der Cantor Joh. Eccart zu Mühlhausen, Melch. Vulpius (S. Biogr. 57.), Mich. Prätorius (S. Biogr. 70), Joh. Jeep, zu Dransfeld im Braunschweigischen geboren, gab 1607 heraus: „Geistliche Psalmen und Kirchengesänge" und Melch. Frank (S. Biogr. 56).

Die Zeit des dreißigjährigen Krieges.

Durch die im vorigen Abschnitt erwähnten Lehrstreitigkeiten war in Vielen die Liebe erkaltet und der Glaube ertödtet. Sie suchten in äußerlichen Dingen vergeblich ihr Heil und geriethen auf mancherlei gefährliche Abwege. Die Geistlichen fingen wieder an, mit hohen, dem Volke unverständlichen Worten zu reden; sie verwirrten die deutsche Sprache mit fremden Wörtern zu einem wunderlichen Mischmasch. Gegen solche Uebel verbanden sich verschiedene deutsche Gelehrte zu Vereinen. So entstand 1617 am 14. August zu Weimar durch Casper von Teutleben, Hofmeister des Prinzen Johann Ernst des Jüngern: „die fruchtbringende Gesellschaft," auch „der neusprossende Palmbaum (Palmorden)" genannt. Der Zweck dieses Vereins war: „unsere hochgeehrte Muttersprache in ihrem gründlichen Wesen und rechten Verstande, ohne Einmischung fremder, ausländischer Flickwörter auf's Allerzierlichste zu erhalten und auszuüben". Denselben Zweck verfolgten auch die 1633 zu Straßburg gestiftete „aufrichtige Tannengesellschaft" und die 1643 am 1. Mai durch Phil. Zesen (S Biogr. 171) u. A. gestiftete „deutschgesinnte Hamburger Genossenschaft, auch Rosengesellschaft genannt. Philipp von Harsdörfer und Joh. Klai stifteten 1644 zu Nürnberg den „Blumenorden" (Pegnitz-Schäfergesellschaft), die sich folgenden Zweck stellte: „Wer Beruf macht von der Verehrung Gottes, der muß nicht wandeln im Rath der Gottlosen, der Gottesverächter, noch sitzen, da die Spötter und Feinde Jesu sitzen, der muß nicht solches thun und reden, womit die allerhöchste Dreieinigkeit verunehrt wird, der muß auch diejenigen ehren, welche Gott zu Göttern und Regenten über das Volk gesetzet u. s." Einem dieser Vereine, auch wohl mehreren zugleich, gehören auch die ausgezeichnetsten Liederdichter dieses und des folgenden Zeitraumes an. Am meisten aber für die Sprache der Dichter wirkte Martin Opitz von Boberfeld (S. Biogr. 90). Biß zu seiner Zeit hatte man die Sylben im Verse nur gezählt ohne auf ihre Länge und Kürze Rücksicht zu nehmen, wodurch denn Rauhheiten und Härten im Versbau entstehen mußten; nun lehrte er in seiner Abhandlung „von der deutschen Poeterei" die Gesetze über Versbau, in welchem er eine Sylbenmessung fordert, auch selbst übt; auch arbeitete er wacker für Reinigung und Veredlung der deutschen Sprache.

Während sich nun die Menschen bemühten, die Sprache zu reinigen und zu veredeln, wandte auch der Herr Zuchtmittel an, den erstorbenen Glauben zu beleben. Es brach der dreißigjährige Krieg über Deutschland herein und in seinem Gefolge Hunger und Pest; der wurde mit all seinen Schrecknissen ein Läuterungsfeuer, und wie David aus seiner Trübsal heraus die köstlichsten Psalmen sang, so auch die deutsche evangelische Kirche zur Zeit dieses Krieges. Wir wollen nun eine Rundreise machen und uns die vorzüglichsten Liederdichter ansehen.

Da Opitz, der größte Verbesserer der Sprache, von Schlesien ausging, so wollen wir auch von dort ausgehen. Der bedeutendste Liederdichter dieser Zeit ist der vielgeprüfte Pastor zu Köben (südöstl. von Glogau) Joh. Heermann; ihm zur Seite stand sein treuer Freund, der erfahrungsreiche Syndicus zu Glogau, Andreas Gryphius, auch der fromme und von Katholiken schwer verfolgte Rechtsanwalt zu Guhrau Heinrich Held war ein tüchtiger Liederdichter. In Bernstadt dichteten der Consistorialrath David Böhm und der Schulen-Präsident Matth. Apell. Löwenstern, ein tüchtiger Musiker. Ferner ist der Landeshauptmann zu Liegnitz Dav. von Schweinitz, der zu Bunzlau geborne Professor Andreas Tscherning und ein schlesischer Edelmann Adam von Frankenberg als Dichter zu nennen. — In Süddeutschland sangen: Der Augsburger Pastor Josua Wegelin und der armenfreundliche Rechtsconsulent zu Schweinfurt Dr. Joh. Höfel. — Aus Thüringen, dem sangreichen Lande, erklangen zu Coburg die Lieder des Consistorialrath Dr. Andreas Keßler, zu Schleusingen des Consistorialrath Dr. Sam. Zehner; in Remstedt sang der Pastor Barth. Helder, zu Erfurt die beiden Pastoren Dr. Mich. Altenburg und Dr. Matth. Mahfart, auch zu Rahnis bei Saalfeld ertönten Lieder von dem Pfarrer Mich. Ziegenspeck, zu Schmöln bei Altenburg vom Archidiakonus Joh. Rosenthal, zu Altenburg vom Kantor Andreas Kritzelmann. — Jetzt kommen wir auf unserer Reise nach Chursachsen, dort treffen wir an der böhmischen Grenze zu Schandau als Sänger den Pastor Sim. Grasius, dann gehen wir nach dem berühmten Leipzig, dort treten als Sänger auf zwei Pastoren an St. Thomas, der Archidiak. Jer. Weber und Dr. Abraham Teller; dazu kommt der Kantor an derselben Kirche, der berühmte Tonsetzer Joh. Herm. Schein; einige Meilen nordöstlich von dort lebte der fröhliche Sänger des Liedes: „Nun danket alle Gott", der Archidiak. Martin Rinkart zu Eilenberg und zu Wittenberg der Sänger des wirklich schönen Morgenliedes „Der schöne Tag bricht an", Professor Aug. Buchner. — Wir gehen weiter nach Norden; da singt an der Westseite des Harzes zu Osterode der dortige Landdrost Bodo von Hodenberg, zu Hannover der Generalsuperintendent Dr. Justus Gesenius und sein Freund der Consistorialrath David Denike zu Lüneburg, der aus Böhmen vertriebene Pastor Sigm. Schererz, und zu Rinteln der Professor Dr. Jos. Stegemann. Im Schiffe auf der Nordsee singt der Arzt Paul Flemming sein „In allen meinen Thaten." An der Elbe zu Wedel bei Hamburg sang der liederreiche Pfarrer Joh. Rist, in Hamburg der gewaltige Bußprediger Balth. Schuppius, zu Güstrow in Mecklenburg setzte der Superintendent Luc. Bacmeister apostolische Texte in Verse. — In Königsberg in Preußen wurden durch den Pfarrer Georg Weißel verschiedene Männer zum Liederdichten angeregt; der churfürstliche Rath Robert Roberthin, und dessen Freunde, der Professor Simon Dach, wie der Organist Heinrich Alberti, und der Geheimsecretair Val. Thilo sangen ihre Lieder in Albertis Kürbishütte und begleiteten dieselben mit verschiedenen Instrumenten. Mit ihnen zu gleicher Zeit sang auch der Consistorialrath Dr. Bernhard Derschau zu Königsberg. Den Schluß unter der Dichterschau dieses Zeitraums soll der König Gustav Adolph von Schweden machen, welcher mit seinem Hofprediger Dr. Jacob Fabricius das glaubensstarke Kriegslied: „Verzage nicht, o Häuflein klein" auf seinen Kriegszügen in Deutschland gesungen hat.

Das neue Leben.
a) Der Frühling.

„Wohlauf, jetzt nimm nun wieder dein Saitenspiel hervor, o Deutschland, singe Lieder im hohen vollen Chor. Erhebe dein Gemüthe zu deinem Gott." So begrüßt Paul Gerhard bei dem westphälischen Frieden sein und unser Vaterland und fordert es auf, seinem Gott zu singen. Er selbst sang vor „im hohen vollen Chor." Das Jahrhundert von Luther bis zu Paul Gerhard möchte das schöpferische und erbauende für die deutsche evangelische Kirche überhaupt, insbesondere aber auch für das deutsche Kirchenlied zu nennen sein. Gerhard schloß sich in der Grundrichtung, (in Verkündigung und Anbetung, Klage und Bitte ist auch sein steter Mittelpunkt Gott in Christo) völlig seinen Vorfahren an, aber das neue Leben, welches durch ihn und seine Lieder in Deutschland aufblühete, bestand darin: Seine Vorfahren hatten als Gemeinde Gott in Christo und Christus durch sein Wort und seinen Geist für, an und in der Gemeinde besungen. Gerhard sah das Gemeindeleben durch Krieg und innere Streitigkeiten fast gänzlich verfallen; da bringt er sich selbst und seine Lieder Gott zum Opfer dar, „die besten Güter sind unsere Gemüther; drum lasset uns singen, dem Schöpfer bringen Güter und Gaben, was wir nur haben, Alles das sei Gott zum Opfer gesetzt." So bringt er ihm sein ganzes Herze dar in allen seinen Empfindungen und Erfahrungen des Christenlebens.

In der Sprache sind Gerhards Lieder rein deutsch und volksthümlich; in der Versbehandlung hat er auch des Opitz Regeln beobachtet, aber er bleibt bewahrt vor den Fehlern seiner Zeit, welche eine angenehme und liebliche Ausdrucksweise erstrebte, deren Schreibart aber nicht selten in Lüsternheit und Frivolität ausartete, dadurch auch eine schwülstige, dem Volke fremde und unverständliche Sprache redete. Mit richtigem Gefühle eignete sich Gerhard nur das Gute und Wahre der neuen Entwickelung an. Er war zu sehr Mann seines Volkes und seiner Kirche, deshalb sang er im Volkstone, in Einfalt, klar und natürlich. Darum ist er auch Liebling des Volkes geworden. Viele seines Volkes nahmen sich seine Lieder zum Muster und sangen ihm nach. In Folgendem werde ich seine Freunde und Zeitgenossen vorführen.

Zu Berlin sangen mit ihm seine Freunde Michael Schirmer, Conrector am grauen Kloster daselbst und der Buchdrucker Christoph Runge, beide durch schwere Trübsal geläutert; auch die fromme Churfürstin Luise Henriette von Brandenburg sang zu der Zeit gar köstliche Lieder. In der Nähe von Berlin sang der Prediger Joachim Pauli, sowie in der Altmark zu Tangermünde der Rector Christoph Connow und zu Guben Gerhards Freund, der Landesälteste der Niederlausitz, Johann Frank. Wir wenden uns nun von der Mark nach Süden und kommen nach Sachsen; da finden wir in Wittenberg den Consistorialdirector Dr. Casp. Ziegler als Sänger. Gehen wir an der Ostseite der Elbe hinauf, so finden wir in dem Pastor Dr. Gotthilf Meißner zu Großenhain einen liederreichen Sänger, weiter hinauf zu Schandau an der böhmischen

Grenze der Pfarrer M. Justus Sieber. Westlich von Meißen zu Döbeln singt der Pfarrer M. Christoph Klemm, weiter westlich zu Rochlitz der Archidiak. M. Michael Hunold. An der Saale Strande singen zu Naumburg der Pfarrer Joh. Georg Albinus und der Gerichtsschreiber E. Chr. Homburg, zu Weißenfels der Generalsuperintendent Dr. Joh. Olearius und der daselbst geborne Pastor Benjamin Prätorius zu Großlissa bei Dölitsch, der M. Georg Heine, Pfarradjunct zu Halle, und der Pfarrer M. Hartm. Schenk zu Bibra. — In dem Thüringer Walde erklangen köstliche Lieder. Zu Weimar sang der Herzog Wilhelm II. und sein Hofpoet Georg Neumark, zu Rudolstadt die beiden Gräfinnen Ludämilie Elisabeth und Aemilie Juliane von Schwarzburg, dazu der Hof- und Justizrath Dr. Ahasverus Fritsch, zu Arnstadt, südlich von Erfurt, der Consistorialrath M. Joh. Gottfried Olearius. In Gotha dichtete der Consistorialrath Christoph Brunchorst und in Friemar bei Gotha der Pfarrer Pefferkorn. M. Joh. Bornschürer, Pfarrer, dichtete zu Thann, der nördlichsten Stadt Baierns. In Suhla ertönten die Lieder des Archidiakon. M. Joh. Fiedr. Zihn, sowie zu Koburg des Pfarrers und tüchtigen Musikers M. Casp. Nachtenhöfer, so des Lehrers Michael Frank, und seines Bruders des Pfarrers M. Sebastian Frank zu Schweinfurt. Die meisten der sächsischen und thüringer Sänger waren Mitglieder des Palmordens. Jetzt sollen die Sänger des Nürnberger Blumenordens folgen. Lies sie in den Biographien unter No. 156—167. Andere süddeutsche Sänger sind: M. Casp. Heunisch, Superintendent zu Schweinfurt, H. Arn. Stockfleth, General-Superintendent zu Baireuth und der Sänger des Liedes: „Liebster Jesu wir sind hier," der Kirchenrath Tob. Clausnitzer zu Weyden in der Oberpfalz, südlich von Baireuth, ferner Dr. Gottfr. Händel, Kirchenrath zu Ansbach, sowie der Prediger M. Gottlieb Balduin zu Regensburg. In Würtemberg sang zu Göppingen östlich von Stuttgart der Archidiakonus rc. J. H. Calisius, zu Bern in der Schweiz der Professor Sam. König und zu Straßburg a. R.

der Rechtsgelehrte J. J. Beck. — Indem wir nach dem Norden zurückkehren, treffen wir als treffliche Sängerin Anna Sophia, Landgräfin von Hessen-Darmstadt, und den Superintendenten zu Rinteln M. Andr. Heinr. Buchholz, ferner den Herzog Anton Ulrich zu Braunschweig-Wolfenbüttel und den Hofgerichtsrath Dr. Georg Werner. — Unter den nordischen Dichtern merken wir ferner den Hamburger Pastor M. Heinrich Elmerhorst, sowie den Pastor in Marne im Süderdithmarschen Dr. Maur. Kramer. Aus Copenhagen sang in deutscher Zunge der Hofprediger Dr. Joh. Lassenius; iu Rostock ertönten die körnigen Lieder des Stadtsuperintendenten Dr. Heinr. Müller, Verfasser der „geistlichen Erquickstunden." Der Verfasser von „Gottholds zufälligen Andachten" und „des Seelenschatzes" M. Christian Scriver sang zu Stendal, Magdeburg und als Oberhofprediger zu Quedlinburg. Zu Wolfenbüttel sang der Kammerconsulent Dr. Gottfried Wilhelm Sacer. In Pommern sang unter mancherlei Kriegsgefahren der Prediger Joh. Flitter, zu Grimmen in Neuvorpommern, im Gefängnisse der Pastor an St. Nicolai zu Stettin Friedr. Fabricius. — In Königsberg i. Pr. sang der Oberbürgermeister Friedrich von Derschau und der Bürgermeister Mich. Kongehl schöne Lieder; auch der Primus der großpolnisch-evangelischen Synode Abraham Kiesel zu Iguer war ein tüchtiger Sänger, ebenso der Pastor Zach. Hermann zu Lissa. — Aus Polen geht unsere Wanderung nach Schlesien. In der Hauptstadt des Landes, in Breslau, verlebte die letzte Zeit seines Lebens der Dichter gar köstlicher Lieder, der Leibarzt Kaiser Ferdinand III. Dr. Joh. Scheffler, genannt Angelus Silesius, ebenso der Kircheninspector Dr. Casp. Neumann; auch der Privatlehrer Georg Lintzner und der Organist Tob. Tscheutschner dichteten zu Breslau. Sehr schöne Lieder hat auch der zu Altrauden (südlich von Glogau) geborene Kanzleidirector des Pfalzgrafen zu Sulzbach M. Christian Knorr von Rosenroth und der zu Wohlau (südöstlich von Rauben) geborene gräflichsimpurgische Hofmeister Heinr. von Pippen gesungen; auch der Pastor Martin Janus zu Ohlau, zwischen Breslau und Brieg gelegen, war ein gar trefflicher Sänger. — Zu Zittau in der Oberlausitz ragen drei Rectoren unter den geistlichen Sängern besonders hervor. Es sind: M. Chr. Kahmann, M. Christian Weise und M. Gottfried Hoffmann, ebenso auch der dortige Archidiakonus M. Mart. Grunewald. In der Niederlausitz zu Baruth, etwa 4 Meilen von Mittenwalde, wo Paul Gerhard sang, ertönen die Lieder des Predigers M. Matth. Büttner.

b) Der Sommer.

Luther hatte mit Gottes gnädiger Hilfe das ewige Evangelium wieder auf den Plan gebracht, und ein großer Theil der Deutschen bekannte sich seit der Zeit zu demselben, aber, wie schon die Reformatoren klagen mußten, stand bei den meisten ihr Leben nicht in Einklang mit ihrem Bekenntniß. Viele Lehrer der Kirche setzten den höchsten Werth, statt auf eine gründliche Bekehrung der Menschen zu Gott hinzuarbeiten, allein auf die Erhaltung eines unverfälschten Bekenntnisses; ja nicht wenige verloren sich dabei, da ja der Buchstabe tödtet, in unnütze Streitfragen und Spitzfindigkeiten. Wohl erweckte der Herr Männer, wie J. Arndt, Bal. Herberger ꝛc., die da mit kräftigem Wort hinwiesen auf das Eine, was noth thut; aber nur sehr wenige hörten auf sie. Da züchtigte der Herr mit Krieg, Hunger und Pestilenz, und wiederum sandte er Männer (P. Gerhard, Chr. Scriver, Heinr. Müller ꝛc.), die sie auf die Früchte des christlichen Bekenntnisses hinwiesen. Bei Vielen hatte die leibliche Trübsal eine friedsame Frucht zur Gerechtigkeit gewirkt; allein die Kirche im Ganzen lag noch immer in einem geistlichen Schlafe.

Sie aus solchem geistlichen Schlaf aufzurütteln, erweckte der Herr den Philipp Jakob Spener. Durch kräftige Predigt und klare Schrift warb er um den Glauben, der in der Liebe thätig ist, um den lebendigen Glauben. Der Herr bekannte sich zu seinem Wirken; die Todtengebeine fingen an sich zu regen, eine Kohle entzündete die andere. Ein neues Leben erwachte in der Kirche Deutschlands, und weß das Herz voll ist, davon geht der Mund über. Hatte

Paul Gerhard ermahnt: „Wohlauf, jetzt nimm nun wieder dein Saitenspiel hervor, o Deutschland ꝛc.," so kann der Director des hallischen Waisenhauses Dr. Joh. Daniel Herrnschmidt jubeln: „Singt dem Herrn, nah und fern, rühmet ihn mit frohem Schall! Das Alte ist vergangen, das Neue angefangen. Laßt die erneuten Sinnen ein neues Lied beginnen ꝛc. (P. 601)." — Die neuen Lieder dieser Zeit characterisiren sich dadurch, daß sie das Christenthum auf die Bedürfnisse und Erfahrungen des innern Menschen beziehen und den göttlichen, wunderbar erregenden Einfluß auf das menschliche Herz darstellen. Die Männer dieser Richtung wurden von ihren Gegnern Pietisten genannt, die Gegner selbst nannten sich Orthodoxe, d. i. Rechtgläubige. Durch Spener wurde der Pietismus hervorgerufen, deshalb wollen wir uns auch zuerst seine Freunde und Gesinnungsgenossen unter den Liederdichtern vorführen.

Der Lehrer Speners in der geistlichen Poesie war Joh. Siegm. Vorberger zu Straßburg. In Frankfurt waren seine Freunde der Rechtsconsulent Joh. Jac. Schütz, der Bremer Pfarrer und der größte Dichter unter den Reformirten Joach. Neander, der Mystiker, Superintendent zu Lübeck Dr. Joh. Wilhelm Petersen. Zur Zeit Speners in Dresden sangen die beiden Rechtsgelehrten: der Hof- und Justizrath Dr. Burch. Freystein und Dr. Joh. Friedr. Herzog, der Diakonus M. Sal. Liskowius zu Wurzen und der Pastor zu Perleberg, Speners Hausfreund in Dresden, Gottfr. Arnold. Die Sänger unter Speners Berliner Freunden waren: sein Diakonus an St. Nicolai Joh. Casp. Schad, der Rector des grauen Klosters, Sam. Rodigast, der Hauslehrer eines seiner Söhne, Israel Clauber, der fromme Freiherr Rudolph von Canitz und der erste Canzler der Universität Halle, Veit Ludwig von Seckendorf.

Unter den durch Spener angeregten Männern waren folgende begeisterte Sänger: der Nassau-Saarbrückische Superintendent Joh. Adam Haßlocher, der Licentiat der Rechte J. Chr. Rube zu Bürgermünde im Hessen-Darmstädtischen und ein Knabe J. Fr. Sannow zu Offenbach; zu Weimar dichtete der Oberconsistorialrath M. Ernst

Stockmann und der Consistorialsecretair Sal. Frank, in Gotha der Lehrer Chr. Günther und bei dem Fürsten von Schwarzburg-Sondershausen zu Arnstadt sein Capellmeister Adam Drese, sowie zu Bremen der Musikdirector Laurentius Laurentii.

Jetzt wollen wir die Reihe der hallischen Sänger, der sogenannnten Pietisten folgen lassen. Obenan steht A. H. Franke und sein Schwiegersohn der Pastor zu Glaucha bei Halle J. Anastasius Frehlinghausen, welcher die Lieder seiner Zeit, auch die besten älteren Lieder zu einem Gesangbuche sammelte. Dann folgen die Mitarbeiter Frankes an seinem Werk, als: der hallische Domprediger, Consistorialrath Dr. J. J. Breithaupt und dessen Adjunct in der Professur, Dr. Joachim Lange, der tapferste und gelehrteste Vorkämpfer der Pietisten gegen die Orthodoxen, ferner der Mitdirector am hallischen Waisenhause Dr. Joh. Herrnschmidt, der fromme Arzt desselben Dr. Chr. Fr. Richter, auch Frankes treuer Freund, der Doctor der Rechte Jac. Gabr. Wolf und Dr. Just. Henning Böhmer, auch Doctor der Rechte und Canzler der Universität Halle; dann die beiden Adjuncte der theologischen Facultät Jak. Baumgarten und M. Joh. Fr. Roupp, zwei Lehrer des hallischen Pädagogiums Andreas Bernstein und Lewin Joh. Schlicht, sowie dessen Inspector Chr. Jak. Coitsch und endlich der Waisenhaus-Inspector zu Halle Joh. Chr. Nehring und ein Lehrer an demselben Lamp. Gedike.

Wir gehen nun nach Gotha und beschauen die Männer, zu welchen Franke in seiner Kindheit ehrfurchtsvoll aufschaute und merken zuerst den General-Superintendenten Dr. Tribbochow, Sänger des Liedes: „Meine Liebe hängt am Kreuz," dann den Hof- und Assistenzrath zu Schloß Friedenstein bei Gotha Ludw. Andreas Gotter, Chr. Günther, 3. Lehrer zu Gotha und den Bibliothekar daselbst Joachim Barth. Mayer.

Auf einer kurzen Umschau in Deutschland merken wir uns noch folgende Sänger als Gesinnungsgenossen Frankes: Im Würtembergischen zu Schlanbeck dichtete der Hauslehrer Mich. Müller, in Darmstadt der landgräflich-hessische

Regierungsrath Rudolph von Schult, in Nassau der Oberhofprediger Dr. Joh. Chr. Lange. Der Sänger des Liedes: „Dir, dir, Jehovah ꝛc." war der Prediger Barth. Crasselius zu Düsseldorf. Auch ein gar tüchtiger Sänger war Dr. Fr. Adolph Lampe, Pastor zu Bremen, ebenso Oberpfarrer zu Oldenburg Peter Lackmann.. Ein treuer Freund Speners war der vielgeplagte Pastor Abr. Hinkelmann zu Hamburg, ebenso der Consistorialrath Joh. Jos. Winkler zu Magdeburg; ein Freund und Schüler Frankes war der Sänger des Liedes: „Eins ist noth, ach Herr," Joh. Heinr. Schröder, Pastor zu Möseberg bei Wolmirstädt; auch dessen Frau Tranquilla Schröder war eine begabte Sängerin. Zu Halberstadt sang der Pastor Wilh. Erasm. Arends und in dem nahen Wernigerode der Consistorialrath Heinr. Georg Neuß; auch von dem Hof- und Justizrath zu Naumburg L. R. Senft zu Pilsach und dem Superintendenten Clemens Thieme zu Colditz haben wir Lieder. Ein innig frommer Mann und gar erbaulicher Sänger war der gräflich Solmsche Geheimrath zu Laubach Philipp Balthasar Sinold, genannt von Schütz; auch der Bürgermeister Ernst Lange zu Danzig sang schöne Lieder.

Auch unter den Gegnern der Pietisten, den Orthodoxen, finden sich einige Liederdichter; es waren auch redliche Christen, wiewohl sie gegen eben so redliche Christen unter den Pietisten eiferten. Der erste Eiferer gegen die Pietisten war Dr. Joh. Friedrich Mayer, Generalsuperintendent von Schwedisch-Pommern, und nach dessen Tode Dr. Val. Ernst Löscher, Consistorialrath zu Dresden. Ebenso heftige Eiferer gegen die Pietisten waren die beiden Hamburger Geistlichen M. Erdmann Neumeister und M. Joh. Ludwig Schlosser.

Außerdem gab es auch unter den Stillen im Lande, das sind: die entweder den pietistischen Streitigkeiten ein Ende zu machen suchten und auch die, welche ohne allen Rumor ihrem Gott dienten, recht innige Sänger, die in unsern Gesangbüchern durch einzelne Lieder vertreten sind, als: die beiden Oberhofprediger zu Dresden Dr. Bernhard Marperger und Dr. Joh. Gottfr. Hermann, ferner der Dr. jur. und Professor Lüder Menke zu Leipzig, der M. Gotth. Schuster, Archidiakonus zu Zwickau und der Gymnasialdirector zu Altenburg M. Chr. Junker. Zu Nürnberg sang der leibeskranke Conrector Wolg. Christoph Dessler das köstliche Lied: „Wie wohl ist mir, o Freund der Seelen." — Aus Frankfurt a. M. haben wir aus des Consistorialraths Joh. Friedr. Stark „Täglichem Handbuch in kranken und gesunden Tagen" manch treffliches Lied, ebenso auch von dem Consistorialrath Lor. Wilh. Crantz zu Hanau und von dem Pfarrer Joh. Ernst Grebing zu Altheim bei Hanau. — In Holstein sang zu Plöne der Landdrost im Bubjadinger Lande Chr. Gensch von Breitenau und zu Neustadt am Lübecker Busen der Pfarrer Joh. Langemack; ebenso haben wir auch von dem königlich dänischen Quartiermeister Veit Ludw. Megander und von dem Landstand des Fürstenthums Calenberg Dr. Gerh. Molan verschiedene Lieder. Auch Soph. Regina Gräf, Tochter des Pfarrers Joh. R. Gräf zu Weltenwitz bei Eilenburg, wird hierher zu zählen sein.

Zu diesen Stillen im Lande wollen wir auch folgende schlesische Dichter rechnen: Zuerst den Schweidnitzer liederreichen Pastor Benj. Schmolk, dann den Liegnitzer Consistorialrath Jonathan Krause, ferner den Oberpfarrer zu Hirschberg Joh. Neunherz und endlich den Pastor prim. zu Lauban M. Gottfr. Edelmann.

Unsere Umschau führt uns jetzt in die Oberlausitz. Dort finden wir wieder gar herrliche Sänger, die durchgehends Freunde des gottseligen Spener und frommen Franke waren, aber durch Gottes weise Leitung die Vorläufer und anregenden Werkzeuge zum Sammeln der Brüdergemeinde oder der Herrnhuter wurden. Wir heben unter ihnen hervor: die Großmutter des Grafen Nic. Ludw. von Zinzendorf, Freifrau Henriette Cath. von Gersdorf auf Berthelsdorf, dann den Pastor zu Berthelsdorf Joh. Andreas Rothe, Sänger des glaubensfreudigen Liedes: „Ich habe nun den Grund gefunden," ferner den Freund der Frau von Gersdorf, Pfarrer zu Cemnitz bei Bernstadt Joh. Mentzer, ferner den ernsten Pfarrer zu Niederwiesa M. Joh. Chr. Schwedler und seinen Patron, den Landesältesten des Görlitzschen Kreises Hans Christoph von Schweidnitz, endlich den Rector Sam. Grosser zu Görlitz und den Pfarrer Gottfr. Tollmann zu Leula.

Die Brüdergemeinde, durch den Grafen Nic. Ludw. von Zinzendorf gesammelt und neu constituirt, hat einen Liederreichthum geschaffen, der uns billig in Verwunderung setzt. Viele sind nicht weiter, als in ihren Gemeinden verbreitet worden; doch haben sich verschiedene durch ihren entschieden gläubigen Ausdruck oder ihre herzgewinnenden Melodieen auch Bahn in andere Gesangbücher gebrochen. Von folgenden Dichtern finden sich auch in unsern Gesangbüchern Lieder: Der größte Dichter in der Brüdergemeinde war unstreitig der Graf Nic. Ludw. von Zinzendorf; entflammt von heiligem Feuereifer sang auch dessen Sohn, Graf Renatus von Zinzendorf, bekannt ist sein Lied: „Marter Gottes, wer kann dein vergessen." Von dem Musikdirector zu Herrnhut Christian Gregor ist das Lied: „Ach mein Herr Jesu, dein Nahesein" (P. 492.) und von dem Prediger Karl Bernhard Garbe zu Neusalz a. O. ist das Lied: „So lange Christus Christus ist, wird seine Kirche dauern."

In Würtemberg, wohin wir nun auf unserer Wanderung kommen, war durch Bengel (starb 1752 als Prälat zu Denkendorf bei Tübingen) und dessen Schüler in Speners Geiste ein Pietismus begründet, der, ohne in die Einseitigkeit des nordischen Pietismus zu verfallen, manche herrliche Frucht gebracht hat. Unter den Männern, die besonders auf das Volk wirkten, befinden sich auch folgende Liederdichter: Der apostolisch ernste Hofprediger des Herzogs Eberhard Ludwig von Würtemberg Dr. Joh. Reinhard Hedinger, dann der Dr. und Professor der Theologie zu Tübingen Gottfr. Hoffmann, ferner der Professor und Prediger an der Stiftskirche zu Stuttgart Dr. Chr. Eberhard Weißmann, ebenso der Rechtsconsulent Friedrich Conrad Hiller und der treffliche liederreiche Pastor zu Steinheim M. Phil. Friedr. Hiller, der Consistorialrath M. Joh. Christian Storr zu Stuttgart und endlich der Pfarrer zu Dettingen unter Urach Joh. Ludw. Fricker. Doch will ich hier auch des preußischen Gesandten bei dem schwäbischen und fränkischen Kreise Christoph Karl Ludw. von Pfeil auf Deufstetten und seiner köstlichen Lieder Erwähnung thun.

Hatte Spener zu seiner Zeit sich gedrungen fühlen müssen, auf ein practisches Christenthum, das sich durch gute Werke äußert, zu bringen, so legten die spätern Pietisten einen übertriebenen Werth auf gewisse Aeußerungen der Frömmigkeit, es entstand ein kränkelndes Christenthum, welches um so gefährlicher wirkte, wenn sich offenbare Heuchelei damit verband, welche dieses Kleid anzog, um ihre unlauteren Absichten damit zu erreichen. Die redlichen Seelen unter solchen Frommen hatten viel Kampf in sich selbst und auch mit ihrer Umgebung. Diese Zeit und ihre Sänger pflegt man wohl die jüngere hallische Schule zu nennen. Die vorzüglichsten Liederdichter dieser Zeit sind: Karl Heinrich von Bogatzky, Verfasser eines noch jetzt mit Segen gebrauchten „Schatzkästlein" und viel anderer erbaulicher Schriften, der Hofrath Kellner von Zinnenberg zu Halle, ferner Joh. Ludw. Conr. Altendorf, Pastor zu Halle, der still-fromme Professor Joh. Jac. Rambach zu Gießen, ebenso der dortige Stadtpfarrer Heinr. Theobald Schenk, auch der Reuß-Eberndorfsche Rath Ulr. Bogislaus von Bonin und der Pastor des Grafen Erdm. Heinr. von Henkel, Joh. Siegmund Kunth zu Pölzig. Auch soll der Dichter des so tröstlichen Liedes: „Mein Heiland nimmt die Sünder an" Leop. Franz Friedr. Lehr, Diakonus zu Cöthen, und der so eifrig fromme, milde Pastor zu Bunzlau, Ernst Gottl. Woltersdorf nicht vergessen werden; ebenso mögen der hannoversche Hofrath Dr. Chr. Ludw. Schmidt und der Pfarrer zu Gohfeld bei Minden Friedr. Aug. Weihe hier noch erwähnt werden. Vor allen Dingen merke aber auch den in Jesu ganz versenkten Seidenbandweber Gerh. Tersteegen zu Mühlheim a. R.

Der Kirchengesang hielt sich in der ersten Zeit dieses Zeitraums noch in seiner schönsten Blüthe; später aber entstanden durch den Einfluß der italienischen Tonschule und durch die weltliche Musik andere Formen, und weiche Tonarten wurden herrschend. Der colossale Rhythmus aus

Luthers Zeitalter verwandelte sich zuerst in einen leicht und zierlich dahinschwebenden Tact und wurde zuletzt tactlos. Die alten kernigen kirchlichen Tonarten mußten der weichen jonischen Tonart weichen. Den verderblichen Neuerungen im geistlichen Gesange trat, ohne das Gute des Neuern zu verwerfen, mit glücklichem Erfolge entgegen der fromme Cantor zu Berlin an der Nicolai-Kirche Joh. Crüger; sein Gesangbuch: „Praxis pietatis melica" hat mehr denn 20 Auflagen erlebt, und durch seine schönen und vielen Melodien hat er nach Luther am meisten unter den geistlichen Sängern gewirkt.

Die Nacht des Unglaubens und der weltlichen Aufklärung.

Mit dem Aufleben der Wissenschaften zur Zeit der Reformation hat auch die Weltweisheit (Philosophie) eine größere Ausbildung und damit zugleich eine größere Bedeutung und Kraft erhalten. So lange sie noch von der Kirche beherrscht wurde, war ihr Dienst in derselben nicht zu verachten; als sie aber mit dem Lichte der natürlichen Vernunft dem Evangelium in eigener Berechtigung sich gegenüber stellte, ist der Unglaube durch sie in die evangelische Kirche hereingebrochen. Gottfried Wilhelm Freiherr von Leibnitz (1646 geboren und 1716 zu Hannover gestorben) zeigte, und Christian Wolf (geb. 1679) bahnte durch seine Lehren dem Unglauben den Weg, der denn auch zu den Zeiten Friedrichs des Großen mit aller Macht hereinbrach. Besonders verderblich wirkten durch ihre Lehren zwei französische Männer Rousseau und Voltaire, die sich bestrebten, das Wort Gottes als ein Mährchenbuch darzustellen. Sie erhoben ihre Vernunft über das geoffenbarte Wort Gottes, und behaupteten, sie erkenneten Gott ohne Offenbarung. Diese Lehre gefiel allen denen, die sich von Gottes Geist nicht wollten strafen lassen, und deren Zahl wurde in Deutschland bald sehr groß und herrschend. Es stand nun Jedem frei, sich mit seiner Vernunft einen Gott zu denken, wie er ihm paßte. Einen Sündentilger, einen Heiland brauchten diese Leute nicht, sie glaubten sich gut und ohne Sünde geboren, und demnach die eigene Kraft zu haben, die Seligkeit zu erringen. Durch Lied, Schrift und Sprache, der man die größte Feinheit des Ausdrucks zu geben sich bemühte, wurde das Volk in diese Lehre eingeweiht. Bald war es so weit gebildet, daß ihm die Bibelsprache zu rauh und ungelenk sein mußte, und als ungenießbar bei Seite zu legen sei; den kräftigen Kernliedern der Vorzeit ging es nicht besser, man fing an, dieselben zu verbessern, und es gelang ihnen dies in dem Maaße, daß sie auch die ihnen mißliebigen Glaubenslehren in denselben ihrem rationalistischen Zeitalter angepaßt hatten, und Herrschaften, wie Patrone der Kirche zeigten einen rührigen Eifer, Liedersammlungen dieser Art ihren Eingesessenen aufzubringen. Schon so weit war es gekommen, daß man diejenigen, welche geistliche Lieder dichteten, für fanatisch, abergläubig und ruhmsüchtig hielt.

Männer, welche zu solcher Zeit das geistliche Lied auf den Plan zu bringen suchten, trugen die Schmach Christi, und suchten die echt evangelische Frömmigkeit zu lehren, zu bewahren und zu üben. Solcher traten aus dem 1744 zu Leipzig gestifteten Dichterbund, der „Beiträge zum Vergnügen des Verstandes und Witzes" herausgab, verschiedene hervor. Zuerst merken wir den kindlich frommen Leipziger Professor Christian Fürchtegott Gellert, dann den durch Gellerts Lieder angeregten „rechtgläubigen" Generalsuperintendenten des Fürstenthums Calenberg Dr. Joh. Adolph Schlegel, ferner den „durchaus guten (Ehegabe)" dänischen Oberhofprediger und Kanzler der Universität Kiel Dr. Joh. Andreas Cramer, und endlich den Sänger des Messias, den dänischen Legationsrath Friedr. Gottlieb Klopstock. — Etwas später traten auf im Norden Deutschlands als Dichter der Schleswig-Holsteinische Bankdirector Matthias Claudius, der weltberühmte Wandsbecker Bote, ferner der Prediger der deutschen Gemeinde zu Copenhagen Balthasar Münter, dann der Diakonus Joh. Christoph Eberwein zu Hamburg, ebenso der Mecklenburg-Schwerin'sche Hofprediger Heinr. Julius Tode und auch der Registrator Joh. Friedr. Löwen zu Rostock, endlich der Pastor M. Christoph Christian Sturm zu Hamburg. — In Preußen merken wir als Liederdichter in Königsberg den Kriegsrath und Stadtpräsidenten Theodor Gottlieb von hyppel, in Berlin den Pastor M. David Bruhn, und in Breslau den Oberconsistorialrath Dr. Joh. Timoth. Hermes. — Aus dem westlichen Deutschland nenne ich den Nassau=Using'schen Consistorialrath Joh. Daniel Karl Zickel und den Pastor Dr. Friedr. Adolph Krummacher zu Bremen.

Die Zeit des Erwachens.

Von Frankreich war der Unglaube ausgegangen und hatte sich über das evangelische Deutschland verbreitet, von dort ging auch die Strafe und Züchtigung desselben aus. Die französische Revolution, aus dem Unglauben geboren, wurde die heftige Strafruthe Gottes; denn womit Jemand sündigt, damit wird er gestraft. So erging es auch den Deutschen, die von den Franzosen den Unglauben angenommen hatten. Napoleon wurde für sie die Geißel Gottes, welche die Deutschen hart fühlen mußten. Da riefen die Zeugen Gottes laut in das abtrünnige Volk hinein: „Es ist deiner Bosheit Schuld, daß du so gestäupet wirst, und deines Ungehorsams, daß du so gestraft wirst"; und das Volk wurde inne und erfuhr, was es für Jammer und Herzeleid brachte, den Herrn unsern Gott verlassen und ihn nicht fürchten. Es erwachte aus seiner Sicherheit; es fing an, den Herrn zu suchen. Da fanden sich Männer, die ihm das Wort des Herrn, die heilige Schrift, reichten. Daraus entstanden die Bibelgesellschaften, und als man wieder erfahren, daß in keinem Andern Heil, auch kein anderer Name den Menschen gegeben sei, darinnen sie sollen selig werden, als Jesus, da sandte man auch zu den Heiden Boten, die ihnen denselben verkünden sollten. So entstanden die Missionsgesellschaften. Alle frommen Seelen dieser Zeit haben sich auf solche Weise am Bau des Reiches Gottes betheiligt; auch haben manche Lieder zum Preise des Herrn gedichtet. Aus solchen Liedern sind in den Liedersegen aufgenommen eins von dem Bonner Professor Ernst Moritz Arndt, zwei von dem Weimarischen Legationsrathe Joh. Falk, Gründer des dortigen Waisenhauses, und eins von dem Geheimrath und Professor Friedrich Rückert zu Neusaß bei Coburg.

Die Jetztzeit.

"Jetzt ist die Gnadenzeit; jetzt steht der Himmel offen." Ja es ist wahr, der Herr hat Großes an uns gethan, des sind wir fröhlich. So lange die Erde steht, ist das Wort Gottes noch nie so reichlich verbreitet gewesen, wie jetzt, und noch ist Vorrath von demselben und Gelegenheit getroffen, daß Jeder es erlangen kann. — Aber wem viel gegeben ist, von dem wird man viel fordern! — Könnte ich nun von unserer Zeit auch sagen: "So lange die Erde stehet, hat noch nie ein Volk so reichlich das Wort des Herrn gehört und bewahrt", könnte ich das mit Wahrheit sagen, dann wohl uns! Aber schauet euch um; müßte man nicht ausrufen: "Du sprichst: Ich bin reich und habe gar satt, und bedarf nichts und weißt nicht, daß du bist elend und jämmerlich, arm, blind und bloß. Ich rathe dir, daß du Gold von mir kaufest, (spricht der treue und wahrhaftige Zeuge) das mit Feuer durchläutert ist, daß du reich werdest; und weiße Kleider, daß du dich anthust, und nicht offenbar werde die Schande deiner Blöße, und salbe deine Augen mit Augensalbe, daß du sehen mögest. (Offb. 3, 18.) — Das ist was uns noth thut! Wiewohl Viele sich an dem Bau des Reiches Christi durch Betheiligung an der Bibelverbreitung, an der Heiden- und Judenmission, an der Rettung Verwahrloseter und Gefallener betheiligen, so ist doch der größte Theil unseres Volkes blind und elend, nackt und bloß; wissen und merken es aber nicht, sondern sprechen: "Wir sind gar satt." — Wie nun das Wort Gottes so reichlich verbreitet wird, ebenso reichlich fließt auch der Strom des geistlichen Liedes zu unserer Zeit. Die bekanntesten Dichter dieser Zeit sind: Gustav Friedrich Ludwig Knack, den 12. Juli 1806 zu Berlin geboren, jetzt Pfarrer an der Bethlehemskirche daselbst; am bekanntesten ist wohl sein Lied: "Laßt mich geh'n, daß ich Jesum möge seh'n;" dann dessen Schwager Moritz Görke, Pastor zu Zarben bei Treptow a. R., dessen Lieder: "Auf, laßt uns Zion bauen" und "Mach' dich auf und werde Licht" häufig an Missionsfesten gesungen werden; ferner der Pastor Albert Knapp zu Kirchheim unter Teck im Württembergischen. Außerdem sind och zu nennen: die Familie des Pastor Straube zu Pershagen bei Falkenhagen in der Mark, ferner Gustav Jahn, Vorsteher des Rettungs- und Brüderhauses zu Züchow bei Stettin u. A. m.

Gesangbücher.

Unsere Liedersammlungen nennen wir gewöhnlich Gesangbücher. Solcher Liedersammlungen giebt es nun sehr viele und verschiedene. Diejenigen, welche mit Genehmigung der vorgesetzten geistlichen Behörde bei den öffentlichen Gottesdiensten gebraucht werden, heißen kirchliche Gesangbücher; alle Liedersammlungen, welche nicht bei öffentlichen Gottesdiensten gebraucht werden, heißen Privatgesangbücher. Den Anfang zu unsern deutsch-evangelischen Liedersammlungen hat Luther 1523 gemacht. Er ließ zuerst die beiden Lieder: „Nun freu't euch, lieben Christen g'mein" und „Es ist das Heil uns kommen her" auf einen Zettel drucken mit vorgezeichneten Melodien. 1524 gab er heraus: „Etlich geistliche Lieder, Lobgesang und Psalm dem reinen Wort Gottes gemäß, aus der heiligen Schrift durch mancherlei hochgelehrt gemacht, in den Kirchen zu singen, wie es dann zum Theil bereits in Wittenberg in Uebung ist." Dieses erste Kirchengesangbuch enthält 8 Lieder. Es vermehrte sich aber so schnell, daß es 1526 schon 39 und 1546 der Lieder schon 183 enthielt. Es führte den Titel: „Das lutherische Gesangbuch."

In den meisten lutherischen Gemeinden hielt man sich eine gute Zeit nur an dieses lutherische Gesangbuch, welches bei jeder neuen Auflage vermehrt wurde, und die Gemeinde sang bei ihren Gottesdiensten nur Lieder aus demselben, ohne es zur Kirche mitzunehmen. Nur der Vorsänger hatte ein Buch zur Hand. Dieser Gebrauch hatte sich so fest gesetzt, daß es für Stolz und Anmaßung gehalten wurde, wenn Jemand außer dem Kantor ein Gesangbuch zur Kirche trug. Jedes Gemeindeglied konnte ohne Gesangbuch das Lied singen.

Johann Hermann Schein, Musikdirector zu Leipzig, gab 1627 eine Liedersammlung mit Noten heraus, in welche er auch die bessern Lieder seiner Zeit aufgenommen hatte. Diese Sammlung: „Cantitional oder Gesangbuch augsburgischer Confession," verschaffte sich an vielen Orten kirchliche Geltung. Später wurde sie durch den Organisten Bopelius zu Leipzig vermehrt und in der Musik verändert 1682 herausgegeben.

Im Jahr 1640 gab der fromme Canter Joh. Krüger an der Nicolaikirche zu Berlin seine Praxis pietatis melica heraus, in welche die Lieder Joh. Franks, Johann Heermanns und Anderer aufgenommen waren. Dieses Gesangbuch fand solche Aufnahme, daß es mehr denn 20 Auflagen erlebte.

Da aber von den Pflegern und Säugammen der Kirche noch kein bestimmtes Gesangbuch verordnet war, auch die vorgesetzten Behörden auf diesen Gegenstand des Gottesdienstes nicht immer ihr Augenmerk richteten, so geschah es leicht, daß bei den Sammlungen der Lieder von Privatpersonen, welches von jetzt ab an verschiedenen Orten geschah, Lieder von zweideutigem Werthe sich einschleichen konnten. — Diesem vorzubeugen, veranstaltete zuerst im Jahr 1647 der hannover'sche Generalsuperintendent Dr. Justus Gesenius auf höhere Veranlassung die erste zweckmäßige Sammlung von Liedern, welche noch heute die Grundlage der hannover'schen Gesangbücher bilden. Gesenius aber und sein Freund Denike erlaubten sich bei dieser Arbeit die Freiheit, ältere Lieder zu ändern und zu bessern!

Die neuen Lieder, welche durch Speners und Frankes kräftiges und gesegnetes Wirken hervorgerufen wurden, sammelte zuerst J. Anast. Freylinghausen, A. H. Frankes Schwiegersohn und Nachfolger im Predigtamte zu Glaucha, Vorstadt von Halle. Sie kamen in den Jahren 1704—1714 unter dem Titel: „Kern alter und neuer Lieder," auch die Noten unbekannter Melodien enthaltend, heraus. Eine treffliche Sammlung!

Durch die zu Halle ausgebildeten Diener der Kirche verbreitete sich das durch Spener und Franke angezündete Lebensfeuer durch ganz Deutschland, und die Sangeslust der Neuerwachten erforderte neue Liedersammlungen. So erschien 1711 das erste Berliner Gesangbuch. Da aber in demselben viele schwärmerische Lieder enthalten waren, so sah sich der Probst und geistliche Inspector Johann Porst genöthigt, schon nach zwei Jahren, 1713, das noch jetzt mit vielem Segen gebrauchte „Porst'sche Gesangbuch" herauszugeben.

Der fromme Pastor Joh. Martin Schamelius (geb. den 5. Juni, 1668 † 1742) zu Naumburg gab 1712 das „Naumburgisch glossirte Gesangbuch" heraus, welches in acht Jahren 11 Auflagen hatte. — 1731 erschien von dem Pastor G. Fr. Rogall in Königsberg i. Pr. ein Gesangbuch, von welchem in sieben Jahren 50,000 Exemplare verbreitet waren. Um dieselbe Zeit erschien auch in Pommern von dem Generalsuperintendenten Dr. Laurend David Bollagen zu Stettin das treffliche Gesangbuch: „Heiliges Lippen- und Herzensopfer." Es war zu dieser Zeit ein heiliger Eifer unter den Pflegern der Kirche; deshalb ließen sie auch den Gemeinden den vollen Segen derselben zufließen, und diese nahmen die köstlichen Sammlungen ganz willigglich auf, und wir, ihre Urenkel, genießen noch den Segen davon.

Als der Unglaube in Deutschland einbrach und die Gelehrten und Dichter danach trachteten, Alles auf die feinste, gefälligste Weise auszudrücken, da behagten ihnen die alten kernigen Kirchenlieder nicht mehr; sie machten sich also darüber her, änderten und modelten sie nach ihrer Weise. Gesammelt finden sich die so geänderten und die in solcher Zeit entstandenen Lieder in „Lieder für den öffentlichen Gottesdienst. Berlin 1765." Welches Gesangbuch von verschiedenen Patronen den Gemeinden hie und da mit Widerstreben aufgedrungen ist. — Zur Zeit des Wiedererwachens entstand das sogenannte Berliner Gesangbuch. Wie unsere Jetztzeit zu den früheren Zeiten steht, ist zu ersehen aus: „Geistliche Lieder für Kirche, Schule und Haus, herausgegeben von Anders und Stolzenburg;" ferner aus: „Unverfälschter Liedersegen, Verlag des evangelischen Büchervereins;" auch aus: „Geistliche Gesänge, Hauptverein für christliche Erbauungsschriften" und aus Anderen mehr.

Biographien der Liederdichter.
Die Zeit der Reformatoren 1523—1560.
Die sächsischen Reformatoren.

1. **Dr. Martin Luther.** Dieser von Gott gesandte Mann wurde geboren den 10. November 1483 zu Eisleben in der Grafschaft Mansfeld, wohin seine Eltern sich kurz zuvor von dem nahegelegenen Dörflein Möhra als arme Bergleute begeben hatten. Sein Vater, Hans Luther, und seine Mutter, Margaretha Lindemann, waren gottesfürchtige Leute; daher sie ihren Sohn, der am Martinstage getauft und deßhalb Martin genannt wurde, frühzeitig zur Schule schickten. Da er bald besondere Geistesgaben zeigte, so beschloß der Vater, ihn den Wissenschaften zu widmen, und brachte ihn deßhalb 1497 nach Magdeburg auf die Schule. Die Mittel zu seiner Unterhaltung waren zu gering, darum mußte er durch Singen vor den Thüren sein Brod zu erwerben suchen, und dennoch war ihm der längere Aufenthalt dort des Mangels wegen nicht möglich. Er begab sich nach Eisenach, um dort bei Verwandten unterzukommen; aber auch diese Hoffnung täuschte ihn. Jedoch verschaffte der Herr dem frommen Jüngling andere Hülfe. Als er eines Tages als Kurrendeknabe vor der Thür eines gewissen Konrad Kotta singt, wird er von dessen frommer Ehefrau ins Haus genommen und als ihr eigenes Kind verpflegt. Da die Frau eine große Freundin der heiligen Musik ist, so wird er in derselben noch besonders unterrichtet, wie auch zur Dichtkunst, nebenbei auch zum Drechseln und Zeichnen, angeleitet. Den übrigen Unterricht empfing er in der Schule. Durch seinen Fleiß brachte er es dahin,

daß er 1502, also 19 Jahre alt, die Universität Erfurt beziehen konnte, um nach dem Wunsche des Vaters die Rechte zu studiren. Indem er fleißig die dortige Bibliothek besuchte, findet er eines Tages eine lateinische Bibel, die erste in seinem Leben, die er mit großem Eifer lieset, dabei aber auch die Rechte nicht vernachlässigt. Da sein Körper aber nur schwächlich war, zog er sich durch seinen Fleiß eine heftige Krankheit zu. — Als er besser geworden, eilte er mit einem Freunde Alexis zu seinen trauernden Eltern nach Mansfeld, sie durch seine Genesung zu erfreuen. Auf seinem Rückwege nach Erfurt wird ihm sein Freund bei einem heftigen Gewitter an seiner Seite erschlagen. Diese Begebenheit wirkte so mächtig auf Luther, daß er beschloß, statt der Rechte die Gottesgelehrtheit zu studiren und als Mönch in das dortige Augustinerkloster zu gehen. 1507 wurde er Priester, nachdem er vorher schon die Magisterwürde erhalten hatte. 1508 wurde er auf Empfehlung des Dr. Staupitz vom Churfürsten Friedrich dem Weisen von Sachsen zum Professor der Philosophie auf der erst 1502 errichteten Universität Wittenberg ernannt. Durch sein streng christliches Leben und durch seine Vorträge hatte er schon eine solche Achtung bei den Augustinermönchen erlangt, daß er in einer Ordensstreitigkeit als Abgeordneter 1510 nach Rom gesandt wurde. Dort hatte er Gelegenheit, das unchristliche und laue Wesen der römischen Geistlichkeit kennen zu lernen. Die wohlausgerichteten Aufträge in Rom gaben Veranlassung, daß er 1512 durch Dr. Staupitz die Doctorwürde der Theologie erhielt. Diese Würde verpflichtete ihn, einen ganzen Fleiß dem Studium der heiligen Schrift zu widmen und selbige durch Disputationen und Schriften zu vertheidigen. —

Im Jahr 1517 trat auf Veranlassung des Papstes Leo X. der Dominikanermönch Joh. Tetzel auf und verkaufte Ablaßbriefe, in welchen geschrieben stand, daß den Leuten ihre Sünden um Geld vergeben würden. Luther, der dies sündliche Treiben nicht billigen konnte, predigte gewaltig dagegen, und als dies nicht genug fruchten wollte, schlug er am 31. October 1517 fünfundneunzig Sätze wider den Ablaß, in welchen klar zu lesen stand, wie man nach der

Worten der heiligen Schrift Vergebung der Sünden erlang[en]
könne, an die Schloßkirche zu Wittenberg. Das ist der A[n]-
fang der Reformation. Schnell, als wären die Engel B[o]-
tenläufer gewesen, verbreiteten sich diese Sätze über ga[nz]
Europa. Darüber war der Papst und seine Anhänger se[hr]
erzürnt. Luther wurde nach Augsburg gefordert und soll[te]
dort vor dem päpstlichen Gesandten Thomas de Vio v[on]
Kajeta seine in den 95 Sätzen vorgetragene Lehre widerrufe[n.]
Luther widerruft nicht! Bei seiner Zurückkunft nach Wittenbe[rg]
lernt er Philipp Melanchthon kennen, und derselbe wird se[in]
bester Freund. Indeß wüthen seine Feinde gegen ihn u[nd]
seine Lehre mit dem Bann; der Kaiser Karl V. fordert i[hn]
nach Worms auf den Reichstag. Am 18. April 1521 sta[nd]
er dort vor dem Kaiser und allen Herren des Reichs, üb[er]
5000 Personen. Man verlangte von ihm, er solle Alle[s,]
was er geredet und geschrieben, für Lüge erklären. Als [er]
nun sagte: Beweist mir aus der Schrift, daß ich gei[rrt]
habe, so will ich widerrufen und mit eigener Hand mei[ne]
Bücher in's Feuer werfen. Da wurde ihm gesagt: B[e]-
wiesen soll hier nicht werden, du sollst ganz kurz sagen, [ob]
du widerrufen willst oder nicht. — Luther antwortete: „I[ch]
kann nicht widerrufen, es sei denn, daß man mich aus d[er]
heiligen Schrift widerlege. Hier stehe ich, ich kann nic[ht]
anders, Gott helfe mir! Amen." Die ganze Versammlu[ng]
war erschüttert ob dem freimüthigen Bekenntniß. Luth[er]
wurde entlassen. Aber kaum war er aus Worms abgerei[st,]
so brachten es die Feinde der Wahrheit dahin, daß er [in]
die Reichsacht gethan wurde. Churfürst Friedrich der We[ise]
aber entrückte ihn den Augen seiner Feinde, indem sich Luth[er]
auf der Wartburg bei Eisenach unter dem Namen Junk[er]
Görg aufhalten mußte. Hier übersetzte er das neue Test[a]-
ment in die deutsche Sprache, damit auch das deutsche Vo[lk]
in seiner Sprache den Grund- und Eckstein ihres Glaube[n,]
Christum, erkenneten. — Durch blinden reformatorischen [Ei]-
fer entstanden Unruhen in Wittenberg. Luther verläßt ei[l]
die Wartburg und eilt dort hin, Ruhe zu stiften. Es g[e]-
lingt mit Gott. Aber von jetzt ab fängt er an, den Gotte[s]-
dienst, der so lange lateinisch gehalten worden, deutsch a[b]-
zuhalten und führt dabei auch den Gesang der Gemein[de]

ein. Das deutsche Testament hatte das Volk; nun sollte es auch deutsche Lieder haben, dazu mußten seine Freunde mithelfen. 1524 erschien das erste deutsche kirchliche Gesangbuch mit 8 Liedern. Die zweite Ausgabe 1525 hatte schon 16 Lieder, die dritte von 1525 enthielt schon 40 Lieder; so wuchs die Zahl der Lieder, daß ihrer jetzt so viele sind, daß man sie kaum zählen mag.

Im Jahr 1525 verheirathete sich Luther mit Katharina von Bora und führte mit derselben eine, auch mit Kindern reich gesegnete Ehe. 1530 wurde ein Reichstag nach Augsburg ausgeschrieben, auf welchem die evangelischen Fürsten Rechenschaft von ihrem Glauben ablegen sollten. Luther, als ein vom Kaiser in die Acht erklärter, durfte es nicht wagen, dabei zu sein. Er war unterdeß in der Nähe in Coburg und vertrat seinen Fürsten und seine Freunde, Phil. Melanchthon, Just. Jonas u. A., vor Gott mit unaussprechlichen Seufzern. Am 25. Juni 1530 durfte die von Philipp Melanchthon abgefaßte Bekenntnißschrift, die Augsburgische Confession genannt, vor dem Reichstage verlesen und dem Kaiser überreicht werden. — Luther bauete die übrige Zeit seines Lebens kräftig weiter an der nun aufgerichteten evangelischen Kirche, und stritt noch 16 Jahre siegreich fort für dieselbe, dichtete und sang noch manch herrliches Lied. Er ließ nicht ab zu wirken, bis ihn der Herr am 18. Febr. 1546 heimholte in die Hütten des Friedens. Er starb, wo er geboren war, zu Eisleben.

Achtunddreißig Lieder sind, welche wir von Luther kennen, und noch von mehren über diese Zahl hinaus ist es unbestimmt, ob sie nicht auch von ihm herrühren. Den Stoff zu seinen Liedern nahm Luther erstlich aus den Psalmen und anderen Bibelstellen, ferner aus lateinischen und ältern deutschen Liedern, welche er übersetzte und verbesserte, und endlich aus dem guten Schatz seines Herzens. Sie sind der Zeit nach erschienen:

1523. Nun freut euch, lieben Christen g'mein.
1524. Ach Gott vom Himmel, sieh' darein. Pf. 11.
     Es spricht der Unweisen Mund wohl. Pf. 13.
     Aus tiefer Noth schrei ich zu dir — Psalm 130.
     Dies sind die heil'gen zehn Gebot — Die zehn Gebote.

Mitten wir im Leben sind — aus dem Lateinischen.
Gott sei gelobet und gebenedeiet. Vers 1 ist uralt.
Gelobet seist du Jesus Christ — Vers 1 ist von Notker um 900
Jesus Christus unser Heiland, der von uns ꝛc. Nach Joh. Huß
Wohl dem, der in Gottes Furcht stehet. - Psalm 128.
Es woll' uns Gott genädig sein — Psalm 67.
Christ lag in Todesbanden. Gebessert.
Jesus Christus, unser Heiland, der den Tod ꝛc.
Komm, Gott Schöpfer, heil'ger Geist! Aus dem Lateinischen
Komm heil'ger Geist, Herre Gott. Aus dem Lateinischen nach
   Robert, König von Frankr. um 1000.
Nun komm' der Heiden Heiland. Aus dem Lateinischen nach
   Ambrosius um 390.
Christum wir sollen loben schon. Aus dem Lateinischen nach
   Cölus Sedulus um 450.
Ein neues Lied wir heben an.
1525. Wir glauben all' an einen Gott. Aus dem Lateinischen
   Ennodius um 520.
Gott der Vater wohn' uns bei. Altdeutsch a. d. 15. Jahrh.
Mit Fried' und Freud' ich fahr' dahin. Luc. 2, 29—32.
Mensch, willt du leben heiliglich. Die zehn Gebote.
Wär' Gott nicht mit uns diese Zeit. Psalm 13 und 124.
Nun bitten wir den heiligen Geist. Vers 1 altdeutsch, a.
   dem 13. Jahrh.
1526. Jesaia, dem Propheten, das geschah. Jes. 6.
1529. Die deutsche Litanei.
Ein' feste Burg ist unser Gott. Psalm 46.
1532. Verleih' uns Frieden gnädiglich.
1533. Herr Gott, dich loben wir. Der Ambrosianische Lobgesang
   um 390.
1537. Sie ist mir lieb, die werthe Magd. Offb. Joh. 12.
Vom Himmel hoch da komm' ich her. Luc. 2.
1539. Vater unser im Himmelreich. Matth. 6, 9—13.
1541. Den 12. Decbr. Was fürcht'st du Feind Herodes sehr.
1542. Erhalt' uns, Herr, bei deinem Wort.
Vom Himmel kam der Engel Schaar.
Der du bist drei in Einigkeit. Aus dem Lateinischen
   Ambrosius 390.

1b. M. Johann Walther war schon 1520 Kapellmeister des Churfürsten Friedrich des Weisen von Sachsen zu Torgau. Als nach Friedrich des Weisen Tode 15.. vom Churfürsten Johann dem Beständigen die Reformation in allen seinen Ländern eingeführt wurde, bat Luther seinen Freund Joh. Walther zu sich in sein Haus und an seinen Tisch, dazu noch einen Musikus, Rupf, und mehrere Geistliche. Diese bildeten eine Kantorei in Luthers Hause, u zu den gedichteten Liedern Melodien gesungen und auf Noten gesetzt wurden. Schon 1524 gab Walther sein „Wittenbergisch-teutsch-geistlich Gesangbüchlein" heraus. Als 1547 Herzog Moritz die Churwürde erhalten, wurde Walther nach Dresden berufen. Er lebte noch 1564. Von ihm sind die Lieder: Der Bräut'gam wird bald rufen. (Von Melchior Frank geändert, Porst. 900). — Frisch und getrost nun reise (Bollhag. 924). O Christe, Morgensterne (Porst. 644).

2. Justus Jonas, dieser treue Freund und Mitarbeiter Luthers am Werk der Reformation, wurde geboren 1493 zu Nordhausen. Er studirte zuerst die Rechtsgelehrsamkeit in Erfurt und in Wittenberg, wo er zuletzt auch Vorlesungen über das päpstliche Recht hielt. Aber durch Luthers Schriften erweckt, wandte er sich zum Studium der Gottesgelehrtheit und wurde bald ein Meister in derselben, so daß er schon 1521 die Stelle eines Probstes in Wittenberg erhielt. Er ist Luthers Jonathan genannt worden, weil er ihm immer so treulich zur Seite war. Er hat ihn auf den meisten Reisen begleitet, zuerst 1521 nach Worms und zuletzt 1546 zu seinem Tode nach Eisleben und die Leiche zurück nach Wittenberg. Er hat ihm auch bei Uebersetzung der Bibel mit seinen Einsichten gedient, da er die Bibel zum großen Theil auswendig wußte. Luther sagt von ihm: „Dr. Jonas hat alle guten Tugenden und Gaben, die man haben mag; allein, daß er sich so oft räuspert, das kann man dem guten Mann nicht zu Gute halten; denn die Welt ist böse und siehet die Gebrechen an den Predigern bald." Dessenungeachtet wird Dr. Jonas als ein sehr beredter Mann gerühmt, der den Leuten in's Gewissen zu reden verstand. Luther schätzt ihn daher sehr hoch; als er einmal aus nichtigen Gründen bei dem churfürstlichen Hofe in Ungnade gefallen war und darüber an seinem Einkommen geschmälert wurde, so daß er in die dürftigste Lage gerieth, sprach Luther gar kräftig für ihn und sagte: „Jonas ist ein Mann, den man auf Erden theuer kaufen und behalten sollte. Gott wird uns aber doch wohl versorgen, daß uns nichts fehle, wenn Ihr uns von unserm bischen Geld und Unterhalt noch abzieht." Und Gott hat den Jonas nachher

auch reichlich versorgt. Er wurde 1541 zum obersten evangelischen Pfarrer nach Halle berufen und hat daselbst m[it]
großem Erfolg die Reformation in's Werk gesetzt, so daß [er]
heute noch dort als der Stifter des neuen kirchlichen Wesen[s]
dankbar verehrt wird. Doch ist er auch dort nicht o[hne]
Kreuz gewesen. Im Jahr 1547 kriegte der Kaiser Karl [V.]
gegen den Churfürsten Johann Friedrich von Sachsen, b[e-]
siegte ihn und nahm ihn gefangen. Halle wurde auch e[r-]
obert. Ein spanischer Hauptmann hatte Befehl, den J. Jon[as]
heimlich zu ermorden; als er, zu ihm ins Quartier geko[m-]
men, seine herzliche Freundlichkeit sah, wurde er davon [so]
ergriffen, daß er zu ihm sagte: „Herr Doctor, ich ka[nn]
euch nicht bergen, daß ich Befehl habe, Euch umzubringe[n;]
ich sehe aber, daß Ihr ein ehrlicher Mann seid, darum ve[r-]
berget euch, daß nicht etwa ein Anderer beim Abzuge E[uch]
umbrächte." So flüchtete er nach Jena, kam in ruhig[er]
Zeit nach Halle zurück, wurde später Generalsuperintende[nt]
des Herzogthums Sachsen-Koburg und starb als solcher [zu]
Eisfeld den 9. October 1555. Von ihm ist das Lie[d]
„Wo Gott der Herr nicht bei uns hält" (Porst. 841.) u[nd]
Vers 4 und 5 von „Erhalt uns, Herr, bei deinem 2c."

3. Dr. Paul Eber, der treueste Freund Phil[ipp]
Melanchthons, wurde geboren zu Kitzingen in Franken d[en]
8. November 1511. Sein Vater brachte ihn 1523 na[ch]
Anspach auf die Schule. Ein Jahr darauf erkrankte [er]
dort. Sein Vater, davon benachrichtigt, schickte den ältest[en]
Sohn hin, ihn heimzugeleiten. Auf der Rückreise ritt [er]
ein Stück Weges auf dem Pferde eines Fleischers. D[as]
Pferd ging durch, und Paul Eber blieb im Steigbügel häng[en]
und wurde eine Strecke mit fortgeschleppt. Da er äußerl[ich]
nur am Kopf verletzt war, wurde dem Vater die Ursa[che]
verhehlt. Nach kurzer Zeit hatte aber Paul einen Hö[cker]
und mußte etwa ein Jahr lang zu Hause bleiben. 15[..]
nahm ihn sein Vater mit zu einer Hochzeit nach Nürnb[erg]
und ließ ihn dort auf der Schule, welche er acht Jahre [be-]
suchte. 1532 schickte ihn der Rath und einige vorneh[me]
Familien Nürnbergs, seines ausgezeichneten Fleißes weg[en]
auf ihre Kosten zur Universität nach Wittenberg. Hier

arb er sich bald Jedermanns Achtung und Freundschaft
nb wurde nach 4 Jahren Magister. Besonders lieb ge-
ann ihn Melanchthon, so daß er Paul Eber alle seine Ge-
imnisse anvertraute, und sich seiner, weil er eine schöne
and schrieb, bei seinen wichtigsten Schriften bediente, auch
e ohne seinen Rath etwas ausführte; man nannte ihn des-
egen im Scherz öfter „Melanchthons Receptorium." Sei-
r Aufsicht vertraute Melanchthon ihm empfohlene studirende
bellente an, die er zu den gelehrtesten und rechtschaffensten
enschen und Staatsdienern heranbildete. Melanchthon
urde auch sein Brautwerber, und Paul Eber erhielt zur
rau: Helena Kuffner, Bürgertochter aus Leipzig, im Jahr
541. Drei Jahre darauf ward er, 33 Jahre alt, Pro-
ssor der Grammatik zu Wittenberg und lehrte, zugleich neben
r lateinischen Sprache, Mathematik, Physik und Ethik mit
ßem Beifall. Als Wittenberg 1547 nach der Mühl-
rger Schlacht von Kaiser Karl V. belagert wurde, blieb
nebst Bugenhagen und dem Probst Cruziger als Seel-
rger ihrer Gemeinde in der Stadt, während die andern
hrer, den Fanatismus der Katholiken fürchtend, sich flüchte-
. Während dieser Belagerung dichtete er das Lied:
Wenn wir in höchsten Nöthen sein" nach dem lateinischen
ymnus des Joachim Kammerarius: In tenebris nostrae.
ach gnädiger Abwendung des zu fürchtenden Unglücks sang
zum Geburtstag seiner Helena, so hieß sowohl seine Frau,
e seine Tochter, das Neujahrslied: „Helft mir Gott's
üte preisen," so daß die Anfangsbuchstaben der sechs Verse
n Namen „Helena" geben. 1555 war er auf churfürst-
hen Befehl zur Generalvisitation der sächsischen Lande als
mmissarius nach Schlieben, Belzig und andern Orten be-
llt. Nach Dr. Joh. Försters Tode ward er 1557 Probst
der Schloßkirche und Professor der Theologie, begleitete
elanchthon auf das Concil nach Worms. Indessen starb
ugenhagen, und Paul Eber erhielt dessen Pastorat und Ge-
alsuperintendentur. Im folgenden Jahr ward er Dr. der
eologie. 1564 reiste er auf Verlangen der Academie zu
na dorthin und machte den Joh. Stößel zum Doctor und
68, mit Dr. Crell von dem Markgrafen Georg Friedrich
Brandenburg berufen, nach Anspach, die Streitigkeiten

zwischen dem Superintendenten und den dortigen Predi[gern]
zu schlichten, was er auch glücklich vollführte. Der Ma[rk]
graf ertheilte darauf einem seiner Söhne eine Pension [auf]
Lebenszeit. Darnach reiste er zu dem Kollegium nach [Al]
tenburg, erkrankte aber an den Beschwerlichkeiten und [dem]
Verdruß dieser Reise und starb den 10. December 156[9.]
Die letzten Jahre seines Lebens reichen schon in die Zeit [der]
Lehrstreitigkeiten hinein, und diese haben ihm viel Verd[ruß]
und zuletzt den Tod zugezogen. Außer den beiden gena[nn]
ten Liedern haben wir in unsern Gesangbüchern n[och]
„Herr Jesu Christ, wahr'r Mensch und Gott (P. 858), [—]
Herr Jesu Christ, mein Herr und Gott (P. 960), — [—]
Christi Wunden schlaf' ich ein (P. 1063), — Zwei Di[nge]
o Herr, bitt' ich von dir (P. 369), — Herr Gott, [wir]
loben alle wir" (P. 612), ist von Melanchthon zuerst la[tei]
nisch gedichtet und von Paul Eber verdeutscht. Des[halb]
soll hier auch kurz Melanchthons Biographie folgen.

4. M. Philipp Melanchthon wurde zu Bretten [in]
der Pfalz am 16. Febr. 1497 geboren; er zeichnete sich [in]
früher Jugend durch glänzende Gaben und bald durch t[iefe]
Gelehrsamkeit aus. 13 Jahr alt, bezog er die Universi[tät,]
im 14. Jahre wurde er Baccalaureus, im 15. Magis[ter]
der Philosophie, schrieb auch im 14. Jahre eine griechi[sche]
Grammatik, 1518 wurde er, erst 21 Jahr alt, als P[ro]
fessor nach Wittenberg berufen, und hat dort durch se[ine]
gründliche Wissenschaft, namentlich durch seine Sprachken[nt]
nisse und Tiefe in Auslegung der heiligen Schrift, du[rch]
seinen lebendigen Eifer für evangelische Wahrheit, durch [sei]
nen sanften stillen Sinn, welcher bei der innigen Freu[nd]
schaft, die ihn mit Luther verband und oft des letzte[ren]
stürmischen Feuereifer dämpfen mußte, sehr viel zum [Ge]
deihen des heiligen Werks der Reformation beigetragen. [So]
sanft und milde er überall war, so fest und klar wußte [er]
was er lehrte und wollte; die augsburgische Confession, [in]
welcher die Evangelischen ihre Lehre, in kurzen Sätzen zus[am]
mengefaßt, auf dem augsburger Reichstage vor Kaiser [und]
Reich 1530 bekannten, und welche seitdem das Hauptbekenn[tniß]
der evangelischen Kirche geworden ist, hat er verfaßt, e[ben]

die das Jahr darauf geschriebene Apologie der Confession. ther hat über beide eine große Freude gehabt und Melchthon als den geeigneten Mann zu Abfassung solches entlichen Bekenntnisses bezeichnet; „denn," sagte er, „ich sein sanft nicht treten kann." Melanchthons Ruhm rde so groß, daß er nach Frankreich und England hinufen wurde zur Beilegung von Streitigkeiten; er blieb r lieber in Wittenberg. Die Vermeidung von Spaltunin der Kirche war ihm Herzenssache; er ging deshalb bis an die äußerste Gränze der Nachgiebigkeit, den Kaliken gegenüber, weshalb er von den „rechtgläubigen" eunden die bittersten Vorwürfe zu erdulden hatte. So ige Luther lebte, konnten sie ihm nichts anhaben. Luther nte das treue Gemüth und die reine Lehre seines stillen undes und schützte ihn mit seinem Ansehen. Aber nach thers Tode standen die Feinde von allen Seiten gegen auf. Immermehr stellte sich bei den Lutherischen das dürfniß heraus, die Lehre in bestimmten Sätzen zu formuen, und in diesem Streben der geheiligten Vernunft, das heimniß des Evangelii offenbar und faßlich zu machen, chs die Feindschaft der großen Theologen gegen alle dersdenkenden. Hierüber mußte denn der sanfte friedende Melanchthon viel von ihren Schmähungen und Verungen leiden. Er aber suchte Frieden und jagte ihm h bis an seinen letzten Athemzug. Sein stetes und auch tes Gebet war: „Vater, laß sie Eins sein in dir." So rb er kampfesmüde den 19. April 1560 zu Wittenberg.

5. Dr. Johann Bugenhagen, am 24 Juni 1485 Wollin in Pommern geboren, deshalb zu seiner Zeit auch wöhnlich Doktor Pommer genannt, besuchte die Schulen Wollin und Stettin, darnach die Universität Greifswalde. seinem 20. Jahre wurde er Rector zu Treptow a. R., g dann in das nahegelegene Kloster Belbuck, und ert wegen seiner Gelehrsamkeit einen so großen Ruf, daß Herzog von Pommern ihn beauftragte, eine Geschichte Pommern zu schreiben. 1520 etwa fiel ihm Luthers h von der Babylonischen Gefangenschaft in die Hände. chdem er darin einige Blätter gelesen, rief er aus: „Es

3*

haben von Christi Geburt an viel Ketzer die Kirche angriffen, aber kein ärgerer ist gewest, als der dies Buch gmacht hat." Als er aber hernachmals dies Buch ganz durchgelesen, ist es helle geworden in seiner Seele, und hat seine vorige Rede widerrufen und gesprochen: „Was sich auch viel sagen? Die Welt ist blind und liegt in großer Finsterniß begraben; dieser einige Mann sieht, was wahr ist." Von Stund an hat er sich offen zu Luthers Lehre bekannt, und mit ihm seiner Freunde nicht wenige. Kaum aber hat der Bischof zu Cammin davon Kunde erhalten, als Bugenhagen vor seinen Verfolgungen die Flucht ergreifen muß. Er begab sich nach Wittenberg und hielt zuerst in aller Stille einigen Studenten Vorlesungen über den Psalter. 1521 wurde er dort einmüthig zum Pfarrer erwählt und von Luther eingeführt. Von dieser Zeit an diente er der Kirche wie der Universität mit dem größten Erfolg. Er ist dann auch viel in der Welt umher gewesen. In Hamburg, Braunschweig, Lübeck, Dänemark und Pommern hat er die Reformation eingerichtet und für diese Länder vortreffliche Kirchenordnungen verfaßt. Auch war er Luthers Beichtvater. Auch ihn trafen, wie Melanchthon, nach Luthers Tode die Verfolgungen der streitsüchtigen Lehrer; aber er wußte, an wen er glaubte, und ist in diesem Glauben selig entschlafen zu Wittenberg am 20. April 1558. (L. S. 668)

6. **Elisabeth Crutziger**, geborene von Moser, war die Gattin des Dr. Caspar Crutziger des Aelteren, eines durchaus gelehrten und frommen Professors und Dr. der Theologie zu Wittenberg und treuen Freundes Luthers, der bei allen wichtigen Sachen der evangelischen Kirche ihm mit seiner ausgezeichneten Gelehrsamkeit treuen Beistand leistete, verlor diesen ihren Mann am 16. Nov. 1648 nach dreimonatlicher Krankheit. Sie hatte aber in ihrem zehnjährigen Wittwenstande noch die Freude, ihre Tochter mit Dr. Luthers ältestem Sohn, Hans Luther, verheirathet zu sehen. Sie starb 1558. Von ihr ist das Lied: Herr Christ der ein'ge Gott'sohn (Porst 35).

6 b. **Erhard Hegenwalt**, ein Mitarbeiter der schmal-

kalbischen Artikel, sang um 1526 das Lied: „Erbarm dich mein, o Herre Gott" (P. 254).

Churfürstlich brandenburgische Geistliche.

7. **Joh. Agrikola**, am 20. April 1490 zu Eisleben geboren, studirte, nachdem er die Schule seiner Vaterstadt besucht hatte, unter Luther zu Wittenberg; 1519 wurde er nebst Melanchthon Baccalaureus der Theologie. Nachdem er verschiedene geistliche Aemter zu Frankfurt a. M. und Eisleben inne gehabt, auch Hofprediger des Churfürsten Johann von Sachsen und mit demselben auf dem augsburger Reichstage bei Uebergabe der „Augsburger Confession" gewesen war, und darnach wieder Prediger zu Eisleben, 1526 Lehrer zu Wittenberg: ging er 1540 nach Berlin, und wurde von dem Churfürsten Joachim II. zu seinem Hofprediger bestellt. Später wurde er Generalsuperintendent in der Mark, und der Churfürst bediente sich seines Rathes zur Ausbreitung der evangelischen Lehre in seinen Landen. Auf dessen Befehl setzte er auch ein Formular auf, wonach man sich in den Kirchengebräuchen richten sollte. Mit dem Probst Buchholzer zu Berlin bekam er Streit über die Nothwendigkeit der guten Werke. Auch hatte er früher schon mit Melanchthon einen Streit. Die Reformatoren wären zu ihrer Zeit genöthigt, das Wort Pauli: „der Mensch wird durch den Glauben gerecht, und nicht durch des Gesetzes Werke," besonders hervorzuheben. Agricola ging aber zu weit hinaus und sprach: „das Gesetz ist gar nicht Gottes Wort; das gehört auf das Rathhaus und nicht auf die Kanzel; alle, die mit Moses umgehen, müssen zum Teufel fahren." Das war nun sehr thöricht von dem Manne geredet und hat Dr. Luther angetrieben, mit Schriften gegen ihn zu zeugen, bis Agricola 1540 einen öffentlichen Widerruf that. Er starb 1566 am 22. Sept. an der Pest. Von ihm ist der Vers: „O Vater aller Frommen" (P. 680) und das Lied: „Fröhlich laßt uns Hallelujah singen" (Bollh. 854).

8. **Dr. Erasmus Alberus** ist der Sohn des Schulmeisters Thilemann Alber und wurde in der Wetterau ge-

oren. Seine Studien begann er zu Nidda und vollende
sie zu Wittenberg, wo er ein herzlicher Freund Luthers u
sein Zuhörer wurde. 1527 war er bei dem Ritter G
von Hackstein zu Heldenbergen, führte dann zu Dreieiche
als Pastor die Reformation dort durch. Später wurde e
Pastor zu Götzenhain und Sprendelingen. Darnach berie
Joachim II., Churfürst zu Brandenburg, ihn zu seinem Ho
prediger nach Berlin, in welchem Amt ihm J. Agricola
folgte. Er selbst ging 1541 als Prediger nach Neubran
benburg, wurde 1543 unter Luthers Vorsitz Dr. der The
logie zu Wittenberg. Seines Glaubens wegen hat er vi
Verfolgung leiden müssen; siebenmal ist er deshalb vertrie
ben worden; aber dennoch hielt er fest am Evangelium u
sang so herrliche Lieder, daß Luthers nicht besser sind. V
ihm sind: „Christ, der du bist der helle Tag (P. 651)
Gott hat das Evangelium (P. 918) — Gott der
wohn' uns bei (Nr. 187b des Liedersegens); — Dan
sagen wir alle Gott (P. 577). Ihr lieben Christen, freu
euch nun (P. 920). — Mein lieber Herr, ich preise di
(L. S. 2016). — Nun freut euch Gottes Kinder all
164). — Steht auf, ihr lieben Kinderlein (P. 1092).
Wer Gott's Wort hat und bleibt dabei (L. S. 151).
starb 1553 am 5. Mai.

Die preußischen Reformatoren.

9. Paul Speratus, aus dem schwäbischen Gesch
der von Spretten, a Rutilis genannt, wurde geboren
13. Dec. 1484 im Schwabenlande, hielt sich lange in
und einigen italienischen Städten auf, lehrte dann zu
burg, Würzburg, Salzburg und Wien die Theologie
Wien wurde er, als er in der St. Stephanskirche öffen
lich die reine Lehre des Evangeliums predigte, ins Ge
niß geworfen, in welchem ihm aber viele seiner Glaub
brüder nahe waren. Nachdem er wieder in Freiheit ge
war, unterließ er nicht, das Wort Gottes lauter und re
zu lehren. Er ging nach Iglau in Mähren, predigte
selbst 1522 gegen die Feinde der Wahrheit, und wurde
em Bischof zu Olmütz gefänglich eingesetzt. Von

Gefangenschaft schreibt er umständlich an die Gemeine zu Iglau. Er meldet nämlich in seinem Briefe, „daß er zwölf Wochen unverhört in ein gräßliches Gefängniß hart eingekerkert worden sei, und man ihn für den ärgsten Ketzer, wofür er Gott danke, gehalten habe." Auch mit Luther stand er um diese Zeit in Briefwechsel, kam auch 1523 selbst nach Wittenberg zu Luther, der ihn wegen seines Glaubens und seiner Gelehrsamkeit sehr achtete und ihn dem Herzog Albrecht in Preußen, dem Stifter der Universität Königsberg, dringend empfahl. Derselbe machte ihn 1525 zu seinem Hofprediger und dann zum Bischof zu Liebmühl in Pommern. In Preußen legte er mit Joh. Brismann und Joh. Poliander zuerst den Grund zur Reformation. Er starb den 17. Sept. 1554. Von ihm sind die Lieder: „Ich ruf' zu dir, Herr Jesu Christ (P. 476). — Es ist das Heil uns kommen her" (P. 374).

10. **Johann Graumann, genannt Poliander,** wurde geboren zu Neustadt in Baiern am 5. Juli 1487. Er studirte in Leipzig, wurde dort Magister und Baccalaureus der Theologie und Subrector. Bei der 1519 zu Leipzig angestellten Disputation des Dr. Eck mit Dr. Luther war er als Schreiber Ecks gegenwärtig. Er wurde aber durch diese Disputation von der Wahrheit der evangelischen Lehre überzeugt, so daß er sich fortan zu Luther hielt. Bald darauf wurde er Dr. der Theologie. Auf Luthers Empfehlung ging er 1525 nach Königsberg in Preußen, wurde dort Pfarrer in der Altstadt und half, vereint mit J. Brismann und P. Speratus, die Reformation daselbst befördern. Er starb am 29. April 1541, vom Schlage gerührt. Wegen seiner köstlichen Lieder wurde er der preußische Orpheus genannt. Von ihm sind: Fröhlich wollen wir Hallelujah singen (B. 854). — Nun lob', mein', Seel den Herren Ps. 103 (P. 597).

11. **Joh. Böschenstein** ist 1472 in Eßlingen geboren. Von den Juden lernte er in seiner Jugend die hebräische Sprache. Wegen seiner großen Kenntniß in dieser Sprache wurde er Lector derselben zu Ingolstadt. Er war

ein Freund Reuchlins. Von Ingolstadt entlassen, ging
zu Luther nach Wittenberg. Da er gelobte, als Christ
Wittenberg zu leben, so wurde er dort Lehrer der hebräischen
Sprache. Aber seine Besserung währte nicht lange. Im
December 1522 fand ihn die Polizei, stark angetrunken, des
Nachts in liederlichen Häusern. Um nicht in Haft zu
gerathen, entfloh er nackt und verwundet aus Wittenberg
nach Zerbst und hielt sich dort kurze Zeit verborgen, von
Reue und Verzweiflung niedergeschmettert (S. Luthers Brief
bei der Wette an Wenz. Link vom 19. Dec. 1522). Ge-
wiß hat er seinen Namen geändert und ist nach Danzig ge-
gangen, wo er in der hebräischen Sprache unterrichtet hat.
Sein Lied: „Da Jesus an dem Kreuze stund" — ist 152.
in Danzig schon unter die geistlichen Lieder aufgenommen.
Auch hat er dort wohl das Evangelium verkündet; denn
nicht lange darnach kam eine Gesandtschaft aus Danzig nach
Wittenberg, und bat um Joh. Bugenhagen als Pfarrer nach
Danzig. Es wurde ihnen aber ein Anderer geschickt und
so hat Böschenstein Danzig auch verlassen und soll nach
Braunsberg unter dem Namen Joh. Barbitonsor, seines
geschorenen Bartes wegen, als Prediger gegangen sein 1524.
Er soll einige und 60 Jahr alt geworden sein.

Die Sänger an der Oder.

12. Nicolaus Decius sang in Stettin. Er war
zuerst Mönch und wurde später Probst im Kloster Stetten-
burg, darauf Schulkollege in Braunschweig an der St. Ka-
tharinen= und Aegidienschule, endlich aber kam er nach
Stettin als Prediger. Er war ein Meister in der Musik
und schrieb zu den Liedern, die er dichtete, auch selbst
die Melodie und sang sie, indem er mit der Harfe dazu
spielte. Seine Wirksamkeit in Stettin währte bis in's Jahr
1541, wo er, am Hofe gewöhnlich M. Niclas genannt,
am 21. März 1541 starb. Von ihm sind: „Allein Gott
in der Höh' sei Ehr' (P. 1.) und „O Lamm Gottes, unschuldig" (P. 108).

13. Joh. Heß dichtete zu Breslau. Er ist geboren
den 23. Sept. 1490 zu Nürnberg. Er wurde zu Leipzig

Lehrer der Philosophie, 1511 zu Wittenberg Magister und ging dann nach Breslau, wo er Secretär des Bischofs Thurso wurde; von dort ging er als Hofmeister zu den Prinzen des Herzogs zu Münsterberg und Oels, Joachim Karl. Nach rühmlicher Verwaltung dieses Amtes machte er eine Reise nach Italien, wurde zu Bologna Dr. der Theologie und Diakonus in Rom 1520. Während dieser Abwesenheit beförderte ihn Bischof Thurso zum Kanonikus in Neiße, Brieg und an der Breslauer Kreuzkirche. Auf seiner Rückreise aus Italien besuchte er seine Vaterstadt Nürnberg und hielt dort seine erste evangelische Predigt. Luther freute sich sehr, daß Heß ein „Evangelist" geworden. Als er nach Breslau zurückkam, wurde er dort zum Priester an der Maria-Magdalenenkirche bestellt. Dort fing er an, die Reformation einzuführen. Am 25. Oct. 1523 hielt er hier zuerst eine evangelische Predigt. Als sich nun ein Streit zwischen ihm und den katholischen Geistlichen erhob, erlaubte der Rath ihm, daß er in der Dorotheenkirche acht Tage über verschiedene Punkte öffentlich disputiren durfte, wodurch das Evangelium stark verbreitet wurde. Heß stand bei der Bürgerschaft zu Breslau in großem Ansehen und bewirkte durch seine Entschlossenheit eine geregelte Einrichtung der Almosenpflege. Heß, der auch im Elisabeth-Gymnasium Vorlesungen hielt, starb am 6. Januar 1547 mit den Worten: Ave, Domine Jesu Christi, d. h. Willkommen bei meinem Herrn Jesum Christum, 56 Jahr alt, nachdem er auf der Kanzel vom Schlage getroffen worden war und sein Amt 25 Jahr verwaltet hatte. Er dichtete aus dem Reiseliede: „Inspruck, ich muß dich lassen" sein Sterbelied: „O Welt, ich muß dich lassen" (P. 878).

Die Sänger aus Böhmen.

14. **Nicolaus Hermann**, geboren um das Jahr 1480, war ums Jahr 1524 schon Kantor zu Joachimsthal. Er war ein eifrig frommer Mann und suchte auch die lieben Kleinen zu Christo zu führen; darüber hatte er anfänglich viel Ungemach auszustehen, so sehr, daß er Joachimsthal schon 1524 verlassen wollte und deshalb durch Magister

Stephan bei Luther erfragte, ob er in Joachimsthal die Sache des Evangeliums aufgeben und davongehen sollte. Luther aber räth ihm, zu bleiben, und spricht ihm unter'm 6. Mai 1524 die Hoffnung aus, es werde nun besser werden mit der Arbeit in Christo. Nach langem Harren wurde es denn auch besser, zumal da ihm seit 1532 der fromme Mathesius als treuer Freund und Helfer im Werk des Herrn zur Seite stand. Den Stoff zu seinen Liedern hat er oft von Mathesius entlehnt; denn wenn der eine gute Predigt hielt, die dem Hermann zu Herzen gegangen war, so machte er flugs ein Lied darüber für seine Schüler. Er hat dann den Text einfach und klar, wie es seine Schüler fassen konnten, mit den vornehmsten Lehren in die Form eines kindlichen Liedes gebracht. War zu dem Versmaaß keine Melodie vorhanden, so setzte sich der Meister in der Musik auch gleich hin und machte selbst eine dazu. So sind seine Lieder echte Volks- und Kinderlieder, und nicht anders will er sie angesehen wissen; denn nur den Kindern widmet er die 1559 zu Leipzig herausgekommenen „Evangelien-Gesänge" mit folgenden Worten: „Ihr allerliebsten Kinderlein, das Gesangbüchlein soll euer sein. Es ist fein alber und fein schlecht, drum ist es für euch Kinder recht. Alt und gelehrt Leut bedürfens nicht, und die zuvor sind wohl bericht. Gott will durch der Säuglinge Mund gepreiset werden alle Stund." — In seinem Alter wurde er sehr heftig vom Podagra geplagt, daß er den Herrn oft flehentlich bat im Sinn: „Herr, hol den kranken Hermann hin, da jetzt Elias wohnet. Amen!" Der Herr erhörte dies sein Gebet indem er ihn am 3. Mai 1561 eingehen hieß in die ewigen Hütten. Von seinen Liedern sind die bekanntesten: „Als vierzig Tag nach Ostern war'n (B. 338) — Am Freitag muß ein jeder Christ (L. S. 87) — Alle die Augen warten, Herr, auf dich (L. S. 490) — Bescheer uns, Herr, das täglich' Brod (P. 674) — Christo, dem Osterlämmlein (P. 134) — Dankt dem Herrn heut und allezeit (B. 111) — Die helle Sonn' leucht't jetzt herfür (P. 626) — Erschienen ist der herrlich' Tag (P. 135) — Gott Vater, der du deine Sonn' (P. 302) — Hinunter ist der Sonnenschein (P. 662) — Jesu, nun sei gepreiset (B. 220) — In

Gottes Namen fahren wir (P. 694) — Mit Tod'sgedanken geh ich um (L. S. 606) — Hört, ihr liebsten Kinderlein (L. S. 666) — So wahr ich leb', spricht Gott der Herr (L. S. 429) — Verzage nicht, o frommer Christ (B. 792) — Was Menschenkraft, was Fleisch und Blut (L. S. 658) — Wenn mein Stündlein (P. 886).

15. **Joh. Mathesius,** Joh. Hermann's Freund, war 1504 am 24 Juni zu Rochlitz, zwischen Leipzig und Chemnitz geboren, und wurde durch das Lesen von Luthers Schriften für's Evangelium gewonnen. 1529 ging er nach Wittenberg, um den Mann kennen zu lernen, der die Wahrheit so klar ans Licht stellte. Justus Jonas führte ihn bei Luther ein, und Mathesius wurde längere Zeit der Tischgenosse desselben, der ihn herzlich lieb gewann und häufig mit ihm nach Tische Dankpsalmen zu Gottes Lobe anstimmte. Als er einst vor Luther predigen sollte, blieb er stecken und kam unverrichteter Sache von der Kanzel zurück. Luther aber trieb ihn wieder hinauf, und er hielt, nachdem er sich gefaßt hatte, eine salbungsreiche Predigt. 1532 wurde er zum Rector nach Joachimsthal in Böhmen berufen, wo er mit Nic. Hermann thätig am Reformationswerk arbeitete. 1545 wurde er Pastor daselbst. Er liebte seine Gemeine herzlich, und nichts konnte ihn bewegen, sie zu verlassen. Die erkannte Wahrheit vertheidigte er mit großem Eifer und führte ein sehr gottseliges Leben. Er starb am 8. October 1565 im 62. Jahr seines Alters. Er schrieb verschiedene Erbauungsschriften, auch Luthers Leben in Predigten, welches auch jetzt noch gern gelesen wird. Von ihm sind: „Aus meines Herzens Grunde (P. 618). — Errett't uns, lieber Herre (L. S. 745). — Fromm bin ich nicht, das ist mir leid (L. S. 576b.). — Herr Gott, der du mein Vater bist (L. S. 572b.). — Nun schlaf, mein liebes Kindelein (L. S. 545).

16. **Michael Weiß** war Pfarrer unter der Brüdergemeinde in Böhmen zu Landskron und Fulneck. Er war ein standhafter Bekenner der evangelischen Wahrheit unter den böhmischen Brüdern, die sich zum Bekenntniß des Mär-

tyrers Joh. Huß hielten, von den Feinden aber auch mit den Namen: Picharden, Taboriten, Waldenser ꝛc. belegt. In der Abendmahlslehre stimmte er anfänglich nicht mit Luther überein, erkannte jedoch vor seinem Tode seinen Irrthum und wurde ein fester Anhänger von Luthers Lehre. Als er das Aufblühen des evangelischen Kirchengesangs in Deutschland sah, übersetzte er viele Lieder aus dem Böhmischen ins Deutsche und gab solche in einem besondern Gesangbuche, Jungbunzel 1531, heraus, welches sehr oft aufgelegt wurde. Von diesen Liedern sind folgende in unsere Gesangbücher übergegangen: „Als Jesus Christus Gottessohn (P. 167). — Christus der uns selig macht (P. 71). — Christus ist erstanden von des Todes Banden (P. 948). — Der Tag vertreibt die finstre Nacht (P. 625). — Es wird schier der letzte Tag herkommen (P. 892). — Nun laßt uns den Leib begraben (P. 874). — Lob sei dem allerhöchsten Gott (P. 15). — Von Adam her so lange Zeit (P. 922). — Weltlich Ehr und zeitlich Gut (P. 771)."

Außerdem sind von den böhmischen Brüdern aus dieser Zeit noch folgende Lieder in unsern Gesangbüchern: „Da Christus geboren war (B. 174). — Danket dem Herrn, denn er ist sehr freundlich (P. 675). — Gottes Sohn ist kommen (P. 14). — Mein Seel o Gott muß loben dich (B. 144). — Mein Mund soll fröhlich singen (B. 384).

Die Nürnberger.

17a. **Veit Dietrich**, am 8. Dec. 1506 zu Nürnberg geboren und Sohn eines Schuhmachers, wurde von seinem Hauslehrer Wolfgang Jacobäus in seinem 16. Jahre nach Wittenberg geführt, wo er sich bald die Liebe und Freundschaft Melanchthons und Luthers erwarb, in dem Maaße, daß er in Luthers Hause und an seinem Tische an 14 Jahre ausgehalten, und demselben als Schreiber nicht unwichtige Dienste geleistet hat. 1536 ward er als Prediger an der Sebaldus-Kirche in Nürnberg berufen; als solcher unterzeichnete er 1537 die Schmalkalder Artikel und kämpfte Zeit seines Lebens durch Predigt und Wandel gegen das gottlose Leben und die katholischen Mißbräuche in seiner Vaterstadt. Vielen Kummer verursachte ihm 1548 das ihm aufgedrungene Interim, seine Kräfte wurden dadurch verzehrt, daß er schon am 25. März 1549 starb. Von ihm ist das Lied: „Bedenk, o Mensch, die große Gnad" (L. S. 257).

17b. Lazarus Spengler, ein Mann voll Glaubens und Kräfte, wurde geboren am 13. März 1479 zu Nürnberg, wo sein Vater Rathsschreiber war, welches Amt er nach seinem Vater 1507 selbst überkam. Von seinem Verstande mag zeugen, daß er einmal sechs Kanzleischreibern in sechs verschiedenen Sachen zugleich dictirte. Kaum war Dr. Luther öffentlich hervorgetreten, so erklärte sich auch Spengler für ihn in einem Buch von 1519, betitelt: „Schutzred und christliche Antwort eines ehrbaren Liebhabers göttlicher Wahrheit mit Anzeigung, warum Dr. M. Luthers Lehr nicht als unchristlich verworfen, sondern mehr als christlich gehalten werden soll." Von da ab wurde er einer der eifrigsten Beförderer der Reformation, so daß er mit seinem Freunde Wilibald Pirkheimer auch in des Papstes Bann verfiel. Allein der Rath, anstatt sich hierdurch irre machen zu lassen, ordnete vielmehr Spengler 1521 als nürnbergischen Gesandten auf den Reichstag zu Worms ab, und 1530 auf dem Reichstag zu Augsburg wurde er vornehmlich Melanchthon zur Seite gegeben, damit derselbe den Römischen nicht zuviel nachgeben durfte. — Luther ehrte ihn so hoch, daß er ihm 1534 seine vollständige Bibelübersetzung zum Geschenk machte, welch Exemplar jetzt noch auf der Nürnberger Bibliothek zu finden ist. Als es mit ihm zum Sterben kommen sollte, setzte er noch zuvor sein Glaubensbekenntniß auf, welches Luther so hoch hielt, daß er es nach seinem Tode 1535 mit einer Vorrede in den Druck gab. Er starb nach schweren Schmerzen den 7. Sept. 1534 im 56. Lebensjahre. Von ihm ist: „Durch Adams Fall ist ganz verderbt" (P. 191). Es erschien zuerst 1524.

18. Hans Sachs, der von sich selbst singt: „Hans Sachs war ein Schuhmacher und Poet dazu" — zu Nürnberg. Er wurde daselbst geboren am 5. November 1494.

Sein Vater, ein Schneider, schickte ihn schon früh in die lateinische Schule, wo er sich schöne Kenntnisse erwarb, und ließ ihn darnach das Schuhmacherhandwerk erlernen. Um diese Zeit wurde die edle Dichtkunst in Deutschland zunftmäßig betrieben, und der ehrsame Handwerkerstand hat dazumal manchen Meistersänger gebildet. In Nürnberg lebte ein solcher, ein Leineweber, Namens Nunnenbeck, der sehr großen Ruhm durch ganz Deutschland erwarb, und von dem Hans Sachs so viel lernte, daß er ihn in Kurzem selbst übertraf. Es waren dazumal die Meistersängerschulen zu Nürnberg, Mainz und Straßburg die berühmtesten. Nachdem nun Hans Sachs seine Lehrzeit ehrlich und treu ausgehalten hatte, ging er, wie es im Handwerk damals Sitte war, auf die Wanderschaft, suchte auf derselben die berühmten Schulen auf und wurde bald ein so berühmter Dichter, daß er zu Frankfurt und München als Geselle selbst Schule halten konnte. Dabei entschlug er sich des Spiels, des Trunks und der Buhlerei, und hielt sich wacker und keusch. Nach fünfjähriger Wanderschaft kehrte er nach Nürnberg zurück, machte dort als Schuhmacher sein Meisterstück und ließ sich seßhaft nieder. Im 25. Jahre seines Lebens 1519 verheirathete er sich mit Kunigunde Kreuzer, der einzigen Tochter eines Bürgers in Wendelstein. Da lebte er nun ruhig und bescheiden, ließ den Weltlauf an sich vorübergehen, widmete sich seinem Handwerk und nebenher seiner Dichtkunst und sang manch köstlich Lied dem Herrn zur Ehre und zum Danke dafür, daß er ihm die Sangesgabe geschenkt hatte. Als Dr. Luther sein Reformationswerk begann, wurde er für ihn auch hoch begeistert, und dichtete ihm zu Ehren ein Lied, überschrieben: „Die Wittenbergisch' Nachtigall, die man jetzt höret überall," — durch welches Lied viel zur Beförderung der Reformation beigetragen ist. In Summa dichtete er 6048 Gedichte. Aber der Herr wollte seinen Knecht auch durch Leiden prüfen, ob er ihn treu befände. Sieben Kindlein, 5 Töchter und 2 Söhne, gebar ihm seine Gattin; aber sie alle wurden den blutenden Elternherzen entrissen, und am 27. März 1560, als er schon 66 Jahr alt war, rief der Herr seine Lebensgefährtin von seiner Seite. Um aber im Alter ehr

Stütze und Pflege zu haben, heirathete der 67jährige Greis getrosten Muthes zum zweitenmal, Barbara Herrscher, mit der er bis an das Ende seines Lebens in glücklicher Ehe lebte. Gegen das Ende seines Lebens konnte er sein Handwerk nicht mehr betreiben. Er verlor sein Gehör fast gänzlich. Da zog er sich von dem Verkehr mit der Außenwelt immer mehr zurück. Es saß aber da der ehrwürdige Greis mit silberweißem Barte immer still an seinem Tisch und las in seiner Bibel. Sprach Jemand mit ihm, so sah er ihn starr an, wandte dann aber, ohne zu antworten, sein Auge auf die heilige Schrift, las weiter und betete gar innig: „Laß mich von deinem Angesicht ewig verstoßen werden nicht!" Sanft und ruhig entschlief er in seinem 82. Jahre am 19. Januar 1576. Von seinen 22 geistlichen Liedern steht das schönste: „Warum betrübst du dich, mein Herz" (P. 364), — auch in unserm Gesangbuch.

19. **Sebaldus Heyd,** auch zu Nürnberg geboren 1498, ward Rector daselbst an der St. Sebaldusschule. Er war nicht nur ein geschickter Liederdichter, sondern auch ein Meister in der Tonkunst. Von ihm sind die beiden Lieder: „O Mensch, bewein' dein' Sünde groß (P. 109), — und: Wer in dem Schutz des Höchsten ist" (P. 319). — Er starb am 9. Juli 1561.

Sänger des westlichen Deutschlands.

20. **Johann Spangenberg** ist 1484 zu Harbexsen im Fürstenthum Calenberg geboren. 1520 wurde er Rector zu Nordhausen und bekannte sich zur Reformation. 1523 ist er Rector zu Stolberg. 1524 ist er der erste evangelische Prediger zu Nordhausen. Durch sein entschieden frommes Leben und seine ausgezeichneten Predigten brachte er bald ganz Nordhausen zum Evangelium. Sein Ansehen stieg bald so hoch, daß selbst Fürsten ihn aufsuchten. 1544 war Erich der Jüngere, Herzog von Braunschweig, in seinem Hause mit seiner Mutter, um sich mit Spangenberg über den Grund des Evangeliums zu unterreden. 1546 wurde er Generalsuperintendent in Eisleben, wo er den 13. Juni

1550 starb. 1545 gab er ein Gesangbuch in Folio heraus. Von ihm ist: „Komm, heil'ger Geist, erfüll' die Herzen (P. 175), — Kyrie, Gott Vater in Ewigkeit" (P. 383, vergl. P. 10).

21. **Johann Schneesing (Chiomusus)**, gebürtig aus Frankfurt a. M., war ein frommer, gelehrter und im Unterrichten der Jugend fleißiger Mann, auch ein geschickter Maler. Zuerst war er Vicar zu Gotha, wo er 1522 eine vortreffliche Kirchenordnung verfaßte und sein Lied: „Allein zu dir, Herr Jesu Christ, mein' Hoffnung steht" (P. 248), — selbst hinein schrieb; dann war er Pfarrer in Freimar bei Gotha 1534, wo er 1567 starb. Er hat tüchtig mit dem Schwerdt des Geistes gegen die Wiedertäufer, die Anhänger des Thomas Münzer, gekämpft.

22. **Hans Witzstadt von Werthheim**, ein alter Lehrer, aus Franken gebürtig, soll 1528 unter den Wiedertäufern zu Zwickau gewesen sein. Von ihm ist: „Kommt her zu mir, spricht Gottes Sohn" (P. 443).

23. **Adam Reußner** wurde geboren 1471. Er lernte von Reuchlin, genannt Capnio, die hebräische und griechische Sprache; von Jakob Ziegler Landavus erhielt er Kenntniß von der Geographie des gelobten Landes. Er war zuerst Erzieher im Hause des berühmten Georg von Frundsberg, desselben, der Luthern auf dem Reichstag zu Worms Muth einsprach; später war er Geheimschreiber desselben. Er begleitete 1627 das kaiserliche Heer unter Karl von Bourbon und des alten Fundsbergs Führung auf dem welthistorischen Zuge nach Rom. Er focht, wie alle Kriegsbeamte, auch im Gliede der Landsknechte und hinterließ über die Ereignisse der Jahre 1526—1530, namentlich über die Einnahme von Rom, wichtige Schriften. So verwaltete er lange Zeit viele Hofämter und lebte im Alter als Privatmann in Frankfurt a. M. Unter anderen Werken verfaßte er auch eine Beschreibung von Jerusalem. Im zweiten Theil derselben sagt er von sich selbst 1563: „Nachdem mich ... vor vielen Jahren angegriffen und gedemüthigt, aber

in allem Kummer Trost und Hilfe mir gethan und erzeiget und ich mich jetzt in meinem Alter befinde und spüre, daß mir alles gut gedienet hat; denn durch solchen Handel bin ich der Welt und sie wiederum mir verleitet, daß ich mich aller Geschäfte, Dienste und Aemter entzogen, mich von Jedermann abgesondert und in einem eingezogenen stillen Leben meine alte Studia, die ich, durch Hofleben, Kriegsrath und Gerichtshändel verhindert, gar verlassen und hingelegt hatte, wieder zur Hand genommen und dabei viel Freude und Ergötzlichkeit für alles Leid erfunden." — Bei so viel Erfahrung sang er gewiß mit ganzer Seele: „In dich hab' ich gehoffet, Herr" (P. 478). Auf seinen Taufnamen: Adam, hatte er folgendes Symbol gedichtet: „Was lebt, das stirbt durch Adams Noth; was stirbt, das lebt durch Christi Tod." — Er starb zu Frankfurt a. M. 1563 in einem Alter von 92 Jahren.

24. **Jakob Dachser** war ev. Geistlicher zu Augsburg. Er gab 1538 ein Gesangbuch heraus und dichtete das Lied: „Ich seufz' und klag' viel langer Tag" (L. S. 628). —

Fürstliche Sänger.

25. **Albrecht der jüngere**, Markgraf zu Brandenburg-Culmbach, ein Sohn Casimirs, wurde geboren zu Onolzbach im Anspachschen den 28. März 1522. Nach seines Vaters Tode stand er unter Vormundschaft seines Bruders bis 1541, wo beide die Erbländer theilten und Albrecht Culmbach erhielt. 1544 zog er mit gegen Frankreich, verband sich 1550 mit dem Churfürst Moritz von Sachsen, dem Churfürst Joachim II. von Brandenburg und Herzog Heinrich zu Braunschweig, half das in die Acht gethane Magdeburg belagern und 1552 ebenso Nürnberg. Von letzterer Stadt ließ er sich eine beträchtliche Summe Geldes zahlen. Vom Kaiser wurde er, da er dem Passauer Vertrage nicht beistimmen wollte, in die Acht erklärt und seiner Länder und Leute beraubt. Dem Churfürst Moritz von Sachsen, der zuvor mit ihm gegen den Kaiser gezogen

war, wurde die Execution wider ihn übertragen. Er schlug Albrecht bei Sievershausen, büßte aber selbst dabei sein Leben ein. Albrecht floh nach Frankreich und blieb dort mehrere Jahre. Als er von da unter kaiserlichem Geleit zurückkehrte, um in Regensburg sich mit dem Kaiser zu vergleichen, starb er unterwegs bei seinem Schwager, dem Markgrafen Karl von Baden, am 8. Januar 1557 zu Pforzheim, wo er auch begraben wurde. In der letzten Zeit seines Lebens bereuete er manche thörichte Unternehmung, zu welcher ihn sein unruhiges, hitziges Temperament häufig verleitet hatte und dichtete gottergeben das herrliche Trostlied: „Was mein Gott will, gescheh' allzeit" (P. 727). — So rauh auch früher sein Gemüth war, so wird doch von ihm gerühmt, daß er nie ohne Gebet sein Pferd bestiegen und stets gesagt habe: „Wer stärker ist, als dieser Mann (Christus), der komm' und thu' ein Leid mir an." —

26. **Maria, Königin von Ungarn und Böhmen,** die Tochter Philipps des Schönen von Oesterreich, Königs von Kastilien in Spanien, und Kaiser Karls V. Schwester, wurde geboren den 17. Sept. 1505. Sie vermählte sich mit Ludw. II., genannt der Frühzeitige, 1521 zu Ofen, verlor denselben aber schon nach fünfjähriger Ehe in der Schlacht bei Mohacz, welche die Ungarn am 26. August 1526 gegen die Türken verloren. Bald nach dem Tode ihres Mannes bekannte sie sich zum evangelischen Glauben und ward deshalb hart verfolgt, so daß sie aus Ofen flüchten mußte; daher Luther ihr 1526 vier Trostbriefe zusandte. In dieser Zeit der Verfolgung soll sie auch das Lied: „Mag ich Unglück nicht widerstan" (P. 445) gedichtet haben. Die Anfangsbuchstaben der drei Strophen enthalten den Namen Maria. Nachdem sie 1531 nach dem Tode ihrer Muhme, Margaretha, Wittwe des Herzogs von Savoyen, die Regierung der Niederlande angetreten, soll sie, wie einige Schriftsteller behaupten wollen, nur zum Schein von der evangelischen Wahrheit abgetreten sein. Sie stand der Regierung 25 Jahr mit großem Eifer vor und baute zu ihrem Gedächtniß 1542 in der Provinz Hennegau das Städtchen Marienburg. Im Jahr 1556 reiste sie mit ihrem Bruder

Kaiser Karl V. nach Spanien, wo sie am 18. October 1558 zu Cicales starb. Sie war eine sehr gelehrte und in der lateinischen Sprache wohl erfahrne Frau, liebte sehr die Jagd, trug aber auf derselben stets eine lateinische Bibel bei sich.

Plattdeutsche Dichter.

27. **Hermann Bonnus** wurde 1504 zu Osnabrück geboren. Nachdem er des Herzogs Johann des Aelteren in Holstein Informator gewesen war, wurde er Prediger in Stralsund, dann in Greifswalde, nachher Rector in Lübeck und endlich 1531, im 27. Jahr seines Alters, erster evangelischer Superintendent daselbst. Im folgenden Jahr rief man ihn mit Bewilligung des dortigen Bischofs nach Osnabrück, um die Reformation daselbst einzuführen. Da zu seiner Zeit die hochdeutsche Sprache in Norddeutschland vom Volk zum großen Theil nicht verstanden wurde, so predigten die Prediger gewöhnlich plattdeutsch. Joh. Bugenhagen übersetzte auch die Bibel in die plattdeutsche Sprache. Damit nun das Volk auch in ihm verständlicher Sprache Gott im Himmel Lieder singen könne, so übersetzte er viele lateinische Gesänge in die plattdeutsche Sprache und reinigte sie vom papistischen Sauerteige; auch einige der hochdeutschen Lieder änderte er in die plattdeutsche Sprache um. Diese Lieder erschienen 1547, ein Jahr vor seinem Tode, unter dem Titel: „Geistlike Gesenge und Leder, de nicht in dem Wittemberge'schen Sangbökeschen stan, corrigeret dorch Magistrum Hermannum Bonnum, Superattendenten tho Lübeck 1547." So wurde Bonnus der Gründer des plattdeutschen Kirchengesanges. Er starb am 12. Febr. 1548. Von ihm ist zuerst in plattdeutscher Sprache gedichtet das Lied: „O wir armen Sünder" (P. 116). —

28. M. **Johann Freder** ist den 28. August 1510 zu Cößlin in Pommern geboren. Er studirte zu Wittenberg, wurde dort Magister und Hausfreund Luthers. Darnach ging er zurück nach Pommern und predigte zuerst in seiner

Vaterstadt die reine Heilslehre. 1537 kam er als Conrector nach Hamburg an die Johannisschule, wurde 1540 Pastor an der Kathedralkirche und Lector Theologiä secundaris daselbst, 1547 Superintendent und Pastor primarius zu Stralsund, 1549 Professor zu Greifswald und Superintendent der Insel Rügen, wo er des Interims wegen die Streitigkeiten bekam und diese Stelle verlassen mußte. Darnach wurde er als Superintendent nach Wismar in Mecklenburg berufen, wo er, der Sage nach, mit seiner Frau und seinen drei Kindern an Vergiftung gestorben ist am 25. Februar 1562. Er ist der fruchtbarste unter den plattdeutschen Liederdichtern. Die bekanntesten seiner Lieder sind: „Gott Vater in dem Himmelreich (Bollh. 898) und Ich dank' dir, Gott, für alle Wohlthat" (P. 633)." —

29. Joachim Magdeburg, gebürtig aus der Mark Brandenburg, wurde 1552 von Salzwedel in der Altmark nach Hamburg zum Diakonus an der St. Peterskirche berufen. Von dort kam er 1558 nach Magdeburg. 1572 gab er Tischgesänge mit vierstimmigen Tonsätzen heraus. Seine übrigen Lieder finden sich zuerst in: „Psalme und geistlicken Leder und Gesänge von Dr. M. Lutheren Ock velen andern Christlicken Leerern undt Godtseligen Meunern gestellet u. s. w. Gedruckt the Olden Stettin borch Andream Kneller 1577. (1576) in 8. geschrieben. Andere schreiben es dem Joh. Mahlmann zu.

30. Hermann Vespasius war Prediger zu Stade und gab 1571 heraus „Nye christlike Gesenge unde Leder up allerley arbt Melodien der besten olden düdescher Leder. Allen framen Christen tho nütte nu irstlak gemaket unde in den Druck gegewen börch 2c." Aus dieser Sammlung ist sein Lied: „Wäre meiner Sünd' auch noch so viel" (L. S. 432). —

31. Andreas Knöpken, auch Knopkius genannt, dessen Lieder in der bei J. Magdeburg genannten Liedersammlung herausgekommen sind. Bekannt sind: „Vor

allen Menschen abgewandt (B. 706). — Was kann uns kommen an für Noth" (P. 508). —

Reformirte Dichter.

32. **Ambrosius Blaurer** war zu Costnitz am Bodensee den 4. April 1492 von ablichen Eltern geboren. Er studirte zu Tübingen, wurde dort Baccalaureus und Magister und ging darauf in das Kloster Alpersbach an der würtembergischen Grenze. Als er hier Luthers Schriften las, konnte er der Wahrheit nicht widerstehen. Er verließ 1523 das Kloster und ging zu seinen Eltern. Herzog Ferdinand, Landvogt in Würtemberg, verlangte auf Befehl des Abts zu Alpersbach von dem Rath zu Costnitz, den Blaurer zur Rückkehr in sein Kloster anzuhalten. Allein dieser vertheidigte sich öffentlich und ging nicht zurück. 1528 wohnte er der Disputation zu Bern bei und vertheidigte die Lehre Luthers gegen die Katholiken, wurde darauf Prediger zu Costnitz und fing an, dort die Reformation einzuführen. Darnach reformirte er zu Ulm und Eßlingen, predigte das Evangelium eine Zeit lang zu Augsburg und Memmingen und kehrte dann nach Costnitz zurück. 1535 ward er nach Tübingen berufen und bekämpfte die Lehre des Schwenkfeld, wohnte auch 1537 dem Convente zu Schmalkalden bei. In der Abendmahlslehre unterschrieb er die Wortfassung Luthers, soll sich aber doch zur Ansicht des Zwingli geneigt haben. Aus Tübingen entlassen, ging er wieder nach Costnitz, mußte aber 1545 auch diesen Ort wieder verlassen, weil er das Interim nicht unterschreiben wollte. 1551 wurde er Prediger zu Biel, zog, da seine Kräfte abnahmen, zu seinen Verwandten nach Winterthur und starb daselbst 1567. Von ihm und nicht von Joh. Friedr., Churfürst zu Sachsen, ist das Lied: „Wie's Gott gefällt, so gefällt 2c." (P. 728). —

33. **Johann Zwick**, ein frommer und gelehrter Theologe, geboren zu Costnitz am Bodensee, studirte zu Basel und Freiburg die Rechte und wurde zu Bologna Doctor derselben. Da er aber das Heil seiner Seele zu suchen anfing, ging er zur Theologie über und wurde zu Reutlingen

an der Donau in Oberschwaben Pfarrer. Weil er aber der evangelischen Lehre von Herzen zugethan war, dieselbe auch frei verkündigte, so brachte er die Katholiken so gegen sich auf, daß sie ihn mit Gewalt vertrieben. Er machte es wie Blarrer, ging nach Costnitz, und wurde 1525 daselbst Prediger. 1536 war er zu Wittenberg und empfing nach Abschluß der Concordia mit Luther und den übrigen Wittenberger Geistlichen das heilige Abendmahl. Er starb 1542. Von ihm sind uns acht Lieder hinterlassen, davon das bekannteste: „Auf diesen Tag bedenken wir" (P. 155). —

34. **Johann Kohlros** war ein Kirchenlehrer zu Basel, der viel innerliche Anfechtungen zu erdulden hatte. Er soll im Jahr 1558 gestorben sein. Einige Schriftsteller wollen wissen, daß er sich auch Johann Rhobantrātius genannt habe. Von ihm sind: „Ewiger Vater und Herr (L. S. 367), — Ich dank dir, lieber Herre (P. 634), — Wo Gott zum Haus nicht giebt sein' Gunst" (P. 367). Auch soll: „Alles ist an Gottes Segen" — von ihm sein.

35. **Wolfgang Fabricius Capito** oder **Köpflein**, welcher auch in Basel die Reformation beförderte, war der Sohn eines Rathsherrn, zu Hagenau im Elsaß 1498 geboren. Er studirte zu Basel, seinem Vater zu Gefallen, die Arzneikunst und wurde zu Freyburg 1498 Doctor derselben. Nach seines Vaters Tode aber studirte er 4 Jahre Theologie und Rechtswissenschaften und wurde 1504 Dr. der Theologie. Nachdem er in Freyburg die Theologie gelehrt hatte und später in Bruchsal Prediger gewesen war, wurde er 1520 Hofprediger des Erzbischofs von Mainz. Nachdem er in wichtigen Gesandtschaften gebraucht worden war, erhob ihn der Kaiser 1523 mit seiner Familie in den Adelstand. Da er in Mainz die Reformation nicht befördern konnte, ging er mit seinem Freunde Martin Bucer 1523 nach Straßburg am Rhein, wurde Probst zu St. Thomas und legte den Grund zur evangelischen Lehre in Frankreich durch die von Magarethe, der Schwester des Königs Franz, zu ihm geschickten Gelehrten. 1525 erhielt er den Ruf nach Hagenau, dort schaffte er die katholischen Gebräuche ab,

kehrte darnach nach Straßburg zurück und wirkte, soviel er konnte, die Ausbreitung des Evangeliums zu befördern. Er starb daselbst an der Pest 1541 im December. Er strebte von ganzem Herzen eine Einigung zwischen den Lutheranern und Reformirten in ungefälschter Liebe an. Von ihm ist: „Die Nacht ist hin, der Tag bricht an" (L. S. 451) — und „Gieb Fried zu unserer Zeit" (B. 1079). —

36. **Wolfgang Dachstein** war ebenfalls ein Straßburger Dichter, dazu ein tüchtiger Meister in der Musik, der sich Capito und Bucer gleich anschloß und durch Lieder das Volk für die Reformation geneigt machen wollte. Er dichtete und setzte auch die Melodie zu dem Liede: „An Wasserflüssen Babylon" 1525. (P. 825). —

37. **Heinrich Vogther** war auch ein Straßburger Dichter zu dieser Zeit; er hat das Lied: „Herr Gott, der du erforschest mich" (P. 6.) gedichtet.

38. **Ludwig Oeler** half gleichfalls in Straßburg durch seine Lieder die Reformation befördern. Von ihm sind: „Herr unser Gott, wie herrlich ist (B. 1056) — und Herr, straf mich nicht in deinem Zorn" (P. 261). —

39. **Matthäus Greiter** dichtete auch zu dieser Zeit in Straßburg. Das Lied: „O Herr Gott, begnade mich" (B. 1079) — erschien von ihm 1531 im Druck.

40. **Conrad Hubert** wurde ums Jahr 1513 zum Lehrer nach Straßburg berufen. 1542 wurde er zum Diakonus an St. Thomas nach Capitos Tode bestellt und starb, nachdem er 44 Jahre im Lehramt gestanden hatte, 1557. Von ihm ist das Lied: „O Gott, du höchster Gnadenhort" (B. 606). —

41. **Burkhard Waldis** war eine Zeit lang Hofprediger der Markgräfin von Hessen. Darnach wanderte er durch viele Länder und lebte in drückender Armuth. Von ihm, der namentlich als Fabeldichter sich einen Namen er-

worben hat, erschien: „der Pfalter." In neue Gesangsweise und künstliche Reime gebracht durch B. W. Frankfurt am Main 1553. „Der Herr sprach in seinem höchsten Thron" (P. 916) — ist auch sein Lied.

42. Wolfgang Muskulus oder Meußlin, geb. den 8. Sept. 1497 zu Dinuze in Lothringen, war zuerst Weber, hatte eine angenehme Stimme, war einige Zeit darnach sogar Tagelöhner zu Straßburg; darauf ist er Dorfpfarrer bei Straßburg, dann in Straßburg, Augsburg. Nachdem Interim Professor der Theologie zu Bern. Er starb am 30. Aug. 1563 und hat gedichtet: „Christe, der du bist Tag und Licht (P. 652), — Der Herr ist mein getreuer Hirt" (P. 490). —

43. Solius, Christoph, zu Luthers Zeit Prediger in Straßburg, dichtete: „Christ fuhr auf gen Himmel" (L. S. 154b.). —

44. Buchfelder, ein reformirter Prediger in Emden, dichtete: „Erleucht mich, Herr mein Licht" (P. 321). —

Die Zeit der Lehrstreitigkeiten unter den Schülern der Reformatoren. 1560—1618.
Die Sänger in der Mark.

45. Bartholomäus Ringwaldt. Dieser fromme Sänger wurde geboren zu Frankfurt an der Oder 1530. Er war 1556 Pfarrer zu Langsfeld in dem zum Johanniterorden gehörigen Amte Sonnenburg. Es lag ihm das Seelenheil seiner Gemeindeglieder nicht bloß, sondern der in todten Wortglauben versunkenen Christenheit überhaupt sehr am Herzen, und er suchte an seinem Theil sie zu einem lebendigen, thätigen Glaubensleben zu erwecken. Da er nun die Macht des Liedes kannte, so fing er in seinen späteren Jahren noch Lieder zu dichten an; es sind ihrer 120. Hiermit noch nicht zufrieden, deckte er in einem eigenen Büchlein: „Die Teutsche Wahrheit" alle Sünden und Gräuel seiner Zeit klar auf und ermahnte gar kräftig

[zu]r Buße und malte seinem Geschlechte die Strafen der
Hölle und die Seligkeit des Himmels lebendig aus. Aber
das Volk achtete nicht auf seine Predigten und Schriften,
vielmehr zog er sich dadurch Schmähungen und Verfolgungen
zu. Dazu war er ein rechter Kreuzträger. Pest, Hunger,
Ueberschwemmung, Feuersbrunst suchten ihn heim, so daß
er, obgleich er heitern Sinnes war, von solcher Welt der
Trübsale und unerhörten Leiden nichts mehr hoffte. Doch
der Herr gab dem „weißhaarigen Greise" wieder ein fröh-
liches Herz, weil er wußte, daß der Herr gern hilft allen,
die auf ihn trauen, bis daß Er ihn ließ „auf der
Kelter Jakobs klar in's Leben aus dem Tode fahr'n," 1598.
Die bekanntesten seiner Lieder sind: „Ach Gott, in Gnaden
von uns wend' (P. 316.); — Ach lieben Christen, trauert
nicht (B. 936.); — Allein auf Gott setz' dein Vertrau'n
(P. 784.); — Es ist gewißlich an der Zeit (P. 891.); —
Geliebten Freund', was thut ihr so verzagen (P. 855.); —
Gott heiliger Geist, hilf uns mit Grund (B. 358.); — Gott
Vater, Ursprung, Quell und Grund (B. 381.); — Herr
Jesu Christ, du höchstes Gut (P. 271.); — Herr Jesu
Christ, du höchstes Gut ic. Wir kommen deinen (L. S. 274.);
— Herr Jesu Christ, ich weiß gar (P. 857.); — Herr
Jesu Christ, thu' Glück und Heil (B. 646.); — Hilf mir,
Herr Jesu, weil ich leb' (B. 1056.); — Lobet den Herrn
und dankt (P. 678.); — O frommer und getreuer Gott,
aller (P. 318.); — O frommer und getreuer Gott, ich
hab' (P. 270.); — O Gott, ich thu' dir danken (P. 645.);
— O heil'ger Geist, du höchstes Gut (B. 368.); — O Herr,
dein' Ohren neige (P. 893.); — O Herr Gott, der du
deiner Schaar (P. 305.); — Singen wir aus Herzensgrund (B. 122.); — Wend' ab deinen Zorn, lieber Gott,
mit (L. S. 582.)." —

46. **Bartholomäus Gesius** war zu B. Ring-
walds Zeit Cantor zu Frankfurt an der Oder. 1558 gab
er eine mehrstimmige Passion heraus. Sein Lied: „Mein
Seel', o Gott, muß loben dich (L. S. 204.)" — kam zuerst 1601 in den Druck. Im unverfälschten Liedersegen
wird ihm auch das Lied: „Heut' triumphiret Gottes Sohn"

Lieberborn. 4

(P. 137.) — zugeschrieben und im Bollhagen: „Wend'
ab deinen Zorn, lieber Gott" (B. 901.). —

46a. Bartholomäus Fröhlich war Pfarrer zu Perleberg in der Priegnitz, starb 1587 oder 1597 und dichtete
„Ein Würmlein bin ich arm und klein" (P. 852.). —

Die Sänger in Chursachsen.

47. Christian II., Churfürst zu Sachsen, geb.
den 23. Sept. 1583, gest. den 23. Juni 1611. Von ihm
ist das Lied: „Zu Gott allein hab' ich's gestellt" (L. S. 671.).

48. Dr. Nicolaus Selnecker. Dieser vielgeprüfte Mann und vertraute Freund Melanchthons wurde
geboren den 6. Dec. 1532 zu Hersbruck bei Nürnberg. Er
war schon als zwölfjähriger Knabe Organist an der kaiserlichen Hofkapelle zu Nürnberg. Der spätere Kaiser Ferdinand I., welcher ihn öfter die Orgel spielen hörte, wollte
ihn wegen seiner großen musikalischen Talente entführen und
nach Spanien bringen lassen. Doch errettete ihn der Herr
aus dieser Gefahr, so daß er 1549 die Universität Wittenberg beziehen konnte, wo er dem Melanchthon in's Haus
und an den Tisch gegeben wurde. 1554 wurde er daselbst
Magister, 1557 wurde er Hofprediger zu Dresden und
Lehrer des Prinzen Alexander. Dort trat er als ein kräftiger Zeuge den heimlichen Anhängern der Calvinischen
Lehre, als ein treuer Lutheraner, entgegen, und weil er deshalb verfolgt wurde, ging er, von dort entlassen, nach Jena
1565, wo er als Professor der Theologie rein lutherisch
lehrte, aber in den fleischlichen Streit und die wüthende
Ketzersucht der übrigen Lehrer nicht einstimmen wollte; deshalb beschuldigten ihn diese wiederum des heimlichen Calvi-
nismus und bewirkten, daß er seines Amts „als Irrlehrer"
entlassen wurde. Seine Feinde nannten ihn, unter Ver-
drehung seines Namens, „Seelhenker." Nun beriefen ihn
die Leipziger 1568 zu ihrem Superintendenten und Pastor
an der St. Thomaskirche und Professor der Theologie.
1577 wurde er mit Jak. Andrä und Chemnitz nach Kloster
Bergen bei Magdeburg zur Abfassung der Concordienformel
berufen. Vorher hatte er schon als Generalsuperintendent

in Wolfenbüttel die Reformation durchgeführt. In Leipzig wirkte Selnecker mit wahrhafter Sanftmuth unter den verschiedenen Parteien fort bis 1589. Da wurde er aber von der damals herrschenden cryptocalvinischen Partei aller seiner Aemter entsetzt. Man duldete ihn nicht einmal in der Stadt, wo er doch sein eigenes Haus hatte, ja man entsetzte auch seinen Sohn und seinen Schwiegersohn ihrer Kirchenämter. Er irrte unstät umher, war dann eine Zeitlang Superintendent in Hildesheim und wurde endlich 1592, nach dem Sturze der cryptocalvinischen Partei, deren Anhänger nun auf die Festung Königstein geschickt wurden, wieder nach Leipzig zurückberufen, woselbst er aber nur eintraf, um sofort zu sterben. Als seine Collegen ihn befragten, ob er auf die Lehre, die er viele Jahre so freudig bekannt, sterben wollte, neigte er sein Haupt tief und entschlief darin den 24. Mai 1592. Selnecker, der nur klein von Gestalt war, war wirklich ein frommer Mann; fern war sein Herz von aller Streitsucht. Er hatte ein festes Vertrauen zu Gott in allen Lagen seines Lebens. Als er 1589 aus Leipzig vertrieben wurde, schrieb er an die Wand seiner Studirstube: „Ich, der ich krank und schwach und nah dem Grabe bin, geh', Herr, nach deinem Rath getrost in's Elend hin!" Sein Wahlspruch war: „Mein Heil stehet allein bei dir!" Sein tägliches Gebet: „Laß mich dein sein und bleiben" (P. 198). — Er hat 140 Kirchenlieder gedichtet, davon die bekanntesten sind: „Ach bleib bei uns, Herr Jesu Christ (P. 187.); — Herr Gott, nun sei gepreiset (P. 677.); — Heut' ist des Herren Ruhetag (P. 195.); — Laß mich dein sein und bleiben (P. 198.); — Lobet den Herrn, denn er ist freundlich (P. 592.); — O Herre Gott, in meiner Noth (P. 785.); — Wir danken dir, Herr Jesu Christ, daß du das Lämmlein ꝛc. (L. S. 292.); — Wir danken dir, Herr Jesu Christ, daß du gen Himm'l ꝛc. (P. 165.); — Wir danken dir, Herr Jesu Christ, daß du unser Erlöser bist (L. S. 538, P. 1039.); — Wir danken dir, o treuer Gott" (P. 512.). —

49. Dr. Cornel. Becker ist am 24. October 1561 zu Leipzig geboren, studirte auch daselbst und wurde Magi-

ster. 1568 ward er Lehrer an der Thomasschule daselbst, aber noch in demselben Jahre ging er als Diakonus nach Rochlitz. Nach Selneccers Tode 1592 wurde er als Diakonus nach Leipzig zurückberufen. 1594 war er Prediger an der Nikolaikirche. 1599 wurde er Dr. und Professor der Theologie. 1601 setzte er die Psalmen gesangweise; sie erschienen 1602 zu Leipzig. Er starb 1604 am 25. Mai. Von ihm sind: „Ich heb' mein' Augen sehnlich auf (L. S. 45.); Lasset die Kindlein kommen (P. 985.); — Nun jauchzt dem Herrn alle W." (P. 1017.). —

50. Dr. Vincent Schmuck wurde geboren zu Schmalkalden den 17. Oct. 1565, wo sein Vater, Michael Schmuck, Buchdrucker und Rathsherr war. Zuerst besuchte er die Schule seiner Vaterstadt, ging darauf nach Schleusingen und studirte von 1585 ab in Leipzig, wurde dort 1586 Magister und 1591 Assessor der philosophischen Facultät, zugleich auch Conrektor der Nikolaischule daselbst. 1592 nach Selneccers Tode wurde er Diakonus bei der dasigen Nicolaikirche und 1604, nach C. Beckers Tode, wurde er dessen Nachfolger im Pfarramt an derselben Kirche. 1606 wurde er Dr. der Theologie in Leipzig und auch Kanonikus zu Zeitz und Decemvir zu Meißen. Er starb am 1. Febr. 1628, alt 63 Jahr. Von ihm sind die Lieder: „Das Land wollst du bedenken (B. 905.); — Herr Christe, treuer Heiland 2c. (L. S. 100.) — Herr Gott, Vater, Schöpfer aller 2c." (L. S. 600.). —

51. Lic. Johann Mühlmann wurde am 28. Juli 1573 zu Pegau geboren. Er studirte in der Fürstenschule zu Pforta, dann zu Leipzig und Jena, wurde 1598 Sonnabendsprediger an der Thomaskirche zu Leipzig und 1599 Diakonus an der Wenzelskirche zu Naumburg. Im Jahr 1604 wurde er Pastor zu Laucha. 1605 wurde er, als B. Schmuck Pastor an der St. Nicolaikirche geworden war, Archidiakonus an derselben Kirche. 1607 wurde er Professor der Theologie, 1612 Licentiat derselben und starb 1613 den 14. November in einem Alter von 48 Jahren. Von ihm sind die Lieder: „Dank sei Gott in der Höh'

P. 620); — O Lebensbrünnlein tief (B. S. 426); — Wer Gott vertraut, hat wohlgebaut" (P. 536).

51a. Dr. Veit Wolfrum, geboren zu Hildburghausen den 3. Mai 1564, wurde 1594 Archidiakonus zu Wittenberg, 1593 Dr. theol., Pastor und Superintendent zu Zwickau, starb am 19. Aug. 1626. Lied: „Da Christus geboren war" (P. 931). —

52. M. Casper Füger, auch wohl Fugger geschrieben, ist gebürtig aus Dresden und war daselbst dritter Schulkollege, später Conrector an der Kreuzschule und zuletzt Diakonus daselbst. Als im Jahr 1580 auf Anordnung des Churfürsten August von Sachsen die Sammlung der Bekenntnißschriften „Concordia" gedruckt worden war, schrieb Füger 1581 einen Bericht über dieselbe. Er starb den 24. Juli 1617. Von ihm sind: „Wir Christenleut' (P. 53); — und: „Wir danken dir, Herr Jesu Christ, daß du vom Tod erstanden bist" (P. 152). —

52a. Dr. Georg Mylius, 1548 zu Augsburg geboren, wo sein Vater Zimmermann war. Nachdem er zu Tübingen, Straßburg und Marburg studirt hatte, wurde er zu Augsburg Prediger, zu Tübingen Doctor. Weil er aber den Gregorianischen Kalender nicht annehmen wollte und gegen denselben von der Kanzel predigte, wurde er 1584 auf Anstiften der Jesuiten unversehens gefangen genommen und in einem bedeckten Wagen abgeführt; worüber seine Frau, die eben nieder kam, vor Schrecken sammt ihrer Leibesfrucht den Geist aufgab. Mylius aber blieb getrost. Mit fröhlicher lauter Stimme sang er: „In dich hab' ich gehoffet, Herr;" das Volk, dadurch bewegt, riß den Fuhrmann vom Wagen. Mylius flüchtete sich und kam in Frauenkleidern nach Ulm. 1585 wurde er Professor der Theologie zu Wittenberg, woselbst er als Superintendent am 28. Mai 1607 starb. Lied: „Herr, ich denk' an jene Zeit" (B. 558).—

53. Urban Langhans war aus Schneeberg gebürtig, wo er anfangs auch Cantor, und 1554 Diakonus zu

Glaucha im Schönburgischen war, später aber als Diakonus nach seiner Vaterstadt Schneeberg kam. Von ihm ist das Weihnachtslied: „Laßt uns alle fröhlich sein" (P. 44). —

Die Sänger im Herzogthum Sachsen-Weimar.

54. M. Martin Rutilius ist der Sohn des Pastors zu Düben in Chursachsen und wurde daselbst geboren 1550. Nachdem er sich bei seinem Vater tüchtige Kenntnisse erworben hatte, studirte er zu Wittenberg und Jena, wurde 1575 Pastor zu Teutleben im Weimarschen. 1586 wurde er Diakonus zu Weimar selbst, einige Jahre später Archidiakonus, welchem Amt er bis an seinen Tod vorstand. Er starb den 16. Januar 1618. Das Lied: „Ach Gott und Herr, Vers 1—6 schrieb Rutilius am 29. Mai 1604 eigenhändig in ein Gebetbuch, welches der Bürgermeister Melchior Frank sammelte, und sein Freund und Kollege J. Groß setzte die übrigen Verse darunter.

55. Dr. Joh. Groß, genannt Major, wurde geboren am 26. December 1564 zu Reinstadt bei Orlamünde, in welchem Dorfe sein Vater Richter war. Als der Prediger des Orts, Stemler, die Talente des Knaben bemerkte, unterrichtete er ihn fleißig und beförderte ihn im 11. Jahre nach Weimar. Hier half er sich durch seine schöne Stimme fort, indem er durch Singen sich seinen Unterhalt erwarb. 1584 ging er nach Jena und Wittenberg und wurde 1592 Diakonus zu Weimar mit Rutilius an einer Kirche. 1605 ward er an die Stelle Georg Mylius, Professor der Theologie und Superintendent zu Jena, in welcher Eigenschaft er 1611 Dr. der Theologie geworden war. Er hat als alter Greis noch alle die Gräuel des dreißigjährigen Krieges durchleben müssen und der Stadt Jena manchen Dienst geleistet. Er starb am 4. Januar 1654. Er hat nur Vers 7 und 8 von: „Ach Gott und Herr" (P. 420) gedichtet.

56. Melchior Frank war 1580 zu Zittau geboren. 1604 war er Bürgermeister zu Weimar und lebte in treuer Freundschaft mit Rutilius und J. Groß. Später wurde er

urstlicher Kapellmeister zu Coburg. Er war ein tüchtiger Musiker, welcher mehrere recht schöne Melodien hinterlassen hat. Er starb zu Coburg 1639. Er verbesserte das Lied: „Der Bräut'gam wird bald rufen" (P. 900) und aus dem Lateinischen: „Coelos ascendit hodie" dichtete er: „Gen Himmel aufgefahren ist" (P. 160). —

56a. Joh. Leonh. Stoll, erst Kantor zu Reichenbach, 1591 zu Zwickau, 1604 Kapellmeister zu Weimar. Von ihm ist das Lied: „Christus ist erstanden von des Todes 2c." (L. S. 139). —

57. Melchior Vulpius wurde 1560 zu Wasungen im Hennebergischen geboren. Er war Kantor zu Weimar und hat sich um den Kirchengesang hoch verdient gemacht. Er schrieb: „Cantiones sacrae 1603 und ein schön geistlich Gesangbuch 1604. Er starb zu Weimar 1616 Von ihm ist das Osterlied: „Erstanden ist der heil'ge Christ" (P. 950). —

58. Basilius Förtsch, geboren zu Roßlau in Thüringen, war anfangs Informator bei den Kindern des altenburgischen Kammerraths von Kormstorf, dann Rector zu Cala bei Jena, hierauf 1612 Pastor zu Gamperda unweit Cala. Er gab eine Liedersammlung heraus unter dem Titel: „Geistliche Wasserquelle." Halle 1606 in 8. Er starb 1619. Sein Lied: „Heut' triumphiret Gottes Sohn" (P. 137), — nannte er seinen Triumphwagen.

Die weitern Sänger Thüringens.

59. M. Ludwig Helmbold ist der Sohn eines Bollenwebers und wurde zu Mühlheim geboren den 2. Januar 1532. Er studirte 1547 zu Leipzig und 1550 zu Erfurt. An letzterem Ort wurde er Conrector an der St. Augustiner Schule und später Professor der Philosophie. 1561 ging Helmbold in seine Vaterstadt zurück und wurde dort Rector. Auf dem Reichstage zu Worms krönte ihn der Kaiser Max II. eigenhändig zum Dichter. Sein Kollege

M. Seb. Starke nennt ihn seiner vielen lateinischen und deutschen Lieder wegen den deutschen Assaph. 1570 wurde er Diakonus und 1586 Superintendent zu Mühlhausen. Man erzählt von ihm, daß er, als ihm seine Ernennung zum Superintendenten gemeldet wurde, solche Bangigkeit empfand, daß er vor Schwermuth drei Nächte nicht habe schlafen, und vor Zittern kaum eine Collecte in der Kirche habe singen können. Er starb am 12. April 1598, 67 Jahr alt. In seinem Liede: „Ich weiß, daß mein Erlöser lebt" (B. 974). — bilden die Anfangsbuchstaben der Zeilen den Namen: „Johann Wilhelm Hertzog zu Sachsen," dem zu Ehren Helmbold das Lied gedichtet hat. Die bekanntesten seiner Lieder sind: „Amen, Gott Vater und Sohne (P. 1073); — Der heil'ge Geist vom Himmel kam (B. 354); — Du Friedefürst, Herr Jesu Christ (L. S. 585); — Es steh'n vor Gottes Throne (P. 917); — Herr Gott, erhalt' uns für und für (B. 408, P. 977); — Ich weiß, daß mein Erlöser lebt (P. 1061); — Nun ist es Zeit, zu singen hell (L. S. 48); — Nun laßt uns Gott dem Herren (P. 679); — Von Gott will ich nicht lassen (P. 532); — Zu dieser osterlichen Zeit" (L. S. 150). —

60. M. Cyriakus Schneegaß war Pfarrer und Superintendentur-Adjunct zu Friedrichsroda im Gothaischen. Er schrieb ein Werk: Isagogen musices. Erfurt 1590 in 8. Aus dieser Schrift sind einige geistliche Lieder in die Gesangbücher aufgenommen worden. Er starb den 23. October 1597. Von ihm sind: „Das liebe neue Jahr geht an (P. 1045); — Das neugeborne Kindelein (P. 684); — Gieb Fried', o frommer, treuer Gott" (P. 309). —

61. M. Joh. Kämpf. 1604 Diakonus zu Gotha, starb daselbst 1625. Von ihm ist: „Wenn ich in Todesnöthen bin" (P. 885). —

61b. Joh. Lindemann, ein Abkömmling von Luthers mütterlicher Geschlechtslinie, war 1580—1630 Kantor in Gotha. Von ihm ist: „In dir ist Freude" (L. S. 42). —

62. Joh. Leo oder Leon soll aus der Gegend von Modena gebürtig sein, war um 1607 Pfarrer zu Wolfis, einem Dorfe in Thüringen, unweit Ohrdruf. Von ihm ist: „Ich armer Mensch doch gar nichts bin (P. 1059); — und: Ich hab' mich Gott ergeben" (P. 865). —

63. Johann Steuerlein wurde geboren den 5. Juli 1546 zu Schmalkalden, wo sein Vater, Casp. Steuerlein, erster evangelischer Pastor war. Er war zuerst Stadtschreiber in Wasungen, dann Regierungssecretair in Meinungen und starb als Stadtschultheiß daselbst den 5. Mai 1613. Er war auch ein gekrönter Poet. Von ihm ist Vers 1 und 2 des Neujahrsliedes: „Das alte Jahr vergangen ist" (P. 683), — und das Lied: „Sei wohlgemuth, laß Trauern sein" (B. 851). —

64. Melchior Bischof, eines Schuhmachers Sohn zu Pößnick im Voigtlande, wurde geboren den 20. Mai 1547. Anfangs war er Schulmeister zu Rudolstadt und wurde nedlich Generalsuperintendent zu Coberg, wo er am 19. December 1614 starb. Man kennt von ihm fünf Lieder, zu denen auch gehört: „Auf dein' Zukunft, Herr Jesu Christ" (L. S. 2). —

65. Dr. Casper Bienemann ist geboren zu Nürnberg 1540, studirte zu Jena und Tübingen und trieb besonders die griechische Sprache, welche er so inne hatte, daß ihn Kaiser Max II. nach Griechenland als Dolmetscher schicken konnte. Dort verwandelte er auch seinen deutschen Namen in den griechischen Melissander. Darnach war er Professor zu Lauingen, dann Abt zu Bahr und Generalsuperintendent zu Pfalz-Neuburg, welche Stelle er wegen schwerer Verfolgung verlassen mußte. Er ging nach Jena, erhielt hier die philosophische Adjunctur und 1571 die theologische Doctorwürde. Hierauf berief ihn Herzog Georg Wilhelm als Informator der beiden Prinzen Friedrich Wilhelm und Johannes nach Sachsen-Waimar. Diese Stelle mußte er aber 1573 verlassen, da man ihn der Irrlehre des Flacius beschuldigte. 1578 ist er Generalsuperintendent

zu Altenburg, wo er am 12. Sept. 1591 starb. Zu der Zeit, als er wegen falscher Lehre verfolgt wurde, sang er „Herr, wie du willst, so schick's mit mir" (P. 709). —

65b. M. Erasmann Winter war aus Joachimsthal gebürtig, wurde Pfarrer zu Meuselwitz im Altenburgischen, starb an der Pest 1611 den 17. September 63 Jahr alt. Lied: „Wenn dich Unglück thut greifen an" (L. S. 705). —

66. Johann Siegfried ist geboren den 20. Febr. 1564, starb als Pastor und Superintendent zu Schleiz. Von ihm soll das Lied sein: „Ich hab' mich Gott ergeben" (L. S. 826). — Im Porst wird's Johann Leo zugeschrieben.

67. Anna, Gräfin zu Stolberg, dichtete um das Jahr 1600 das Lied: „Christus der ist mein Leben" (P. 849). —

Die norddeutschen Sänger.

68. M. Christoph Vischer ist geboren zu Joachimsthal und vom Cantor Nikol. Hermann daselbst unterrichtet. 1544 ist er Pastor an der Lieb-Frauen-Kirche zu Jüterbogk. Elf Jahre später wurde er auf Melanchthons Empfehlung Stifts-Pfarrer und Superintendent zu Schmalkalden 1555. Dort schaffte er die Ueberreste des Papstthums ab und machte sich um Kirche und Schule sehr verdient. 1571 wurde er Pastor und Generalsuperintendent in Meiningen. 1574 ist er Hofprediger und Superintendentur-Adjunct zu Celle. 1577 Oberpfarrer an der Martinskirche zu Halberstadt. 1583 ward er fürstlich lüneburgischer General-Superintendent und Hofprediger in Celle, woselbst er am 22. Juni 1600 starb. Er gab eine Evangelien-Postille heraus. Wir haben von ihm nur das eine Lied: „Wir danken Dir, Herr Jesu Christ, daß Du für uns gestorben bist." (P. 128.) —

69. Johann Arndt, dieser theure Gottesmann, ist zu Ballenstädt im Anhaltischen am Christfestheiligabend 1555 geboren, und wollte, ungeachtet des Lieblingswunsches seiner frommen Mutter, ihn dereinst als einen treuen Diener der tief gesunkenen Kirche Christi zu begrüßen, Medicin studiren. Aber der Herr wollte ihn in seiner Kirche als treuen Zeugen gebrauchen. Um ihn zu seiner Bestimmung hinzulenken, ließ der Herr ihn in eine so schwere Krankheit fallen, daß er, den Tod als gewiß vor Augen, den Herrn bat, ihm doch noch eine Gnadenfrist zu seiner völligen Bekehrung zu verleihen, und fügte zugleich das feierliche Gelübde hinzu, daß er dann auch alle seine Gaben und Kräfte dem Dienst seiner Kirche weihen wolle. Der Herr erhörte das aufrichtige Gebet. Arndt genas wie durch ein Wunder; er hat aber auch sein Gelübde nicht vergessen. — Er bereitete sich nun vor zu einem würdigen Diener des Wortes und wurde 1581 Pastor zu Badeborn im Anhaltischen. Er war treu in seinem Amte, aber auch seinem Bekenntnisse; denn als seine Landesherren, die später zur reformirten Kirche übertraten, verlangten, Arndt solle, wie alle Pastoren des Ländchens, einen Revers ausstellen, daß sie hinfort ohne Anwendung des Exorcismus, d. i. ohne den Gebrauch der Worte: „Ich beschwöre dich, du unreiner Geist, im Namen des Vaters und des Sohnes und des heiligen Geistes, daß du ausfährst und weichst von diesem Diener Christi" taufen wollten, so ließ er sich eher seines Amtes entsetzen, als daß er wider sein Gewissen handelte. — Er wurde aber sogleich als Pastor nach Quedlinburg berufen, acht Jahre später nach Braunschweig. Von 1609 bis 1611 war er Prediger in Luthers Geburtsstadt, Eisleben. Von dort wurde er 1611 nach Celle als Generalsuperintendent, wo Chr. Vischer 1600 als solcher gestorben war, berufen. Dort ist er am 11. Mai 1621 mit den Worten: „Nun hab ich überwunden," von hinnen geschieden. — In Braunschweig war es, wo er seine 4 (6) Bücher vom wahren Christenthum schrieb. Es ist diese Schrift bis auf den heutigen Tag eines der liebsten Erbauungsbücher aller wahren Christen in Deutschland gewesen, und vielen tausend Seelen ein Führer zum wahren Licht und zur Seligkeit geworden. Obgleich von ihm kein

Lied in unsern Gesangbüchern steht, so hat er durch sein Gebetbuch: „Das Paradiesgärtlein" doch den Stoff zu manchem herrlichen Liede gegeben und deshalb gebührt ihm wohl eine Stelle unter diesen Biographien.

69. **Jakob Tapp,** Superintendent im Braunschweigischen Städtchen Schöningen, unweit Helmstädt um 1620. Er hat Steuerleins Lied: „Das alte Jahr vergang." (P. 683) mit dem 3. und den folgenden Versen vermehrt.

70. **Michael Prätorius** ist geboren zu Kreuzberg in Thüringen am 15. Febr. 1571. Anfangs war er Prior des Benedictinerklosters zu Ringelsheim bei Goslar, dann Kammersecretair der Elisabeth, Gemahlin des Herzogs Julius von Braunschweig, und später Kapellmeister des churfürstlich-sächsisch-magdeburg'schen und wolfenbüttel'schen Hofes. Schon 1596 machte er sich bekannt als einer der vorzüglichsten und strebsamsten Tonkünstler seiner Zeit, wahrhaft schöpferisch in bedeutsamer Entfaltung kirchlicher Melodien. Er starb zu Wolfenbüttel an seinem Geburtstage 1621. Von ihm ist das Tischgebet: „Wir danken Gott für seine Gaben" (P. 1043) — und das Morgenlied: „Ich dank' Dir schon durch deinen Sohn" (P. 636). —

70 b. **Dr. Aegidius (Basilius) Sattler** zu Neustadt a. d. Linden-Würtemberg um 1549 geboren. Nachdem er zu Tübingen studirt, nahm ihn Dr. Jakob Andreä mit sich nach Braunschweig; zuerst wurde er Pastor, dann Professor der Theologie zu Helmstädt, endlich Hofprediger und Generalsuperintendent zu Wolfenbüttel, wo er 1624, alt 75 Jahr, und 55 Jahr im Dienste, starb, nachdem er 99 Kinder und Enkel erlebt hatte. Von ihm ist das Lied: „Ich komm' o höchster Gott zu Dir" (B. 472).

71. **Dr. Philipp Nicolai** ist der Sohn des Predigers Dietrich Nicolai zu Mengringhausen in der Grafschaft Waldeck, wo er den 10. August 1556 geboren wurde. Nachdem er auf den berühmtesten Universitäten studirt hatte, erhielt er in seinem 20. Lebensjahre die Pfarre seines Va-

ters. 1583 wurde er Prediger auf Kloster Hardeck, von wo er, durch die Katholiken vertrieben, 1586 nach Cöln als Hausprediger kam. 1587 berief ihn der Graf von Waldeck-Wildungen zu seinem Hofprediger, wo er, nachdem er 1594 Dr. der Theologie zu Wittenberg geworden, bis 1596 blieb. In diesem Jahre wurde er aber nach Unna berufen, wo er im folgenden Jahre gleich eine schwerbetrübte Zeit zu durchleben hatte. Die Pest grassirte fürchterlich dort, und an 1400 Leichen wurden 1597 vor seinem Hause vorbeigetragen, welcher Anblick ihn, obwohl er frei von der Krankheit blieb, den Tod vor Augen malte, und ihn antrieb, sich bereit zu halten, dem Bräutigam entgegen sehen zu können. In dieser Zeit schrieb er seine vier Lieder: „Herr Christ, thu mir verleihen (P. 1022); — So wünsch ich denn ein' gute Nacht (P. 838); — Wachet auf! ruft uns die Stimme (P. 896); — Wie schön leuchtet der Morgenstern" (P. 1417). — Die beiden letzten Lieder stehen wie großartige Dome da, und das letzte dichtete er in einer heiligen Entzückung. Sein Organist zu Hamburg, wohin er 1601 als Pastor an St. Catharina berufen war, David Scheidemann, sang dazu die eben so köstlichen Melodien, welche mit dazu halfen, daß das Lied einen neuen Aufschwung in der ganzen kirchlichen Dichtkunst bewirkte. Zu Hamburg starb P. Nicolai am 26. October 1606 in seinem 52. Jahre.

71 b. M. Georg Rollenhagen, der berühmte Verfasser des Froschmäuslers, ist geboren den 22. April 1542, war 1567 Prorector und 1537 Rector der Domschule zu Magdeburg, daneben auch Stiftsprediger zu St. Nicolai. Er starb am 18. Mai 1609. Von ihm ist: „Ach Gott, ich muß dir klagen" (P. 371).

Die süddeutschen Sänger.

72. Dr. Johann Pappus ist der Sohn eines Bürgermeisters und wurde geboren zu Lindau am Bodensee am 16. Januar 1549. Die sorgfältige Erziehung, welche ihm seine Eltern geben ließen und seine vortrefflichen Anlagen

machten, daß er schon in seinem 13. Jahre als Student nach Straßburg gehen konnte, um dort den theologischen und philosophischen Wissenschaften eifrigst obzuliegen. Um seine Studien zu vollenden, ging er 1564 nach Tübingen, und wurde daselbst, 15 Jahr alt, Magister. 1566 wurden ihm die beiden Söhne des Grafen von Falkenstein anvertraut. Im folgenden Jahr ging er auf den Wunsch seines Vaters nach Straßburg, wo er die Theologie mit großem Fleiß studirte. In seinem 20. Jahre erhielt er die Pfarrstelle zu Reichenau bei Straßburg. Ein Jahr darauf, 1570 wurde er Professor der hebräischen Sprache, 1573 Doctor der Theologie, 1575 Kanonikus und endlich Pastor am Münster zu Straßburg. Dort starb er am 13. Juli 1610. Er war ein Mann von edlen Gaben und Gesinnungen. In Stammbücher schrieb er gewöhnlich folgenden Vers: „Weise ist der, welcher sich zu seinem Ende bereitet." — Er dichtete das herrliche Lied: „Ich hab' mein Sach' Gott heimgestellt." (P. 864.)

73. **Martin Schalling** ist der Sohn eines Pfarrers gleichen Namens zu Straßburg und wurde daselbst geboren den 21. April 1532. Er studirte zu Wittenberg und war Melanchthons Schüler. Zuerst ward er in seiner amtlichen Thätigkeit Pfarrer zu Regensburg, dann zu Vilseck, einem Flecken in der Oberpfalz, später Diakonus, Pfarrer und Superintendent zu Amberg. Dort wurde er, weil er die Unterschrift der Concordienformel verweigerte, abgesetzt. Darauf kam er nach Nürnberg als Pastor der Marienkirche und starb dort am 29. December 1608 nach fünfzigjähriger Amtsthätigkeit. Von ihm ist das köstliche Lied: „Herzlich lieb hab' ich Dich, o Herr."

74. **Sigismund Weingärtner** war zu Anfang des siebenzehnten Jahrhunderts Pfarrer in der Gegend um Heilbronn; von ihm ist das Lied: „Auf meinen lieben Gott." (P. 417.) —

75. **Caspar Schmucker**, aus Redwitz im Bayreuthschen gebürtig, lebte ums Jahr 1578 und dichtete zu Ehren

seiner Frau Anna von Harlem, geb. v. Mattis, das Lied:
„Frisch auf mein' Seel', verzage nicht." (P. 496.)

75 a. **Balthasar Schnurr**, ein gekrönter Poet, wurde geboren den 24. Februar 1572 zu Landsiedel in Franken, eines Pfarrers Sohn. 20 Jahr alt ist er Pastor zu Frötestockheim und nach einigen Veränderungen Pastor zu Hengstfeld in Franken, wo er 1644 starb, nachdem er 53 Jahr im Amt gewesen. Er dichtete das Lied: „O großer Gott von Macht." (P. 299). —

Die schlesischen und Lausitzer Sänger.

76. **Martin Behemb**, Bohemus oder Böhm, wurde geboren den 16. September 1557 zu Lauban, wo sein Vater Hans Behemb Stadthauptmann war. Er besuchte die Schulen seiner Vaterstadt; zur Zeit der Pest ging er aber mit Dr. Paul Fabricius zu dessen Eltern nach Wien, und fand dort seinen Unterhalt durch Unterrichten. Eine Unterstützung von einem Professor Sturm setzte ihn in den Stand, die Universität Straßburg zu besuchen. Als 1580 sein Vater starb, rief ihn seine Mutter zurück. Er wurde nun in seiner Vaterstadt Lehrer und noch in demselben Jahr den 20. September 1580 Diakonus. Später wurde er Pastor primarius daselbst, welches Amt er bis an seinen Tod, den 3. Februar 1622, verwaltete. Seine Lieder, 300 in der Zahl, erschienen zuerst 1606; die bekanntesten und innigsten derselben sind: „Das walt Gott Vater und Gott Sohn (P. 622), — Dankt Gott an allen Enden (P. 885), — Herr (O) Jesu Christ, mein's Lebens Licht (P. 876), — Ich armer Erdenkloß (P. 966), — O heilige Dreifaltigkeit (P. 629), — O König aller Ehren (P. 942), — o starker Gott in's Himmelsthron" (P. 609). —

77. **Christoph Cnoll** wurde 1553 zu Bunzlau in Schlesien geboren, 1599 war er schon dreißig Jahre Diakonus zu Sprottau im Fürstenthum Glogau, wo er, als die Pest dort heftig wüthete, das Lied: „Herzlich thut mich verlangen" (P. 859) — dichtete. Im Druck erschien es mit

der Ueberschrift, „Der fromme Todtholb." Er hat mehrere Kalender geschrieben. Er starb 1621.

77 a. **Melchior Eckhart** war Superintendent zu Oels in Schlesien und starb am 28. Januar 1616. Von ihm ist das Lied: „O Gott Vater in Ewigkeit (L. S. 388).

78. **Martin Moller** ist der Sohn des Bauern und Maurers Dirensius, welcher zu Leißnitz oder Kropstädt bei Wittenberg, wo er den 10. November 1547, d. i. an Luthers Geburtstage, geboren wurde, weshalb auch er in der heiligen Taufe den Namen Martin erhielt. Bis 1566 besuchte er die Schule in Wittenberg, von da ab das Gymnasium zu Görlitz und wurde von dort aus, ohne die Universität besucht zu haben, 1568 als Kantor nach Lemberg (Löwenberg) in Schlesien berufen. Im Jahr 1572 wurde er nicht weit von Löwenberg in Kesselsdorf Pastor und noch in demselben Jahr Diakonus in Lemberg. 1575 wurde er in Sprottau Pastor, wo er mit Christoph Knoll zusammen im Amte wirkte, bis er 1600 Pastor primarius zu Görlitz wurde. Ein Jahr vor seinem Tode erblindete er, ließ sich aber dennoch nicht abhalten, zu predigen; zu dem Ende ließ er sich die Texte vorlesen und stellte bei sich Betrachtungen über dieselben an. Er starb am Stein 1606 den 2. März, 59 Jahre alt. Von ihm sind folgende Lieder: „Ach Gott, wie schwer ist mir mein Herz (B. 736), — Hier lieg ich armes Würmelein (L. S. 823, P. 861), — Hilf, Helfer hilf in Angst und Noth (P. 860), — Nimm von uns, Herr, du treuer Gott (P. 295), — O Jesu, Gottes Lämmelein (L. S. 836, im Porst ist's G. Weißel zugeschrieben), — O Jesu süß, wer dein gedenkt" (P. 67). —

78 a. **Gregor Richter**, am 1. Januar 1560 zu Ostritz geboren, war 1584 Lehrer am Gymnasium zu Görlitz, 1587 Pastor zu Rauscha. 1590 wurde er Diakonus zu Görlitz und 1606, nach Mollers Tod, Pastor prim. daselbst. Beim Empfang der letzten Vocation mußte er sich verbindlich machen, kürzere Predigten zu halten, die Vorbitten zu mäßigen und articularius zu reden. Er hatte viele Strei-

igkeiten mit dem Mystiker Jakob Böhm und starb 1624, en 14. September. Von ihm ist: „Steh doch, Seele B. 703)." —

79. M. Johann Gigas oder Heune, sein Name ist ntweder Riese oder Heine gewesen. Er wurde am 22. Feruar zu Nordhausen geboren, legte in dortiger Schule inen guten Grund in den Wissenschaften, bezog dann die niversität Wittenberg, wo er der Weltweisheit und der Gottesgelahrtheit oblag. Darauf wurde er Lehrer in Joachimsjal, später Rector in Schulpforte und danach noch Pfarrer n verschiedenen Orten. 1576 folgte er dem Sam. Hebel n Amte als Pfarrer zu Schweidnitz, wo er am 12. Juni 581 starb. Als er durch schwere Anfechtungen zum festen lauben gekommen war, schrieb er über 2. Petr. 1, 19. in treffliches Buch „Von der Gewißheit der christlichen eligion." Von ihm sind: „Ach liebe Christen, seid getrost (B. 317), — Ach wie elend ist unsre Zeit (P. 845), — ch armer Mensch doch gar nichts bin" (P. 1059). —

80. Dr. Georg Reimann ist gebürtig aus Lemberg Schlesien, er war Dr. der Rechte und Kaiser Mathias ath und starb 1615. Von ihm sind: „Aus Lieb' läßt ott der Christenheit (P. 913), — O Freude über reude, — Wir singen all mit Freudenschall" (L. 333).

Die Königsberger Dichter und Val. Herberger.

81. Peter Hagen oder Hagies, auch ein guter teinischer Poet, ist aus dem Hennebergischen gebürtig; er ar 1602 Rector auf dem Kneiphof zu Königsberg i. Pr. päter ward er gräflich Erbach'scher Rath und Amtmann Breuberg, wo er 1620 den 31. August starb. Von ihm nd: „Freu dich, du werthe Christenheit (B. 143), — reuet euch, ihr Christen alle (B. 343), — Wir danken r, Herr, insgemein" (B. 237). —

82. Dr. Ambrosius Lobwasser wurde geboren den April 1515 zu Schneeberg, wo sein Vater Bürgermeister

war. Er studirte zu Leipzig, wurde dort Magister, reiste danach nach Frankreich und den Niederlanden, ward alsdann Rath des Burggrafen zu Meißen, hielt sich [...] in Italien auf, wurde zu Bologna Dr. der Rechte und ka[m] dann wieder nach Leipzig. Darauf wurde er Professor [zu] Königsberg i. P. und herzoglich preußischer Rath und [starb] als solcher den 27. November 1585, alt 70 Jahr. [Er] übersetzte die Psalmen Davids und gab solche zuerst 157[4] heraus. Sie fanden bei den Deutschreformirten eine solch[e] Aufnahme, daß sie sich derselben bis 1768 bei ihren Gottes[]diensten ausschließlich bedienten. In unserm Gesangbu[ch] findest du den 42. Psalm: „Wie nach einer Wasserquelle[n]" (P. 460). —

83. **Paul Oderborn** war zu Ende des 16. Jahr[]hunderts Prediger zu Riga. Von ihm ist das Lied „D[er] Tag hat sich geneiget" (P. 654). —

84. **Valerius Herberger** ist der Sohn des Kürsch[]ners Martin Herberger zu Fraustadt in der jetzigen Prov[inz] Posen; er wurde geboren den 21. April 1562. [Seine] Eltern waren recht christliche Eltern, die ihre Kinder erzogen in der Zucht und Vermahnung zum Herrn. [Zu] Hause hatte ihn sein Vater lesen, schreiben, [deklini]ren und conjugiren gelehrt. Ehe er ihn in die Schule [ein]führte er ihn in die Kirche und betete herzlich mit ihm und danach führte er ihn in die Schule. Als Valerius [...] Jahr alt war, starb ihm sein Vater; „aber Gott starb nicht mit," sondern sorgte auch ferner für ihn. Seiner [Vaters] Schwester, des Fleischhauers Georg Wenden Eheweib, [nahm] ihn in seinem 10. Jahre zu sich und behielt ihn [...] Jahre, versorgte ihn mit allem Nöthigen und hielt ihn fleißig zur Schule an. Als aber sein Stiefvater, [Schuh]macher Johann Fengler, ihn zum Schuhmacher b[rachte], nahm sich seiner sein Pathe Martin Arnold, [Pastor zu] Fraustadt, an und vermochte ihn, wie es der Wille [des] leiblichen Vaters war, zum Studiren. Er selbst geleitete [den] jungen Pathen nach Freistadt in Schlesien, wo er drei [Jahre] im Hause des Stadtschreibers Peter Scultetus als

an dessen Kindern seinen Unterhalt erwarb, um die öffentliche Schule zu besuchen. Darauf ging er auf kurze Zeit nach Frankfurt a. O.; aber auf den Rath seines Wohlthäters, des Lehrers Ludowicus zu Freistadt, begab er sich im Juni 1582 nach Leipzig. Dort kam er in den Genuß eines Stipendiums, mit der Verpflichtung, wöchentlich die sieben Bußpsalmen zu beten, was Herberger von Herzen und mit unwandelbarer Treue erfüllte. Nach zweijährigem Aufenthalt dort wurde er als Lehrer in seine Vaterstadt berufen. Sechs Jahre hat er treu diesem Amte vorgestanden. Da er zu Zeiten auch predigen mußte, so hatte man bald seinen apostolischen Zeugengeist erkannt, und als sein treuer Pathe, der Pastor Martin Arnold, auf Betrieb der Jesuiten seines Amtes, seines kräftigen Zeugnisses wegen, entsetzt worden war, kam Val. Herberger ins Pfarramt. So hatte der Herr selbst den Valerius Herberger zum Pfarrer erzogen und ihn in mancher Lebensgefahr augenscheinlich bewahrt. Dreimal war er in Gefahr, ermordet zu werden, fünfmal war er in Wassersgefahr, und zweimal hätte er durch einen Fall aus der Höhe herunter ums Leben kommen können, aber überall hat ihn der Herr, dem er treu diente, errettet. Als er nun ein Amt hatte, führte ihm der Herr in Anna Lüdiger, Tochter eines Fraustädter Rathsherrn, 1590 eine Gehülfin „voll Gottesfurcht und Taubeneinfalt, eine treue Gesellin des Glaubens und des Lebens, des Gebets und der Sorgen" zu. Sie war „eine Tochter der Gottesfurcht und Bescheidenheit, ein lebendiges Exempel wahrer Demuth, ein Spiegel und Parables häuslicher Glückseligkeit." Sie gebar ihm 2 Söhne, Zacharias und Valerianus, von welchen der letztere als Kind starb. Am Tage St. Nicolai 1598 brach über Fraustadt ein fürchterliches Brandunglück herein, welches drei Viertel der Stadt verzehrte. Herberger hatte gepredigt am 2. Sonntage des Advents über das Feuer, welches über die Gottlosen kommen werde, wogegen sie sich durch Bußthränen wahren sollten. Dann fuhr er fort: Was bedeuten die Feuerstrahlen, welche jetzt so häufig gesehen werden? Antwort: Es sind unsers Herrn Gottes Feuerlocken. Feuer! Feuer! Feuer ist da, ihr Fraustädter! Wann wird's kommen? Um Mitternacht! Wer hat's gesagt? Der

Herr Jesus. Matth. 25, 6. 2c." Was geschah? Bald folgenden Abend präcis um Mitternacht ging das große Feuer an. 1604 wurde ihm und der lutherischen Gemeinde die große Stadtkirche von den Katholiken entrissen. 1613 kam die Pest nach Fraustadt und raffte 2135 Menschen hin. In dieser Zeit zeigte sich Herberger besonders als ein rechter Hirte. Er ging immer hin und her in den Häusern, und wo ihm die Thüren der Pestkranken verschlossen waren, da trat er an die Fenster und rief ihnen manch herrliches Trostsprüchlein hinein. Manche Leiche begrub er mit dem Todtengräber allein. Da ging der treue Knecht Gottes voran und sang, der Todtengräber aber fuhr ihm die Leiche nach auf einem Karren, an dem ein Glöcklein hing zur Warnung. In dieser Zeit, wo Tausende fielen zu seiner Seite und Tausende zu seiner Rechten, war es, wo er sein herrliches: „Valet will ich dir geben" — sang. Kaum hatte Herberger und die Fraustädter einige Jahre den Schrecken der Pest hinter sich, so kamen über sie die Gräuel des 30jährigen Krieges. Gegen 10,000 Kosaken wütheten zu Anfang der 20er Jahre mit Feuer und Schwerdt durch die ganze Landschaft und wollten den unerschrockenen Glaubensprediger aufheben 1622, aber der Herr errettete ihn auch hier. Seine letzte Predigt war eine Leichenpredigt. Nach einem 12wöchentlichen schmerzlichen Krankenlager entschlief er sanft und stille den 18. Mai 1527.

Unbekanntere Dichter dieses Zeitraums.

85. Johann Hiltstein sang um 1557 das Lied „In Gottes Namen scheiden wir" (L. S. 684). —

86. Henrich Knaust dichtete um 1571 die Lieder „Ich klag den Tag und alle Stund (L. S. 672), — Ich weiß mir ein fein's schön's Kindelein" (L. S. 758). —

87. Paul Lütkemann sang um 1604: „Lobsinge Gott im höchsten Thron" (L. S. 46).

88. Johann Halbmeyr v. Markendorf sang um

lese Zeit sein Maikied: „Der Maie, der Maie bringt"
(S. 408). —

89. **Burchard Wiesenmayer** dichtete um 1600:
Das alte Jahr ist nun dahin (P. 1044) — und: Wie
schön leucht uns der Morgenstern vom Firmament" (P. 1030).

Die Zeit der Bluttaufe von 1618 — 1648.
Die schlesischen Dichter.

90. **Martin Opitz von Boberfeld** wurde geboren
am 23. Dec. zu Bunzlau in Schlesien, wo sein Vater
Bürger und Rathsherr war. Er besuchte von seinem achten
Jahr an die lateinische Schule seiner Vaterstadt, unter dem
Rectorat seines Oheims Christoph Opitz und später Valentin Sanftlebens, und legte hier den Grund zu seiner spätern
Gelehrsamkeit und Liebe zur Dichtkunst. Schon hier schloß
er mit zwei seiner Mitschüler, dem Näßler und dem Kirch-
ner, ein Freundschaftsbündniß, das bis an seinen Tod währte.
1614 kam Opitz als 17jähriger Jüngling auf das Magda-
lenen-Gymnasium zu Breslau und bildete seine herrlichen
Anlagen dort weiter aus. Im Jahr 1617 ging er auf
Schulen gen Beuthen und gab dort schon seine zweite Sammlung Gedichte, meist lateinische, heraus; die erste Sammlung derselben hatte er schon in Breslau herausgegeben.
Im Jahr 1618 ging er auf die Universität Frankfurt a. O.
und studirte dort Philosophie und Poesie. 1619 ist er schon
wieder in Heidelberg und unterrichtet dort die Söhne des
Geheimraths Bingelsheim, wird von demselben hoch geehrt,
in alle Zirkel der Gesellschaft, ja selbst bei Hofe eingeführt
und schließt dort mehrere Freundschaftsbündnisse, wie er
überhaupt von jetzt an ein Gesellschaftsmann ist, der von
seinen Freunden gehoben und getragen, bald hier, bald
dorthin fliegt, wie ein rechter nordischer Wandervogel
seinen Gesang anhebend, um seine Freunde dazu zu
ermuntern und anzuregen. So reist er von Heidelberg aus
nach Straßburg und Tübingen. Den Unruhen des 30jäh-
rigen Krieges zu entfliehen, reist er 1620 mit seinem in
Heidelberg gewonnenen Freunde Hamilton in die Niederlande

98

Sein Vater war, wie
ein Kürschner, der sein
mußte. Als sein Joh[ann]
Kindheit, erkrankte,
wenn Gott ihr diesen Sohn zu[m]
wolle sie ihn auch ganz dem g[öttlichen]
zu einem Prediger des [Evangeliums]
besuchte auch die S[...]
Dort befiel ihn eine
was ihn nöthigte, zu seine[r]
Im Ganzen blieb er kränklich
Jüngling wurde er durch den Kan[tor]
gerufen. Hier wurde
den Rector Brachmann, [...]
den Jüngling herzlich lieb, [...]
durch Heermann unterrichte[t]
schriftlichen Arbeiten als [...]
Johann war dies innige [...]
unverkennbarem Segen. 1602 [...]
zeichnete er sich schon als [...]
Gymnasium zu Breslau [...]
Kaiser Rudolphs V. [...]
October feierlich zum Dichter [...]
ging er, 24 Jahr alt, [...]
über Leipzig und [...]

im Fürstenthum Wohlau.
des Valerius Herberger,
Brod mühsam erwerben
war noch in seiner zartesten
sen Mutter, wenn Gott
schenke, dann
weihen, und
bilden lassen, wenn sie auch nur die
Johann genaß und
dann die zu Wohlau.
kehren.
Als
nach Fraustadt
weckt durch
gewann
Zacharias
seinen
unsern
von
Hier
beth-
Befehl
8.
1609
Rothkirch
aber einer
zurückk[ehren]
Köben,
legen,
daselbst
mit
ein
len

schließen, dieweil der Tod von meiner Seit' so eilends
...ssen, mein treues Herz, der Tugend Schein, der
jetzt beraubet sein. Wer kann mein Elend wen=
843). — So stand der 32jährige Pastor wieder
und empfand in seiner tiefen Trauer gewiß recht
sich das Wort: Es ist nicht gut, daß der Mensch
bewahrheitet und erwählte deshalb auch wieder
in Anna Teichmann. Diese Ehe wurde durch
der gesegnet. An seinem ältesten Sohn Samuel
inniger Liebe. Seine Gattin hatte aber nicht
ihren innig geliebten Mann gesund zu sehen;
...ehrende Krankheiten suchten ihn heim, und seit
sich bei ihm eine Engbrüstigkeit aus, die ihn
...urch bis an seinen Tod oft schrecklich geplagt
leidenden Zustande bewährte sich ihm seine
...ls eine rechte Gehülfin, als eine liebreiche,
...flegerin. Im Jahr 1626 erregte die Pest
...r ganzen Gegend, und kaum hatte sich das
kehrten die Gräuel des Krieges in aller
ihnen ein. Gegen 1000 Kosacken durch=
...che Schlesien, denen Türken und Tartaren
...n erhebet seine Augen auf zu den Bergen,
Hilfe kommt. Wie bittet er in dieser
"Herr unser Gott, laß nicht zu Schan=
...so in ihren Nöthen und Beschwerden bei
deine Güte hoffen und zu dir rufen"
...euer Wächter Israel, schau' wie große
...sst dein Volk jetzt überall; eine Mauer
...em Feinde davor grau'" (P. 312). —
...ne Noth und Schrecken wurde sein kör=
verschlimmert, so daß er sich genöthigt
niederzulegen. — Um einen ru=
1638 Köben und zog
Köben in der jetzt=
Leiden kam ihm
geliebter
vom

und findet dort einen neuen Freund in dem berühmt[en] Daniel Heinsius. Von hier ging er mit Hamilton auf dess[en] in Holstein liegende Güter; jedoch nur sieben Monate l[ieß] er sich dort halten. Wir finden ihn dann schon, nachde[m] er sich 1622 kurze Zeit zu Liegnitz aufgehalten, in Sieben[bürgen] bei dem berühmten Fürsten Bethlem Gabor als Le[h]rer der Philosophie und alten Literatur zu Weißenbur[g]. Doch der Vogel des Nordens weilt nicht lange im Süde[n], die Sehnsucht nach dem Vaterlande und nach den Freund[en] führte ihn 1623 schon wieder zurück nach Bunzlau und an d[en] Hof zu Liegnitz. Er wurde hier von dem Fürsten, da [er] auf sein Verlangen die Sonntagsevangelien und Episteln [in] Verse gebracht, reich beschenkt und zum Rath ernann[t]. Durch seine poetischen Erzeugnisse war er schon in ga[nz] Deutschland bekannt geworden, und seine einnehmende Freun[d]lichkeit und seine Sitte gewann ihm Aller Herzen. 162[4] reiste er wieder nach Westen, überall, wohin er kam, wur[de] er mit Jubel empfangen. In Wittenberg schloß er m[it] dem größten Kenner der Dichtkunst, A. Buchner, ein ewige[s] Freundschaftsbündniß und ließ sich von ihm fast ein halbe[s] Jahr festhalten. Von ihm gings an den Hof zu Anhal[t]. Zu dieser Zeit wurde er unter dem Namen: „der Gekrönte[″] in den am 24. August 1617 von Casper von Treutleb[en] Hofmeister des Prinzen Joh. Ernst des Jüngern zu We[i]mar, gestifteten, neusprossenden „deutschen Palmbaum" (Palm[en]orden) auch „die fruchtbringende Gesellschaft" genannt, a[uf]genommen. 1625 reiste er über Liegnitz nach Wien, e[m]pfing dort den herrlichsten Lorbeer seines Dichterleben[s]. Durch ein Trauergedicht auf den Tod des Erzherzogs Ka[rl] empfahl er sich dem Kaiser Ferdinand II. so sehr, daß d[ie]ser Feind der Protestanten seine Feindschaft bei Opitz d[och] soweit vergaß, daß er dem Lutheraner Opitz die Dichte[r]krone ertheilte und ihn 1628 in den Adelstand unter de[m] Namen: „Opitz von Lorberfeld" erhob. 1626 war er S[e]cretair des Burggrafen Karl Hannibal zu Dohna und zeig[te] dort, daß er nicht nur ein guter Dichter, sondern auch e[in] tüchtiger Geschäftsmann sei. 1630 reiste er im Dien[st] seines Herrn nach Paris; dort fand er seinen in Heidelber[g] gewonnenen Freund Hugo Groote wieder und verlebte m[it]

m höchst angenehme Tage. Als er von dort zurückgekehrt
war, lebte er bis zum Tode des Burggrafen zu Dohna
1633 in Breslau. 1634 ging er mit dem Herzoge von
Brieg nach Thorn, konnte es aber nicht unterlassen, nach
Danzig und Königsberg zu gehen, um die Dichter aus der
Kürbishütte, Roberthin, Dach und H. Albert, kennen zu
lernen und auch mit ihnen ein Freundschaftsbündniß anzu-
knüpfen. Von Danzig aus machte er noch verschiedene Aus-
flüge. Aber er wurde von der Pest befallen, und sie riß
ihn nach zweitägigem Krankenlager von hinnen. Er starb
den 20. August 1639.

Opitz wird als der Vater der deutschen Dichtkunst angesehen und gepriesen. Er hat auch viel dafür gethan. Er
hat sie, die verachtete, wieder zu Ansehen und Ehren gebracht und die Würde des Dichters gehoben, der bisher oft
in's liebe Brod hat singen müssen. Bisher hatten die Gelehrten die deutsche Sprache verachtet und sie keiner höhern
Bildung fähig gehalten. Sie hielten ihre Vorlesungen in
den Schulen lateinisch oder griechisch, verfaßten auch ihre
Bücher in dieser Sprache. Da kam nun Opitz und dichtete deutsch, setzte Regeln fest über Länge und Kürze der Silben, und wie sie anzuwenden. Bisher hatte man die Silben
im Vers nur gezählt, das gab oft Rauhheiten und Härten,
wie wir sie in den Liedern des sechzehnten Jahrhunderts
häufig finden. Opitz gab nun in seinen Liedern und Gedichten leuchtende Vorbilder einer gediegenen Sprache und
des unverdorbenen Geschmacks, der nah und fern Nachei-
ferer fand. Von seinen Liedern finden wir in unsern Gesangbüchern: „Auf, mein Herz und du mein ganzer Sinn
(B. 97 schreibt's Siegm. von Birken zu); — Das blinde
Volk der Heiden (B. 1010); — Gott ist mein Hirt', ich
werd' nicht Mangel leiden (B. 539); — Herr, nicht schicke
deine Rache (B. 260); — Jetzt muß die Nacht mit
Schrecken (B. 36); — O Licht geboren aus dem Lichte"
(S. 470). —

91. Johann Heermann, dieser christlich fromme
Dulder und seelenvolle Liederdichter ist geboren am 11. Oktober 1585 zu Rauden, einige Meilen südlich von Glogau,

im Fürstenthum Wohlau. Sein Vater war, wie der Vat[er]
des Valerius Herberger, ein Kürschner, der sein Stück[chen]
Brod mühsam erwerben mußte. Als sein Johann einst, [er]
war noch in seiner zartesten Kindheit, erkrankte, gelobte d[es-]
sen Mutter, wenn Gott ihr diesen Sohn zum zweitenm[al]
schenke, dann wolle sie ihn auch ganz dem Dienst des H[errn]
weihen, und zu einem Prediger des göttlichen Worts a[us-]
bilden lassen, wenn sie auch das Geld dazu erbetteln soll[te.]
Johann genaß und besuchte nun die Schule zu Raude[n,]
dann die zu Wohlau. Dort befiel ihn wieder ein viertä[gi-]
ges Fieber, was ihn nöthigte, zu seinen Eltern zurück[zu-]
kehren. Im Ganzen blieb er kränklich und schwächlich. —
Als Jüngling wurde er durch den Kantor Balthasar Thi[lo]
nach Fraustadt gerufen. Hier wurde sein Dichtergeist [ge-]
weckt durch den Rector Brachmann. Valerius Herberg[er]
gewann den Jüngling herzlich lieb, ließ seinen einzigen So[hn]
Zacharias durch Heermann unterrichten und brauchte ihn b[ei]
seinen schriftlichen Arbeiten als seine rechte Hand. F[ür]
unsern Johann war dies innige Verhältniß mit Herberg[er]
von unverkennbarem Segen. 1603 bezog er das St. Elis[a-]
beth-Gymnasium zu Breslau und 1604 das zu Brie[g.]
Hier zeichnete er sich schon als Dichter so aus, daß er a[uf]
Befehl Kaiser Rudolphs V. durch Caspar Conrad de[n]
8. October feierlich zum Dichter gekrönt wurde. Im Jah[r]
1609 ging er, 24 Jahr alt, mit den Söhnen Wenzels v[on]
Rothkirch über Leipzig und Jena nach Straßburg, muß[te]
aber einer Augenkrankheit wegen schon im folgenden Jah[r]
zurückkehren. Im Jahr 1611 wurde er zum Kaplan na[ch]
Köben, einige Meilen östlich von Rauden, an der Oder g[e-]
legen, berufen und noch in demselben Jahre zum Pfarr[er]
daselbst befördert. Im folgenden Jahr verheirathete er s[ich]
mit Dorothea Feige. Man erkannte bald, daß er nicht n[ur]
ein frommliebender Gatte, sondern auch ein um das Se[e-]
lenheil der ihm anvertrauten Heerde ernstlich besorgt[er]
Hirte sei, der auch auf der Kanzel das Wort des Herr[n]
mit dringender Liebe verkündigte. Doch nicht lange währ[te]
sein ungestörtes Glück. 1617 starb ihm seine inniggelieb[te]
Gattin. In gar zu schmerzliche Trauer versetzt, singt [er]
ihr nach: „Ach Gott, ich muß in Traurigkeit mein Leb[en]

beschließen, dieweil der Tod von meiner Seit' so elends hat gerissen, mein treues Herz, der Tugend Schein, der muß ich jetzt beraubet sein. Wer kann mein Elend wenden (P. 843). — So stand der 32jährige Pastor wieder ganz allein und empfand in seiner tiefen Trauer gewiß recht lebhaft bei sich das Wort: Es ist nicht gut, daß der Mensch allein sei, bewahrheitet und erwählte deshalb auch wieder eine Gehülfin in Anna Teichmann. Diese Ehe wurde durch mehrere Kinder gesegnet. An seinem ältesten Sohn Samuel hing er mit inniger Liebe. Seine Gattin hatte aber nicht die Freude, ihren innig geliebten Mann gesund zu sehen; immer wiederkehrende Krankheiten suchten ihn heim, und seit 1624 bildete sich bei ihm eine Engbrüstigkeit aus, die ihn 24 Jahre hindurch bis an seinen Tod oft schrecklich geplagt hat. In diesem leidenden Zustande bewährte sich ihm seine Gattin Anna als eine rechte Gehülfin, als eine liebreiche, unermüdliche Pflegerin. Im Jahr 1626 erregte die Pest Schrecken in der ganzen Gegend, und kaum hatte sich das Volk erholt, so kehrten die Gräuel des Krieges in aller Schrecklichkeit bei ihnen ein. Gegen 1000 Kosacken durchstreiften das südliche Schlesien, denen Türken und Tartaren folgten. Heermann erhebet seine Augen auf zu den Bergen, von welchen uns Hilfe kommt. Wie bittet er in dieser Noth so bringend: „Herr unser Gott, laß nicht zu Schanden werden, die, so in ihren Nöthen und Beschwerden bei Tag und Nacht auf deine Güte hoffen und zu dir rufen" (P. 331). — „Treuer Wächter Israel, schau' wie große Noth und Qual trifft dein Volk jetzt überall; eine Mauer um uns bau', daß dem Feinde davor grau'" (P. 312). — Durch diese allgemeine Noth und Schrecken wurde sein körperliches Uebel noch verschlimmert, so daß er sich genöthigt sah, 1634 schon sein Amt niederzulegen. — Um einen ruhigen Aufenthalt zu finden, verließ er 1638 Köben und zog nach Lissa, etwa 8 Meilen nördlich von Köben in der jetzigen Provinz Posen. Zu seinem übrigen Leiden kam ihm noch der unendlich große Seelenschmerz, daß sein geliebter Sohn Samuel 1640, durch Jesuiten dazu überredet, vom evangelischen Glauben abfiel. Wie groß sein Schmerz war, mag der am 2. März 1640 an seinen Sohn geschriebene

Brief zeigen. Darin heißt's: „Sobald Gott meine Seele abfordert, will ich vor Gottes Stuhl niederfallen, und sie die Verführer, innerhalb Jahresfrist vor sein Gericht fordern und solltest du dich nicht umkehren, dich zugleich mit, da sollt ihr Gott und mir antworten. In deinen Briefen hast du dich stets unterschrieben: „des Herrn Vaters gehorsamster Sohn bis in den Tod." Solltest du diese Zusage brechen wollte ich deine Faust vor den Richterstuhl Gottes mitnehmen, sie alda aufweisen und um Rache bitten." Die Unterschrift war: Johann Heermann, dessen Seele betrübt bis in den Tod." Dies wirkte, und der Jüngling kehrte um und bat den Vater um Verzeihung. Der sprach: „Vaterherz bleibt doch Vaterherz," und verzieh' ihm. Der Sohn kehrt zum Glauben seines Vaters zurück, starb aber bereits nach drei Jahren an der Schwindsucht, wie man sagt, von den Jesuiten vergiftet. Heermann war darüber so erschüttert daß er seinen Sohn nicht zur Ruhestätte begleiten konnte Nun nahm auch noch seine Krankheit so zu, daß er nicht mehr sitzen und liegen, sondern nur angelehnt stehen konnte Als er auch dies an seinem Körper nicht mehr aushalten konnte, und doch auf das Bett niedersinken mußte, schrieb er an sein Bett: „Herr, siehe, den du lieb hast, der liegt krank." Dann litt er geduldig weiter und seufzte oft: „Herr Jesu, komm doch und spanne mich aus." Am Morgen des 17. Februars 1647 entschlief er sanft und selig. Seine Lieder, die für Kreuzträger fast das Schönste sind, was in unsern Gesangbüchern gefunden wird, weil sie in der Kreuzschule erwachsen und gezeitigt sind, vereinigen mit einer fließenden Sprache eine Herzlichkeit und Innigkeit, die sie auch jedem Christen lieb und theuer machen. — Heermann ist der erste, welcher die Regeln des Opitz auf die kirchliche Dichtung anwandte. Von seinen etwa 400 Liedern finden wir in unsern Gesangbüchern folgende: „Ach Gott, ich muß in Traurigkeit (P. 483); — Ach Gott, wie schrecklich ist dein Grimm (P. 306); — Ach Jesu, dessen Treu' (P. 55); — Ach, wie schnelle wird verkehret (L. S. 861); — Als gleich die Jünger saßen (B. 339); — Als Jesus Christus in der Nacht (P. 217); — Als Jesus von der Taufe kam (B. 572); — Also hoch hat Gott geliebet (B. 554) —

Das Wetter ist vorbei (B. 916); — Den Herren meine Seel' erhebt (B. 396); — Der Sturm ist weg, ich freue mich (B. 917); — Du weinest vor Jerusalem (P. 253); — Früh Morgens, da die Sonn' (P. 136); — Gelobet sei Israels Gott (B. 391); — Gottlob, die Stund' ist kommen (P. 856); — Herr Jesu Christe, mein getreuer (P. 225); — Herr, unser Gott, laß nicht zu Schanden (P. 311); — Herzliebster Jesu, was hast du (P. 85); — Hilf mir mein Gott, hilf (P. 595); — Ich armer Sünder komm zu dir (P. 263); — Ich armer Sünder weiß, o Gott (B. 471); — Ich danke dir, liebreicher Gott (B. 67, P. 663); — Ich hab', o Herr, mein Gott (P. 377); — Ich preise dich, Gott, der du mich (B. 216); — Jesu, deine tiefe Wunden (P. 96); — Jesu, nun sei gepreiset (P. 687); — In Jesu Namen reis' ich aus (B. 921); — Kehre wieder, meine Seele (B. 834); — Kommt, laßt uns den Herren (P. 322); — Lasset ab, ihr meine Lieben (P. 869); — Laß jetzt mit süßen Weisen (B. 931); — O frommer und getreuer Gott (P. 270); — O Gott, der ich gar keinen Rath (L. S. 328, P. 212 hat Bornschürer darunter gesetzt); — O Gott, du frommer Gott (P. 803); — O Jesu Christe, wahres Licht (P. 203); — O Jesu, du mein Bräutigam (P. 233); — O Jesu, Jesu, Gottes Sohn (P. 348); — O Mensch, bedenke stets dein End' (B. 689); — O Herr mein Gott, ich hab' dich zwar (B. 1176); — Rett', o Herr Jesu, deine Ehr' (P. 965); — Sobald des großen Sabbaths Nacht (P. 149); — So wahr ich lebe, spricht dein Gott (P. 274); — Speis' uns, o Gott, deine Kinder (P. 1042); — Trau'r nicht so sehr, o frommer Christ (B. 843); — Treuer Gott, ich muß dir (P. 483); — Treuer Wächter Israel (P. 312); — Was willst du armer Erdenkloß (P. 809); — Weh' mir, daß ich so oft und viel (P. 278); — Wenn dein herzliebster Sohn, o Gott (P. 382); — Wir danken dir, Gott, für und für (B. 618); — Wir haben jetzt vernommen (P. 307); — Wir wissen nicht, Herr Jesu Christ (B. 883); — Wo soll ich fliehen hin (P. 280); — Zion klagt mit Angst und Schmerzen" (P. 842). —

92. Andreas Gryphius, zu deutsch Greif, wurde geboren den 11. Octob. 1616 zu Großglogau in Schlesien. Sein Vater, Paul Gryphius, starb ihm, als er noch nicht 5 Jahr alt war, plötzlich und wie man sagt, vergiftet. Seine Mutter verheirathete sich zum zweitenmal mit dem Pfarrer Eder zu Driebitsch, nach Val. Herbergers Tode, Pfarrer zu Fraustadt, sie starb aber auch schon 1628, als Andreas erst 12 Jahr alt war. Eder brachte ihn auf die Schule zu Görlitz 1631. Da ihn hier der Krieg vertrieb, ging er zu seinem Bruder Paul nach Rickersdorf; dieser brachte ihn auf die Schule zu Glogau. Hier raubte ihm eine Feuersbrunst seine ganze Habe. Darauf nahm ihn sein Stiefvater nach Fraustadt und brachte ihn zum Rector Rollius auf die Schule. Eine Zeitlang mußte er auch wieder aus Fraustadt weichen, da dort die Pest grassirte. Im Jahr 1634 verließ er diese Stadt ganz, ging auf das Gymnasium zu Danzig und suchte seinen Unterhalt durch Unterricht zu erwerben; auch gab er eine Sammlung Gedichte heraus. 1636 wurde er von seinem Vater zurückgerufen und wurde im Sommer des Jahres Lehrer der Kinder des kaiserlichen Pfalzgrafen Georg von Schönborn unweit Freistadt in Schlesien. Hier fand er eine bedeutende Bibliothek, welche er zu nutzen wußte, und im Umgange mit dem Grafen gewann er dessen Achtung in dem Grade, daß ihn derselbe am 20. Nov. 1637 zum kaiserlichen Poeten krönte, zum Magister der Philosophie ernannte, und ihn und seine Nachkommen in den Adelstand erhob, von welchem letztern er aber nie Gebrauch machte. Gryphius war hier in einem katholischen Lande, wurde deshalb als Lutheraner hart verfolgt und mußte manche Kränkung erdulden; ja sein Herr mußte sogar mit ihm leiden, weil er einem Werke des Gryphius ein empfehlendes Gedicht vorangesetzt hatte. Seine Leiden wuchsen von Tage zu Tage, noch im Jahr 1637 starb ihm sein Gönner; sein Bruder Paul, Stadtpfarrer in Freiberg, wurde von den Katholiken vertrieben, und Andreas mußte auch weichen. Er ging wieder nach Danzig; aber auch dort fand er nicht, wo sein Fuß ruhen konnte, und begab sich deshalb in die Niederlande nach Amsterdam und Leyden und lehrte dort in verschiedenen Wissen-

schaften. 1640 verfiel er dort in eine schwere langwierige Krankheit, die noch bedenklicher wurde durch die Nachricht vom Tode seiner geliebten Schwester und seines Bruders Paul, der nach der Vertreibung aus Freistadt Superintendent in Krossen geworden, und dort nach vielen bittern Verfolgungen im Nov. 1640 gestorben war. Ihn beschwerte „ein sehr ungeheurer Sorgenstein." Aber sein Glaube an Gott, „dem kein Wunderwerk zu groß, hat eh' er es recht ward innen, diesen Stein gewälzt von hinnen." Der Herr krönte diesen Glauben; denn von jetzt an erheiterten sich seine Lebenstage. 1644 reiste er mit dem Kaufmann Wilhelm Schlegel durch die Niederlande nach Paris und von da nach Marseille, schiffte sich dort ein und gelangte im Herbst 1645 nach Florenz. Im Frühling 1646 waren sie in Rom, nahmen ihre Rückreise über Venedig, wo Gryphius am 9. Mai 1646 drei der Stadt zugeeignete Gedichte überreichte. Im Sommer waren sie in Straßburg. Hier blieb Gryphius ein ganzes Jahr und gab wieder mehrere Dichtungen in den Druck. 1647 war er wieder in Amsterdam, reiste von hier zu Wasser nach Stettin, blieb dort vom Juli bis in den November bei seinem Freunde Schlegel und kam noch vor Ende des Jahres weiterfahren nach Fraustadt, heirathete dort 1749 Rosina Deutschländer, Bürger- und Kaufmannstochter, und wurde 1650 Syndikus in Glogau. In diesem ehrenvollen, aber geschäftsreichen Amte blieb er bis an sein Lebensende und verwaltete es zur allgemeinen Zufriedenheit. Oft hatte er gebetet, Gott möge ihn eines plötzlichen Todes sterben lassen, so fest war er in Jesu gewurzelt, daß er ihm zuruft: „Du bleibest mein, bis ich werd' von dieser Erd', wenn mein Ruhtag wird ankommen, zu dir eingenommen." Sein Ruhtag kam plötzlich am 16. Juli 1664 Nachmittags 5 Uhr auf dem Landhause zu Glogau. Mitten in einer großen Versammlung der Landesältesten schied er mit dem Ausruf: „Mein Jesus, wie wird mir!" noch nicht 48 Jahr alt, eine Wittwe und drei Kinder hinterlassend. — Von ihm sind: „Hallelujah meiner Schmerzen (S. 857), und Jesu, meine Stärke" (P. 637). —

93. Matthäus Apelles von Löwenstern wurde geboren den 20. April 1594 zu Neustadt im Fürstenthum Oppeln, wo sein Vater ein ehrbarer Meister im Sattlerhandwerk war. Der Herr bereitete ihm den Weg zu seinem Fortkommen durch die Musik. 1625 wurde er fürstlich Bernstädtscher Rentmeister, dann 1626 Präsident der fürstlichen Schulen zu Bernstadt, ferner 1631 Rath und Secretair bei Kaiser Ferdinand II. Von Kaiser Ferdinand III. wurde er in den Adelstand erhoben. Später ernannte ihn der Herzog Karl Friedrich von Münsterberg zu seinem Staatsrath. Er starb am 11. April 1648. — Er ist der Verfasser von dreißig geistlichen Liedern, die alle einen recht innigen Glauben und ganze Hingabe an den Herrn bekunden. Vorzüglicher Meister war er in der Musik und manche schöne und gern gesungene Melodie verdankt ihm die Entstehung. Von ihm sind die Lieder: „Christe, du Beistand deiner Kreuzgemeine (P. 822), — Mein' Augen schließ' ich jetzt (P. 664), — Nun preiset alle Gottes Barmherzigkeit (P. 1018), — O werthes Licht der Christenheit" (L. S. 534).

94. David Böhm wurde geboren den 2. April 1605 zu Bernstadt in Schlesien, wurde Pastor zu Bielgut, einem an der Wayda gelegenen Dorfe. 1630 berief ihn der Herzog von Münsterberg zu seinem Hofprediger. 1638 ward er Pastor, Consistorialassessor und Senior in seiner Vaterstadt. Er hat in seinem Leben „gestritten, Ungemach erlitten, ritterlich gekämpfet, manchen Feind gedämpfet, Glauben auch gehalten richtig mit den Alten. Thränen mußt' er lassen, weinen ohne Maaßen, schwere Gänge laufen mit der Christen Haufen, über Sünde klagen, Kreuz und Trübsal tragen." Er starb gerne den 9. Febr. 1657, alt 52 Jahr. Er hat neun Lieder verfertigt, worunter auch: „In dem Leben hier auf Erden (P. 797), — und: Herr, nun laß im Friede fahren" (P. 881).

95. Andreas Tscherning, einer von Opitz Freunden, ist geboren zu Bunzlau in Schlesien 1611 und gestorben 1659 als Professor der Dichtkunst zu Rostock. Von

ihm sind die Lieder: „Denk' an Gott zu aller Zeit (L. S. 611), — Du sollst in allen Sachen von Gott den Anfang machen" (L. S. 684).

96. Heinrich Held wurde geboren zu Guhrau, einige Meilen nordöstlich von Köben, des Joh. Heermanns Amtsort. Er studirte die Rechte und war Licentiat derselben. Er lebte in den unruhigen Zeiten des dreißigjährigen Krieges als Rechtsanwalt in seiner Vaterstadt, wo er auch von den Katholiken wegen seines kindlich frommen Glaubens viel zu leiden hatte. Er starb 1643. Von ihm sind die Lieder: „Gott, gieb mir zu erkennen (B. 642), — Gott sei Dank in aller Welt (P. 34), — Jesu, meiner Seelen Licht (P. 95), — Wer ist es, der die Segel lenkt" (B. 939). —

97. Friedrich von Logau ist im Jahr 1604 geboren. Er war Rath des Herzogs Ludwig von Brieg, der seit 1539 gemeinschaftlich mit seinen Brüdern regierte. Als später dieser Herzog das Fürstenthum Liegnitz erhielt, blieb Logau in seinen alten Dienstverhältnissen und ging mit dem Herzoge nach Liegnitz, wo er am 25. Juli 1655 starb. Er ist ausgezeichnet als epigrammatischer Dichter. Von ihm ist: „Gottes Mühlen mahlen langsam (L. S. 576g), — und: Wer in's Herze Gott will fassen" (L. S. 6166). —

97a. David von Schweinitz auf Sieversdorf und Pottersdorf, ein schlesischer Edelmann und Staatsmann, der am 23. Mai 1600 geboren war. Auch er bekleidete in den schweren Kriegsdrangsalen wichtige Aemter und Gesandtschaftsposten; zuletzt wurde er Regierungsrath, Hofrichter und Landeshauptmann des Fürstenthum Liegnitz. Als er 1664 diese Aemter niederlegte, trat er vor die versammelten Landstände mit den Worten: Wo er Jemand Gewalt und Unrecht gethan, oder sich durch Gaben und Geschenke die Augen habe blenden lassen, so solle man's ihm darstellen, er wolle Alles wiedergeben. — Worauf ihm aber Niemand das Geringste nachsagen konnte. Bald darnach starb er freudig den 27. März 1667. Schon in seiner Jugend war er gottesfürchtig und schrieb als 26jähriger junger

Mann: „Gute Gedanken von Prüfung des Gewissens oder wahrer Buße." Als Dichter wollte er nicht eine Profession eines berühmten Poeten machen, sondern allein zu Gottes Ehre seine Gedanken vortragen. Von ihm ist das Morgenlied: „Der Tag bricht an und zeiget sich" (P. 624). —

98. M. Jakob Schechs, geboren 1607, gestorben 1659, wo ist mir unbekannt. Aus seinem Liede: „Ach Gott, erhör' mein Seufzen und Wehklagen" (P. 420), — geht hervor, daß er um seines Glaubens willen viel hat leiden müssen.

99. Abraham von Frankenberg, ein Adliger aus Schlesien, der um der Religion willen sein Vaterland verließ, sich in Danzig aufhielt und am 25. Juni 1652 starb. Ein Mystiker und Freund von Jak. Böhm. Lied: „Christi Tod ist Adams Leben" (P. 738). —

Die süddeutschen Dichter.

100. Josua Wegelin war zu Anfang des dreißigjährigen Krieges Pastor zu Augsburg an der Heiligenkirche, später zu Preßburg in Ungarn, wo er 1640 als Doctor der Theologie und Senior starb. „Auf Christi Himmelfahrt allein (P. 154); — Dir, Herr, will ich lobsingen (B. 20); — Frisch und getrost nun reis' ich fort (B. 924); — Herr Gott Vater, speise uns (B. 107); — O Gott, du unser Vater" (P. 206). —

101. Dr. Joh. Höfel ist geboren zu Uffenheim in Franken, wo sein Vater fürstlich brandenburgischer Voigt war. Er studirte in Gießen, Straßburg und Jena, ward nachher Rechtsconsulent in Schweinfurt und feierte daselbst 1673 sein 50jähriges Jubiläum. Er war ein gottseliger Mann, der für arme kranke Leute ein eigenes Haus bauen ließ, täglich seine Betstunde hielt und bei jedem Glockenschlage den Herrn um ein selig Ende anrief. Drei Stunden vor seinem Tode schrieb er an einen Freund: „nun ist es an meiner Lebensuhr am letzten Körnlein." Schon im

18. Jahr hatte er sich seinen Sarg anfertigen lassen. Er starb am 8. December 1683. „Was trau'r ich doch? Gott lebt ja noch" (L. S. 703); — ist sein Lied.

Die Sänger Thüringens.

102. Dr. Andreas Keßler ist der Sohn eines Schneiders zu Coburg und wurde daselbst geboren den 17. Juli 1595. Zuerst besuchte er die Schule zu Coburg, kam dann in das casimirische Pädagogium daselbst, bezog 1614 die Universität Jena und wurde dort 1616 Magister. Darauf ging er nach Wittenberg und wurde dort Adjunct der philosophischen Fakultät. 1623 wurde er Professor der Logik und Inspector der Alumnen zu Coburg. 1625 ist er Superintendent zu Eisfeld. 1627 wurde er zu Jena Doctor der Theologie. 1633 war er Superintendent und Director des Gymnasiums zu Schweinfurt, wo er mit Johann Höfel zusammentraf, der eben auch in diesem Jahr dort sein Amt als Rechtsconsulent antrat. 1635 wurde er General-Superintendent, Consistorialrath, Pastor und Scholarch des Gymnasiums zu Coburg, wo er den 15. Mai 1643, alt 48 Jahr, starb, nachdem ihn schon ein Jahr zuvor der Schlag gerührt hatte. — Zwei seiner Lieder sind: „An Tod gedenk, o frommer Christ (P. 943); — Keinen hat Gott verlassen" (P. 503). —

103. Michael Ziegenspeck war anfangs Diakonus, darnach Pastor und Senior zu Rachnis, einem Städtchen unweit Saalfeld, dichtete um 1630: „Walt's Gott, mein' Werk, ich lasse" (P. 670). —

104. Dr. Mich. Altenburg ist geboren 1583 zu Tröchtelborn, studirte in Tübingen und ist 1608 Pastor zu Ilversgehofen bei Erfurt, 1610 zu Tröchtelborn, 1621 zu Sömmerda an der St. Bonifaciuskirche, 1637 Diakonus an der Augustiner Kirche zu Erfurt, endlich 1638 Pastor zu St. Andreas daselbst. Die Drangsale des 30jährigen Krieges lasteten schwer auf ihn, und er war oft genöthigt, wegen Durchzüge und Plünderung feindlicher Truppen, mit

Hintenansetzung seines Eigenthums zu flüchten. Er starb am 12. Februar 1640 und hinterließ 12 Lieder, darunter: „Auf, laßt uns den Herren preisen (B. 108); — Herr Gott, nun schleuß den Himmel auf (L. S. 817); — Was Gott thut, das ist wohlgethan, kein einig Mensch ihn" (L. S. 596). —

105. Dr. Samuel Zehner wurde seinem Vater, dem Pastor zu Suhla, am 4. Mai 1594 geboren. Sein Vater, der später Generalsuperintendent im Hennebergischen war, schickte ihn auf das Gymnasium zu Schleusingen. Darnach setzte er seine Studien fort auf den Universitäten zu Leipzig, Wittenberg, Jena, Marburg und Gießen. 1619 wurde er Diakonus, 1624 Archidiakonus zu Meinungen, 1632 Adjunct der Superintendentur zu Schleusingen und 1634 Pastor, Superintendent, Consistorialrath und Ephorus des Gymnasiums daselbst. Er starb, nachdem er vorher die Doctorwürde der Theologie erhalten, am 27. April 1635. Von ihm ist: „Ach Gott, gieb du uns deine Gnad' (P. 779, nicht 778, Ach Abba); — Ach Herre, du gerechter Gott" (P. 298); — und Vers 4 und 5 von „Verzage nicht, du Häuflein klein" (P. 314). —

106. Bartholomäus Helder ist der Sohn des M. Superintendenten Joh. Helder und geboren zu Gotha. Er war zuerst Schulmeister zu Frimar bei Gotha, dann Pastor zu Remstedt, wo er am 28. October 1635 starb. Man sagt von seinen Liedern, daß sie eigentlich sein Vater verfaßt, er sie aber nur herausgegeben habe. Einige davon sind: „Gleichwie ein Hirschlein mit Begier. (L. S. 696); — In meiner Noth ruf' ich zu dir (L. S. 630); — O Lämmlein Gottes, Jesu Christ (B. 394). —

107. Joh. Rosenthal, am 6. Juni 1615 zu Groß-Sömmerda im Erfurter Gebiet geboren, war 1639 fünfter Lehrer am Altenburger Gymnasium, 1645 Archidiakonus zu Schmölln, starb 1690 am 8. Juli. Lied: „Ach, was ist doch unser Leben" (B. 938). —

107a. **Matthäus Meyfart,** der Sohn des Predigers Mich. Meyfart, ist geboren zu Wallwinkel, einem Dorfe zwischen Waltershausen und Gotha. Er besuchte die Schule zu Gotha, studirte zu Jena und Wittenberg, wurde Baccalaureus in der philosophischen Fakultät und im 21. Jahr Magister. 1617 kam er als Professor an das Gymnasium zu Coburg, wurde daselbst 1623 Director. Am 14. December 1624 erhielt er zu Jena die Würde eines Doctors der Theologie, ward 1632 Professor der Theologie zu Erfurt, 1636 Pastor an der Predigerkirche daselbst und starb am 26. Januar 1642. Er dichtete drei Lieder, darunter das köstliche: „Jerusalem, du hochgebaute Stadt" (P. 551); — und: „Sag, was hilft alle Welt mit ihrem Gut und Geld" (L. S. 792). —

107b. **Andreas Kritzelmann,** 1606 zu Chemnitz geboren, war zur Zeit des 30jährigen Krieges Kantor in Altenburg. Lied: „Betrübtes Herz, sei wohlgemuth" (B. 816). —

Die chursächsischen Dichter.

108. **Martin Rincart,** dieser amtstreue und sich sogar aufopfernde Hirte seiner Heerde und Sänger des Liedes: „Nun danket alle Gott," ist der Sohn eines Küsters, der auch ein Böttchermeister war, und wurde geboren zu Eilenburg, zwischen Torgau und Leipzig gelegen, am 23. April 1586. Zuerst besuchte er die Schule seiner Vaterstadt; seine theologischen Studien aber beendete er in Leipzig, verschaffte sich dort seinen Unterhalt durch seine musikalische Fertigkeit, welche er dem Kantor Georg Uhlmann zu Eilenburg verdankte. Sie war ihm in seinen trüben Stunden oft eine tröstende Freundin, verhalf ihm auch 1610 zu dem Kantorat in Eisleben, wo er die köstlichen Predigten Johann Arndts mit seinem kraftvollen Orgelspiel noch mehr den Herzen fühlbar machte. Nach dessen Abberufung von dort nach Celle wurde Rincart Diakonus bis 1613, wo er Pfarrer zu Erdeborn unweit Eisleben wurde. 1617 berief ihn seine Vaterstadt zum Archidiakonus, welches Amt er mit dem from-

men Wunsche antrat: „Auf dein Wort, Jesu, ich Mein neu Netz frisch ergreife, Geh' in die wilde See, Die Segel weit ausschweife; Hilf zieh'n, hilf fangen mir Der Himmelskinder viel, Und richte Netz und Schiff Unt Wind zum guten Ziel." Er hat mit dieser seiner Gemeinde den ganzen dreißigjährigen Krieg durchlebt und wiederholt Angst und Schrecken ausgestanden. Zuerst waren es die Mansfeldschen Truppen, welche jene Gegend mit ihren Gräueln erfüllten; später kam Tilly mit seinem Heere von der Zerstörung Magdeburgs her und traf mit Gustav Adolph, dem Schwedenkönig, auf Leipzigs Fluren zusammen. Nach kurzer Frist waren Wallenstein und Gustav Adolph wieder dort, und so gings fort. Die Menschenleben, welche dem Schwerdt des Krieges entflohen, fraß die Pest. Im Jahr 1637 starben täglich 40—50 Personen, im ganzen Jahr 8000. Der ganze Rath starb bis auf 3 Personen aus, und nur wenige Schulkinder blieben übrig. Da in dem zweiten Kirchspiel der Stadt auch Diakonus und Prediger gestorben waren, mußte Rincart diese Aemter mit verwalten und dreimal täglich die Pestleichen mit beerdigen helfen, wobei jedesmal 10—12 Leichen in eine Grube bestattet wurden. Auf solche Weise half er 4480 Personen beerdigen. Er selbst blieb dabei so gesund, „daß ihm nicht ein Finger weh that." Unermüdet ging er von Kranken zu Kranken, um ihnen in den letzten Augenblicken dieses Lebens noch den Weg zum ewigen Leben zu zeigen und den Leib und das Blut des Herrn zur ewigen Heimfahrt zu reichen. — Vom Lande her waren auch noch die durch den Krieg Obdachlosgewordenen in die Stadt zu ganzen Schaaren geflüchtet. Dadurch entstand 1638 eine furchtbare Hungersnoth, bei welcher viele, sehr viele den schrecklichen Hungertod starben. Man sah damals öfter 20—30 einem Hunde oder einer Katze nachlaufen, um sie einzufangen, und wiederum 40 Personen sich um eine todte Krähe zanken. Aas vom Schindanger wurde als Leckerbissen verzehrt. — Hier war es wieder Rincart, der half, so lange noch ein Krümchen Brod in seinem Hause und eine Metze Korn unter seinem Dache und ein Pfennig Geld in seiner Tasche war; er gab das Letzte hin, und litt lieber selber Noth, um nur Andern helfen zu können, so daß sich vor seiner Thür 4—800 Menschen versammelten. — So sah es in der Stadt aus, als 1639 der schwedische Obrist von Dörfling mit seinem Heere vor der Stadt erschien und von der so schrecklich heimgesuchten Stadt noch die Summe von 32000 Thalern zu erpressen suchte. Rincart ging mit den übrig gebliebenen Rathsleuten hinaus in das Lager des Obristen und bat um Ermäßigung der unerschwinglichen Summe, aber vergeblich. Unerhört sollte er wieder in die Stadt zurückkehren. Er wandte sich zu seinem Gefolge und sprach: „Kommt, meine lieben Beichtkinder, wir haben bei den Menschen kein Gehör, noch Gnade mehr, wir wollen mit Gott reden." Sogleich wurde zur Betstunde geläutet. Die versammelte Gemeinde sang: „Wenn wir in höchsten Nöthen sein;" darnach knieete Rincart nieder und betete das Vaterunser und andere Gebete aus dem heftigen Drange seines Herzens. Als solches der Schwede vernommen, ist er so erweicht worden, daß er sich endlich, statt 32000 Thaler, mit 2000 Gulden begnügte. — Für alle diese geleisteten Dienste erntete er den schwärzesten Undank. Weil er Alles hingegeben hatte, konnte er die übermäßigen Abgaben, welche die Obrigkeit auf sein Haus legte, nicht erschwingen und mußte deshalb einen 7jährigen Prozeß bestehen, der seine schon zerrütteten Vermögensumstände vollends zu Grunde richtete. Dadurch gerieth er in große Noth und Dürftigkeit, erhielt aber durch Gottes Gnade im Schooße seiner Familie reichen Ersatz. Er rechnete seiner Gemeinde aber solches nicht zu, sondern blieb ihr treuer Hirte bis an sein Ende. Oft betete er mit ganzer Inbrunst des ihm inwohnenden Geistes um den edlen Frieden und ruhiges Predigen des göttlichen Wortes. Als nun am 24. October 1648 das edle Fried= und Freudenwort erscholl, da sang er von ganzem Herzen sein: „Nun danket alle Gott!" aus Sirach 50, 24—26. Auch feierte er mit seiner Gemeinde am 10. December 1648 das Friedensdankfest, als Text diente ihm ebenfalls der vorstehende Spruch. Ein Jahr darnach, den 8. December 1649, starb er und wurde in der Kirche zu Eilenburg begraben. Dort ist auch noch folgende Grabschrift unter seinem Bildnisse zu lesen:

Der Rincart seinen Mug, getrost und unverdrossen
Hat viermal siebenmal, doch gänzlich nicht beschlossen.
Bis er den Friedensschluß und diesen Chor besang,
Er sang und singet noch sein ewig Leben lang.
von Anno 1617 bis Anno 1650.

Außer: „Nun danket alle Gott" (P. 596), — sang er noch: „Hilf uns, Herr, in allen Dingen" (P. 998). —

109. Lic. Jer. Weber, am 23. September 1600 zu Leipzig geboren, studirte zu Wittenberg und Leipzig. 1626 war er in seiner Vaterstadt Sonnabendsprediger zu St. Thoma, 1631 Subdiakon, 1632 mittler Diakonus, 1639 Archidiakonus daselbst, 1640 außerordentlicher Professor der Theologie, starb am 13. März 1643. Zu dem Liede: „O großer Gott von Macht" (P. 296), — hat er den 9. Vers hinzugesetzt.

109a. Johann Hermann Schein, der berühmteste Tonkünstler seiner Zeit, wurde ums Jahr 1587 zu Grünhahn bei Zwickau geboren. Er war zuerst 1613 Kapellmeister zu Weimar, nachdem er zuvor Alumnus zu Pforta und darauf Student der Theologie zu Leipzig gewesen war. Darnach wurde er Kantor an der Thomasschule in Leipzig. In seinen letzten Lebensjahren wurde er von schweren und schmerzhaften Krankheiten heimgesucht. Am 16. December 1628 dichtete er in einer solchen Krankheit das Gebetslied: „Mach's mit mir, Gott, nach deiner Güt'" (P. 871), — und setzte auch gleich die herrliche Melodie dazu. Ferner sammelte er die besten evangelischen Lieder zu einem Gesangbuch: „Cantitional." Oder Gesangbuch augsburgischer Confession. 1627. In welchem sich von ihm 79 Melodien befinden. Er starb 1630. Außer „Mach's mit mir, Gott, nach deiner Güt'" (P. 871), — dichtete er noch: „Ach Herr, mich armen Sünder (P. 241); — Ach mein herzliebes Jesulein (P. 844); — Nun begehen wir auf's best" (L. S. 161). —

110. August Buchner, Magister, wurde geboren den 2. November 1591 zu Dresden. Nachdem er zuerst die Schule zu Pforta besucht hatte, bezog er die Universität

Wittenberg, wo er auch 1616 Professor der Dichtkunst und der Beredsamkeit wurde. Er war auch Mitglied der fruchtbringenden Gesellschaft unter dem Namen: „Der Genossene." Er war ein Mann von so ausgebreiteter Gelehrsamkeit und so feinem Geschmack, daß er für den größten Kenner der Dichtkunst gehalten wurde. 1624 hatte er die Freude, den Martin Opitz auf ein halbes Jahr bei sich zu haben, mit dem er seit dieser Zeit ein inniges Freundschaftsbündniß schloß. — Kurz vor seinem Ende, den 12. Februar 1661, ließ er sich das Lied: „Auf meinen lieben Gott trau' ich" — vorsingen, welches ihm besonders lieb war, auf dessen Melodie er auch den schönen Morgengesang: „Der schöne Tag bricht an" (P. 1021) — gedichtet hat.

110a. **Simon Graf,** 1907 zu Schäßburg in Siebenbürgen geboren, war zuerst Feldprediger, dann Pfarrer in Schandau an der böhmischen Gränze, starb am 25. März 1659. Lied: „Freu dich sehr, o meine Seele" (P. 854). —

Die Hannoveraner und Lüneburger.

111. **Dr. Justus Gesenius,** der Sohn des Pastor Joachim Gesenius, wurde geboren zu Ehsbeck im hannöverschen Amte Lauenstein den 6. Juli 1601, und besuchte die Schule zu Hildesheim, ging dann auf die Universität Helmstädt, worauf 1626 nach Jena, wo er Magister wurde. 1629 war er Prediger zu St. Magnus in Braunschweig, wurde 1636 Hofprediger in Hildesheim, 1643 Doctor der Theologie zu Helmstädt und 1648 Hofprediger, Consistorialrath und Generalsuperintendent zu Hannover. Im Jahr 1647 veranstaltete er auf höhere Veranlassung eine zweckmäßige Sammlung von Liedern, bei welcher ihm David Denike, ein Freund und Amtsbruder, tüchtig Hilfe leistete. 1659 erschien von diesem Gesangbuch eine Ausgabe mit 300 Liedern, die in dieser Gestalt die Grundlage zu den neuern hannöverschen Gesangbüchern wurde. Gesenius starb am 18. September 1671. Er war von tief ernster Frömmigkeit durchdrungen und beklagte tief das durch die starre und

streitsüchtige Orthodoxie in die lutherische Kirche eingedrungene Verderben; doch war er nicht vom Herrn dazu berufen, wie Arndt und Spener, einen neuen Lebensfunken der beinahe erstorbenen evangelischen Kirche wieder anzuhauchen. Aus seiner Liedersammlung sind von ihm in unsere Gesangbücher folgende Lieder übergegangen: „Gott Vater Sohn und heil'ger Geist (P. 211); — O Gott, der du aus Herzensgrund (P. 613); — O heilige Dreieinigkeit, voll Majestät (P. 19); — O heilige Dreifaltigkeit, o hochgelobte (P. 629); — O meine Seel', erhebe dich (P. 11); — O Tod, wo ist dein Stachel nun (P. 147); — In dieser Morgenstunde (P. 639); — Was kann ich doch für Dank (P. 331); — Wenn meine Sünd' mich kränken" (P. 381). —

112. David Denike ist den 31. Januar 1603 zu Zittau als der Sohn eines Stadtrichters geboren. Als Knabe besuchte er das dortige Gymnasium, studirte als Jüngling zu Wittenberg, 1621 zu Jena und dann zu Königsberg. Nach vollendeten Studien reiste er 1625—1627 in Holland, England und Frankreich. 1629 war er Hofmeister bei dem Herzog Georg von Braunschweig und Lüneburg. Zehn Jahre später, 1639, ist er Abt des Stifts Bursfeld, 1640 Hofrath, 1642 Consistorial- und Klosterrath in Hannover. Hier war es, wo er mit Gesenius in innigster Freundschaft und Gemeinschaft arbeitete. Er überlebte seinen Freund noch fast 9 Jahr; denn er starb am 1. April 1680. Von ihm wird besonders seine Milbthätigkeit gegen Nothleidende und seine apostolische Frömmigkeit gerühmt. Seine Lieder sind, weil er mit Gesenius in einem Sinn arbeitete, schwer von dessen Liedern zu unterscheiden. In unsern Gesangbüchern finden sich: „Herr, deine Rechte und Gebot' (P. 412); — Herr Gott, der du erforschest mich (P. 6 nach Vogther); — Kommt, laßt euch den Herren lehren (P. 322 nach Heermann); — Nun jauchzt dem Herren alle Welt (P. 1017); — O Gottessohn, Herr Jesu Christ (P. 282); — O Vater der Barmherzigkeit (P. 988); — Wir Menschen sind zu dem, o Gott" (P. 208). —

113. **Sigismund Scherertz,** 1584 zu Annaberg geboren, war zur Zeit des 30jährigen Krieges evangelischer Prediger zu Prag. 1622 von dort vertrieben, kam er nach Lüneburg und wurde dort am 31. December 1639 Superintendent. Von ihm ist das Lied: „Mein' Seel', dich freu' und lustig sei" (P. 538). —

114. **Bodo von Hodenberg** war um 1614 Landdrost zu Osterode unter Christian Friedrich von Braunschweig-Lüneburg. Er hat das Lied gedichtet: „Vor deinen Thron tret' ich hiermit" (P. 630). —

Die nordischen Sänger.

115. **Dr. Josua Stegemann** wurde geboren zu Sulzbach in Franken und ist der Sohn des Pastors Ambrosius Stegemann, der später Superintendent zu Eckartsberg wurde. Josua Stegemann studirte zu Leipzig und wurde dort auch Magister. 1617 wurde er Pfarrer und Superintendent zu Stadthagen und Doctor der Theologie in Wittenberg. 4 Jahre später wurde er Pastor primarius und Professor der Theologie an der neu errichteten Universität zu Rinteln, wo er auch den 3. August 1632 starb. Von seinen mitunter recht schönen Liedern finden wir: „Ach, bleib' mit deiner Gnade (P. 285); — Bewahr' mich, Gott mein Herre (B. 5); — Die Sonn' hat sich mit ihrem Glanz (P. 658); — Frisch auf, mein Seel', in Noth vertrau'" (P. 495). —

116. **Paul Flemming** ist der Sohn eines Lehrers zu Hartenstein, einem Schönburgischen Städtchen im Erzgebirge. Er wurde seinem Vater, der bald darauf Diakonus wurde, den 5. October 1609 geboren. Im Hause desselben, er nun Pfarrer in Wechselburg war, legte er den Grund, der auch einen vortrefflichen Grund in den Wissenschaften. Auf der Fürstenschule zu Meißen bereitete er sich zum Abgange auf die Universität vor. In Leipzig studirte er Arzneikunde, daneben aber erquickte er sich an der edlen Dichtkunst. 1632 wurde er Magister. Von den Leiden des

30jährigen Krieges tief im Herzen verwundet, verließ er Leipzig und wandte sich nach Holstein 1633, wo Herzog Friedrich eben im Begriff war, eine Gesandtschaft an den Czaar Michael Feodorowitsch nach Moskau zu schicken; Flemming, voll Feuer und Wißbegierde, suchte und erlangte auch eine Stelle bei der Gesandtschaft. — Nachdem er 1634 von dort zurückgekehrt war, schloß er sich einer zweiten Gesandtschaft an, welche der Herzog nun über Moskau nach Persien zum Schah Seti sandte. Den 27. October 1635 ging die Gesandtschaft unter Segel. Wie es Paul Flemming bei Beginn dieser gefahrvollen Reise um's Herz war, und wie er sich ganz dem Herrn in den Schooß legte, das spricht er aus in seinem unvergleichlichen Pilgerliede: „In allen meinen Thaten," — welches er im Schiff auf den Wogen des baltischen Meeres unweit der Küste von Holstein dichtete. Viel Gefahren hat er auf dieser Reise durchmachen müssen. Vor einer Insel an der russischen Küste strandet das Schiff, und sie mußten auf Kähnen nach Liefland übersetzen. Auf dem caspischen Meere hatten sie noch größeres Ungemach durch räuberische Kosacken und heftige Stürme zu bestehen. Die Reise ging auch sehr langsam von Statten; denn erst nach 1¾ Jahren, den 3. Aug. 1637, zogen sie in Ispahan, der Hauptstadt Persiens, ein und blieben 3 Monate daselbst. Auf der mühseligen Rückreise, bei welcher sie im Juni 1638 beinahe vor Durst umkamen, gelangten sie im Januar 1639 nach Moskau; im Juni waren sie in Reval. Dort verlobte er sich mit der Tochter Niehusen und gedachte sich als practischer Arzt in Hamburg niederzulassen. Dieserhalb reiste er nach Leyden in den Niederlanden und nahm dort die medicinische Doctorwürde an. Kaum aber war er wieder in Hamburg angekommen, als ihn der Tod am 2. April 1648 in der Blüthe seiner Jahre dahin riß. — Flemming übertrifft sowohl an Gedankenreichthum und Tiefe des Gefühls, als auch an Ausbildung und Anmuth der Sprache alle deutschen Dichter seines Jahrhunderts. Erst nach seinem Tode wurden seine Gedichte, soviel sich deren noch vorfanden, von Niehusen gesammelt und herausgegeben (Lübeck 1642). — Außer: „In allen meinen Thaten" (P. 359) — finden sich von ihm im „Unverfälschten Liersegen:" „Laß dich nur nichts dauern (L. S. 633); — ein getreues Herze wissen" (L. S. 677). —

117. Johann Rist, der von seiner frommen Mutter schon vor seiner Geburt zu einem Diener der Kirche bestimmt war, wurde seinem Vater, dem Pfarrer zu Ottensen bei Altona, daselbst den 8. März 1607 geboren. Von Lünneburg aus, wo sein Vater später als Pastor stand, besuchte Johann Rist die Schulen zu Hamburg und Bremen. Dort zeigte er sich schon früh als Dichter, indem er schon Trauer-, Schau- und Freudenspiele entwarf. Er studirte zu Rinteln, Rostock, Utrecht und Leyden die Theologie, Mathematik und Medicin, ging auch einige Zeit in den Harz, um das Bergwerk zu studiren. Nachdem er seine Studien vollendet hatte, wurde er Prediger zu Wedel an der Elbe, nahe bei Hamburg, wo er mit großem Segen und vielem Eifer das Wort Gottes verkündete. Da die streitsüchtigen Rechtgläubigen ihn darum angriffen, daß er zu wenig Streitsachen behandle in seinen Predigten, so antwortete er: es seien in seiner Gemeinde kaum zwei Fremdlinge mit irrigen Lehren, aber viel mit sündhaftem Leben; das Verketzern wirke, statt eines lebendigen fruchtbaren Glaubens, nur Hochmuth und gehässige Regungen. — Deshalb galt er bei den rechten Gläubigen auch für „einen Vorkämpfer wider des Teufels Rotte." — Wegen seiner hohen Dichtergaben wurde er bald von allen Seiten mit Schmeicheleien und Ehren überhäuft. 1644 war er schon kaiserlicher Hofund Pfalzgraf und gekrönter Dichter, auch herzoglich Mecklenburgischer Kirchenrath. 1647 wurde er in den Palmorden unter dem Namen der „Rüstige" aufgenommen, ebenso in den von Klaj und Harsdorfer zu Nürnberg 1644 gestifteten gekrönten Blumenorden der Pegnitz-Schäfergesellschaft mit dem Namen: „Daphnis aus Cymbrien". Kaiser Ferdinand III. erhob ihn in den Adelstand. Das Alles war für seine Eitelkeit nicht gut. 1660 stiftete er einen eigenen Dichterorden, „deutsche poetische Gesellschaft", der aber nur aus unbedeutenden Leuten bestand, die ihn fast vergötterten als: „den nordischen Apoll, das auserwählte Rüstzeug des Herrn, den Fürsten aller Poeten, den Gott des deutschen

Parnaß, den großen Cimberschwan." — Er war aber a[uch]
ein überaus fruchtbarer Dichter seiner Zeit. Geistlich[e]
Lieder hat er nicht weniger als 658 gedichtet; die beste[n]
davon sind die, welche ihm „das liebe Kreuz auspreßte.[“]
Denn unter Krieg, Hunger und Pestilenz hatte er sein L[eb-]
betage viel zu leiden. Er ließ seine Lieder, die an viele[n]
Stellen schon zu seinen Lebzeiten bei dem Gottesdienste ge[-]
sungen wurden, doch nie in seiner Kirche singen. Auch wa[r]
er ein treuer Seelsorger, und deshalb soll sein Name b[ei]
uns in Ehren bleiben. Rist ist gestorben den 31. Augu[st]
1667. Von seinen Liedern finden wir: „Abermal ist ei[n]
dahin (P. 911); — Ach höchster Gott, verleihe m[ir]
(P. 780); — Ach, wehr' der Noth, du frommer Go[tt]
(B. 450); — Auf, auf ihr Reichsgenossen (P. 13); —
Bleiches Antlitz, sei gegrüßet (B. 250); — Das Alt' i[st]
abgegangen (B. 209); — Der Tag ist hin, der Sonne[n-]
glanz (B. 58); — Die Nacht ist nun verschwunde[n]
(B. 17); — Du Lebensbrod, Herr Jesu Christ (P. 221); —
Du Lebensfürst, Herr Jesu Christ (P. 158); — Ermun[-]
t're dich, mein frommes (B. 746); — Ermunt're di[ch]
mein schwacher Geist (P. 29); — Erschrecklich ist es, d[aß]
man nicht (B. 1018); — Es wartet Alles, Herr, auf d[ich]
(B. 103); — Folget mir, ruft uns das Leben (P. 788[);]
— Freu' dich, ängstliches Gewissen (B. 522); — Fri[sch]
auf und laßt uns singen (B. 1021); — Gott, der dir
Seel' und Leib (B. 750); — Gott, der du selbsten b[ist]
(B. 26); — Herr Jesu Christ, der du selbst bist (P. 692[)]
— Herr Jesu Christ, mein Trost und Licht (B. 509); —
Hilf Herr Jesu, laß gelingen (B. 686); — Heut' ist d[er]
Tag der Freuden (B. 318); — Heut ist das rechte Jube[l-]
jahr (P. 173); — Jammer hat mich ganz umgebe[n]
(P. 437); — Ich will den Herren loben (B. 1062); —
Jesu, du mein liebstes Leben (P. 554); — Jesu, der [du]
meine Seele (P. 265); — Ihr schwachen Knie, jetzt ste[ht]
(B. 276); — Ist gleich mein Elend kommen (B. 771); —
Laßt uns mit Ernst betrachten (B. 245); — Liebster Jes[u]
sei gepriesen (B. 281); — Lasset uns den Herren preis[en]
(P. 141); — Man lobt dich in der Stille (P. 594); —
Mein Gott, ich lob' und preise (B. 511); — Nun gi[bt]

ein Jesus gute Nacht (B. 283); — Nun ist die Mahlzeit vollbracht (B. 118); — O großer Gott in's Himmelsthron (P. 104); — O großes Werk geheimnißvoll (B. 540); — O höchstes Werk der Gnaden (B. 126); — O Jesu, eine Wonne (P. 234); — O Ewigkeit, du Donnerwort (B. 894); — O Traurigkeit, o Herzeleid (P. 114); — O welch' ein unvergleichlich Gut (B. 439); — Sei getrost, der Herr weiß Rath (B. 788); — Stell' all'zeit deinen Willen (B 614); — So brech' ich auf von diesem Ort (B. 923); — Verzage nicht, du traurig Herz (B. 791); — Wachet, betet, Tag und Nacht (B. 708); — Wer Christum nicht will lieben (P. 775); — Werde Licht, du Stadt der Heiden (P. 943); — Werde munter, mein Gemüthe (B. 671); — Wer wird, o Gott, der dir vertraut (B. 804); — Wie lieblich sind dort oben (B. 1024); — Wie wohl hast du gelabet (P. 234); — Willst du von seinen Plagen" (B. 808). —

118. **Johann Balthasar Schuppius**, der Sohn eines wohlhabenden Rathsherrn zu Gießen, wurde daselbst 1 März 1610 geboren. Sein Vater, der gern einen tüchtigen Mann aus ihm bilden wollte, gab ihm gediegene Lehrer. Joh. Balthas. lernte auch so fleißig, daß er, 15 Jahr alt, schon die Universität Magdeburg beziehen konnte 1625. Er studirte Philosophie und Theologie. Bald warde es ihm aber dort zu enge. Seinen Knotenstock in der Hand, durchwanderte er in der gefährlichen Kriegszeit nicht allein alle bedeutenden Städte Deutschlands und besuchte ihre Universitäten, sondern auch Preußen, Lithauen und Dänemark. Zu Rostock las er als Magister und mußte die Belagerung der Stadt mit aushalten. Später wurde er Hofprediger des Landgrafen Johannes von Hessen-Darmstadt. 1648 war er als dessen Gesandter auf dem Friedenscongresse, hielt auch auf Oxenstiernas Verlangen 1648 die Friedenspredigt zu Osnabrück und 1649 zu Münster. In Folge dessen wurde er Pastor an der Jakobikirche zu Hamburg am 20. Juli 1649, wo er den 26. October 1661 starb. Schuppius ist ein Schriftsteller des Volks. Er haßte alles pulsförmige Wesen, konnte sich darum auch mit den Opitz

schen Sprachregeln durchaus nicht verständigen. Sein [St]
ist aber durchaus kräftig und lebendig, voller Kraft u[nd]
Eindringlichkeit. Von seinen Liedern merke: „O heilig[e]
Dreieinigkeit, du großer Gott der Ehren (B. 77); — Me[in]
Jesus kommt, mein Sterben ist vorhanden" (B. 1068). –

119. **Lucas Backmeister.** Drei mecklenburgisch[e]
Gottesgelehrte führten diesen Namen, nämlich Großvater
Vater und Sohn, von welchen der mittlere der Liederdichte[r]
ist. Er wurde geboren den 2. November 1578. Sein V[a]ter starb ihm, als er 30 Jahr alt war. Er wurde Su[perintendent in Güstrow in Mecklenburg. Dort starb [er]
den 3. Oktober 1638. Von ihm sollen folgende Lieder sei[n:]
„Glück zu der frommen Heldenschaar (B. 231); — Jes[u]
meiner Seelen Ruh' (P. 60); — Ihr Christen seht, daß i[hr]
ausfegt (P. 140); — Kommt, laßt uns unser Jesule[in]
(B. 234); — Mein Jesus ist getreu (B. 223); — [O]
Gott, der du aus Herzensgrund (P. 613); — Nun ha[t]
sich angefangen (B. 225); — O Gott, wenn ich bei m[ir]
betracht' (B. 992); — O Herr, gedenk' in Todespe[in]
(B. 993); — Wenn einer alle Kunst" (P. 821). —

Die preußischen Dichter in der Kürbishütte.

120. **Georg Weißel**, zu Domnau in Preußen 159[0]
geboren, war zuerst 3 Jahre Rector an der Schule [zu]
Friedland auf Natangen. Er wurde am 3. Adventssonntag
1623 von Doctor Behm als der erste Prediger, der in di[e]sem Jahre neuerbauten Roßgärtnerkirche eingeführt. Er wa[r]
ein Mann, dem sein Heiland Jesus Christ „fest in's He[rz]
gepflanzet war." Er stand auch in sehr engem Verkehr m[it]
Valenthin Thilo dem älteren, der aber schon 1620 a[ls]
Diakonus in der Altstadt Königsberg starb. Durch seine di[ch]terische Gabe, besonders auch durch sein leuchtendes Christe[n]thum übte er auf strebsame Jünglinge, namentlich auch a[uf]
Simon Dach, einen bedeutend anregenden Einfluß aus. [Er]
starb 1635. Von ihm sind: „Ich bin dein' satt, o schnö[de]
Welt (L. S. 378); — Macht hoch die Thür', die Th[or]
macht weit (P. 928); — O Jesu, Gottes Lämmele[in]

(S. 877); — „Such', wer da will, ein ander Ziel" (L. S. 12, *horst schreibt es 559 seinem Freunde Valenthin Thilo*).—

121. Robert Roberthin ist geboren 1690 und war churfürstlicher Rath zu Königsberg und inniger Freund Simon Dach's. Er starb 1648. Von ihm ist: „Der Meister ist ja lobenswerth" (L. S. 730). —

122. Simon Dach, der berühmte deutsche Dichter, dessen geistliche Lieder so manchem Nothleidenden Trost und Freudigkeit bereitet haben, wurde geboren den 29. Juli 1605 zu Memel in Preußen, wo sein Vater deutscher Sprachlehrer und Dolmetscher der lithauischen Sprache war. Seine Mutter, Anna Lepler, war aus einem vornehmen Geschlechte des Orts. Frühzeitig zeigte Simon Dach, neben ausgezeichneten Geistesanlagen, Sinn und Liebe für Musik, und diese übte er ohne Anleitung von Kindheit auf, so daß er eine nicht geringe Fertigkeit namentlich auf der Geige erwarb, mit der er seinen Gesang zu begleiten pflegte. Nachdem er seine Bildung zuerst in Memel, dann auf der Königsberger Domschule und später in Wittenberg in Gesellschaft des Pastor's und Consistorialassessor's Wolderus und zuletzt in Magdeburg empfangen hatte, studirte er in Königsberg Theologie, und durch die herrlichen Lieder Georg Weißels angeregt, versuchte er sich auch in der Poesie. 1633 wurde er Lehrer an der Domschule zu Königsberg; dieses Amtes Beschwerlichkeit und kärglicher Lohn den schwächlichen Mann so niederdrückte und schwächte, daß er öfter Ohnmachten bekam und fast ganz muthlos wurde. Aus dieser traurigen Lage riß ihn sein nachmaliger innigster Freund, der churfürstliche Rath Robert Roberthin, welcher, durch einige Gedichte aufmerksam gemacht, ihn in sein Haus und an seinen Tisch nahm, ihn in anziehende Gesellschaften führte, und so den Verzagten einer freudigeren Wirksamkeit übergab. Nun gewann Dach wieder Lust an wissenschaftlichen Arbeiten und nicht minder an der Dichtkunst, und nie erlosch das tiefe Gefühl der Dankbarkeit gegen seinen Wohlthäter in seiner Seele. Nach Georg Weißels Tode wurde

Simon Dach Conrector 1636. Das Band zwischen ih[m] und Roberthin wurde immer inniger, und die gleiche Lieb[e] zur edlen Kunst verknüpfte auf's Innigste und Freundlich[ste] die Herzen, besonders seit der Zeit Heinrich Albert, Organi[st] an der Domkirche, dem Bunde beitrat, und auch der Pro[fes]sor der Redekunst, Val. Thilo jun., der Herzensfreu[nd] Dachs geworden war. Aus diesem Bunde sind trefflich[e] Lieder hervorgegangen, denen Albert durch seine liebliche[n] Sangweisen neues Leben gab. Als im Jahr 1638 de[r] Churprinz Friedrich Wilhelm (der große Churfürst) Königs[-]berg besuchte, nahm Simon Dach die Gelegenheit wahr, de[n] jugendlichen Helden und baldigen Landesvater mit eine[m] Gedicht zu beglückwünschen. Dies gefiel dem Prinzen [so] sehr, daß er unserm Dach bald darauf 1639 die erledig[te] Professur der Dichtkunst an der Universität Königsberg e[r]theilte. 1641 verheirathete sich Dach mit Regina Peh[,] der Tochter eines Assessors des Samländischen Consist[o]riums, welche ihm auch einige Kinder gebar. Er war ab[er] viel kränklich, litt an Hypochondrie und Brustbeschwerde[n,] welche in Schwindsucht überging. Im Jahr 1658 bat [er] den Churfürsten in einem Gedicht um ein Stückchen La[nd] und um eine Hütte, als wohlverdienten Lohn für die viele[n] Gesänge zum Preise des fürstlichen Hauses. Der Churfü[rst] nahm die Bitte gnädig auf und schenkte ihm das G[ut] Cuxheim, wie er gebeten. Roberthin's Tod 1648 versetz[te] Simon Dach wieder in eine ernstere Richtung; mit Seh[n]sucht nach der Ewigkeit war seine Seele erfüllt, und er b[e]reitete sich mit Ernst zu einem gottgefälligen Abschiede v[on] der Welt. Im Jahr 1659 kam endlich die ersehnte Stun[de] der Auflösung nach langem Siechthum am 15. April. V[on] seinen Liedern kann ich dir nennen: „Ach fromm.er Got[t,] wo soll ich hin (L. S. 348); — Auf, mein Geist, auf u[nd] erhebe (B. 850); — Bei dieser Sterbensfucht (B. 891[);] — Du siehest, Mensch, wie fort und fort (P. 890); [—] Gleichwohl hab' ich überwunden (B. 954); — Gott her[r]schet und hält bei uns (P. 357); — Herr, wohin soll i[ch] mich wenden (B. 964); — Ich bin bei Gott in Gnad[en] (B. 823); — Ich bin ja, Herr, in deiner Macht (P. 86[ ).] [E]in g[u]tes Lied dichtete Dach auf den Tod seines Freundes R[oberthin]

…); — Je mehr wir Jahre zählen (B. 217); — Ihr, … ihr los zu sein begehrt (B. 185); — Kein Christ soll … die Rechnung machen (L. S. 631); — O frommer … ott, wo soll ich hin (B. 440); — O theures Blut, o … the Fluth (P. 113); — O wie selig seid ihr doch, … Frommen (P. 909); — Schöner Himmelssaal … S. 637)." —

123. **Heinrich Albert** wurde am 25. Juni 1604 zu …benstein im Voigtlande geboren, studirte zu Leipzig die …echte, daneben war er aber ein großer Freund der Musik …d ging nach Vollendung seiner Studien nach Dresden, … er als practischer Musikus auftrat. 1626 kam er aber …ch Königsberg in Preußen und wurde dort 1631 Orga=…st. Mit dem churfürstlichen Rath Robert Roberthin und …imon Dach, wie auch Val. Thilo schloß er eine innige …reundschaft und alle lagen der edlen Dichtkunst ob. Aus …esem Bunde sind köstliche Lieder hervorgegangen, denen …bert durch seine lieblichen Sangweisen neues Leben gab. … seinem neu angelegten Garten besuchten ihn seine Freunde … oft und sangen in einer Kürbislaube ihre heitern Lieder …d spielten auf Geigen und Harfen dazu. Auch viele Kir=…enmelodien verdanken dieser Kürbislaubengesellschaft ihr …tstehen, als: „Gott des Himmels und der Erden; — …h bin ja, Herr, in deiner Macht" u. m. a. Albert …mponirte dieselben und setzte sie zum Singen in der Kir=…hütte dreistimmig; so hat er fast alle Lieder seines Freun=… Simon Dach mit Melodien versehen. — Albert über=…te alle seine drei Freunde, denn er starb am 6. October …68. Von seinen Liedern merke: „Der rauhe Herbst …mmt wieder (L. S. 731); — Einen guten Kampf hab' … gekämpft (P. 851); — Gott des Himmels und der …ben (P. 631); — Mein Dankopfer, Herr, ich bringe …. 836); — O, wie mögen wir doch unser Leben … 1069)." —

124. **Valentin Thilo** ist der Sohn des Diakonus …alentin Thilo (geboren 2. Januar 1579 zu Zieten in …eußen, 1603 Pfarrer zu Pr. Eilau) zu Königsberg in

der Altstadt, der auch ein berühmter Dichter war; er w[ar]
geboren zu Königsberg, den 19. April 1607, studirte [als]
Jüngling auch dort, reiste nach vollendeten Studien n[ach]
Holland und wurde nach seiner Rückkehr von dort Profess[or]
der Redekunst und königlich-polnischer Geheimsecretair [zu]
Königsberg. Bald war auch Thilo Mitglied am Sänge[r]-
bunde der Kürbishütte und Herzensfreund Simon Dach[s.]
Er starb zu Königsberg den 27. Juli 1662, nachdem [er]
seit dem Tode seiner inniggeliebten Schwester sich läng[st]
nach dem Tode gesehnet und ernstlich darauf vorberei[tet]
hatte. Von ihm sind: „Groß ist, Herr, deine G[üte]
(B. 856); — Mit Ernst, ihr Menschenkinder (P. 16); —
O Jesulein süß (P. 936); — Such', wer da will, [ein]
ander Ziel (P. 559); — Wann deine Christenh[eit]
(L. S. 20)."

125. Dr. Bernhard Derschau, auch wohl D[er]-
schau genannt, wurde am 17. Juli 1591 zu Königsbe[rg]
in Preußen geboren. Er studirte acht Jahre lang auf ve[r]-
schiedenen deutschen Universitäten, wurde am 3. Aug. 161[ ]
Doctor der Theologie und 1621 Oberpfarrer und Seni[or]
zu Königsberg nach Valentin Thilo des Aelteren Tode, s[pä]-
ter Assessor des Samländischen Consistoriums. Er sta[rb]
am 13. März 1639. Von ihm sollen sein: „Ach He[rr,]
wie ist dein Zorn so groß (B. 385); — Herr Jesu, [dir]
sei Preis und Dank (P. 226); — Im finstern Stall, [o]
Wunder groß (P. 40); — Herzlich lieb hab' ich dich, me[in]
Gott (L. S. 194); — Mir ist ein geistlich Kirchele[in]
(B. 385)." —

125a. Heinrich Cäsar war um 1650 Pastor [zu]
Leuenhagen in Preußen und dichtete: „In dieser Aben[d]-
stunde (B. 68)." —

Gustav Adolph und sein Hofprediger.

126. Gustav Adolph, König von Schweden, En[kel]
des berühmten Gustav Wasa, welcher die Reformation [in]
Schweden einführte, wurde geboren 1594 den 9. Decemb[er]

er den Thron bestieg, wüthete bereits der 30jährige
Krieg in Deutschland. Er sah die Noth der Evangelischen
mit blutendem Herzen und suchte, wie er ihnen helfen könnte.
Da er die Angelegenheiten seines Landes geordnet, machte
er sich auf, unser Vaterland von den Feinden des Glaubens
zu befreien. Er landete am 24. Juni 1630, also gerade
100 Jahre nach der Uebergabe der augsburgischen Confession, an der Küste Pommerns mit seinem Heere. Sobald
Gustav Adolph das Land betreten, fiel er unter freiem Himmel nieder auf seine Kniee und dankte und betete zu seinem
Gott vor allem Volk. Als seine Begleiter sein inniges
Gebet hörten, konnten sie sich des Weinens nicht enthalten.
Er aber sprach zu ihnen: „Weinet nicht, sondern betet von
Grund eures Herzens inbrünstig; je mehr Betens, desto mehr
Sieg; denn fleißig gebetet ist gestritten und gesiegt." In
diesem Geist ging er auf die Feinde los, und der Herr vertrieb sie vor ihm her, daß er auf des Sieges Fittigen durch
ganz Deutschland flog. Bei Leipzig schlug er mit einem
kleinen Häuflein das große siegggewohnte Heer der Katholiken
unter Tilly mit dem Feldgeschrei: „Gott mit uns," am
7. September 1631. Darnach befreite er das ganze evangelische Deutschland von seinen Peinigern. Nach obengenannter Schlacht schrieb Gustav Adolph für seine tapfern
Krieger das Lied: „Verzage nicht, o Häuflein klein"
(N. 314); — Am Morgen des 6. Novembers 1632 stand
abermals die katholische Armee, jetzt unter Wallenstein, bei
Lützen unweit Leipzig dem König Gustav Adoph gegenüber.
Als die Morgenröthe graute, ließ der König seinen Feldprediger Fabricius rufen, daß er, wie dies alle Morgen und
vorzüglich vor jeder Schlacht geschah, die Betstunde hielte.
In dieser Betstunde sang das ganze Heer des Königs Lied:
„Verzage nicht, o Häuflein klein!" — Der König lag auf
seinen Knieen und betete inbrünstig. Dann stellte er das
Heer in Schlachtordnung, gab wieder das Losungswort zur
Schlacht: „Gott mit uns!" und bestieg sein Pferd. Der
Diener wollte ihm seinen Harnisch anlegen; er aber antwortete: „Gott ist mein Harnisch!" und ließ sich nur mit
einem ledernen Koller bekleiden. Darauf ritt er die Linien
entlang, ermunterte die Seinen zur Tapferkeit und ließ

6*

dabei mit Pauken und Trompeten die Lieder spielen: „E[in]
feste Burg ist unser Gott!" und: „Es woll' uns Gott g[e]
nädig sein!" Da fing der Nebel an zu sinken, und d[ie]
Sonne blickte durch. Der König that ein kurzes Gebet u[nd]
rief dann: „Nun wollen wir dran, das walte der lie[be]
Gott!" und abermal rief er laut: „Jesu, hilf mir heu[te]
streiten zu deines Namens Ehre!" — Dann sprengte [er]
gegen den Feind; die Schlacht begann. Gustav Adolph wa[r]
überall. Es war gegen 11 Uhr, als er wieder einem b[e]
drängten Heerhaufen zu Hilfe eilen wollte, da traf ihn ei[ne]
tödtliche Kugel. Mit den Worten: „Mein Gott, me[in]
Gott!" sank er sterbend vom Pferde. — Die Seinige[n]
aber drangen unaufhaltsam in den Feind, bis sie den Sie[g]
errungen hatten. —

126a. Dr. Jakob Fabricius, der Feldpredige[r]
Gustav Adolphs, ist geboren den 19. August 1593 z[u]
Cöslin in Pommern von armen Eltern. Er studirte z[u]
Rostock, und wurde vom Rath zu Cöslin als Lehrer ange[-]
stellt. Der Herzog von Pommern erwählte ihn hernach z[u]
seinem Hofprediger. 1625 ward er Doctor der Theologi[e]
zu Greifswalde. Als Gustav Adolph 1630 nach Deutsch[-]
land zog, nahm er den Fabricius von Stettin aus mit al[s]
seinen Feld- und Hofprediger. Er war auch als Beicht[-]
vater bei ihm bis an die letzten Stunden desselbe[n.]
Später wurde er General-Superintendent, Pastor an de[r]
Hauptkirche und Professor der Theologie in Stettin, wo e[r]
1654 starb, nachdem ihn 14 Tage vor seinem Tode de[r]
Schlag auf der Kanzel gerührt hatte. Er brachte das vo[n]
Gustav Adolph in ungebundener Rede gesetzte Lied: „Ver[-]
zage nicht, o Häuflein klein" in drei Verse, Vers 4. und 5[.]
sind von Zehner.

Das neue Leben.
a) Der Frühling.

Paul Gerhard und seine Freunde.

127. Paul Gerhard, die Krone unter den evangelischen Liederdichtern, wurde zu Gräfenhainichen im ehemaligen Chursachsen 1606 geboren. Sein Vater, der Bürgermeister Christian Gerhard, erzog seinen Paulus in wahrer christlicher Frömmigkeit, und Paul hat auch „von der zarten Jugend an, dich, Gott, auserlesen" und „Herr, deine Tugend, Wahrheit und Gerechtigkeit hat ihn in seiner Jugend hochergötzt und erfreut" (S. s. Lied: „Herr, dir trau' ich all' mein Tage" Vers 3. 9.). Nachdem er seine Studien vollendet (jedenfalls in Wittenberg), hat er irgendwo schon einer Gemeinde das Wort des Lebens verkündet; aber „von aller Welt entsetzt" (Gott ist mein Licht V. 9.) und von den umherziehenden Horden des dreißigjährigen Krieges verjagt, kehrte er in's elterliche Haus zurück und predigte dort im Namen des Herrn (Gott ist mein Licht V. 6.). Doch 1637 wurde auch seine Vaterstadt von den Gräueln des 30jährigen Krieges betroffen und zerstört. Paul Gerhard entkam dem Verderben und ist 1651 noch ohne Predigtamt als Hauslehrer in Berlin bei dem Kaufmann Berthold, mit dessen liebenswürdiger Tochter Anna er sich verlobt hatte. Was er im Kriege erlitten, und wie heftig er den Frieden erfleht, bezeugen seine Lieder: „Wie ist so groß und schwer; — Ich bin ein Gast auf Erden; — Herr, der du vormals hast dein Land; — Nun frisch d'rauf, es geht nach Haus; — Die Zeit ist nunmehr nah'; — Nun laßt uns geh'n und treten; — Zeuch ein zu deinen Thoren" u. a. — Und wie er Gott dem Herrn gedankt für den gegebenen Frieden, das zeugt sein Lied: „Gottlob, nun ist erschollen." — 1651 endlich wurde Paul Gerhard zum Probst nach Mittenwalde, einem Waldstädtchen 4 Meilen von Berlin, berufen. Drei Jahre verwaltete er dies schwere Amt noch unverheirathet; denn erst am 11. Februar 1655 feierte er im Hause seiner Schwiegereltern die Hochzeit mit seiner Anna Maria Berthold.

Gerhard hat in seinem Amte der Leiden viele getragen. Seine Anna hat ihm verschiedene Kinder, Söhne und Töchter, geboren; aber nach wenigen Monaten wurden sie gewöhnlich wieder vom Herrn abgerufen. Außerdem hatte das Ehepaar oft mit drückenden Nahrungssorgen zu kämpfen. Die Einkünfte der Stelle wollten oft zu den nothwendigsten Bedürfnissen nicht zureichen. Auch machte Gerhard's Diakonus Alborn ihm viele Verdrießlichkeiten; dazu war ihm am 14. Januar 1657 sein Töchterlein, Maria Elisabeth, gestorben. Gerhard selbst beruhigte und tröstete sich wohl, aber seine Frau, der gerade die Besorgung aller der kleineren und größeren Bedürfnisse oblag, fühlte die drückende Lage immer mehr, glaubte endlich keinen Ausweg mehr zu sehen und ward darüber eines Tages, gegen Ende Mai 1657, von tiefer Schwermuth befallen. Gerhard sah ihren herben Kummer und erinnerte sie an den schönen Spruch: „Befiehl dem Herrn deine Wege und hoffe auf ihn, er wird's wohl machen" (Ps. 37, 5.). Selber aber von der Fülle dieses Gedankens ergriffen, ging er in den Garten hinaus und dichtete dort, auf einer Bank sitzend, das bekannte, unvergleichliche Lied: „Befiehl du deine Wege." —

Gerhard brachte das Lied der bekümmerten Hausfrau, las es ihr vor, und sie fühlte sich einigermaßen dadurch getröstet. Als es nun Abend war, erschien bei ihnen ein gewisser Herr Martin Richter aus Berlin mit einem großen versiegelten Schreiben des Berliner Magistrats, dessen Anblick die schon einmal geängstete Frau nicht wenig in Schrecken setzte. Gerhard aber, an den es gerichtet war, brach es auf, las es und fand darin, daß, nachdem durch Ableben des Probstes Peter Vehr am 10. October 1656 die Probststelle bei St. Nicolai in Berlin erledigt, diese nunmehr dem bisherigen Archidiakonus Georg Lilius, das Archidiakonat aber dem bisherigen Diakonus El. Sigm. Reinhard übertragen worden sei, und daß bei Berathung des Magistrats über die Wiederbesetzung des Diakonats sämmtlicher Votanten Meinung einhellig dahin gegangen, zu demselben ihn, Paulus Gerhard, zu berufen: bäten ihn auch, die Stelle anzunehmen und sich dazu womöglich bis Mitte bull in Berlin einzufinden. — Mit Thränen durchlas Gerhard dies Schreiben, dadurch allen Nöthen und Sorgen ein Ziel gesetzt schien, reichte es dann seiner Hausfrau und versetzte: „Siehe, wie Gott sorgt! Sagt' ich dir nicht: Befiehl dem Herrn deine Wege und hoffe auf ihn, er wird's wohl machen!" Gedruckt wurde das Lied zuerst 1659.

Gerhard nahm die Vocation an, und zog Mitte Juli 1657 nach Berlin. Fünf Jahre lang wirkte er dort mit großer Treue und Sorgfalt und nicht ohne Segen; seine Gemeinde liebte ihn, gleichgesinnte Amtsgenossen unterstützten ihn und ein auskömmliches Gehalt schützte ihn vor Nahrungssorgen; auch segnete der Herr seine Ehe mit einem Sohne, und so führten sie ein ruhiges und stilles Leben in aller Gottseligkeit und Ehrbarkeit, von welchem manch herrliches Lied Gerhard's Zeugniß giebt.

Noch immer herrschte eine gewisse Spannung zwischen Lutheranern und Reformirten, die in unserm Vaterlande durch den Uebertritt des Churfürsten Johann Sigismund zum reformirten Bekenntniß (1603) nicht vermindert, sondern vielmehr erhöht wurde. Die Lutheraner glaubten sogar ihre Glaubensfreiheit durch verschiedene Verfügungen des Churfürsten beeinträchtigt. Es erhob sich ein Streit und Gezänke auf den Kanzeln; jeder Andersglaubende wurde verketzert und verdammt und im Leben angefeindet. Churfürst Friedrich Wilhelm gebot wiederholt Frieden, jedoch vergeblich. Darauf gebot er 1662 im März, bei den theologischen Prüfungen die streitigen Fragen allem Anderen hintenan zu setzen. Im Juni erneuerte er eine Verfügung von 1614 gegen das Verlästern, Verketzern und Verdammen reformirter Lehrer und ihrer Grundsätze, und bedrohte alle Eiferer, welche die Befolgung dieser Verfügung gegen ihr Gewissen vermeinen würden, mit Landesverweisung. Am 21. August gebot er ein Religions=Gespräch zwischen reformirten und lutherischen Theologen, welches eine Vereinigung beider Confessionen in unserm Vaterlande bezwecken sollte. Gerhard, der an dem Gespräch Theil nehmen sollte, widerrieth es ganz, drang aber nicht durch. Es begannen diese Zusammenkünfte am 1. September 1662 und währten bis zum 28. Mai 1663. Die Lutheraner hatten dabei eine schweirige Stellung. Da sie den Churfürsten zum Gegner hatten, wuchs den Reformirten der Muth, und sie waren wenig geneigt zur Einigung. Die Lutheraner bewiesen sich tolerant genug; doch konnten sie nicht wider ihr Gewissen handeln. Besonders milde Festigkeit bewies Gerhard. Das Gespräch wurde abgebrochen, ohne daß eine Einigung bewirkt worden wäre. Gerhard war mit festem Gottvertrauen und mit einem solchen Glaubensmuth in den Kampf gegangen, wie er ihn ausspricht in dem von ihm 1661 gedichteten Heldenliede: „Ist Gott für mich, so trete." Nach dem Gespräch war wieder Alles ganz ruhig; aber 1664 erschien ein churfürstliches Edict, welches bei Amtsentsetzung die Verunglimpfung der Parteien, die Anschuldigung falscher Lehre ꝛc. überhaupt, vorzüglich aber auf den Kanzeln, streng untersagte, die Verdammung, ja schon den öffentlichen Tadel derjenigen verbot, welche auf Schriften in den Kirchenfrieden hinarbeiteten. Dieses Edict erregte bei den Lutherischen eine allgemeine Bestürzung, sie glaubten ihre Glaubensfreiheit, ja ihren Glauben gefährdet. Gerhard, auch seine Amtsgenossen, fanden sich in ihrem Gewissen aufs Höchste beunruhigt und entzweit. Geängstigt und bekümmert wandten sie sich am 29. October 1664 mit der flehentlichen Bitte an den Churfürsten, sie nach wie vor bei unverrückter Freiheit ihrer Kirche und ihres Gewissens unter seinem Schutz zu erhalten und ihnen bei ihrem lutherischen Gottesdienste gleiche Rechte, wie ja selbst die Päpstler genössen, zu gönnen. Am 2. November erhielten sie ihr Schreiben zurück mit einem Verweis und der Meldung, daß es bei dem Edicte sein Bewenden habe. Gleichzeitig wurde befohlen, daß alle Pastoren sich durch schriftliche Reverse verpflichten sollten, diesem, wie allen frühern Edicten über den Kirchenfrieden strenge Folge zu leisten hätten, im Weigerungsfalle aber ihrer Aemter zu entsetzen wären. Viele Geistliche des Landes stellten die Reverse aus; die Berliner konnten sich nicht entscheiden. Am 28. April 1665 wurden der Probst Lilius und der Archidiakonus Reinhard, da sie nicht unterschreiben wollten, ihrer Aemter entsetzt, und Gerhard wie den übrigen Predigern ein Gleiches angedroht. Reinhard ging nach Leipzig; Lilius, ein betagter Greis, unterschrieb äter einen Revers und wurde wieder in sein Amt eingesetzt im Februar 1666, mußte aber nun von Einheimischen und Fremden mancherlei Kränkungen erfahren, welchen ihn nur ein baldiger Tod entzog.

Da Gerhard Gewissens halber bei der Weigerung der Unterschrift verharrete, wurde ihm im Februar 1666 ebenfalls die Entlassung aus seinem Amte angekündigt. Gerhard konnte sich auch jetzt nicht entschließen, den Revers zu unterschreiben; er wankte nicht; er murrte nicht; er war dem Herrn ergeben; er singt: „Ich hab's verdient, was will ich mich denn sperren" (B.763). Doch jetzt sollte er noch nicht gehen. Seine Gemeinde, die Bürgerschaft, der Magistrat und die Stände ließen nochmals dringende Vorstellungen des Reverses wegen an den Churfürsten ergehen und bewirkten dadurch wenigstens so viel, daß der Churfürst, „da S. Durchlaucht gegen Gerhard weiter keine Klage vernommen habe, als daß er die Edicte nicht unterschreiben wollte," ihm die Unterschrift des Reverses erlasse und ihn völlig in sein Amt wieder einsetzte den 19. Januar 1667. Die Freude seiner Gemeinde wurde aber durch Gerhard selbst vereitelt. Der Churfürst hatte bei der Zustellung der Wiederberufungsurkunde durch seinen Geheimschreiber geäußert: Gerhard werde auch ohne Revers sich den Edicten gemäß zu bezeigen wissen. Dieses peinigte den Gerhard so in seinem Gewissen, daß er den Magistrat noch einmal bewog, ihm Gewißheit über des Churfürsten eigentliche Meinung zu verschaffen." Worauf der Churfürst unterm 4. Februar entgegnete: Wenn Paul Gerhard sein Amt nicht wieder betreten wolle, was er bei dem höchsten Gott zu verantworten haben werde, so habe der Magistrat die baldige anderweitige Besetzung der Stelle einzuleiten. Der Magistrat zögerte noch mit der Wiederbesetzung, und als sie der Churfürst erzwang, verzögerte sie sich doch bis in's Jahr 1668. Während dieser Kämpfe war die hochverehrte Churfürstin Louise Henriette 1667 gestorben, und neun Monat später ging auch Paul Gerhard's vielgeprüfte Ehegattin heim und wurde am 15. März 1668 bestattet. So stand der schwergeprüfte Mann ganz allein, ohne Amt, ohne weibliche Hilfe, ohne Gehalt, mit einem etwa 10jährigen Sohn, Paul Friebrich, aber dennoch nicht kleinmüthig. Sein Herz war in Gott gegründet, und der ließ ihn nicht ohne Trost. Er singt, auf sein bisheriges Leben zurückblickend: „Ich danke dir mit Freuden" (P. 762). Der Herr erweckte Herzen, die den starken und festen Glaubensmann nicht hungern ließen, und schon hatte ihm der Herr auch wieder eine neue Thätigkeit zugewiesen. Im October 1668 nahm er den an ihn ergangenen Ruf als Archidiakonus zu Lübben, etwa 8 Meilen südlich von Berlin, an, zog gegen Ende Mai 1669 dorthin und wirkte daselbst in ruhigem Alter, bis er am 7. Juni 1676 mit den Worten seines Liedes: „Kann uns doch kein Tod nicht tödten, sondern reißt unsern Geist aus viel tausend Nöthen," von hinnen schied:

Das ist der Mann, der uns so schöne, herrliche Lieder hinterlassen hat, 123 an der Zahl. Sie bilden gesammelt ein köstliches Gebetbuch, in denen das fromme Herz zu jeder Zeit und in jeder Lage des Lebens Trost und Erquickung findet; denn jede Zeit der Kirche ist von ihm besungen, und Trübsal, auch Freude hat er genug erfahren und besungen, um uns in jedes Verhältniß des Lebens einführen zu können. In allen seinen Liedern bewahrt er eine Einfachheit und Volksthümlichkeit. Stark und tüchtig bewegen sie sich, auch wo sie nur Ausdruck des Einzelnen sind, im Großen und Ganzen des christlichen Lebens; ihr steter Mittelpunkt ist Gott in Christo. Darum ist er auch der Liebling des Volks geworden.

In unsern Gesangbüchern finden sich folgende: „Ach Herr, wie lange willst du mein (P. 422), erschien 1667; — Ach treuer Gott, barmherzig's Herz 1664 (P. 423); — Als Gottes Lamm und Leue (P. 70); — Also hat Gott die Welt geliebt 1664 (P. 327); — Auf, auf, mein Herz, mit Freuden 1649 (P. 131); — Auf den Nebel folgt die Sonn' 1657 (P. 489); — Barmherz'ger Vater, höchster Gott 1661 (P. 426); — Befiehl du deine Wege 1659 (P. 353); — Das ist mir lieb, daß Gott mein Hort (P. 817); — Die goldne Sonne 1666 (P. 1023); — Der Herr, der aller Enden 1657 (P. 189); — Der Tag mit seinem Lichte (L. S. 514); — Die Zeit ist nunmehr nah 1657 (P. 902); — Du bist ein Mensch, das weißt du wohl 1659 (P. 354); — Du bist zwar mein und bleibest mein (L. S. 257); — Du liebe Unschuld du (P. 701); — Du, meine Seele, singe (P. 580); — Du Volk, das du getaufet bist 1667 (B. 433); — Ein Lämmlein geht 1653 (P. 78); — Ein Weib, das Gott den Herren liebt (L. S. 678); — Fröhlich soll mein Herze springen 1656 (P. 32); — Geduld ist euch von Nöthen 1664 (P. 702); — Gegrüßet seist du Gott, mein Heil (P. 81); — Gegrüßet seist du, meine Kron' (P. 82); — Geh' aus, mein Herz und suche Fr. 1659 (P. 355); — Gieb dich zufrieden 1666 (P. 704); — Gott ist mein Licht; Ps. 27 (P. 394); — Gott Lob, nun ist erschollen 1648 (P. 310); — Gott Vater, sende beinen Geist (P. 171); — Herr, aller Weisheit Quell und Grund (P. 790); — Herr, der du vormals hast bein Land 1653 (P. 293); — Herr, dir trau' ich all' mein Tage (B. 859); — Herr, du erforschest meinen Sinn Ps. 139 (B. 344); — Herr Gott, du bist ja für und für Ps. 90 (P. 1057); — Herr, höre was mein Mund (P. 258); — Hör' an mein Herz 1644 (B. 268); — Ich bin ein Gast 1666 (P. 753); — Ich danke dir demüthiglich (B. 657); — Ich danke dir mit Freuden (B. 762); — Ich, der ich oft in tiefes Leid 1666 (P. 587); — Ich erhebe, Herr, zu dir 1649 Ps. 121 (P. 348); — Ich grüße dich, du frömmster Mann (P. 89); — Ich hab' in Gottes Herz und Sinn 1653 (P. 713); — Ich hab' oft bei mir selbst bedacht 1664 (P. 796); — Ich hab's verdient 1664 (B. 763); — Ich preise dich und singe (Nach einer Krankheit) 1667 (B. 862); — Ich singe dir mit Herz und Mund 1653 (P. 588); — Ich steh' an deiner Krippe hier 1656 (P. 38); — Ich weiß, o Gott, daß 1659 (P. 714); — Ich will mit Danken kommen 1657 (B. 863); — Jesu, allerliebster Bruder 1664 (P. 816); — Johannes sahe durch Gesicht (L. S. 873); — Ist Ephraim nicht meine Kron' 1653 (P. 501); — Ist Gott für mich, so 1664 (P. 527); — Kommt, ihr traurigen Gemüther (B. 776); — Kommt und laßt uns Christum ehren (P. 43); — Lobet den Herren alle, die 1653 (P. 640); — Mein Gott, ich habe mir 1653 Ps. 39 (B. 673); — Mein herzer Vater, weint (P. 1065);

— Nach dir, o Herr, verlanget mich (P. 448); — Nicht so traurig, nicht so sehr 1649 (P. 361); — Noch dennoch mußt du drum 1664 (P. 720); — Nun danket all' und bringet Ehr' (P. 1016); — Nun geht frisch d'rau (P. 695); — Nun ist der Regen hin (P. 303); — Nun laßt uns geh'n und treten 1653 (P. 689); — Nun ruhen alle Wälder 1653 (P. 666); — Nun sei getrost und unbetrübt (B. 991); — O du allersüß'ste Freude 1653 (P. 181); — O Gott, mein Schöpfer, edler (P. 815); — O Herrscher in dem Himmel 1666 (B. 685); — O Haupt voll Blut und Wunden 1659 (P. 105); — O Jesu Christ, dein Kr. 1656 (P. 48); — O Jesu Christ, mein schönstes Licht 1664 (P. 345); — O Welt, sieh hier d. L. 1653 (P. 155); — O Herz des Königs aller Welt 1664 (P. 106); — Schaut, schaut, was ist für Wunder dar (B. 199); — Schwing' dich auf zu deinem Gott 1653 (P. 507); — Sei fröhlich alles weit und breit 1657 P. 148); — Sei mir tausendmal gegrüßet 1664 (P. 119); — Sei wohl gegrüßet, guter Hirt (P. 120); — Siehe, mein getreuer Knecht (P. 121); — Sollt' ich meinem Gott nicht singen 1659 (P. 602); — Warum machet solche Schmerzen (B. 229); — Warum sollt' ich mich denn grämen 1653 (P. 553); — Warum willst du draußen (P. 21); — Was Gott gefällt, mein fr. K. 1653 (P. 726); — Voller Wunder, voller Kunst (B. 1096); — Was soll ich doch, o Ephr. (B. 797); — Was alle Weisheit in der Welt (P. 794); — Weg mein Herz mit dem G. (P. 511); — Wer wohlauf ist und gesund (P. 607); — Wer unterm Schirm des Höchsten sitzt 1664 Pf. 91 (B. 896); — Wach' auf, mein Herz und singe 1649 (P. 648); — Wie der Hirsch in großen Dürsten Pf. 42 (B. 805); — Wie ist so groß und schwer die Last (P. 315); — Wie ist es möglich, höchstes L. (B. 719); — Wie schön ist's doch, Herr Jesu Christ (P. 1003); — Wie soll ich dich empfangen 1653 (P. 20); Wir singen dir, Immanuel 1656 (P. 54); — Wohl dem, der den Herren scheuet 1653 (B. 726); — Wohl dem Menschen, der nicht wandelt 1653 Pf. 1 (P. 209); —

zieh' ein zu deinen Thoren 1653 (P. 186); — Zweierlei bitt' ich von dir 1653 (B. 126)." —

128. M. Michael Schirmer wurde geboren 1606 zu Leipzig. Sein erstes Amt erhielt er zu Freiburg, wo er Rector der dortigen Schule war; später war er Prediger zu Striegnitz an der Mulde. Mit seinem 30. Jahr 1636, den 31. April, wurde er Conrector am grauen Kloster zu Berlin. Dort wurde der Kandidat Paul Gerhard bald sein innigster Freund und blieb es auch als Diakonus an St. Nicolai. Er hatte, wie Gerhard, der Leiden auch viele zu tragen und allerlei Drangsal zu dulden, um deßwillen er sich selbst den deutschen Hiob nannte. Er mußte aber seinen Trost bei dem einzigen und wahren Helfer zu suchen, und seine fromme Seele begehrte nur die Gemeinschaft und innige Vereinigung mit diesem Herrn. Der Herr erhörte sein Flehen und nahm ihn 1675 den 4. Mai zu sich in sein ewiges Reich. Seine Lieder aber dienen noch heute den trostsuchenden Seelen zum Trost und wahren Heil. Bekannt sind folgende: „Der Höllen Pforten sind zerstört (B. 310); — Nun jauchzet all', ihr Frommen (P. 17); — Nun lieg' ich armes Würmelein (P. 875); — O heil'ger Geist, kehr' bei uns ein (P. 182); — O Gott, der du das Firmament (P. 304)." — Aus Crügers Gesangbuch von 1640.

129. Christoph Runge, der Sohn eines Buchhändlers und selber Besitzer einer Buchdruckerei in Berlin, wurde 1619 geboren. Er ist ein Freund und Genosse der Trübsal der beiden vorstehenden Dichter. Durch Krieg, Pest und andere schwere Bedrängnisse, namentlich dadurch, daß er schon frühe seine Gattin, seine sämmtlichen Kinder, von denen vier an einem Tage begraben wurden, verlor, wurde der rechtschaffene Mann in drückende Umstände versetzt; dennoch aber half ihm der Herr, zu dem allein seine Hoffnung stand, hindurch, so daß er nicht im Unglück unterging. 1644 gab er eine geistliche Liedersammlung, Praxis pietatis melica, zu welcher ein anderer Freund, der Musikdirector Joh. Crüger die Melodien gesetzt hatte, und in welcher die neuern Lieder seiner Freunde Joh. Heer-

mann, Joh. Frank, Mich. Schirmer und seine eigenen, später auch Paul Gerhards mit aufgenommen wurden, heraus, wovon er 20 Auflagen erlebte. Seiner Lieder sind ungefähr 50. Er starb 1680. Folgende drei Lieder werden ihm zugeschrieben: „Hast du Angst im Herzen (P. 257); — Jesu, meine Liebe (P. 500); — Ursprung wahrer Freuden (P. 457)." —

130. Joachim Pauli, Prediger in der Nähe von Berlin um 1660, gab auch seine Beiträge zu der unter Nr. 129. angeführten Liedersammlung, die den Titel: „Praxis pietatis melica," führte. Seine Lieder erschienen zuerst 1664, darunter: „So hab' ich nun vollendet (P. 880); — Zion, gieb dich nur zufrieden (P. 839); — Der Tag ist hin, nun kommt die Nacht (L. S. 513)." —

131. Louise Henriette, des großen Churfürsten große, treue und edle Gemahlin, wurde geboren zu Haag in den Niederlanden am 17. November 1627 und ist die älteste Tochter des Fürsten Friedrich Heinrich von Oranien, Regenten der Niederlande. Sie erhielt von den Eltern eine gottesfürchtige Erziehung, und die sorgsame Mutter hielt es nicht unter ihrer Würde, ihre Tochter auch bei der Hauswirthschaft anzustellen, und sie stets mit den Händen etwas Gutes schaffen zu lehren, auf daß auch sie hatten zu geben den Dürftigen. Am 7. December 1646 feierte sie ihren Hochzeitstag mit dem großen Churfürsten; aber sie zog noch nicht gleich mit ihm. Seine Liebe zu ihr gestattete ihr, daß sie ihren an der Auszehrung darniederliegenden Vater mit Engelsgeduld und Liebe verpflegte, bis sie ihm am 14. März 1647 die Augen zudrückte. Nach dem Tode ihres geliebten Vaters ging ihre Liebe und ihre so herzinnige Anhänglichkeit auf ihren Gemahl über. Sie gebar ihm ihren ersten Sohn zu Cleve, wo der Churfürst zu der Zeit regierte. — Als der westphälische Friede dem 30 jährigen Kriege ein Ende gemacht hatte, da begab sich die churfürstliche Familie auf die Reise nach Berlin im Herbst 1649. Unterweges aber erkrankte ihr einziger Sohn Wilhelm Heinrich in Wesel, und ungeachtet der sorgsamsten Pflege und ihres flehent-

chsten Bittens nahm ihn der Herr zu sich am 24. October 1649. Schon vorher hatte sie sich zu ihrem Troste und im Blick auf ihre eigene Todesstunde das herrliche Oster- und Begräbnißlied: „Jesus meine Zuversicht," gerichtet, ein Kleinod unter den heiligen Gesängen der evangelischen Kirche. Ihr einziges Streben war seit der Zeit noch mehr dahin gerichtet, ihr Herze dahinein zu schicken, wo sie ewig wünschte zu sein, was sie auch in ihrem täglichen Bußgebet also ausspricht: „Du wollest uns darum, allertheuerster Vater, beiderseits (d. i. mich und meinen Gemahl) alle Stunden und Augenblicke denken lassen, woran die ewige Ewigkeit hänget, damit uns solche nicht wie ein Fallstrick überfalle, sondern vielmehr bereit finde, dir, wenn du durch den zeitlichen Tod anklopfen wirst, freudig und mit getrostem Muthe zu folgen.... Und endlich, wenn nun auch die Tage meines Lebens dahin sein werden, und ich die Schuld der Natur bezahlen soll, so sei dann auch, mein getreuer, liebster Vater, in der letzten Todesangst eine beständige Erquickung meiner matten Seele; richte mich auf durch den Trost deines heiligen Geistes und labe mich mit dem Wasser des ewigen Lebens, welches ist das vergossene Blut deines Sohnes, meines Erlösers, auf daß ich dir meinen Geist in ungezweifelter Hoffnung der künftigen fröhlichen Auferstehung in deine Hände wiedergebe und meinen Mund schließe mit dem süßen Namen Jesu."

Glücklich kam sie darauf mitten im Winter, nachdem sie in ihrem Schmerze die durch den Krieg verwüsteten Gegenden durchreist hatte, mit ihrem Gemahl in Berlin an und verlebte mit demselben dort eine kurze Zeit in aller Stille. Bald aber erforderte die Noth des Landes des Churfürsten Gegenwart aller Orten, und Louise begleitete ihn auf allen seinen Reisen, denn beide liebten sich so innig, daß sie glaubten, nicht getrennt leben zu können. Ueberall, wohin sie kam, suchte sie das Elend ihres Volkes zu lindern und der Landwirthschaft und den Gewerben aufzuhelfen. In diesem Liebessinn führte sie den Kartoffelbau zuerst in der Mark ein. Sie erhielt von dem Churfürsten auf ihr Bitten zur Anlegung einer Musterwirthschaft den 24. September 1650 das Amt Bötzow. Sie zog viele Landwirthe aus

Holland dahin; so ist aus dem bisherigen Amte die Stadt: „Oranienburg" unter ihrer Pflege geworden. Keinen Tag ließ sie ungenützt verstreichen. Die wirthschaftliche Hausfrau beaufsichtigte Küche, Keller, Kuhstall und Milchkammer, schickte Butter und Käse zu Markt und führte über Einnahme und Ausgabe Buch und Rechnung eigenhändig, um nur recht viele Mittel in die Hände zu bekommen, ihrem Volke aufzuhelfen. Dadurch erwarb sie sich die Liebe Aller. Wenn die Prediger in der ganzen Umgegend eine Wöchnerin fragten: „Mit welchem Namen soll ich das Kind taufen?" so war meist die freudige Antwort: „Louise," und ihr Bildniß hing noch bis vor 30, 40 Jahren selbst in den Häusern der geringsten Bürger.

Neben den leiblichen Bedürfnissen der Unterthanen faßte sie aber besonders auch ihre geistlichen in's Auge. Wie sie selbst im täglichen Umgange und innigen Verkehr mit ihrem Heiland lebte, so suchte sie auch das kirchliche Leben unter dem Volke zu fördern. Ja, sie wußte es dahin zu bringen, daß auch jeder Soldat ein Neues Testament nebst Psalmen bei sich führen mußte; auch veranstaltete sie eine Ausgabe eines evangelischen Gesangbuches unter dem Titel: „Dr. Martin Luthers und anderer geistreichen Männer geistliche Lieder und Psalmen. Berlin, 1653. 8. Gedruckt durch Christoph Runge" (Siehe Nr. 129.), in das auch ihre eigenen Lieder, als: „Gott, der Reichthum deiner Güter (L. S. 669); — Ein Andrer stelle sein Vertrauen; — Ich will von meiner Missethat (P. 264); — Jesus meine Zuversicht (P. 138)," — mit aufgenommen wurden, namentlich legte sie aber Schulen an, wo sie nur immer konnte. So verlebte sie ihre Zeit in Uebungen der Andacht und im Berathen und Thaten für hülfsbedürftige Unterthanen.

Große Betrübniß hatte sie seit 1653 darüber, daß sich bei ihr lange keine Aussicht auf einen Thronerben zeigen wollte, zumal sie die sich laut äußernde Volksstimme wohl vernahm: „Von dem Churhaus geht Stamm und Wurzel aus, und wer ist Schuld daran?" Lange Zeit brachte sie ihren Kummer nur vor die Ohren des Herrn und lag vor ihm mit Bitten und Flehen um einen Thronerben. Als sie aber in Balde keine Erhörung sah, glaubte sie, ihrem Manne und dem Staate das große Opfer schuldig zu sein, förmlich auf Ehescheidung anzutragen. Nachdem sie eines Tages wieder in heißem Gebete vor dem Herrn gelegen, trat sie vor den Churfürsten und sprach: „Ich trage bei dir auf Ehescheidung an, nimm dir eine andere Gattin, die das Land mit einem Thronerben erfreut, das bist du deinem Volke schuldig." — Der Churfürst sah sie groß an und erkannte, daß sie wahrhaft dies ihr so schwere Opfer bringen wollte. Er nahm es aber nicht an, sondern mit fester Stimme sprach er: Was mich betrifft, so werde ich den vor Gott geleisteten Eid dir halten, und so es ihm dabei gefiele, mich und das Land zu strafen, so müssen wir es uns gefallen lassen. Meine Louise! hast du schon den Spruch vergessen: „was Gott zusammengefüget, das soll der Mensch nicht scheiden?" Darauf reichte er ihr die Hand, blickte ihr freundlich in's Auge und sagte: „Nun, was nicht ist, das kann ja noch werden." — Nun ward ihr Herz erleichtert, und Jesus war nun wieder ganz ihre Zuversicht. Auch ihre körperliche Gesundheit besserte sich, und der Herr schenkte der gottergebenen Herrscherfamilie 1655 am 6. Februar, dem Geburtstage des Churfürsten, ein Söhnlein, Karl Emil genannt in der heiligen Taufe. Louise vergaß aber das: „so sollst du mich preisen," nicht; sie stiftete zum dankbaren Gedächtniß eine Versorgungsanstalt für 24 vaterlose Waisen zu Oranienburg.

Vieles könnte ich noch erzählen von ihrem ehelichen Glück, von den Leiden in den schweren Kriegszeiten, wo sie stets den Churfürsten begleitete und ihm mit Rath und That zur Hand war, und Manches mehr, wenn es der Raum gestattete. Doch das will ich nicht verschweigen, daß sie bis zu ihrem letzten Odemzuge ein Glied am Leibe Christi war und blieb. Dies zu zeigen, will ich ihr Ende ausführlich erzählen.

Nicht lange nachdem Paul Gerhard, an dessen geistvollen Liedern sie sich so oft erbaut, sein Predigtamt in Berlin aufgegeben hatte, erkrankte sie in den letzten Tagen des April 1667. Sie erkannte, daß ihr Ende nahe, und bereitete sich ernstlich darauf vor. Einst sprach sie: „Gott hat mich zu dem Scheiden in der Schule der Leiden vorbereitet und gestärkt, er hat die Zeichen seiner Ruthe in mein Fleisch eingedrückt, aber auch seine Furcht in mein Herz gespiegelt; ich nähere mich dem Hafen himmlischer Ruhe; schon sehe ich die Spitzen und Höhen der himmlischen Stadt." Am 17. Juni empfing sie ihren Beichtvater Stosch mit den Worten: „der Prozeß, den der Herr mit Elia gehalten, worin er ihn einen Sturm, ein Beben der Erde und ein Feuer hat erfahren lassen, ist auch über mich gekommen, nun hoffe ich, es werde auch sein sanftes Säuseln nachfolgen; er werde mir mit Hilfe und Gnade erscheinen." Als Stosch sie am folgenden Tage mit den Worten anredete: „ob sie nun fühle, daß Gott ihr gnädiger Vater sei?" antwortete sie freudig: „Ich warte nur auf das sanfte Säuseln!" Stosch betete noch mit ihr, und Abends 6 Uhr, den 18. Juni 1667, schlummerte sie, 39 Jahr alt, sanft und still hinüber zu den ewigen Friedenshütten.

132. **Johann Frank**, ein Freund Paul Gerhards, aber auch ein Dichter, wie er; seine Lieder wetteifern mit Gerhards, ja sie übertreffen dieselben öfter an poetischem Schwung, doch an Herzlichkeit und Innigkeit kommen sie Gerhards Liedern nicht gleich. Joh. Frank wurde geboren den 1. Juni 1618 zu Guben in der Niederlausitz. Sein Vater starb ihm, als er noch lag „in der Wiegen und ließ ihn trostlos liegen" (P. 83, 2.). Den ersten wissenschaftlichen Unterricht genoß er zu Kottbus, später war er in Stettin und zuletzt in Thorn auf Schulen. Um dem Getümmel des 30jährigen Krieges aus dem Wege zu kommen, besuchte er die Universität Königsberg, um dort die Rechte zu studiren; nebenbei versäumte er aber nicht sein Lieblingsstudium, die Poesie, deren Professor dort Simon Dach damals war. Im Jahr 1646 gab er 100 Lieder: „Vaterunsers Harfe" genannt, heraus, die er später bis auf 333 vermehrte. 1648 wurde er Rathsherr in seiner Vaterstadt Guben. In diesem Amte erwarb er sich die Liebe seiner Mitbürger in dem Maaße, daß sie ihn 1661 zu ihrem Bürgermeister ernannten. Der Herzog Christian von Merseburg, Regent der Niederlausitz, setzte ihn zum Landes-

ältesten der Niederlausitz 1670. Trotz dieser Ehre bei Menschen klagt er doch: "Hier hatt' ich nichts, als Plagen, als Jammer, Angst und Noth, und aß in Müh' und Klagen mein bitt'res Thränenbrod. Hier lebt' ich stets in Leide, in Angst, Noth und Gefahr" (P. 552, 5. 6.). — Deshalb sehnte er sich, abzuscheiden und bei Christo zu sein. Drum bat er den Herrn: "Spann aus, spann aus geschwinde, o treuer Gott, spann aus, und hilf mir, deinem Kinde, in's ew'ge Himmelshaus" (P. 552, 4.). Der Herr hörte auf sein bringendes Bitten und nahm ihn 1 Jahr und 11 Tage später, denn Paul Gerhard, zu sich, am 18. Juni 1677. Von seinen Liedern finden wir in unsern Gesangbüchern: "Ach ja, fürwahr, er, der Herr (B. 246); — Alle Welt, was lebt und webet (P. 575); — Auf, auf, mein Geist, zu loben (P. 615); — Aus der Tiefe meiner Sinnen (P. 249); — Bereite du mein Herz (P. 300); — Brunnquell aller Güter (P. 168); — Der Tag ist nun vergangen (B. 59); — Dreieinigkeit, der Gottheit wahrer Spiegel (P. 2); — Dieses ist der Tag der Wonne (L. S. 133); — Du, o schönes Weltgebäude (P. 827); — Erhör', o Herr, mein Bitten (B. 585); — Erwache, mein Gemüth (B. 22); — Erweitert euch, ihr Pforten (B. 151); — Frohlocket mit den Händen (P. 159); — Gott, deff'n Güte sich nicht endet (P. 301); — Gott ist mein Trost (P. 831); — Herr Gott, dich loben wir (P. 1000); — Herr, ich habe mißgehandelt (P. 259); — Herr Jesu, Licht der Heiden (P. 1020); — Heut' ist uns der Tag erschienen (B. 154); — Hier habt ihr, fromme Christen (B. 650); — Ich bin hierüber freudenvoll (B. 600); — Jesu, meine Freude (P. 755); — Ihr Himmel, träufelt Thau hernieder (B. 155); — Im Leben und im Sterben (P. 552); — Komm, Heidenheiland, Segeld (B. 157); — Lobt Gott von Herzensgrunde (B. 222); — O Angst und Leid (P. 269); — O Gott, der du in Liebesbrunst (B. 425); — Schmücke dich, o liebe Seele (P. 235); — Unsre müden Augenlider (P. 668)." — Hierher gehören auch die Biographien des Advocat Adam Kretgen zu Sorau (S. Nr. 194.) und des Berg-

Lehns- und Kammeramtsdirectors Hans von Assig in Schwibus (S. Nr. 201.). —

133. Christian Friedrich Connow wurde 1612 zu Brandenburg geboren, studirte zu Wittenberg; 1632 war er Rector zu Pritzwalk, und 1638 Director der Schule zu Tangermünde, wo er, ein gekrönter Dichter, 1682 an der Pest starb. Von ihm ist das Lied: „Wer Jesum bei sich hat" (B. 718). —

Die Sänger aus Sachsen.

134. Ernst Christoph Homburg wurde 1605 zu Mühla unweit Eisenach geboren. Er wurde Rechtsgelehrter. Die fruchtbare Gesellschaft nahm ihn 1648 unter dem Beinamen: „Der Keusche" unter ihre Mitglieder. Er war zu Naumburg Gerichtsschreiber und practischer Jurist, in welchem Amte er die Verderbtheit der menschlichen Natur recht kennen lernte, so daß er singt: „Auf Erden wohnet Trug und List, es ist auf allen Straßen Lügen, Trügen, Angst und Plagen, die da nagen, die da quälen stündlich arme Christenseelen." In seinem häuslichen Leben hatte er durch eigene und seiner Gattin schwere Krankheiten und dergleichen Hauskreuz viel zu leiden; doch beugte das nicht seinen frohen, heitern Sinn; er singt von sich selbst: „Meine immer frohen Sinnen konnten nimmer müßig sein." Auch zur Zeit der Pest und auf Reisen gerieth er oft in Lebensgefahr. Er ruft aber allen seinen Feinden zu: „Die ihr mir listiglich nachsteht, nur eurer Schmach entgegen geht; die ihr nur sinnet auf Gefahr, ich achte solches gar kein Haar; die ihr mich ängstet und betrübt, es ist umsonst, was ihr verübt; die ihr mir stiftet Angst und Pein, es wird zu eurem Schaden sein; die ihr mich lästert früh und spat, es wird euch richten eure That; weicht alle meine Feinde! Tod, Sünde, Teufel, Höll' und Welt, ihr müsset räumen doch das Feld: ich habe Gott zum Freunde! — 1638 gab er zuerst eine Sammlung Gedichte heraus. Seiner geistlichen Lieder sind 148, welche in 2 Theilen, zu Naumburg 1658 und Jena 1659 erschienen. Sie sind die durch vielfache Leiden

erzeugten Nothrufe und nach überstandener Trübsal aus vollem Herzen strömenden Danklieder. Homburg starb in einem Alter von 76 Jahren den 2. Juni 1681. Von ihm sind die Lieder: „Ach wundergroßer Siegesheld (P. 153); — Komm', Kreuzeslast (P. 442); — Kommst du, kommst du, Licht der Heiden (P. 927); — Ist Gott mein Schild und Helfersmann (P. 479); — Laßt uns jauchzen, laßt (P. 326); — Mein Jesus ist getreu (P. 411); — Jesu, meines Lebens Leben (P. 94)." —

135. **Johann Georg Albinus** ist der Sohn eines Predigers in Unterneßa bei Weißenfels, und wurde daselbst den 6. März 1624 geboren. Nach seinen Liedern: „In dieser Morgenstunde eröffne" ꝛc., und „der Tag ist nun vergangen," scheint er Feldprediger gewesen zu sein, wenigstens Soldat. Später war er, zu Homburg's Zeit, Prediger zu Naumburg an der Saale. Zum Begräbnisse seines Freundes Heeßburg in Leipzig dichtete er das Lied: „Alle Menschen müssen sterben." Er selbst starb den 25. Mai 1679. Sein Leichenstein in der St. Othmarskirche zu Naumburg bezeuget: Er habe gewußt, daß das Leben ein Todesweg, und der Tod ein Lebensweg, und darin habe er, im Leben sterbend, sterbend das Leben gefunden. Seine Lieder sind: „Alle Menschen müssen sterben (P. 898); — Der Tag ist nun vergangen (P. 83); — In dieser Morgenstunde eröffne (P. 48); — Straf' mich nicht in deinem Zorn (P. 275); — Welt ade, ich bin dein müde (P. 910)." —

136. **Dr. Johann Olearius** wurde geboren den 17. Sept. 1611 zu Halle an der Saale, woselbst sein Vater Superintendent und Pastor war. Johann Olearius besuchte das Gymnasium zu Merseburg und Halle, und dann die Universität Wittenberg. Er wurde Superintendent zu Querfurt, darauf Hofprediger und Beichtvater des Herzogs August zu Sachsen-Halle, erhielt zu Wittenberg die Doctorwürde und wurde endlich Oberhofprediger, Kirchenrath und Generalsuperintendent in Weißenfels. 1671 gab er seine „Geistliche Singekunst" heraus. Er war ein frommer Mann, der seines Glaubens so gewiß war, daß er sagen konnte:

„Ich bin's gewiß, mich kann nichts scheiden von meinem Heil, von meinem Gott! Was frag' ich nach Welt, Kreuz und Leiden? Was acht' ich Noth, Tod, Hohn und Spott? Mir bleibt gewiß, was Gott verspricht, ich weiß, mein Jesus läßt mich nicht." Er starb den 16. April 1684. Von seinen vielen Liedern sind die bekanntesten: „Ach Vater, mein Gemüth (B. 740); — Ach, wie groß ist deine Gnade (B. 551); — Drückt dich hier Untreu', Hohn (B. 581); — Eil' mit Weil' (B. 636); — Ein Streit, ein großer Streit (B. 401); — Fegt aus, fegt aus (B. 315); — Freuet euch, ihr Gottes-Kinder (P. 958); — Freut euch, ihr Kinder in'sgemein (B. 213); — Geheimniß ist und wird genannt (B. 588); — Gelobet sei der Herr mein Gott (P. 1014); — Gott ist mein allerhöchstes Gut (B. 415); — Gott Lob, der Sonntag (P. 975); — Gott Lob, der Tag (P. 1034); — Gott Lob, mein Jesus (P. 1019); — Herr Jesu Christ, dein theures Blut (P. 86); — Herr, öffne mir die Herzensthür (P. 205); — Herr, wenn ich dich nur hab' (B. 594); — Herr, weil du sprichst: Kommt (B. 595); — Heut' fährt Gott auf und (B. 346); — Ich bin's gewiß, mich kann (P. 537a); — Ich danke dir, mein Gott (B. 1150); — Ich will zu aller Stunde (B. 530); — Ist meiner Sünde viel (B. 477); — Laß mich, o treuer Gott (B. 365); — Lieber Gott, ich muß bekennen (B. 479); — Liebster Vater, soll ich dulden (B. 778); — Lob, Preis, Ruhm, Ehr' und Dank (B. 193); — Merk auf, mein Herz, hör' (B. 328); — Nun kommt das neue K. (P. 929); — O Ewigkeit, o Ewigkeit (B. 1023); — O Gott, voll Gnad' und Gütigkeit (L. S. 389); — O Jesu, dir sei ewig Dank (B. 541); — O Jesu, Gottes Lamm (B. 290); — O Sündenmensch, bedenk' den Tod (P. 895); — Sieh' an, o Mensch, wie Gott und Mensch (B. 300); — Sollt' ich meinem Gott nicht trauen (P. 1010); — Sollt' ich meinen Jesum lassen (B. 613); — Tröstet, meine Lieben (B. 385); — Wenn dich Unglück hat betreten (P. 997); — Wenn sich Alles widrig stellet (B. 800); — Wie soll ich, mein Gott, dir danken (B. 371); — Willst du recht wohl und christlich leben (B. 721); — Wunderbarer Gnadenthron (P. 938)." —

137. **Benjamin Prätorius**, in Weißenfels geboren, folgte seinem Vater im Pfarramte zu Weißenfels bei Delitzsch. Als solcher gab er 1659 eine geistliche Liedersammlung heraus unter dem Titel: „Jauchzendes Libanon, darauf die andächtige Seele dem Allerhöchsten für seine lobswürdigsten Wohlthaten ihr demüthiges Dankopfer darreicht, dessen Herrlichkeit in sieben unterschiedene Stücke nach so viel Fest- und Hauptlehren an 80 geistlichen Liedern, abgefasset von M. B. Pr. Leipzig 1659." Im Jahr 1661 wurde er von Theodor Securius zum Dichter gekrönt. Er lebte noch 1668. Von seinen Liedern werden in unsern Gesangbüchern gefunden: „Erscheine, süßer Seelengast (P. 223); — Schönste Sonne, Himmelszier (L. S. 535); — Sei getreu bis an das Ende (L. S. 339); — Sei getreu in deinem Leiden (P. 452); — Triumph, Triumph, s kommt mit Pr. (P. 150); — Vater, ach laß Trost erscheinen (P. 276); — Wer will die auserwählte Schaar (B. 564)." —

138. **Michael Hunold** ist zu Leißnig in Churfachsen am 25. October 1621 geboren und starb als Archidiaconus zu Rochlitz 1682. Ein gottseliger, durch viele Leiden bewährter Mann und Verfasser von 16 geistlichen Liedern, darunter: „Mein Jesus kommt, mein Sterben ist vorhanden (L. S. 831); — Nichts Betrübt'res ist auf Erden (P. 449)." —

139. **M. Justus Sieber** ist der Sohn eines Advocaten zu Einbeck im Fürstenthum Grubenhagen, und wurde daselbst geboren den 7. März 1628. Er studirte zu Helmstädt und Leipzig, wurde 1660 nach Simon Grafs Tode Pfarrer zu Schandau an der Elbe im Meißnischen. Er ward ein gekrönter Dichter. Sein Todestag ist der 13. Januar 1695. Seine Grabschrift, welche er sich selbst gesetzt, lautet:

Mein Leib gehört in's Grab, die Seel' in Gottes Hand,
Drum hat mein Heiland auch sein Blut an mich gewandt;
D'rauf laß mich, o mein Gott, nach deinem Willen sterben,
So werd' ich dort gewiß das Himmelreich ererben.

Von ihm sind: „Ich komm jetzt als ein armer Gast (P. 228); — Trau auf Gott in allen (P. 531); — Welt, packe dich (P. 772)." —

139a. **Justus Falkner,** aus Zwickau gebürtig, wurde um 1700 Prediger zu Neuyork in Albanien in Amerika, und starb um 1723. Lied: „Auf, ihr Christen, Christi Gl." (P. 464). —

140. Dr. **Gotthilf Meißner** ist der Sohn des Dr. Balthasar Meißner zu Wittenberg, woselbst er den 13. November 1618 geboren wurde. Er war Anfangs Adjunct der theologischen Facultät zu Wittenberg, dann Pastor und Superintendent zu Tessin, zuletzt Pastor zu Großenhain, etwa 5 Meilen nördlich von Dresden, wo er am 4. Aug. 1690 starb. Von ihm sind: „Ach, du edler Gast der Seelen (B. 130); — Blödigkeit hat unsre Sinnen (B. 131); — Christen hört, was ihr sollt hören (B. 132); — Durst'ge Seelen, kommet her (B. 133); — Erwecke mein Herz, Ohr und Sinn (B. 134); — Gott, der du jetzund deine Gäst' (B. 135); — Gott, der du hast gelabet (B. 147); — Jesu, segne unser Werk (B. 137); — Jesu, wir sind kommen her (B. 138); — Nimm jetzt hinfort, o Gott (B. 140); — O Quell', daraus herfließt (B. 141); — Prediger, du Gotteshirte (B. 142); — Richt', Jesu, unser Herz (B. 143); — Schönster Jesu, Gottes Lamm (B. 144); — Sei getreu, o Christenseele (B. 698); — So hast du denn, o Jesu (B. 149); — Vater aller Gnaden (B. 145); — Zions Burg ist meine Freude B. 146)." —

141. Dr. **Caspar Ziegler** wurde geboren den 13. September 1621 zu Leipzig. In seinem 14. Jahr that er einen Fall, durch welchen sein Kopf so litt, daß man glaubte, er würde zum Studiren untüchtig werden,

dennoch gab ihm Gott ausgezeichnete Gaben in der Mathematik und Dichtkunst, so daß er der Erste war, der den Deutschen die Madrigalgedichte bekannt machte. Zugleich war er auch ein tüchtiger Musiker, und gründete in Leipzig das Collegium Gellianum. Anfänglich hatte er nur Theologie studirt; in seinem 32. Jahre aber fing er an, auch noch die Rechte zu studiren und wurde Doctor derselben. Später wurde er zu Wittenberg Professor, Appellationsrath und Consistorial-Director. Er litt in seinem Leben viel an Steinschmerzen und an den Folgen des vorhergedachten Falls, starb auch daran am 17. April 1790. Bei der Oeffnung seines Leichnams fand man 15 ziemlich große Steine in ihm. Seiner geistlichen Lieder sind 20, darunter: „Die Nacht ist vor der Thür" (P. 657, nach Paul Weber); — Ich freue mich in dir (P. 37)." —

142. M. **Georg Heine** ist zu Halle an der Saale geboren, wurde auch daselbst 1670 Pfarradjunct an der Kirche zu St. Moritz, und 1672 Diakonus; später wurde er als Prediger nach Pommern berufen. Von ihm ist das Lied: „Auf, Seele, sei gerüst't" (P. 219). —

142a. M. **Christoph Klemm**, 1644 zu Dresden geboren und Sohn eines Goldarbeiters, wurde 1670 Diakonus zu Radeberg, und 1673 Pastor daselbst; 1693 wurde er Pastor zu Döbeln, woselbst er 1700 starb. Lied: „Nun bet't meinen Heiland ein."

Thüringens Sänger und Sängerinnen.

143. **Wilhelm II., Herzog zu Sachsen-Weimar**, wurde den 11. April 1598 zu Altenburg als Zwilling mit einem todtgebornen Prinzen geboren. Er stiftete 1617, vereinigt mit dem Hofmeister des Prinzen Johann Ernst jun., Caspar von Teutleben, auf dem Schlosse zu Weimar die „fruchtbringende Gesellschaft", und führte in derselben den Namen: „der Schmackhafte". Sein Vater, Johannes, Herzog zu Altenburg, welches Herzogthum er seines Bruders Söhnen abgetreten, und dafür Weimar zu seinem Theil ge=

nommen hatte, starb schon im Jahr 1605. Als ihm au[ch]
im Jahr 1617 seine Mutter starb, regierte er mit sein[en]
Brüdern gemeinschaftlich die Erblande, und zog mit Er[nst]
dem Frommen, seinem Bruder, überall im Lande umh[er]
um den Kirchen und Schulen aufzuhelfen. Im 30jährig[en]
Kriege hielt er es auch für seine Pflicht, wie sein jüngst[er]
Bruder Bernhard, der als Kriegsheld ihn allerdings übe[r]
strahlte und sich eben in diesem Kriege durch seine Helde[n]
thaten den Beinamen: „der Große" erwarb, das Schwe[rt]
zu ziehen. Doch war auch er ein tapferer Krieger für [die]
evangelische Wahrheit. Einmal riß ihm eine Kugel d[ie]
Sturmhaube vom Haupte, eine andere Kugel ging ihm m[it]
ten durch den Leib, ohne ihn zu tödten. — Als im Ja[hr]
1640 nur noch zwei von seinen Brüdern lebten, theilten
sich mittelst eines feierlichen Vertrages die ererbten und b[is]
her gemeinschaftlich regierten Lande. Wilhelm bekam d[as]
Herzogthum Weimar, Albrecht das Herzogthum Eisena[ch]
und Ernst das Herzogthum Gotha. Hatte er schon in [der]
gemeinschaftlichen Regierung treu seine Unterthanen v[er]
sehen, so war er nun in seinem Lande ein wirklicher Va[ter]
seines Völkchens. 1644 starb auch noch sein Bruder [Al]
brecht kinderlos, da theilte er mit seinem Bruder Ernst [die]
Erbschaft. Im Jahr 1651 wurde Georg Neumark s[ein]
Hofpoet und Kanzleiregistrator. Wilhelm II. starb n[ach]
langjährigen Schmerzen an den im Kriege erhaltenen W[unden]
den 16. Mai 1662. Von ihm ist im Kriege bei d[em]
Anblick eines Christenkreuzes das Lied: „Herr Jesu Ch[rist,]
dich zu uns wend'," gedichtet.

144. Georg Neumark wurde den 16. Mai 16[21]
zu Mühlhausen in Thüringen geboren, besuchte 1630 [das]
Gymnasium zu Schleusingen, 1643 ging er nach Lübeck [und]
von dort nach Königsberg, wo er von Simon Dach [zur]
Dichtkunst angeregt wurde, und besuchte von dort aus [auch]
die Städte Danzig, Thorn und mehrere andere. 1651 [war]
er in Hamburg. Hier soll er sich zu einer Zeit in [so]
großer Dürftigkeit befunden haben, daß er selbst seine K[nie]
geige (Viola di gamba), die er meisterhaft spielte, verse[tzen]
mußte. Gleich darauf wurde er vom schwedischen Gesa[ndten]

n, Herrn von Rosenkranz, als Secretair angestellt mit
00 Thaler schwer Geld als Gehalt. Sein erster Gang
ar, seine Kniegeige wieder einzulösen. Als er sich mit
rselben vereinigt in seiner Wohnung befand, dichtete er
s Lied: „Wer nur den lieben Gott läßt walten," und
ng auch gleich die Melodie dazu, welche er mit seiner
niegeige begleitete, wozu seine Dankesthränen reichlich flos=
n. So hat er seinen Wahlspruch: „Wie Gott will, halt'
) still'," treu in Verse gebracht. Im Mai 1653 ist er
 Weimar bei Herzog Wilhelm II. fürstlich sächsischer Bi=
liothekar, Kanzlei-Registrator und Hofpoet, später Geheimer
rchiv-Secretair, und dann kaiserlicher Hof= und Pfalzgraf.
eine Gattin hieß Anna Margaretha Werner. 1658 wurde
eumark unter dem Namen: „der Sprossende," in die frucht=
ingende Gesellschaft aufgenommen und zum Erzschreinhalter
rselben ernannt. Später schrieb er die Geschichte derselben.
79 wurde er auch in den durch Georg Philipp Harsdör=
  und Joh. Klai zu Nürnberg 1644 gestifteten Blumen=
den an der Pegnitz aufgenommen und hieß dort: „Thyr=
 II." Seine schönsten Lieder hat er aber in der Zeit
ner Trübsal gesungen; sie zeugen von einem großen Gott=
rtrauen und Geduld im Leiden. Er starb zu Weimar den
 Juli 1681. Von ihm sind: „Ach laß dir, liebster
ott, gefallen (B. 1); — Bist du, Ephraim, betrübet
. 251); — Es hat uns heißen treten (B. 23); — Ich
 müde, mehr zu leben (P. 438); — So grabet mich
r immerhin (P. 989)." —

145. **Philipp von Zesen** (Caesius) wurde den
 October 1619 zu Peierau, einem Dorfe bei Bitterfeld
 damaligen Chursachsen, geboren, woselbst sein Vater
ediger war. Er gehört zu den merkwürdigsten Männern
ner Zeit. Er studirte zu Wittenberg und Leipzig Philo=
ie, Poesie und deutsche Sprache. Dann reiste er nach
nkreich, dem gelehrten Holland und Dänemark, wo er
n König reich beschenkt wurde. Schon als Jüngling
tete er 1643 mit Theodor Petersen und Joh. Christian
 Liebenau: „Die deutschgesinnte Genossenschaft oder Ro=
gesellschaft", da sie in einem Rosengarten gestiftet wurde

Ihr Zweck war, die Reinheit der deutschen Sprache zu b[e]fördern. Zesen nannte sich in der Gesellschaft: „Der Fe[r]tige". 1648 wurde er in die fruchtbringende Gesellsch[aft] unter dem Namen: „Der Wohlsetzende", aufgenomme[n]. Der Kaiser ernannte ihn unter Ertheilung des Adels z[um] kaiserlichen Pfalzgrafen, und krönte ihn zum Poeten. Me[h]rere sächsische Fürsten legten ihm den Titel eines Rath[s] bei. Er hatte seiner Berühmtheit wegen auch viele Fein[de] und Neider, unter denen auch Harsdörfer und Joh. Ri[st] sich befinden. Ein öffentliches Amt hat Zesen nicht bekle[i]det. Nachdem er lange umhergereist, ließ er sich in Ham[ ]burg nieder, wo er den 13. November 1689 in seine[m] 71. Jahre starb. — Zesen hat auf die deutsche Sprach[e] trotz mannichfacher übertriebener Meinungen vortheilhaft ei[n]gewirkt. Seine Verse fließen leicht dahin, ja, sie werde[n] öfter sogar spielend; in seinen größeren Vaterlandsliedern wird er jedoch gelehrt und trocken. Er hat sehr viel g[e]dichtet und geschrieben, wovon unsere Gesangbücher die Lied[er] aufgenommen: „Auf, meine Seele, sei erfreut (L. S. 661) — Herr, willst du mich denn (B. 907)." —

146. M. Joh. Bornschürer, am 5. November 16[ ] zu Schmalkalden geboren, war nach Verwaltung ander[er] Aemter Diakonus in Thann; er starb am 5. Decemb[er] 1677, nachdem er ein Jahr vorher das Thann'sche Gesang[ ]buch herausgegeben. Zu seinen Liedern gehört: „O Gott, d[a] ich gar keinen Rath" (P. 212). —

146a. M. Hartmann Schenk wurde den 7. Apr[il] 1634 zu Ruhla bei Eisenach geboren, woselbst sein Vat[er] Handelsmann war. Er besuchte die Schule seines Geburt[s]ortes, dann das Gymnasium zu Eisenach und Coburg, gi[ng] 1656 auf die Universität Helmstädt, und wegen der P[est] 1657 nach Jena, wo er 1659 die Magisterwürde erhie[lt]. 1662 wurde er Pfarrer zu Bibra im Hennebergischen; 166[ ] wurde er Diakonus zu Ostheim und Pastor zu Volkersh[aus]en, wo er den 2. Mai 1681 starb. Von ihm ist d[as L]ied: „Nun, Gottlob, es ist vollbracht, Singe[n]P. 101). —

147. M. Joh. Friedrich Zihn ist den 7. September 1650 zu Suhla im Hennebergischen geboren; er studirte zu Leipzig und erhielt 1675 zu Wittenberg die Magisterwürde. 1679 war er in seinem Geburtsorte Rector, 1690 Subdiakonus, 1719 Archidiakonus, in welchem Jahre er aber schon den 16. Januar starb. Fünf sehr schöne Lieder von ihm erschienen zuerst im Schleusing'schen Gesangbuche, welches unter dem Titel herauskam: „Der himmlischen Freude zeitlicher Vorschmack, bestehend im Lobe Gottes oder: Neu verfertigt Gesangbuch, Schleusingen 1692, länglich 12." Von ihm ist auch: „Gott lebet noch, Seele, was" (P. 828). —

148. M. Michael Pfefferkorn ist um's Jahr 1646 zu Iffta im Eisenach'schen geboren, in welchem Orte sein Vater 58 Jahr Prediger gewesen. Er besuchte die Schulen zu Creuzburg und Gotha, ging dann auf die Universität Jena, wo er 1666 Magister wurde. Darnach war er in Altenburg Informator der Söhne des Dr. Schelihause, und hierauf Lehrer am Gymnasium daselbst, und dann Informator bei den drei jüngsten Prinzen des Herzogs Ernst des Frommen zu Gotha. 1776 wurde er Pastor und Adjunct zu Friemar. Auch ist er ein gekrönter Dichter. Er starb, seit 1682 Superintendent zu Tonna, auch Consistorialrath, den 13. März 1732. Er hat behauptet, das Lied: „Wer weiß, wie nahe mir mein Ende" (P. 888), habe er gedichtet. Von ihm sind: „Ach, wie betrübt sind fromme Seelen (B. 741); — Mein Gemüth, wie so betrübt (P. 719); — Was frag' ich nach der Welt und (P. 764)." —

149. Michael Frank ist der Sohn des Kaufmanns Seb. Frank, der auch zugleich Mitglied des untern Raths zu Schleusingen war. Er besuchte Anfangs das Gymnasium seiner Vaterstadt, um sich dem Studio zu widmen; war aber durch den Tod seines Vaters gezwungen, im 13. Jahr seines Alters die Schule zu verlassen und in Coburg das Bäckerhandwerk zu erlernen. Aber er konnte es nicht unterlassen, neben seinem Handwerk das Studium der Wissen-

schaften eifrig fortzusetzen, in der festen Zuversicht, der He[rr] werde ihn trotz aller äußern Bedrängnisse und Noth no[ch] einmal so führen, daß er einst seinem wahren Beruf, d[en] Wissenschaften, ganz sich werde hingeben können. Er lern[te] indeß in seinem Handwerk aus, wurde auch 1628 [in] Schleusingen Bürger und Bäckermeister. Der Krieg raub[te] ihm jedoch sein ganzes Vermögen, so daß er mit dem Sta[b] in der Hand Schleusingen 1640 mit Frau und Kindern ve[r]ließ und sich nach Coburg wandte. Dort wurde ihm, 35 Jahr alt, seine Hoffnung erfüllt, indem ihm die 6. Leh[r]erstelle an dortiger Stadtschule übertragen wurde. Ba[ld] war er durch seine Arbeiten mit den ausgezeichnetsten Di[ch]tern seiner Zeit in Verbindung getreten, und wurde au[ch] 1659 von Joh. Rist als Dichter gekrönt. 1665 gab [er] das Lied: „Erhalt' uns, Herr, bei deinem Wort," mit m[u]sikalischer Begleitung versehen und mannichfach verziert, he[r]aus, als: „Die beste Wehr' und Waffe der Christenhe[it] und des zur Zeit hart bedrängten Häufleins der Lutheraner (P. Gerhard). — Wie Mich. Frank stets die Glauben[s]freudigkeit, so bewahrte er in der Freude und Ehre au[ch] stets den demüthigen Sinn, der über der Nichtigkeit d[es] Irdischen nimmer seines Herrn vergißt. Er starb a[m] 24. September 1667 und hinterließ 300 meist recht gu[te] Lieder, darunter auch: „Ach wie nichtig, ach wie flücht[ig] (P. 847); — Herr Gott, mein Jammer hat ein En[de] (L. S. 817); — Kein Stündlein geht dahin (P. 867); [—] Sei Gott getreu, halt' seinen Bund (P. 453); — W[as] mich auf dieser Welt betrübt (P. 768)." —

150. M. Sebastian Frank, älterer Bruder d[es] Michael Frank, wurde den 18. Januar 1606 geboren [in] Schleusingen. Er zeigte bei einem schwächlichen Körp[er] große Geistesgaben; daher er schon frühe in das Gym[na]sium seiner Vaterstadt geschickt wurde. 1625 ging er [auf] die Universität Straßburg, ein Jahr später nach Leipz[ig]. Nachdem er in Breslau und anderen Orten Informa[tor] gewesen war, ließ er sich in Jena zum Magister der phi[los]ophischen Facultät befördern, unterrichtete bis 1632 [in] Roßdorf, ward dann Inspector des Gymnasiums zu Sch[leusingen]

ingen, hierauf Pastor zu Lauterbach im Stifte Fulda. Der Kriegsunruhen wegen ward er gezwungen, die Stelle plötzlich und mit Lebensgefahr zu verlassen. Während dieser gefährlichen Kriegsunruhen war er genöthigt, unter Hunger und Pest sein Leben zu Roßdorf und Urspringen zu fristen. 1636 wurde er als Pastor nach Gerode und Platz in Franken berufen, blieb 17 Jahre dort und hatte mit vielen Drangsalen zu kämpfen, bis er 1653 das Pastorat zu Zelle und Weihpoldshausen, und 1660 das Diakonat in Schweinfurt erhielt, wo der Herr ihn dann am 12. April 1668 zur himmlischen Freude rief. Er war nicht nur ein guter Dichter, sondern auch ein geschickter Musiker. Von seinen drei Liedern ist das Eine: „Hier ist mein Herz, Herr, nimm es hin" (P. 749). —

151. M. Caspar Friedrich Nächtenhöfer war, wie die Gebrüder Frank, ein trefflicher Meister in der Musik; auch von ihm haben wir noch herrliche Melodien. Geboren ist er seinem Vater, dem Doctor juris und Practicus Casp. Nächtenhöfer, zu Halle am 5 März 1624. Er besuchte die Schulen zu Zeitz, Altenburg und Coburg, ging 1647 auf die Universität Leipzig, woselbst er auch Magister wurde. Seit 1651 war er Diakonus, 1655 Pastor und Adjunkt zu Niedern, 1671 Pastor zum heiligen Kreuz und Diakonus zu St. Moritz in Coburg; dann an eben dieser Kirche Vesperprediger und endlich Subsenior und Dienstagsprediger. Er starb den 23. November 1685 an Hypochondrie. Von ihm sind die Lieder: „Dies ist die Nacht, da mir erschienen (P. 26); — Kommst du nun, Jesu, vom Himmel herunter (P. 42); — So gehest du, mein Jesus, hin (P. 122)." —

151a. Christoph Bruchorst, den 13. November 1604 zu Erfurt geboren, wurde nach einigen geistlichen Aemtern Hofprediger und Consistorialassessor zu Gotha, wo er am 26. März 1664 starb. Von ihm ist: „Ach Gott, der Satan giebt mir ein" (P. 462).

152. Ludämilie Elisabeth, Gräfin von Schwarzburg-Rudolstadt, eine sehr fromme, geistreiche und gelehrte

Dame, wurde geboren den 7. April 1640. Schon in ihr[er] zarten Jugend achtete sie Alles für Schaden, wenn sie n[icht] zu ihrem Jesus sich halten konnte. Sie starb als die ve[r]lobte Braut ihres Vetters, des Grafen Christian Wilhel[m] von Schwarzburg-Sondershausen, mit ihrer Schwest[er] Christiane Magdalena an einem Tage den 12. März 167[2]. Als sie den Tod herannahen fühlte, rief sie aus: „Jesus i[st] mein ganzes Leben; Jesu, du in mir und ich in dir, da[für] will ich dir danken für und für. Jesus ist mein Alle[s,] mit Jesu kämpfe ich, mit Jesu siege und überwinde ich, m[it] Jesu triumphire ich. Jesus über mir, Jesus neben m[ir,] Jesus in mir. Mit Jesu wollen wir Thaten thun; nich[t] ich, Jesus wird's thun." Von ihr sind: „Ach, laß di[ch] jetzt finden, komm, Jesu (P. 538); — Ach, wer schon i[m] Himmel wär' (P. 897); — Ich will fröhlich sein in Go[tt] (P. 525); — Jesus, Jesus, nichts als Jesus (P. 336); — Schaff' in mir, Gott, ein reines Herz (P. 735); — Sorge, Vater, sorge du (P. 702); — Zeuch uns na[ch] dir, so (P. 570)." —

153. **Aemilie Juliane, Gräfin von Schwar**[z]**burg-Rudolstadt,** wurde geboren den 19. August 163[7] als die Tochter des Grafen Albert Friedrich von Barb[y,] mit dem Grafen Albrecht Anton von Schwarzburg-Rudolsta[dt] vermählte sie sich den 7. Juni 1665. Sie war eine Fra[u] von durchaus ernstlich frommem Wandel und eine reich b[e]gabte Dichterin, denn sie hat 785 Lieder hinterlassen, d[ie] zum Theil in: „Der Freundin des Lammes täglicher Um[ganggang mit Gott" gesammelt sind. 1676 wurde ihr Soh[n] August, bei der Belagerung von Philippsburg, erschosse[n,] da dichtete sie in schwerer Herzensnoth das rührende Klag[e]lied: „Es lieget, Gott, mein Herz gepreßt," 1706. V[on] ihr sind: „Ach, wenn ich mich doch könnt' in Jesu Lie[be] senken (P. 216); — Bis hierher hat mich Gott gebra[cht] (P. 1013); — Ein Wetter steiget auf (P. 1004); — Gott sei Lob, der Tag ist kommen (P. 222); — Ich la[ß] Gott in Allem walten (P. 1153); — Ich bin mit Alle[m] wohl zufrieden (P. 710); — O heilige Dreieinigkeit, e[wige]

halt' (L. S. 670); — Wer weiß, wie nahe mir mein Ende (P. 888)." —

154. Dr. Ahasverus Frisch ist den 16. December 1629 als der Sohn des Bürgermeisters zu Mücheln geboren; er stieg aus sehr armen, gedrückten Verhältnissen heraus zu hohen Ehren, wurde Doctor beider Rechte, 1661 Hof= und Justizrath zu Rudolstadt, 1679 Kanzleidirector und Consistorialrath, 1692 Kanzler der Universität Jena und Erbherr auf Mellingen, als Dichter wurde er 1669 zum kaiserlichen Pfalzgrafen gekrönt. Dabei blieb er ein frommer und demüthiger Mann und stiftete zu frommen Uebungen eine Gesellschaft: „die fruchtbringende Jesusgesellschaft,‟ durch Speners Schrift: „Pia desideria,‟ dazu angeregt. Als 1684 die Pest in Sachsen wüthete, schrieb er: „erbauliche Todesgedanken": „in dieser jammervollen Zeit, in welcher die Pest viel hunderttausend Menschen hinweg raffte, habe er sich durch eine ernstliche Buße, Gebet, Geduld und Beständigkeit, besonders durch stete Betrachtung des Todes und darauf folgenden ewigen Lebens, sammt den Seinigen wohl und christlich geschickt.‟ Darum traf ihn der Tod späterhin auch wohlvorbereitet und mit dem Ruf zum Herrn: „Herr Christ, es ist genug; mich verlangt nach dir, komm' doch, und laß deinen Diener in Frieden fahren,‟ starb er zu Jena den 24. August 1701. Von ihm sind: „Allenthalben, wo ich gehe (P. 848); — Herr, wenn ich dich nur werde haben (P. 550); — Jesu, Ruh' der Seelen (P. 834); — Jesus ist mein Freudenleben (P. 337); — Ist's, oder ist mein Geist entzückt (P. 905); — Schönster (Liebster) Immanuel, Herzog der Frommen (P. 350).‟ —

155. M. Johann Gottfried Olearius wurde den 25. September 1635 zu Halle geboren, woselbst sein Vater, Gottfried Olearius, Pastor an St. Ulrich war, studirte zuerst auf dem Gymnasium seiner Vaterstadt, ging 1653 auf die Universität Leipzig und wurde daselbst 1656 Magister. Darauf machte er gelehrte Reisen nach Straßburg, Tübingen, Heidelberg und Jena. 1658 wurde er Predigeradjunct zu Halle an Unser=lieben=Frauen. 1688 kam er als Pastor,

Superintendent, Consistorialrath und Ephorus nach Armstadt unweit Sondershausen. Er erblindete im Alter und starb den 21. Mai 1711. Von ihm ist: „Geht, ihr traurigen Gedanken" (P. 498). —

Die Nürnberger Sänger des Blumenordens.

156. **Georg Philipp Harsdörfer** wurde den 1. November 1607 in Nürnberg geboren. Sein Vater, ein kenntnißreicher und weitgereister Mann, zog den Sohn vortrefflich. Der junge Harsdörfer zeigte bei herrlichen Anlagen auch ernsten Fleiß im Studium, und so wurde es ihm möglich, schon im 16. Jahre seines Alters die Universität Altdorf beziehen zu können. Von dort ging er 1626 nach Straßburg. Nach seinen Universitätsjahren reiste er 5 Jahre lang durch Frankreich, England, Holland und Italien und kehrte 1631 nach Nürnberg zurück. Von hier ging er mit einem Gesandten nach Frankfurt a. M., und da er sich des ihm geschenkten Vertrauens würdig bewies, erhielt er in Nürnberg eine Anstellung als Untergerichts-Assessor, später wurde er in's Stadtgericht und zuletzt in den hohen Rath aufgenommen. 1634 verheirathete er sich mit Fräulein von Hennendorf. Im Jahre 1644 stiftete er mit Johann Klaj jun. die Pegnitz-Schäfergesellschaft oder den gekrönten Blumenorden. Die Mitglieder desselben verpflichteten sich, als Verehrer Gottes nicht bei den Spöttern zu sitzen, Gott zu fürchten und den König zu ehren, in der Tugend vorzuleuchten, das Laster zu verabscheuen ꝛc. Ihr Symbol war eine Passionsblume. Ferner verflichteten sie sich, dahin zu streben, daß die deutsche Sprache rein erhalten und alle fremden Wörter daraus entfernt würden. Die Veranlassung zu diesem Orden war folgende: Harsdörfer und Klaj sollten mit Ehrengedichten auf einer Hochzeit um einen Blumenkranz streiten. Der Streit blieb unentschieden; der Kranz wurde beiden zugesprochen. Doch Jeder nahm nur eine Blume des Kranzes, mit den übrigen sollten andere Dichter beschenkt werden, die sie zu einer Gesellschaft vereinigen wollten. Die Mitglieder erhielten bei ihrer Aufnahme einen Schäfernamen. Harsdörfer selbst nannte sich

Strephon". — 1647 starb Harsdörfers Frau. Er selbst starb hochverehrt in seiner Vaterstadt und weit berühmt durch seine Gelehrsamkeit in seinem 51. Jahre, den 22. September 1658. Harsdörfer ward auch in den Palmorden (S. Wilhelm II.) unter dem Namen: „der Spielende", und in die Zesen'sche deutschgesinnte Genossenschaft als: „der Kunstspielende" aufgenommen. Diese Namen erwarb er sich durch eine Schrift, betitelt: „Frauenzimmer-Gesprächsspiele". Von ihm sind folgende Lieder: „Ach Herr, behüte meine Seel' (B. 52); — Bevor Christus ohne Schuld (B. 249); — Die Morgensonne gehet auf (B. 16); — Die Nacht ist nun vergangen (L. S. 453); — Ermunt're dich, mein schwacher Sinn (B. 377); — Herr Jesu Christ, zu Gott ꝛc. (B. 64); — Nun, meine Seel', erhebe (B. 399); — Was ist doch des Menschen (B. 123)." —

157. **Siegmund von Birken**, (Siegm. Betulius ist sein eigentlicher Name), wurde den 25. April 1625 in Wildenstein bei Eger in Böhmen geboren. Sein Vater, Daniel Betulius, protestantischer Prediger daselbst, mußte, eines evangelischen Glaubens wegen gleich allen protestantischen Predigern durch Kaiser Ferdinand II. im 30jährigen Kriege vertrieben, mit seinem dreijährigen Siegmund flüchten. Voll Kummer und Sorge, wohin? wanderten sie ihres Weges, als Siegmund vor sich ein zusammengewickeltes Papier fand, es aufhob und seinem Vater darreichte; er öffnete es und fand darauf geschrieben das Gebet des Herrn und hineingewickelt ein kleines Geldstück, was dem Vater zum großen Troste und zur Beschämung seines Kleinmuths gereichte. Er wandte sich gen Nürnberg und wurde dort Diakonus. Doch war die ganze Kindheitszeit Siegmunds voller Noth und Drangsal; aber doch wollte sein hochfahrender Sinn mehr Geschmack an der Rechtsgelehrsamkeit, als in der Theologie finden. Er begann die Rechtswissenschaft zu studiren, konnte aber seiner ärmlichen Umstände wegen nur in Jena bleiben. Sein Vater ermahnte ihn noch auf dem Sterbebette, des Herrn nicht zu vergessen, und als er nun bald darauf einmal in die Saale fiel, ohne sich zu verletzen, wandte er sich von der Welt ab und dem Herrn zu. Von

Jena zurückgekehrt, wurde er 1645 von Harsdörfer und Kla[ji]
in den Blumenorden unter dem Namen: „Floridan" aufge[-]
nommen. Noch in demselben Jahre ging er als Hofmeister
der Herzöge Anton Ulrich und Ferdinand Albrecht nach Wol[-]
fenbüttel, dann war er Reformator einer mecklenburgischen
Prinzessin zu Danneberg. 1662 wurde er Präsident des
Blumenordens zu Nürnberg; aber schon 10 Jahre früher
lebte er dort als Redner, Dichter und Erzieher. 1652 wurde
in Nürnberg auf dem Reichstage ein glänzendes Freudenfest
gefeiert, Betulius hatte das Schauspiel zu diesem Zweck zu
ordnen; er that es zur großen Zufriedenheit des Kaisers
und wurde deshalb von demselben in den Adelstand erhoben
und nannte sich von jetzt ab: Siegmund von Birken (Vor[-]
ken). Der Kaiser war ihm so gewogen, daß er ihn auch
gleich zum Pfalzgrafen ernannte und ihn mit einer goldenen
Kette mit des Kaisers Brustbild beschenkte. Herzog Wil[-]
helm II. von Weimar nahm ihn unter dem Namen: „der
Riechende" in die deutschgesinnte Genossenschaft auf. Sein
Wohnort war bald Nürnberg, bald Bayreuth. Er starb
am 12. Juni 1681, vom Schlagfluß gerührt, während er
gerade erbauliche Betrachtungen aufschrieb. Kurz vor seinem
Tode starben in dem Garten des Blumenordens alle ihm
zu Ehren gepflanzten Birkenbäume ab. Siegmund von
Birken galt für einen Hauptdichter seiner Zeit; geistliche
Lieder hat er 52 gedichtet, darunter: „Ach, ich armes
Schäflein schrie (B. 1026); — Auf, auf, mein Herz, und
du mein ganzer Sinn (P. 971); — Ach, wie wichtig, ach
wie richtig (P. 783); — Brauner Abend, sei willkommen
(B. 82); — Gott, heut endet sich die Woche (P. 660); —
Jesu, frommer Menschenheerden (P. 57); — Jesu, dein
Passion (P. 91); — Lasset uns mit Jesu ziehen (P. 98)
— Meine Seel', jetzt ist es Zeit (B. 282); — Wach' auf
mein Herz, denk' hinterwärts (P. 696)." —

158. **Erasmus Finx**, genannt Franzisci, weil sein
Vater Franziscus Finx hieß. Er stammt aus einem alt[-]
adligen Geschlecht. Er wurde seinem Vater, der Rath bei
dem Herzog von Braunschweig war, zu Lübeck den 19. No[-]
vember 1627 geboren. In seiner Jugend erlitt er einen

doppelten Beinbruch. Später studirte er die Rechte, nahm aber nie ein öffentliches Amt an, weil er seines gebrechlichen Körpers wegen fürchtete, es nicht nach Pflicht und Gewissen verwalten zu können. Seinen Aufenthalt nahm er zu Nürnberg und weihte sich hier ganz den Wissenschaften. Vom Grafen Heinrich Friedrich von Hohenlohe und Gleichen wurde er zum Rath ernannt. Bei der Herausgabe seiner Schriften leistete ihm in seinen spätern Jahren hilfreiche Hand der junge Wolfgang Christoph Deßler. Finx starb zu Nürnberg den 20. December 1694. Er war ein durchaus christlich-frommer Mann und ein eifriger Bekenner des Herrn, der durch sein Leben eine Leuchte war für alle, die ihn kannten. In seinen Liedern spricht sich auch sein vertrauter Umgang mit Gott kindlich aus; sie sind herzlich und fließen wie ein sanfter Strom dahin. Werke: „Die Liebe leidet nicht Gesellen (P. 789); — Ein Tröpflein von den Reben (P. 903); — Erlöser, ich bin zwar nicht werth (B. 459); — Ewig sei dir Lob gesungen (P. 30); — Herr, du wollest lehren (B. 592); — Kein größer Wunder findet sich (B. 189); — Laßt uns früh dem Herren singen (B. 37); — Mir vergeht zu leben länger (B. 985); — Wenn ich betracht' mein sündlich's Wesen (P. 535); — Einsam leb' ich und verlassen (L. S. 862)." —

159. M. **Christoph Tietze** ist der Sohn des Predigers Tietze zu Wilkau bei Breslau, und wurde daselbst geboren den 24. Mai 1641. Er kam 1666 als Prediger nach Laubenzettel in Franken, 1671 nach Hensenfeld bei Nürnberg, 1685 wurde er Diakonus bei Hersbruck, 1701 Archidiakonus und Pastor daselbst. Er starb auch daselbst als Oberpfarrer am 21. Februar 1703 am Podagra und Stein. Auf seinem Sterbebette wurde Tietze von den Umstehenden gefragt, ob man ihn denn verlieren solle? Darauf antwortete er noch mit stammelnder Zunge: „Nicht verloren, nicht verloren!" Hierauf starb er. Als Leichentext hatte er sich selbst gewählt: Daniel 12, 13. — Er hat 54 Lieder gedichtet, darunter: „Ich armer Mensch, ich armer Sünder (P. 262); — Liebster Vater, ich, dein Kind (P. 268); — Sollt' es gleich bisweilen scheinen (P. 530)." —

160. Johann Michael Dilherr wurde am 14. October 1604 zu Themar im Hennebergischen geboren. Sein Vater, Johann Dilherr, war Rath der fränkischen Ritterschaft des Orts Röhn und Werra und fürstlich-sächsischer Regierungs-Advocat zu Meiningen. Da ihn seine Mutter schon in zarter Jugend für das Studium der Theologie bestimmt hatte, so besuchte er 1617 das Gymnasium zu Schleusingen, 1623 die Universität Leipzig, wo er sich kümmerlich durchbringen mußte, dann die Hochschulen Wittenberg und Altdorf, ging darauf 1629 nach Jena. 1631 war er Professor der Beredsamkeit, 1635 Professor der Geschichte und der Dichtkunst; 1640 wurde er außerordentlicher Professor der Theologie, 1642 Professor der Theologie und Philosophie. Im Jahr 1646 ward er Oberprediger an der Sebalduskirche zu Nürnberg, Director des Aegidien-Gymnasiums und Inspector der Stadtbibliothek und der Alumnen. Kaiser Leopold schenkte ihm 1658 eines lateinischen Gedichts wegen eine goldene Kette. Er starb am 8. April 1669. Seine letzte Predigt schloß er mit dem Liede: „Komm, heiliger Geist, Herre Gott," indem er seine Gemeinde aufforderte, sie sollten ja doch eifrig beten: „O Herr, behüt' vor fremder Lehr', daß wir nicht Meister suchen mehr, den Jesum mit rechtem Glauben" (B. 2.). Dilherr war ein sehr wohlthätiger und bescheidener Mann, der viele Erbauungsschriften hinterließ, in welchen sich zum Theil seine geistlichen Lieder befinden. Von ihm sind: „Ermunt're dich, Herz, Muth und Sinn (B. 21); — Es ist die helle Sonne (B. 62); — Für Gericht, Herr Jesu, steh' (B. 460); — Gehab' dich wohl, du schnöde Welt (B. 746); — Hinweg, hinweg, all' Fröhlichkeit (B. 653); — Hinweg, hinweg, Melanch. (B. 654); — Mein' Sach' hab' ich Gott heimgestellt (B. 678); — Mein' Sünd' ich beicht' und klag' (B. 483); — Nun lasset Gottes Güte (B. 120); — O du betrübte Seele (B. 838); — O liebe Seel', wo findest ich Ruh' (B. 688); — O Mensch, der Herre Jesus weint (B. 490); — Wenn ich mich mit Gedanken plag' (B. 710); — Wo ich nur geh' und steh (B. 722)."

161. Georg Christian Schwämlein wurde seinem Vater, einem Schulmeister, zu Nürnberg geboren den 25. September 1632. Er studirte zu Wittenberg und Jena Theologie und verfaßte als frommer Studiosus die meisten einer geistlichen Lieder, die er ums Jahr 1660 und 1661 auf einzelne Blätter drucken ließ. 1670 kam er als Rector in die Schule zu St. Jakob in Nürnberg, wo er 35 Jahr lang als ein geschickter und frommer Schulmann im Segen wirkte, bis in sein 73. Jahr. Zwanzig Jahr lebte er in kinderloser Ehe. Er starb mit der innigsten Sehnsucht, von der Schulunruh' in's Himmelshaus zur seligen Ruhe zu kommen. Seine Lieder sind: „Aus der Tiefe rufe ich" (P. 425); — Meinen Jesum ich erwähle." —

162. M. Magnus Daniel Omeis ist am Magnustage den 6. September 1646 zu Nürnberg geboren. Sein Vater, Joh. Heinrich Omeis, war Diakonus an der Sealbuskirche. Magnus Omeis besuchte zuerst das Aegidienhymnasium seiner Vaterstadt, 1664 ging er auf die Universität Altdorf und wurde 1667 Magister. 1668 ging er nach Straßburg und dann nach Wien, wo er den Sohn des brandenburgischen Residenten, A. Neumann, unterrichtete. 1672 reiste er durch Mähren und Böhmen nach Hause, wurde hierauf Professor der Beredsamkeit, 1677 Professor der Moral. Im Blumenorden führte er den Namen: „Damon", und nach Siegmund von Birkens Tode war er lange Zeit Vorsteher des Blumenordens, auch Comes Palatinus. 1669 erhielt er die Professur der Dichtkunst und die Inspection über die Nürnberger Alumnen. Er starb zu Nürnberg 1705. Sein ist das Lied: „Immer fröhlich, immer fröhlich" (P. 526). —

163. Andreas Ingolstetter ist 1633 zu Nürnberg geboren. Er machte durch seine vortrefflichen Geistesanlagen in der Schule bedeutende Fortschritte, besonders in den Sprachen, hatte dabei auch vortreffliche Gaben zur Dichtkunst, wie überhaupt zu den Künsten und Wissenschaften. Er wurde Kaufmann und mit irdischen Gütern reich gesegnet; später ward er auch herzoglich würtembergischer Rath

und Nürnberger Marktvorsteher, dazu führte er einen lebhaften Briefwechsel mit den bedeutendsten Gelehrten seiner Zeit. Im Blumenorden führte er den Namen: „Periander" seiner großen Gelehrsamkeit wegen. Als Symbol hatte er die Ringelblume und dichtete dazu folgenden Vers:

> Die Blume, die vom Ringe ihren Namen hat,
> Heißt die Gedanken hin zu den Sternen schwingen,
> Im Ring der Ewigkeit ist jene Himmelsstadt,
> Ich glaube diesen Ring im Glauben zu erringen.

Obschon er ein so gelehrter Mann war, daß er alle seiner Zeit bekannten lebenden Sprachen verstand, so war er doch von Herzen demüthig, und hat, obgleich seine Freunde an seinen Liedern groß Gefallen fanden, nie zugeben wollen, daß sie in einer Sammlung herausgegeben wurden. Seinen Reichthum verwandte er zu Nutz und Frommen seiner Mitbürger und stiftete auch eine Armenschule. Trotz seiner schweren und häufigen Krankheiten, besonders des Podagra, war er stets heiter und zufrieden in Gott, in dem auch starb am 6. Juni 1611. Lied: „Ich bin mit meinem Gott zufrieden" (P. 711.). —

163a. Joh. Leonhard Stöberlein, den 6. Juni 1636 zu Nürnberg geboren, ward daselbst Apotheker und Mitglied des Blumenordens; starb am 30. September 1696. Von ihm ist: „Was giebst du denn, o meine Seele" (P. 766). —

164. M. Karl Friedrich Lochner wurde zu Nürnberg den 2. April 1634 geboren. Sein Vater, Friedrich Lochner, war daselbst bei der Kanzlei Registrator. Er besuchte 1652 das Gymnasium zu Breslau, 1653 die Universität Altdorf, 1654 die Hochschule zu Rostock, wo er Magister wurde; darnach machte er eine Reise durch Nieder- und Obersachsen. 1658 wurde er in seiner Vaterstadt Vicarius auf der Vorstadt Wöhrd, 1659 zu Fürth, 1660 wurde er Pfarrer daselbst. Von Siegmund Birken ward er zum Mitglied des Blumenordens gekrönt unter dem Namen: „Periander II." Er starb den 26. Februar 169

Von Einigen wird ihm das Lied: „Was giebst du denn, meine Seele" (P. 766), — zugeschrieben.

165. **Joachim Christoph Arnschwanger** wurde den 28. December 1625 zu Nürnberg geboren, woselbst sein Vater, Georg Anschwanger, Handelsmann war. Er besuchte das St. Aegidien-Gymnasium daselbst, 1644 die Universität Altdorf, 1647 die Hochschule zu Jena, wo er Magister wurde. 1648 ging er nach Leipzig und bald darauf nach Helmstädt. Auf einer Reise von Leipzig nach Hamburg wurde ihm alle seine Habe von räuberischen Soldaten genommen, und er langte, kaum das Leben rettend, ganz arm in Hamburg an. Er ward 1651 in seiner Vaterstadt Generalvicarius, 1652 Diakonus zu St. Aegidien, 1654 Frühprediger zu St. Walpurgis, 1659 Diakonus an St. Lorenz, 1679 Senior, und 1690 Dispositor oder Schaffner (Hauptpastor) an der St. Lorenzkirche daselbst. Er starb den 10. December 1696, alt 71 Jahr. Er war auch Mitglied der fruchtbringenden Gesellschaft unter dem Namen: „der Unschuldige!" Von ihm kamen 190 Lieder heraus, darunter: „Kommt her, ihr Christen, voller L. S. 662); — Nun, liebe Seel', nun ist es Zeit L. S. 78)." —

166. M. **Simon Bornmeister** wurde 1632 geboren zu Nürnberg, war auch Rector und Professor daselbst. Im Blumenorden führte er den Namen: „Fontano II." und starb 1688. Von ihm ist das Lied: „Schönstes Seel'chen, ehe fort" (L. S. 858). —

167. **Christoph Wegleiter** ist geboren 1659 den 2. April zu Nürnberg, studirte zu Altdorf, wo er 1680 Magister und gekrönter Dichter ward. Studirte dann in Straßburg, Basel, Jena, Leipzig ꝛc. 1688 wurde er Professor der Theologie und Diakonus zu Altdorf, 1698 Doctor daselbst. Er hatte ein unvergleichliches Gedächtniß und lernte seine Predigten ohne Mühe von Wort zu Wort auswendig. Er starb 1706 den 16. August. Er hat 13 Lieder gedichtet, darunter: „Beschränkt, ihr Weisen (L. S. 298);

— ●●●●●●● ●●●, leg ab (L. S. 47●); — Seele, ●●●
die Speise (L. S. 288); — Wenn meine Seel' ●●● ●●
bedenket (L. S. 489)." —

Die süddeutschen Sänger.

168. M. Gottl. Balduin, am 9 September 164●
zu Zwickau geboren, und Sohn des Superintenden●●
Dr. Balth. Balduin, wurde 1664 Professor am ●●●●●●
sium zu Regensburg, und 1667 Prediger daselbst, star● ●●●●
Seine Lieder stehen größtentheils in seinem: „●●●●●●● ●●
ligthum des neuen Bundes," darunter: „Si●'●● ●●●●●●●●
ner Seele" (L. S. 289). —

168a. Dr. Gottf. Händel, geboren ●● ●●●●●
in Anspach, aber von seinem 5. Jahr an erzogen ●● ●●
in seinem 16. Jahre ward er zu Altdorf Magi●●●●
als er 21 Jahr alt war, wurde er ordentlicher ●●●●●
der Philosophie, darnach Licentiat der theologis●●●● ●●●
und dann 1693 Decan zu Wasserthrüdingen, 1695 ●●●●
superintendent, Oberhof- und Stiftsprediger, Kirch●● ●●●
Consistorialrath, wie auch Beichtrath des Markgrafen ●●●
Anspach, wo er wegen des Beichtwesens in Ungnade ●●●●●●
Er war ein eifriger Mann im Dienste des Herrn. ●●●
ihm ist das Lied: „Du fährst gen Himmel, Jesu ●●●●●
(P. 157). —

169. Heinrich Arnold Stockfleth, geboren ●●●
17. April 1643 zu Alfeld im Hannöverschen. Er ●●● ●●●
fangs Pfarrer zu Ecquarhofen, 1668 wurde er Dec●● ●●
Bayersdorf, 1679 Superintendent zu Neustadt an ●●●●●●
und endlich markgräflich brandenburgischer Kirchenrath, ●●●
hofprediger und Generalsuperintendent, auch Director ●●●
Gymnasiums zu Bayreuth. Daselbst starb er auch, ●●●●●●
er nicht lange vorher das Unglück gehabt hatte, daß ●●●●
ganze Bibliothek verbrannte am 8. April 170●. ●●● ●●●
Mitglied des Blumenordens unter dem Namen: „●●●●●●●
und seine Frau, geborene Fritsch, eine geb●●●●● ●●●●●●
war eine Blumenhirtin unter dem Namen: „●●●●●●●● ●

der zweiten Ausgabe des poetischen Andachtsklangs von 1691 finden sich die zwei ihm zugehörenden Lieder: „Nun, so geh' ich hin zu schlafen; — Wunder-Anfang, herrlich's Ende (P. 347)." —

169a. M. Caspar Heunisch, geboren den 17. Juli 1620 zu Schweinfurt, studirte zu Jena, wurde Pastor zu Priesenhausen, dann Diakonus zu Oberdorf, und endlich Superintendent zu Schweinfurt. Er starb 1690. Von ihm ist: „O Ewigkeit, du Freudenwort" (P. 907); —

179. Lic. Johann Heinrich Calisius, geboren zu Wohlau in Schlesien 1633. Sein Vater, Adam Calisius, war würtembergischer Leibmedicus und Doctor der Medicin zu Stuttgart. Er besuchte zuerst die Schule zu Wohlau, hierauf die Universität Leipzig und Straßburg. Darnach ward er Archidiakonus zu Göppingen, dann limpurgischer Hofprediger, Consistorialassessor, Pastor und Senior zu Sulzbach, Licentiat der Theologie und Mitglied der fruchtbringenden Gesellschaft unter dem Namen: „der Besinnende." Er starb 1698, alt 65 Jahr, und hinterließ in seiner: „Andächtigen Hauskirche," 77 Lieder, darunter: „Ach, wie hat das Gift der Sünde" (L. S. 358). —

171. Johann Joseph Beck, ein Rechtsgelehrter zu Straßburg, gab 1660 heraus: „Geistliches Echo," in welchem 27 Lieder von ihm enthalten sind, darunter: „Laßt uns doch nicht begehren" (P. 756). —

171a. Samuel König war um das Jahr 1700 Professor am Gymnasium zu Bern. Das schöne Lied: „Du Helfst des Herrn" (P. 169), — ist von ihm und von Freylinghausen nur verbessert.

172. Tobias Clausnitzer wurde 1619 zu Thun bei Annaberg geboren. Er besuchte die Schulen zu Freiberg und Breslau, ging 1642 nach Leipzig, wurde 1643 daselbst Magister, 1644 aber schwedischer Feldprediger bei dem General Dyglas, und hielt als solcher am 1. Januar 1649 die Friedenspredigt über den westphälischen Frieden,

auf Befehl des General Wrangel zu Weyden in der Ober
pfalz, welche ihm die Herzen der Gemeinde so gewann, d[a]
er kurze Zeit darauf der Prediger dieses Orts wurd[e].
Später wurde er Kirchenrath des gemeinschaftlichen Am[ts]
Bergstein und Weyden. Er starb den 7. Mai 168[4].
Seine Lieder kamen zuerst 1671 heraus, darunter: „Jes[u]
dein betrübtes Leiden (B. 279); — Liebster Jesu, wir si[nd]
hier (P. 199)." —

Die Sänger aus Hessen und Braunschweig.

172a. M. Andreas Heinrich Buchholz wurde [zu]
Schöningen im Braunschweig'schen den 25. November 160[7]
geboren, wo sein Vater, M. Joach. Buchholz, Pastor u[nd]
Superintendent war. Er besuchte die Schule zu Magdebur[g]
und Herfort, ging 1627 auf die Universität Wittenber[g],
erhielt 1630 die Magisterwürde, wurde 1632 Konrect[or]
zu Hameln, 1637 Rector am Gymnasium zu Lemgo. 164[1]
wurde er zum Professor der Philosophie und der Dichtkun[st]
nach Rinteln berufen, darauf wurde er außerordentlich[er]
Professor, 1627 Coadjutor der dasigen Kirche. I[m]
Jahr 1663 ist er Oberprediger, Superintendent und I[n]-
spector der dortigen Schulen. Er starb am 20. Mai 167[1]
alt 64 Jahr. Er schrieb die zu seiner Zeit vielgelesen[en]
Romane: „Hercules und Valiska, und Hercules und He[r]-
culabisla, in welchem mehrere Lieder und Gedichte vorkom[-]
men. Von ihm ist: „Nun hat das heil'ge Gotteslamm
(P. 145). —

173. Anna Sophia, Landgräfin von Hesse[n]
eine Tochter Georgs II., Landgrafen zu Hessen-Darmsta[dt]
wurde am 17. December 1638 zu Marberg geboren. 16[
wurde sie Pröbstin zu Quedlinburg, 1678 Coadjutori[n]
1680 Aebtissin daselbst und starb als solche den 15. D[e]-
cember 1683. Sie hatte viele Sprachkenntnisse und w[ar]
in der heiligen Schrift und in den Kirchenvätern sehr [er]-
fahren; geistliche Lieder hat sie 52 gedichtet, darunter au[ch]
„Ach, Gnad' über alle Gnaden (P. 214); — O heil[ge]
Fluth, o kräftig Blut (B. 438); — Rede, liebster [

sus, rede (L. S. 244); — Wohl dem, der Jesum liebet (B. 621)."

174. **Anton Ulrich, Herzog zu Braunschweig-Wolfenbüttel,** ist der Sohn des Herzogs August von Wolfenbüttel und wurde geboren den 4. October 1633 zu Hitzacker im Lüneburgischen. Durch seine Lehrer, Friedrich von Kremm und Justus Georg Schottel, schon früh für die Wissenschaft empfänglich gemacht und von letzterem in der Dichtkunst unterrichtet, auch seit 1645 durch Siegmund von Birken noch weiter darin unterwiesen, bildete er sich auf der Universität Helmstädt, auf welcher er 1650 studirte, so aus, daß er zu den gelehrtesten Fürsten seiner Zeit gehörte. Später reiste er durch Deutschland, Holland, Frankreich und Italien. Darauf ward er erstlich Bischof zu Halberstadt, dann Statthalter des Decanats im Stifte Straßburg. 1656 vermählte er sich mit Elisabeth Juliane, Herzogs Friedrich von Holstein-Norberg Tochter. Als nach seines Vaters Tode sein Bruder, Rudolph August, Herzog wurde, ernannte ihn dieser zum Statthalter und nahm ihn, da er selbst keine männlichen Erben hatte, zum Mitregenten an, wobei ihm der größere Theil der Regierung zufiel. Er war Mitglied des Palmordens unter dem Namen: „der Siegprangende." Zu Wolfenbüttel vermehrte er die Bibliothek sehr und baute in der Nähe das Lustschloß Salzdachlum. 1704 starb sein Bruder, und von jetzt ab übernahm er die Regierung allein. 1710 trat er noch als ein Greis von 77 Jahren in Bamberg um politischer Ursachen willen zur katholischen Religion über. Seinen Unterthanen gab er die Versicherung, daß ihnen dieser Uebertritt in keiner Weise zum Nachtheil gereichen sollte. Er lebte nur noch wenige Jahre als Katholik; denn er starb am 27. März 1714 zu Salzdachlum, mit dem Ruhme, seinem Volke ein milder, leutseliger Regent und ein einsichtsvoller Fürst gewesen zu sein. In seinem letzten Stündlein, auf seinem Sterbebette, ließ er sich von evangelischen Predigern Trost zusprechen. Von ihm sind die Lieder: Ach Gott, ist noch dein Geist bei mir (P. 239); — Ich trau' auf Gott in allen Sachen (P. 524); — Kaum tret ich wieder aus der Ruh' (L. S. 457)."

174a. M. Joh. Schindler, im August 1613 zu Chemnitz geboren, studirte in Schulpforte und Leipzig, war 1641 Rector an der St. Katharinenschule zu Braunschweig, 2 Jahre drauf Pastor zu St. Andreä daselbst und Senior im Ministerium. Er starb am 8. November 1681, des Morgens, als er eben zur Predigt studirte. Lied: „Herr Jesu Christ, ich schrei' zu dir" (P. 436). —

175. Dr. Georg Werner ist 1607 zu Lopfingen in Schwaben geboren. Er war Doctor und Professor der Rechte zu Helmstädt und Assessor des Wolfenbüttelschen Hofgerichts. Nachdem er 26 Jahr mit vielem Beifall die Rechte gelehret, starb er am 28. September 1671 zu Helmstadt. Von ihm sind: „Der Tod hat zwar verschlungen (B. 311); — Der du, Herr JEsu, Ruh' und Rast (P. 944); — Ein matter Hirsch schreit für und für (B. 745); — Freuet euch, ihr Christen alle (B. 356); — Ich hab', Gott Lob, das Mein' vollbracht (B. 970); — Ihr Alten mit den Jungen (B. 887); — Ihr Christen, auserkoren (P. 934); — Ihr Kinder, kommet her zu mir (B. 409); — Nun treten wir in's neue Jahr (B. 227); — O frommer Christ, nimm eben wahr (B. 288); — O Gott, die Christenheit dir dankt (L. S. 205); — Wohl dem, der ohne Wandel (B. 227)." —

Die nordischen Sänger.

176. M. Heinrich Elmenhorst, geboren den 19. October 1632 zu Parchim in Mecklenburg, studirte zu Leipzig und wurde 1653 Magister. 1660 wurde er Diakonus an der St. Katharinenkirche zu Hamburg, 1673 Archidiakonus. Im Jahr 1696 wurde er Pastor am Hospital zu St. Hiob daselbst, wo er den 21. December 1704 starb. Von ihm sind: „Christe, meiner Seelen Leben (B. 6); — Nun danket Gott mit Herz und (B. 224)." —

177. Dr. Mauritius Kramer, eines Bauern Sohn, wurde zu Ammerswort bei Meldorf im Holsteinschen 1646

am 27. Februar geboren. Im Jahr 1670 wurde er Pastor in Moren im Süderdithmarschen. Er starb am 22. Juni 1702. Er hat 39 geistliche Lieder gedichtet, unter denen mehrere recht innige und liebliche sind, auch: „Gott, gieb einen milden Regen (P. 961); — und: Hallelujah, lobet Gott (B. 858)." —

178. Dr. Joh. Lassenius, dieser fromme, durch seine Erbauungsschriften allgemein geachtete Gottesgelehrte, wurde den 26. April 1636 zu Waldau in Pommern geboren, wo sein Vater zur Zeit Pastor war. Er besuchte die Schulen zu Stolp, Danzig und Stettin, und ging dann auf die Universität Rostock. Als Hofmeister eines jungen Mannes aus Danzig reiste er darauf nach Holland, Frankreich, England, Portugal und Spanien. Nach dieser Reise wurde er Hofmeister zweier Prinzen, mit denen er außer den genannten Ländern auch noch Italien besuchte. Auch von dieser zweiten Reise zurückgekehrt, setzte er seine Studien auf den berühmtesten Universitäten Deutschlands fort. Auf seinen Reisen hatte er auch das ganze Treiben der Jesuiten genauer kennen gelernt und verfaßte nun einige Streitschriften gegen sie. Diese, dadurch gereizt, nahmen ihn aus Rache auf der Straße bei Nürnberg gefangen, und die Jesuiten schleppten ihn aus einem Kloster in das andere und verwahrten ihn einmal 9 Tage lang in einer Grube, ja sie wandten alle List und Ränke an, ihn entweder in den Schooß der katholischen Kirche oder ohne Rumor von der Welt zu bringen. Schon hatten sie ihn auf diese Weise bis an die türkische Gränze gebracht, als ihm der Herr, den er unter all' diesen Drangsalen und Schmähungen treu bekannte, eine Bahn öffnete, aus den Händen seiner Feinde zu entrinnen, und ihn glücklich bei den Seinen anlangen ließ. Im Jahr 1666 wurde er Montagsprediger und Rector zu Itzhon, 1669 Hofprediger und Probst bei dem Grafen von Ranzau zu Bernstädt, 1675 Prediger bei der deutschen Gemeinde in Kopenhagen. Im Jahr 1676 wurde Lassenius Hofprediger, Consistorialrath, Doctor und Professor der Theologie und Pastor zu St. Petri in Kopenhagen. Dort starb er am 29. August 1692. Zu seinen

Liedern gehören: Auf, auf, ihr, meine Lieder (B. 2); — Auf dieses Tages Glänzen (B. 53); — Die Nacht nunmehr hin (B. 18); — Himmel, höre meine Lie[der] (B. 66); — Hochgelobt sei unser Gott (B. 28); — [Der] schwarzen Sorgen weicht (B. 34); — Nun geht das S[on]nenlicht dahin (B. 71); — Nun hat auch dieser Som[mer]schein (B. 72); — Nun ist der Tag vergangen (B. 73); — O großer Gott, ich komme hier (B. 76); — O wü[ster] Sünder, denkst du nicht (B. 1181); — Sei tausend[mal] geküsset (B. 42); — Süßer Jesu, deiner Gnade (L. S. 47); Wie so sehr mein Herz entstellet (B. 505)." —

179. Dr. Heinrich Müller wurde den 18. Oct[ober] 1631 zu Lübeck geboren, wohin seine Eltern, eigentlich [in] Rostock ansässig, wegen des 30jährigen Krieges geflü[chtet] waren. Schon von früher Jugend an war er schwäch[lich] am Körper, aber aufgeweckten Geistes, so daß die christl[iche] Erziehung und der vielseitige Unterricht in ihm bald re[ife] Früchte entfalteten. Er konnte mit dem 13. Jahre [die] Universität Rostock beziehen, und nachdem er sich 1647 [von] dort nach Greifswalde begeben hatte, erhielt er schon [im] 17. Jahre die Magisterwürde. Er beschloß, in Ro[stock] Vorlesungen zu halten, besuchte aber vorher noch meh[rere] Hochschulen. Kaum hatte er nach seiner Rückkehr seine [Vor]lesungen begonnen, als er, 20 Jahr alt, von dem R[ath] zu Rostock zum Archidiakonus an der St. Marienkirche [be]rufen wurde. Im Jahr 1653 verheirathete er sich [mit] Margarethe Elisabeth Siebrand, der Tochter eines K[auf]manns in Rostock, mit welcher er 22 Jahr in einer gl[ück]lichen, mit 6 Kindern gesegneten Ehe lebte. Ueber [den] Antritt seines Amts schreibt er in seiner apostolischen Sch[luß]kette von 1734, S. 515: „Ich erinnere mich gar w[ohl], daß ich im 20. Jahr meines Alters das hochheilige [Amt] antrat, das ich jetzt in der Kraft des Herrn bediene, [daß] zu allen Füßen kalt war; denn ich noch unerfahren [war] und in göttlichen Dingen ungeübte Sinne hatte, wenig Mu[th] die Gottlosen getrost zu strafen. Was sollte ich th[un?] Vor meinem Gott knieete ich in meinem Kämmerlein [und] sprach mit Jeremia: Ach Herr, Herr, ich tauge nicht[s]

…igen, denn ich bin zu jung. Der Herr aber sprach zu …: Sage nicht: ich bin zu jung, sondern du sollst gehen, …hin ich dich sende, und predigen, was ich dir heiße. …rchte dich nicht vor ihnen, denn ich bin bei dir, und will …h erretten." Der ungemeine Beifall, den seine Gaben …d Kenntnisse fanden, soll auch auf ihn eine Zeit lang sei…n Einfluß geübt haben, ihn zum Ehrgeiz zu verleiten. …an erzählt: Er habe einst wegen der Gegenwart einer …stlichen Person gelehrt predigen wollen, und sei daher stecken …blieben. Am Sonntage darauf beschämte er sich mit den …orten: „vor acht Tagen habe der Herr Dr. Müller pre…gen wollen, jetzo aber solle der heilige Geist predigen," …d hielt dieselbe Predigt ganz ohne Anstoß. Die Kraft …d der Eindruck seiner Predigten, wie seiner erbaulichen …hriften ruhte und ruht darauf, daß der Inhalt aus der …zen Fülle und reichen Tiefe der heiligen Schrift genommen, …ß die Darstellung in eben so kerniger, als sinnvoller Kürze …ch die Funken seines Geistes überrascht und durch die …eme der Wahrheit überzeugt.

…eben seinem Predigtamte fuhr er fort, als academischer …hrer zu wirken, und erlangte auch als solcher durch seine …rlesungen und gelehrten Schriften die Bewunderung und …n Beifall seiner Zeitgenossen. Schon in seinem 22. Le…nsjahre ward er von der Universität Helmstädt zum Doctor … Theologie ernannt, welche Würde aber erst sieben Jahre …rnach von der theologischen Facultät zu Rostock bestätigt …rde. Mehrere Berufungen nach andern Universitäten lehnte … ab; dagegen ward er 1659 Professor der griechischen Sprache … Rostock, 1662 ebendaselbst ordentlicher Professor der …ologie und Pastor an St. Marien. Im Jahr 1671 …rd er einstimmig von dem Rath und der Gemeinde zum …dtsuperintendenten in Rostock gewählt. Er übernahm …s Amt unter Thränen, und der ihn einführende Superin…dent Sommerfeld in Parchim sagte: „Was seh' ich! …nen bei Ehren, das will ich merken." Dieses Amt …nnte er aber nur noch vier Jahre verwalten; bei einer …kränklichen Gesundheit wurde der Körper durch die uner…üdete Thätigkeit in seinem Berufe gebrochen. Kurz vor …nem Tode empfing er das heilige Abendmahl und sang dann mit schwacher Stimme, doch in großer Freudigkeit mehrere Gesänge, als: „Herr Jesu Christ, wahr'r Mensch und Gott; — O Lamm Gottes, unschuldig." Dann sprach er zu den Seinen: „Liebe Kinder, betet, betet, daß Gottes Wille an mir vollbracht werde; denn was mein Gott will geschah' all'zeit, sein Will' ist stets der beste." Ferner: „Nicht ich, sondern mein Elend und Jammer wird sterben. Ich weiß nicht, daß ich in meinem ganzen Leben einen recht fröhlichen Tag in dieser Welt gehabt; nach diesem Leben wird meine Herzensfreude erst recht angehen. Ungehindert von dem Leibe des Todes werde ich vor dem Stuhle des Lammes mit größerer Kraft für meine Söhne, für Euch mein lieber Beichtvater, für meine Schäflein, auch für meine Wohlthäter beten. Darum seid getrost! Ich weiß, daß ich bald gar sanft, ohne einige Verstellung der Geberden und Herzensangst, aus diesem Leben abscheiden werde." Sein Wort wurde denselben Tag, den 23. September 1675, erfüllt; er entschlief sanft und selig, um zu schauen, was er geglaubt hatte; denn unter allen Leiden war sein Wahlspruch gewesen: „Immer fröhlich." 2 Cor. 2, 10. Von ihm ist das schöne Erbauungsbuch: „Geistliche Erquickstunden," und auch mehrere Predigtbücher verfaßt; von seinen Liedern merke: „Ade, du süße Welt (P. 737); — Der Herr hat Alles wohl gemacht (P. 578); — Fahr' nur hin, du schnöde Welt (P. 545); — Lebt Jemand so wie ich, so lebt er jämmerlich (P. 444); — Lebt Jemand so wie ich, so lebt er seliglich (P. 504); — Selig ist die Seele (B. 578)." —

180. M. Christian Scriver, der berühmte Verfasser von „Gottholds zufälligen Andachten" und des „Seelenschatzes", wurde geboren am 2. Januar 1629 zu Rendsburg im Holsteinischen. Seinen Vater, den Bürger und Handelsmann Christian Scriver, verlor er schon in seinem ersten Lebensjahre an der Pest, und seine Mutter lag an derselben Krankheit darnieder; auch starben noch 2 Schwestern und ein Bruder an derselben Krankheit. Aber das Knäblein schützte der Herr und erhielt es mit seiner gar armen Mutter als ein rechter Vater der Waisen. Pastor Gerhard

Kuhlmann nahm sich der Unversorgten an, und dazu unterrichtete er auch den kleinen Christian. Außerordentliche Errettungen hat Scriver mehrere erfahren. Als fünfjähriges Knäblein stürzte er einst beim Spiele in den Fluß und wurde vom Wasser mit fortgerissen, als dicht vor den Rädern der Mühle ihn noch eine Frau herauszog. Nach dem kurz darauf erfolgten Tode des Pastor Kuhlmann nahm sich seiner der Rector Johann Namerich an, und da dieser vor den Gräueln des 30jährigen Krieges fliehen mußte, kam er in die Pflege des Probstes M. Christian Strauß. Doch im 11ten Jahre unsers Scriver schien alle Hilfe aus zu sein in Rendsburg. Seine Mutter wanderte mit ihm zu ihres Großvaters Bruder, dem begüterten Kaufmann Thomas Ebbers nach Lübeck. Dieser zahlte jährlich für Christian Scriver, damit er ein Apostel des HErrn werde, 50 Thaler. — So studirte er fleißig fort und ging 1647 auf die Universität Rostock, wo besonders Joachim Lütkemann auf ihn einwirkte. Darnach ward er Hauslehrer bei Joachim Abeland zu Segeberg im Holsteinischen. Als er 1652 im August seine an den Rector M. Christian Trinceus verheirathete Schwester nach Stendal in der Altmark geleitete, predigte er dort einige Mal. Dies war die Veranlassung, daß er am 11. März 1653 daselbst als Archidiakonus an St. Jakobi vom Superintendenten Strahlius eingeführt wurde. Am 10. Mai desselben Jahres schloß er sein erstes Ehebündniß mit Margarethe, Tochter des Superintendenten Strahlius, welche ihm am 6. Juni 1654 nach ihrer ersten Entbindung starb, und ihr Söhnchen Johannes folgte ihr 3 Jahre später, den 31. Juli 1657 nach in's Grab. Am 13. Februar 1655 verheirathete sich Scriver zum zweiten Mal mit Katharina Herphardus, Tochter des ehemaligen Pastors an St. Jakob. 15 Jahre hat er mit derselben in einer stillen, köstlichen Ehe gelebt und 9 Kinder, 5 Söhne und 4 Töchter, mit ihr gezeugt. — An Verfolgung hat es Scriver in Stendal auch nicht gefehlt. So fromm er auch war und so rechtgläubig er auch predigte, dennoch mußte auch er sich einen Ketzer heißen lassen. 1664 kam auch nach Stendal das churfürstlich-brandenburgische Rescript, welches Paul Gerhard vermochte, sein Pfarramt zu verlassen. Scriver

wurde, bevor er zur Unterschrift genöthigt worden, 166
zum Prediger an St. Jakobi in Magdeburg berufen.
10. Sonntag nach Trinitatis hielt er die Antrittspredi
über Matth. 9, 1—8. Seine ihm so theure Frau, „sein
Augen Lust und Schmerzen Engel," starb ihm nach lange
Krankenlager am 6. November 1670. Er selbst lag au
schwer darnieder, und erst im Januar 1671 konnte er v
seinem Schmerzenslager wieder aufstehen. Am 28. Nove
ber desselben Jahres schenkte ihm Gott das dritte „fromm
Eheweib," Margarethe Drehn, Bürgermeistertochter zu Ma
deburg, die ihm noch 2 Söhne und eine Tochter gebor
hat. Mit ihr hatte er wieder einige ruhige Jahre; ab
im Jahr 1679 kam die Trübsal wieder mit Haufen.
erst starb ihm seine 23jährige Tochter Abigail Cathari
Gattin des Predigers und Inspectors M. J. H. Häveck
zu Kalbe a. d. Saale, und gleich darauf ein Knäblein v
30 Wochen. Am 16. April desselben Jahres starb ih
seine dritte Gemahlin, „seine gottselige, liebreiche, getre
Ehegenossin." Kaum war die Gattin beerdigt, als auf i
selbst ein so heftiges Fieber einstürmte, daß er in wenig
Tagen am Rande des Grabes schwebte. Er genas ab
wieder, jedoch zu neuem Schmerz. 1681 kam über Ma
deburg die Pest, 6000 Menschen starben dahin, unter ihn
auch Scrivers hoffnungsvoller Sohn, Student der Theolog
So lebten von seinen 13 Kindern nur noch zwei. Er h
rathete zum vierten Mal am 19. October 1681. Sein „fro
mes Weib," Elisabeth Silo, gebar ihm auch noch eine To
ter. — Seine Amtswirksamkeit war reich gesegnet. 16
war er schon Senior des geistlichen Ministeriums zu Ma
deburg. Als solcher hielt er am 30. Mai 1681,
Friedrich Wilhelm, der große Churfürst, die Huldigung
Magdeburg empfing, vor demselben und dem ganzen H
staat die Huldigungspredigt über 1 Cor. 8, 66. Am J
1686 ernannte ihn der Churfürst zum Kircheninspector
Holzkreise. Das Amt machte ihm viel Sorge und M
Derselben enthob ihn Anna Dorothea, Herzogin in Sach
und Aebtissin zu Quedlinburg, dadurch, daß sie ihn zu ih
Oberhofprediger, Beichtvater und Consistorialrath, wie a
Oberschulinspector nach Quedlinburg berief. Er folgte d

auf, und erhielt am 18. Mai 1690 die Einführung. Aber auch hier sollte er noch nicht Ruhe haben. Im Kampf gegen die Inspirirten und Enthusiasten hatte er von denselben viel Schmach zu leiden noch beinahe drei Jahre lang. Am .. März 1693 feierte er noch, von langem Krankenlager sehr schwach, zum letzten Mal hier auf Erden, das heilige Abendmahl. Am 5. April standen die Seinen um sein Bette. Der Sterbende sprach nicht mehr; er war im Scheiden. Ein Engel Gottes küßte seinen Odem weg. Er hat hier gesungen: „Jesu, meiner Seelen Leben (P. 716); — Auf, Seel', und danke deinem Herrn (P. 616); — Der eben Sonnen Licht und Pracht (P. 653)." —

181. Dr. Gottfried Wilhelm Sacer, Sohn des Oberbürgermeisters zu Naumburg, wo er den 11. Juni 1635 auch geboren wurde. Seine Studien begann er 1649 auf Schulpforta. Von 1653—1657 war er in Jena. Dann wurde er 2 Jahre Secretair bei dem churbrandenburgischen Geheimrath und Director der Kriegskanzlei von Platen zu Berlin; darnach Hofmeister in den beiden adligen Häusern von Pohlen und von Bünau, hierauf Regimentssecretair und nach einiger Zeit Fähnrich unter dem Obristen von Mollisen in Lüneburg. Darnach ging er auf die Universität Kiel, nahm alsdann eine Hofmeisterstelle bei einem holsteinischen Edelmann an, machte von 1667—1670 eine Reise nach Holland und Dänemark, kam nach seiner Rückkehr als Hofgerichts- und Kanzleiadvocat nach Braunschweig und erhielt 1671 die Würde eines Doctors der Rechte zu Kiel. 1683 wurde er Amtsadvocat und später Kammerconsulent zu Wolfenbüttel, wo er den 8. September 1699 starb. Ein edler, wahrhaft frommer Dichter, der auch in seinem Amt durchaus gewissenhaft war. Oft diente er seinen Clienten umsonst. Seine geistlichen Lieder hat er meist als Student zu Greifswald, wohin er von Jena aus ging, gedichtet, deren einige er zuerst 1661 herausgab. Gesammelt gab sie sein Schwiegersohn, der Generalsuperintendent Löscher zu Gotha, heraus. Von ihm sind: „Ach Herr, ich liebe herzlich dich (B. 570); — Ach, stirbt denn so mein allerliebstes Leben (B. 247); — Ach, was hab' ich

ich ausgerichtet (B. 448); — Barmherz'ger Gott und Vater (P. 691); — Bis hierher ist mein Lauf vollbracht (B. 944); — Durch Trauren und durch Plagen (P. 1046); — Gott, dir sei Dank gegeben (B. 404); — Gott fähre auf gen Himmel (P. 161); — Herr, auf dein Wort soll's sein gewagt (B. 360); — Jesu, meiner Freuden Freud (B. 218); — Komm, Sterblicher, betrachte mich (B. 1056); — Mein Herr und Gott, Herr Jesu Christ (L. S. 280); — Mein Herze, schwinge dich empor (P. 46); — O, daß ich könnte Thränen g'nug vergießen (B. 284); — Reiß durch, gekränkte Seele (B. 768); — So hab' ich obgesieget (B. 1000); — Wach' auf, mein Ehr', auf Seiten (B. 332)." —

182. **Johann Flittner**, den 1. November 1618 zu Suhl im Hennebergischen geboren, ist der Sohn eines Eisenwaaren- und Weinhändlers, der auch daselbst im Besitz eines Bergwerks war. Zuerst besuchte er die Schule seiner Vaterstadt und darnach ging er 1633 auf das Gymnasium zu Schleusingen. Die Fortsetzung seiner Studien machte er zu Wittenberg; 1637 ging er nach Jena, darauf nach Leipzig und Rostock; 1644 wurde er Kantor, 1646 Diakonus zu Grimmen in Neuvorpommern, wo er an seinem Stadtpfarrer einen „streitbaren Mann" fand. In den Kriegen, welche Friedrich Wilhelm gegen die übermüthigen Schweden zu führen sich genöthigt sah, hatte er viel Noth zu erdulden, 1659 sah er sich sogar deshalb genöthigt, mit seiner Familie nach Stralsund zu flüchten, ging aber 1660, als Friede geschlossen, nach Grimmen zurück. Durch den Tod des Pastors und Präpositus Wicke gerieth er in viele Verdrießlichkeiten, da man den Sohn des zweiten, Superintendenten Battus, gegen den üblichen Gebrauch, in die Stelle des erledigten Pastorats einschob. Als auch dieser am 9. October 1673 gestorben war, bekam Flittner interimistisch die Präpositurgeschäfte, welche er bis 1675 verwaltete. Doch ward ihm auch jetzt noch deshalb so manche Schwierigkeit bereitet, so daß sein Verlangen, bei Christo daheim zu sein, in einem Vertheidigungsschreiben an Dr. Tabber sich also ausspricht: „Es ist nun die Zeit meiner Auf-

tung und **Verachtung** gekommen; Gott vergebe es denjenigen, welche mir so viel Widersacher auf den Hals laden; der Herr wird sie schon finden. Gott vocire mich von hinnen." — Zu einem Kollegen erhielt er 1674 den Rector zu Wolgast, M. Christian Wangerin, aber auch ihn verlor er schon wieder am 1. September 1676. Die erneuerten Kriegsunruhen in diesen Jahren zwangen ihn wiederum, seine Gemeinde zu verlassen und nach Stralsund zu fliehen. Dort starb er, des Streits müde, an der weißen Ruhr den 7. Jan. 1678. Sein Leichnam wurde nach Grimmen geführt und dort in der Kirche vor dem Altar eingesenkt. Seine Bibliothek und Manuscripte wurden bei der Belagerung von Stralsund 1678 ein Raub der Flammen. Von seinen Liedern sind auf uns gekommen: „Ach, was soll ich Sünder machen (P. 244); — Jesu, meines Herzens Freud', süßer Jesu (P. 558); — Jesu, meiner Seelen Weide (B. 665); — Menschenhülf' ist nichtig (B. 677); — Was quälet mein Herz (B. 795)." —

183. Dr. Friedrich Fabricius, geboren den 20. April 1642 zu Stettin, eines Kämmerers und Advocaten Sohn, wurde, nachdem er zu Leipzig, Jena, Leiden und Utrecht studirt hatte, 1669 Diakonus, 1690 Pastor an der St. Nicolaikirche zu Stettin, wo er auch, nachdem er 1691 auch die theologische Doctorwürde von der Wittenberger Facultät erlangt hatte, als Senior am 11. November 1703 starb. — Er gab meist aus Akrostichen bestehende „Gefängniß-, Zeit- und Nothlieder" heraus, welche er, wie die Sage geht, größtentheils selbst im Gefängniß gedichtet haben soll. Ferner gab er auch die bekannte Erbauungsschrift des berühmten Joh. Gerhard, Doctors der Theologie in Jena: „Uebung der Gottseligkeit," in Reimen heraus unter dem Titel: Johann Gerhard Praxis pietatis melica. Stettin 1668. Im Ganzen gingen 38 seiner Lieder in öffentliche Gesangbücher über, darunter auch: „Geduld will sein geübet (B. 820); — Hilf, lieber Gott, was Schmach und Spott (B. 759); — Ich merk', o Gott, an allem End' (B. 861); — Was soll ich, Jesu, bringen (B. 547); — Wenn ich in Nöthen bin (B. 793)." —

Die Sänger in Preußen und Polen.

184. Friedrich von Derschau wurde den 1. März 1644 zu Königsberg geboren, war daselbst Tribunalsrath und Oberbürgermeister in der Altstadt. Er starb den 10. April 1713. Von ihm sind: „Auf, meine Seel', auf mein Gesang (B. 519); — Süßer Trost der matten Herzen (B. 496)." —

185. Michael Kongehl wurde zu Kreuzberg den 9. März 1646 geboren. Er war churbrandenburgischer Secretair zu Königsberg in Preußen, zuletzt Bürgermeister im Kneiphof daselbst, und starb am 1. November 1710. Er war Mitglied des Blumenordens. Sein herrliches Lied: „Nur frisch hinein, es wird so tief nicht sein" (P. 506), erschien schon 1673 im poetischen Andachtsklang.

186. Abraham Klesel, der Sohn des Pfarrers Klesel zu Rohrsdorf, wurde zu Fraustadt am 7. November 1635 geboren, woselbst sich seine Mutter zur Zeit der Kriegsunruhen wegen aufhielt. Er besuchte zuerst das Gymnasium zu St. Elisabeth in Breslau, ging 1655 auf die Universität Königsberg, um, da er die schwere Verantwortlichkeit des Predigtamts scheute, Jura zu studiren; dennoch führte ihn der Herr zur Theologie. 1660 wurde er Pastor zu Ulbersdorf bei Fraustadt, 1670 Prediger zu Stedlitz bei Steinau, und 1674 zu Ortbitsch. An letzterm Orte ernannte man ihn zum Assessor und Protonotar der großpolnisch-evangelischen Synode, und 1680 trug man ihm das Primariat in Jguer an. Viel hatte er hier mit innern und äußern Anfechtungen zu kämpfen, die er aber auch durch eifriges gläubiges Gebet in der Kraft des Herrn überwand. Am 18. Juni 1694 rührte ihn der Schlag auf der Kanzel, jedoch lebte er noch 8 Jahre. Am 4. Adventssonntag 1701 hielt er seine letzte Predigt, und wurde halb todt von der Kanzel getragen. Er starb am 13. April 1702. Außer vielen andern Schriften verfertigte er auf alle Sonn- und Festtage Lieder, welche unter dem Titel: „Vergiß mein nicht, oder Jesussüße Andachten," Jguer 1688 erschienen.

Von ihm ist auch: „Seele, mach' dich heilig auf" (L. S. 778). —

187. **Zacharias Hermann** wurde am 3. October 1643 zu Ramslau geboren; sein Vater, Elias Hermann, war zu der Zeit daselbst Administrator über die Ramslau'schen Berglehngüter. Zacharias besuchte schon in seinem [vier]ten Jahre die Schule. 1756 ging er nach Breslau aufs M. M.-Gymnasium, studirte 1664 zu Jena. 5 Jahre [d]rauf war er wieder zu Hause, wurde aber gleich zum Diakonus nach Lissa berufen 1669. Zwölf Jahr später war er daselbst Pastor und Inspector. Dieses sein Amt führte er 33 Jahre unter viel Trübsal. Durch Krieg, Feuer und Pest verlor er Weib, Kind und Hausgesinde. Er trug's mit christlicher Ergebung, und starb am 10. December 1716 stehend, um also dem Adventskönige entgegen zu eilen. Zwei seiner Lieder sind: „Was betrübst du dich, mein Herze (P. 1048); — Zu dir, o Fürst des Lebens (P. 1006)." —

Sänger in Schlesien und in der Lausitz.

188. **Johann Angelus Silesius** hieß eigentlich Johann Scheffler, ist 1624 zu Breslau geboren, studirte Medicin, wurde Doctor derselben und Leibarzt des Herzogs Sylvius Nimrod von Wartenburg-Oels, wie auch bei Kaiser Ferdinand III. Seine Lieder, die unter dem Titel: „Heilige Seelenlust, oder geistliche Hirtenliebe der in ihren Jesum verliebten Psyche," herauskamen, athmen die reine persönliche Liebe eines von den Wohlthaten Gottes in Christo und der Lieblichkeit Jesu besiegten und überwältigten Herzens, welches allenthalben in Natur und Welt den Heiland sucht und erkennt, und im treuen Kampfe seinem göttlichen Vorbilde nachzuwandeln strebt. Deshalb reden sie auch eine Sprache, so innig und milde, worin er vielleicht von keinem Dichter übertroffen worden ist. Dieses sich so ganz in Jesum versenkende Herz ekelte die Streitsucht der damaligen lutherischen Theologen so an, daß er dafür hielt, nur in der einigen katholischen Kirche könne Christus wohnen,

und von diesem Gedanken hingerissen, trat er 1653 zu[r] katholischen Kirche über. Aber seitdem war er, im Gegensa[tz] zu seiner sonstigen Friedensliebe, ein heftiger Gegner de[r] Lutheraner. Nun wurde er bischöflich Breslauer Rath un[d] Priester, und lebte größtentheils im Jesuitenkloster zu Bres[-] lau, wo er den 9. Juli 1677 gestorben ist. In unser[n] Gesangbüchern finden wir von ihm: „Ach, sagt mir nicht[s] von Gold (P. 326); — Ach, wie will es endlich werde[n] (P. 245); — Ach, wann kommt die Zeit heran (P. 542)[;] — Auf, auf, mein Geist, und du, o mein Gemüthe (P. 576)[;] — Auf, Christenmensch, auf, auf (P. 463); — Bis will[-] kommen, Königskammer (P. 77); — Die Zeit geht a[n] die Jesus (P. 850); — Fürst der Fürsten, Jesu Chris[t] (P. 893); — Geh' auf, meines Herzens Morgenstern (P. 56)[;] — Geduld'ges Lämmlein, Jesu Christ (P. 83); — Guter Hirte, willst du nicht (P. 830); — Helfer meiner arme[n] Seele (P. 162); — Hinweg mit Furcht und Traurigkei[t] (P. 522); — Hochheilige Dreieinigkeit (P. 8); — Höchster Priester, der du dich (P. 751); — Ich danke dir für dei[-] nen Tod (P. 88); — Ich lebe nun nicht mehr (P. 90)[;] — Ich will dich lieben, meine Stärke (P. 333); — Jes[u] komm' doch selbst zu mir (P. 556); — Jesu, meine Lieb[e] (P. 500); — Jesus ist der schönste Nam' (P. 61); — Ihr alle, die ihr Jesum liebt (P. 96); — Kleiner Knab[e,] großer Gott (P. 41); — Keine Schönheit hat die Wel[t] (L. S. 733); — Komm, Liebster, komm in deinen Garte[n] (P. 560); — Kommt her und schauet (P. 97); — Komm[,] heil'ger Geist, du höchstes Gut (P. 176); — Liebster Bräutigam, denkst (P. 406); — Liebe, die du mich zu[m] Bilde (P. 341); — Meine Seele, willst du ruh'n Vers 1—4 (P. 342); — Mir nach, spricht Christus, unser Hel[d] (P. 758); — Nun danket Gott, ihr Christen (P. 144); — O Elend, Jammer, Angst und Noth (P. 103); — O Jes[u] Christ, der du mir bist (P. 564); — O, so hast du nu[n] dein Leben (P. 110); — O treuer Jesu, der du bi[st] (P. 878); — Selig, wer ihm suchet Raum (P. 118); — Spiegel aller Tugend (L. S. 342, P. 415); — Süßes Seelen[-] abendmahl (P. 236); — Treuster Meister, deine Wort[e] (P. 325); — Verwund'ter Heiland, sieh' nicht an (P. 123); —

weil ich schon seh' die güldne B. (L. S. 476); — Wo
ist der Schönste, den ich liebe (L. S. 653); — Was be-
deut't dies, ihr Jungfr. (P. 125); — Wo ist der Liebste
hingegangen (P. 166); — Wollt ihr den Herren finden
(P. 777); — Wo willst du hin, weil's Abend ist (P. 673);
— Zieh uns nach dir (P. 570)." —

189. Caspar Neumann ist der Sohn eines Steuer-
einnehmers zu Breslau, und wurde dort geboren den
4. September 1648. Er sollte Apotheker werden, widmete
sich aber nach dem Tode des Vaters den Studien. Zuerst
besuchte er das Maria=Magdalena=Gymnasium zu Breslau,
studirte dann 1667 in Jena Theologie, war 1673 Reiseprediger bei dem Herzog Christian zu Eisenberg, 1676 Hofprediger in Altenburg, und 1678 Diakonus in Breslau an
Maria=Magdalena. 1689 ward er Pastor und Consistorialassessor, 1697 Pastor an der Hauptkirche zu St. Elisabeth
und Inspector der dasigen Kirchen und Schulen, und Professor der Theologie an beiden Gymnasien, 1706 auch noch
Mitglied der Königlichen Gesellschaft der Wissenschaften. Er
war berühmt durch seine Gelehrsamkeit, innig geliebt um seiner
wahrhaften Frömmigkeit willen, selbst bei andern Glaubens-
verwandten. Er strebte fort und fort nach lauterer Wahrheit, und in der tiefen Erkenntniß der Nichtigkeit alles Irdischen hielt er fest an dem innigen Glauben zu seinem Heiland, und dieser erzeugte und bewahrte in ihm eine demü-
thige Liebe, welche sich in seinen 39 Liedern offen und herzlich ausspricht, wie sie sich im Leben bethätigte. Sie sind
als Anhang gegeben zu dem „Kern aller Gebete." Neumann
starb am 27. Januar 1715. Von seinen Liedern finden
wir in unsern Gesangbüchern: „Adam hat im Paradies
(L. S. 23., P. 930); — Großer Gott, von alten Zeiten
(L. S. 481., P. 976); — Herr, auf Erden muß ich leben (L. S. 153); — Herr, du hast in deinem Reich
(L. S. 665); — Liebster Gott, wann werd' ich sterben
(P. 870); — Mein Gott, nun ist es wieder Morgen
(P. 38); — O Gott, von dem wir alles haben (L. S. 501,
P. 1006); — Jesu, mein Verlangen (L. S. 284)." —

190. Georg Linzner, gebürtig aus Kamenz in der Oberlausitz, Studiosus der Theologie, war 1680 Privatlehrer in Breslau, und gab 1691 zu Jena heraus: „Der sterbende Christ oder christliche Zubereitung zum Tode," darin auch das Lied: „Meinen Jesum laß ich nicht, denn er ist allein mein Leben" (P. 800). —

191. Tobias Tscheutschner, geboren zu Neurode in der Grafschaft Glaz, war zuerst Organist und dann auch Rathsherr zu Oels, 1649 Organist zu Breslau, zuerst an St. Bernhardin, und dann zu Maria-Magdalena, wo er am 15. September 1675 starb. Von ihm sind: „Ach Herr, schone meiner, schone (B. 445); — Wo find' ich Hülf' und Rath (B. 504)." —

192. M. Christian Knorr von Rosenroth, Sohn des Predigers Abraham von Rosenroth zu Altrauden (S. J. Hermann) bei dem Städtchen Rauden im Fürstenthum Wohlau, unweit der Oder, wo er am 15. Juli 1636 geboren wurde. Seine Familie war vom Kaiser Max I. in den Adelstand und von Leopold I. in den Freiherrnstand erhoben worden. Er studirte in Stettin, Leipzig und Wittenberg die Chemie, Medicin, die orientalischen Sprachen, Theologie, Kabbala und Philosophie, und erwarb sich in allen Fächern bedeutende Kenntnisse. Die Bibel wußte er fast auswendig. Zu Leipzig wurde er Magister. Nach vollendeten Studien reiste er nach Holland, Frankreich und England. 1668 wurde er Geheimrath und Kanzleidirector bei dem Pfalzgrafen Christian August zu Sülzbach. Er hat viele theologischen Schriften geschrieben und 75 Lieder gedichtet. Er starb am 4. Mai 1689 an einem dreitägigen Fieber. Zu seinen Liedern gehören: „Ach Jesu, meine Seelen Freude (P. 488); — Der Gnadenbrunn fließt noch (P. 374); — Durch bloßes Gedächtniß dein Jesu (P. 330); — Höchster Formirer der löbl. (P. 585); — Jesu, Kraft der blöden Herzen (P. 378); — Jetzund betrachten wir (P. 163); — Morgenglanz der Ewigkeit (P. 641); — Nachdem das alte Jahr verfl. (P. 688); — O Vater

(P. 323)."

193. Joh. Heinr. von Hippel, 1656 zu Wohlau in Schlesien geboren, war gräflich-limpurgischer Hofmeister. Von ihm ist das Lied: „Gute Nacht, ihr eitlen Freuden" (P. 84). —

194. Adam Gretgen, Advocat in Sorau, starb 1660, und dichtete das Lied: „Erhalt' uns deine Lehre" (L. S. 219).

195. Martin Janus lebte zu Anfang des 30jährigen Krieges, und war Kantor zu Sorau in der Niederlausitz, dann Rector zu Sagan, darnach Pastor zu Eckersdorf bei Sorau, von wo er durch die Katholiken vertrieben wurde. Später kam er als Kantor oder Pastor nach Ohlau im Fürstenthum Brieg, wo er 1679 starb. Von ihm ist das Lied: „Jesu, meiner Seelen Wonne" (P. 715). —

196. M. Matth. Büttner ist 1617 geboren, war Pfarrer zu Friedersdorf und zuletzt zu Baruth in der Niederlausitz, wo er 1676, 59 Jahr alt, starb. Von ihm ist „Egypten, Egypten, gute Nacht" (P. 740). —

197. M. Christian Keymann ist der Sohn des böhmischen Pfarrers Zacharias Keymann zu Pancratz. Er ist geboren am 27. Februar 1607. Als Knabe besuchte er das Gymnasium zu Zittau, ging 1627 auf die Universität Wittenberg, wurde darauf 1634 Magister, und noch in demselben Jahr Conrector zu Zittau, 1638 Rector an der Schule daselbst. Er starb 1662, am 13. Januar. Von ihm sind die Lieder: „Meinen Jesum laß ich nicht, weil er sich für mich gegeben (P. 528); — Hosianna, Davids Sohn (L. S. 8); — Freuet euch, ihr Christen alle (P. 31)." —

198. M. Christian Weise, einer der besten Dichter seiner Zeit, ist 1642 geboren. Er war Rector zu Zit-

tau, und brachte durch seine Gelehrsamkeit die Schule so in Aufnahme, daß sie von weit und breit her besucht wurde. Er starb 1708. Von ihm ist: „Weil nichts Gemein'res ist, als Sterben" (P. 884). —

199. M. Gottfried Hoffmann ist geboren am 5. December 1658 zu Löwenberg in Schlesien, wurde 1688 neben Georg Wende Rector zu Lauban, und 1695 nach dessen Abtritt wirklicher Rector, und dann nach Christian Weise Rector in Zittau, wo er, nachdem er mit seinen Schülern das heilige Abendmahl genossen hatte, plötzlich am 4. October 1712 starb. Er hat 17 erbauliche Kirchenlieder gedichtet, darunter auch: „Jesus nimmt die Sünder an, drum, so will ich nicht verzagen (B. 475); — So wird die Woche nun beschlossen (L. S. 541); — Zeuch hin, mein Kind, denn (P. 1067)." —

200. M. Martin Grünwald ist zu Zittau 1664 den 26. April geboren. Er war ein Schüler Christian Weises (S. Nr. 198.), studirte dann zu Leipzig und Wittenberg, wurde 1688 Magister, 1690 Conrector zu Bautzen, 1699 erster Katechet zu Zittau, darnach Conrector, 1710 Diakonus, und 1716 Archidiakonus an der St. Petri-Paulskirche, starb aber kurz darauf am 2. April 1716. Von ihm ist: „Das walt' Gott, die Morgenröthe" (P. 621). —

201. Hans von Assig ist geboren am 20. März 1650 zu Breslau. Er studirte zu Breslau und Leipzig, ging in schwedische Kriegsdienste, und dann als Hauptmann in churbrandenburgische. Er starb am 5. August 1694 als churbrandenburgischer Hauptmann, Berglehns- und Kammeramts-Director in Schwiebus. In seinen gesammelten Liedern stehen seine geistlichen Oden und Lieder, darunter auch: „So versiegelt der Gerechte" (L. S. 638). —

Ein neues Leben.
b) Der Sommer.

Spener und seine in Frankfurt gewonnenen Freunde.

202. Philipp Jakob Spener, dieser grundgelehrte und erfahrungsreiche Mann, voller Demuth, dessen ganzes Sehnen und Trachten dahin ging, dem offenbaren Verfall der evangelischen Christenheit ab-, und dem thätigen lebendigen Christenthum wieder aufzuhelfen, wurde am 13. Januar 1635 zu Rappoltsweiler im Ober-Elsaß geboren, woselbst sein Vater, Joh. Phil. Spener, Rath und Registrator des regierenden Grafen von Rappoltstein war. Von früh an bestimmten die Eltern den ernsten, stets nach Gott fragenden Knaben zum Dienst der Kirche. Sein inneres Leben wurde besonders durch seine Pathe, die verwittwete Gräfin Agathe von Rappolstein, die 1648 starb, aufgebaut und gefördert, womit sich die Gebete seiner frommen Mutter für ihren Sohn vereinigten.

Nachdem er im väterlichen Hause in den Anfangsgründen der Wissenschaften unterrichtet worden war, kam er unter die Leitung des Hofpredigers zu Rappoltstein, Joachim Stoll, später sein Schwager. Dieser treffliche Mann wirkte sowohl als Lehrer durch seinen katechetischen Unterricht, wie auch als Prediger sehr wohlthätig auf ihn. So vorbereitet, kam Spener in seinem 15. Jahre nach Colmar zu seinem Großvater von mütterlicher Seite, Joh. Jakob Salzmann, und besuchte dort unter der Leitung des Rectors Klein noch ein Jahr lang das Gymnasium. 1651 bezog er die Universität Straßburg, wo ihn sein Oheim, der Professor der Beredsamkeit, Rebhahn, in sein Haus und an seinen Tisch nahm. — Mit großem Eifer gab sich Spener den Studien sonders des Neuen Testaments, hin; aber auch in Rabbinischer und Talmudischer Gelehrsamkeit ließ sich Spener von einem Juden unterrichten. Geschichte und Geographie furchte er durch eigenen Fleiß. In der Dichtkunst, wozu sich bei ihm frühzeitig die Anlage in ihm entwickelt hatte, war J. Sgm. Borberger sein Lehrer. In seinem 18. Lebensjahre wurde er Magister der Philosophie. Erst 1654 begann er das eigentliche Studium der Philosophie, unter Sebastian Schmidt und Conrector Danchauer. Noch in demselben Jahr übernahm er die Führung der beiden Prinzen Christian und Ernst Joh. Carl, Pfalzgrafen bei Rhein, welches ihn auch bewog, seine öffentlichen Vorlesungen über Logik und Metaphysik in geschichtliche, geographische und genealogische zu verwandeln. Doch blieb die Theologie sein Hauptstudium, wie er sich auch im Predigen fleißig übte. So in hoher Gelehrsamkeit und in wahrer Gottseligkeit fortschreitend, wünschte er noch seine Bildung durch den Besuch anderer Universitäten zu erhöhen, und ging deshalb 1659 nach Basel, wo er des berühmten Johann Buxdorf Unterricht in den morgenländischen Sprachen genoß, und mit großem Beifall Geschichte und Geographie selbst lehrte. Darauf ging er nach Genf, wo er vornehmlich mit Anton Beyer, Professor der Theologie, einem gebornen Waldenser, in vertrauter Bekanntschaft lebte, und der damals noch vortreffliche Prediger, Johann von Labadie, nicht ohne Einfluß auf ihn war. Ueberhaupt wurde er in Genf mit großer Achtung und Liebe behandelt, und er trug den dortigen Aufenthalt immer in dankbarem Andenken. Einige Zeit lebte er nachher in Thübingen.

1662 folgte Spener einem Ruf als Prediger nach Straßburg, woselbst er 1663 zweiter Freiprediger wurde, welches Amt ihn von der ihn bei seiner Jugend besonders drückenden Seelsorge befreite. Nebenbei las er auf der Universität theologische Collegia, und nahm auch 1664 die theologische Doctorwürde an. An demselben Tage aber verheirathete er sich auch mit Susanne Erhardt, mit der er eine überaus glückliche Ehe führte, da die Gattin ihm die Last des Hauswesens und der Kinder-Erziehung abnahm.

Während er sich in Straßburg eines reichen Segens seiner Wirksamkeit erfreute, trug ihm die Reichsstadt Frankfurt a. M. 1666 ihre erste Pfarrstelle und das damit verbundene Seinoriat des geistlichen Ministeriums an. Spener war in seinem Innern zweifelhaft, ob es ihm nicht an Tüchtigkeit und Würdigkeit zu solchem Amte bei einem Alter von 31 Jahren fehle, welches ihn Collegen vorsetzte, welche schon im Greisen-Alter waren, und nur die Entscheidung des Raths

… der theologischen Facultät bestimmten ihn, im Juli 1666, [?]
… seinem neuen Amte abzugehen. Mit großer Theilnahme
…rde er in Frankfurt gehört, und er erwarb sich sowohl durch
…ne Predigten, als auch durch seinen sanftmüthigen Ernst
… Leben die Liebe aller gottesfürchtigen Seelen. Die Un-
…ssenheit der Jugend in göttlichen Dingen veranlaßte ihn,
…chisationen mit derselben in der Kirche zu veranstalten;
…ch bewirkte er zuerst, wenigstens in den Landkirchen,
…ß die öffentliche Confirmation (in Pommern schon durch
…h. Bugenhagen 1540 eingerichtet) durch ein Gesetz an-
…rdnet wurde. Bald fanden sich heilsbegierige Seelen,
…t denen er seit 1670 außer den öffentlichen Gottesdiensten
…ch besonders Erbauungsstunden hielt (collegia pietatis),
…rin man sich über geistliche Schriften, Predigten, und
…onders die heilige Schrift gemeinsam unterhielt. 1675
…rieb er „Fromme Wünsche (pia desideria)," in welchen
… die Nothwendigkeit einer Verbesserung der ganzen Kirche
…ssprach. So viel Beifall Speners Arbeiten für die Bes-
…ung der Kirche bei den meisten gottsuchenden Seelen fan-
…, so viel Feinde traten aber bald gegen ihn auf und ver-
…terten ihm durch hämische Schmähungen in Wort und
…hrift das Leben, wie auch separatistische Bewegungen in
…ner Gemeinde ihm große Sorgen machten. So wirkte
…ener 20 Jahre in Frankfurt.

Im März 1686 erhielt Spener vom Churfürst zu
…chsen, Georg III., der ihn auf einer Reise in Frankfurt
…hört hatte, den Ruf als Oberhofprediger nach Dresden,
…lche Stelle damals als die erste in der evangelischen
…rche Deutschlands angesehen wurde. Nur mit großem
…gen und Widerstreben nahm er diesen Ruf an; aber er
…rkte auch dort mit Bescheidenheit und großer Kraft. Er
…chte es dahin zu bringen, daß im ganzen Lande
…chisationen zur Erweckung biblischen Grundes in den
…ndern, eingeführt wurden. Auch eine Anzahl Candidaten
…mmelte er stets um sich, die später den von ihm gestreu-
… Saamen als Professoren und Prediger weiter trugen;
…ch wußte er es durchzusetzen, daß auf den Universitäten
…lische Vorträge eingerichtet wurden. Dieses sein Wirken,
…n Eifer für einen christlichen Wandel, zogen ihm viele

Feinde in Sachsen zu, und brachten ihm und seinen Anhängern den Spottnamen „Pietisten," ihn selbst sah man, da er hauptsächlich die heilsame Sache angeregt hatte, als den „Vater der Pietisten" an. Sie griffen ihn und seine Anhänger vielfach in Schriften an, und schmähten auf die Spener'schen Einrichtungen. Spener und die Seinen mußten antworten. Die dadurch hervorgerufenen Streitigkeiten, „Pietistische Streitigkeiten," beunruhigten sein ganzes ferneres Leben, und bewegten noch lange nach seinem Tode die lutherische Kirche. Spener zerfiel auch mit dem Churfürsten. Als Beichtvater und Seelsorger desselben hatte sich nämlich Spener in seinem Gewissen gebunden gefühlt, ihm am Bußtage in einer eigenen Zuschrift die ernstlichsten Vorstellungen über den Zustand seines Herzens zu machen. Der Churfürst nahm dieselbe zwar zuerst gut auf, wurde aber hernach durch die gegen Spener, den treuen Wahrheitszeugen, erbitterten Hofleute so über ihn erzürnt, daß er seinen Weggang nach Berlin bewirkte.

Im Jahr 1691 ging Spener als Probst an der Nicolai-Kirche, Inspector und Consistorialrath nach Berlin, wo er noch 14 Jahre, geschützt von dem frommen, ernsten Churfürsten, nachherigen König, Friedrich I., in großem Segen gewirkt hat. Auch hier verfolgte er sein Streben, die evangelische Kirche neu zu beleben; deshalb suchte er bei dem Churfürsten die Errichtung der Universität Halle zu erwirken, damit dort rechte, gläubige Lehrer und Prediger des Volks gebildet würden. Dann wirkte er dahin, daß immer mehr Schulen angelegt wurden, auch die kirchlichen Gebräuche wurden seit seiner Zeit einer genaueren Aufsicht unterworfen. So arbeitete Spener fort bis an sein Ende. Sein Wahlspruch war: „Bete und arbeite." — In allen Stürmen seines Lebens war das Gebet der Odem seines Lebens. Sein einsames Gebet begann bei seinem Aufstehen des Morgens. Seine Hausgenossen versammelte er Morgens, Mittags und Abends zum Gebet und Gesang; für seine Freunde betete er täglich, und jede Angelegenheit der Kirche trug er dem Herrn im Gebet vor. — Wahrhaft bewundernswürdig war seine Thätigkeit. Um 5½ Uhr stand er regelmäßig auf. Er gönnte sich wenig Erholung; er anicht einmal alle Abende mit den Seinen, sondern drei Tage in der Woche blieb er auf seinem Zimmer. Sein Gespräch war immer heiter und herzlich, aber auch stets von heiligem Ernst gehalten. Auf seine sehr langen Predigten verwandte er immer die größte Sorgfalt. Zum letzten Mal verkündigte er seiner Gemeinde das göttliche Wort am 3. Sonntage nach Trinitatis 1704. Darauf wurde er krank, schien sich aber wieder zu bessern, und kränkelte wieder bis in den Januar 1705. Seine Krankheit war ziemlich schmerzhaft. Am 13. Januar 1705 beschloß er sein 70. Lebensjahr; da traten Thränen der tiefsten Rührung in seine Augen, laut weinend lobte und dankte er Gott für alle Gnade, die er von Mutterleibe ihm erwiesen hatte. Einige Tage darnach nahm er mit letzter Kraft in einem Briefe „als ein Sterbender" Abschied von seinem königlichen Herrn Friedrich I. Er sagte ihm den herzlichsten Dank für alle treue Sorge, mit welcher sich der König der Kirche Christi angenommen, und auch dafür, daß er ihm und den Seinigen so viel gnädige Erkenntlichkeit erwiesen habe. Am 4. Februar nahm seine Schwachheit so sehr zu, daß man stündlich auf seinen Tod gefaßt sein konnte. Zu seiner Seelenstärkung ließ er sich das 17. Cap. des Evangelisten Johannes dreimal vorlesen; er konnte seine durstige Seele an diesem Gebete unsers Heilandes nicht genug sättigen. Mit seinen Freunden redete er vieles, zwar mit schwacher Stimme, über Simeons Abschiedsworte im Tempel. Am Abend schlief er noch sanft, nach dem Erwachen in der Nacht aß er noch ein wenig außer dem Bette. Als man ihn wieder in's Bett brachte, streckte er seine Füße gerade und entschlief sanft unter den Händen seiner Lieben. Sonntags früh den 5. Februar 1705. —

Seine 11 Lieder erschienen 1710 unter dem Titel: „Frommer Christen erfreuliche Himmelslust," darunter auch: Ich weiß, daß Gott mich ewig liebet (P. 662); — Gott ist auferstanden (P. 146); — So bleibt es denn also, daß ich nach deinem Willen (P. 723); — Soll ich mich denn täglich kränken (P. 725)." —

203. Ernst Gottfried Spener, das jüngste Kind Phil. Jak. Speners, ihm in seinem Alter zu Dresden ge-

boren, ergab sich in seiner Jugend einem ziemlich unordentlichen Leben, weshalb denn der fromme Vater oft zum Herrn flehte, ihn früh von der Welt zu nehmen und selig zu machen. Der Herr erhörte das fromme Gebet des Vaters indeß erst 11 Jahre nach seinem Tode. Der Sohn war königlich preußischer Ober-Auditeur in Berlin geworden; als solcher fiel er in eine tödliche Krankheit, durch welche der Herr ihm die Augen öffnete. Auf seinem Schmerzenslager seufzte er wiederholt: „die Gebete meines Vaters umringen mich wie Berge." Er fand Frieden in dem Liede: „Ich bin ja, Herr, in deiner Macht," und dichtete als Antwort darauf: „So recht, mein Kind, ergieb dich mir" (P. 899). — Als Leichentext erwählte er sich die Geschichte vom verlornen Sohn, Luc. 15, 11. — Er starb 1716.

204. **Georg Sigismund Vorberger,** Speners Lehrer in der Poesie zu Straßburg, der, später durch sonderbare Schicksale in die sächsische Oberlausitz verschlagen, in der Stadt Bautzen Kämmerer wurde. Er war ein durch und durch christlich gesinnter Mann, der die für seine Zeit auffallende Eigenthümlichkeit hatte, in seine Gedichte niemals den Namen heidnischer Götter mit aufzunehmen, außer in solchen Fällen, wo es „der heidnischen Gottheit zur Schande gereichte." Von ihm ist das Lied: „Ich Erde, was erkühn' ich mich" (P. 376). —

205. **Lic. Joh. Jak. Schütz,** zu Frankfurt a. M. den 7. September 1640 geboren, studirte daselbst Jura, ward auch beider Rechte Doctor, und in seiner Vaterstadt Rechtsconsulent verschiedener Reichsstände. Als Spener 1666 dort Senior wurde, ward Schütz einer seiner ersten Anhänger und Besucher seiner 1670 eingereichten collegia pietatis, und bald sein vertrauter Freund, von dem selbst Spener bezeugt, daß er von ihm Vieles in seinem Christenthum gelernt habe. Auch mit Joach. Neander wurde er während dessen Aufenthalt in Frankfurt innig befreundet, ebenso mit Dr. Petersen, besonders in seinen letzten Lebensjahren, wo er sich auch zu dessen Glaubensansichten neigte.

Er starb in seinem kräftigen Mannesalter den 20. Mai 1690. Im Jahr 1673 gab er ohne seinen Namen heraus: „Christliches Gedenkbüchlein zur Beförderung eines anfangenden neuen Lebens," worin sich als Anhang das einzige Lied, das er gedichtet hat, findet, was schon damals, obwohl man den Dichter nicht kannte, großes Aufsehen erregte. Es ist: „Sei Lob und Ehr' dem höchsten Gut" (P. 600). —

206. Joachim Neander, der größte Dichter der reformirten Kirche, ist 1640 zu Bremen geboren. In seiner Jugend war er ein wilder Bursche, der durch Busch und Wald pirschte, nach Gottes Wort wenig fragte und seine Diener verlachte. Um einmal wieder recht etwas zum Lachen zu haben, ging er in die St. Martinskirche, um eine Predigt des innerlich frommen Uebereyk zu hören. Der Herr aber brauchte diese Gelegenheit, ihn herum zu holen; aus seinem Lachen wurde ein Weinen über seine Sünden. Als er nach der Predigt nach Hause ging, sprach er: „Ich muß zu dem Manne gehen und ihn noch weiter über den Zustand meines Herzens hören." So kam er auf einen andern Weg. Doch sein Jagen durch Busch und Wald gab er noch nicht auf. Einmal verirrte er auf der Jagd völlig; die Nacht brach herein. In halber Verzweiflung warf er sich auf die Knie und gelobte Gott gründliche Besserung, wenn er ihm helfen würde. Da war es ihm, als faßte ihn Jemand bei der Hand, er folgte und fand glücklich nach Hause. Nach vollendeten Studien begab er sich auf Reisen. In Frankfurt wurde er mit J. J. Schütz bekannt; dieser führte ihn bei Spener ein, durch deren Umgang er im Glauben befestigt wurde. 1674 kam er als Rector an die reformirte Schule nach Düsseldorf, woselbst er Erbauungsstunden, wie sie ihm in Frankfurt lieb geworden, mit seinen Schülern einrichtete, und seine Schule erhob er zu solcher Blüthe, daß sie weit umher berühmt ward. Auch predigte er dort. Darüber wurden die Feinde der Wahrheit entrüstet und vertrieben ihn gewaltsam. Da hielt er sich einsam und brodlos mehrere Sommermonate in einer Felshöhle bei Mettmann am Rhein auf, die noch heute die Neanderhöhle heißt. Endlich wurde er 1679 Prediger an der Mar-

tinskirche in Bremen; doch hat er dies Amt nur noch ein Jahr, aber mit Eifer und Unerschrockenheit, verwalten können, da ihn der Herr schon am Pfingstmontage 1680 zu sich rief. In seiner Todesstunde am 31. Mai ließ er sich Ebräer 7, 8. 9. vorlesen. In der Krankheit hatte er schwere innere Anfechtungen erlitten, aber sich getröstet durch die Loosung: „Besser sich zu Tode gehofft, als im Unglauben untergehen." Kurz vor seiner Auflösung stieg ein Gewitter auf. Als er den Donner hörte, rief er: „Das ist mein Vater mit seinem feurigen Wagen und Rossen." Dann sprach er: „Nun ist meine Rechnung gemacht; Herr Jesu, mache mich auch bereit!" Kurz darauf rief er mit lallender Zunge: „Es gehet meiner Seele wohl! Es sollen wohl Berge weichen und Hügel hinfallen, aber Gottes Gnade wird nicht von mir weichen, und der Bund seines Friedens nicht hinfallen." So verschied er. Seine Lieder, zu denen er auch meist die Melodien gesetzt hat, gab er zuerst 1679 heraus. Sie waren nicht für den Gottesdienst berechnet, sondern: „zu lesen und zu singen auf Reisen, zu Haus oder bei Christen — Ergötzungen im Grünen durch ein geheiligtes Herzens-Hallelujah." Später gab sie Tersteegen heraus. In unsern Gesangbüchern finden wir: „Abermal ein Jahr verflossen (P. 682); — Ach, schone doch, o großer Menschenhüter (P. 243); — Auf, auf, mein Geist, erhebe dich (P. 218); — Der Tag ist hin, mein Jesu, bei mir bleibe (P. 656); — Du unbegreiflich höchstes Gut (P. 247); — Ehr', Ehre sei jetzo (P. 581); — Eitelkeit, Eitelkeit (P. 743); — Großer Prophete (P. 57); — Himmel, Erde, Luft und Meer (L. S. 707); — Ich will ganz und gar nicht zweifeln (P. 866); — Jehovah ist mein Licht und Gnaden (P. 7); — Jesu, deine Liebesflammen (P. 334); — Komm, o komm, du Geist des Lebens (P. 178); — Lobe den Herren, den mächtigen König (P. 591); — Meine Hoffnung stehet feste (P. 360); — O allerhöchster Menschenhüter (P. 643); — O starker Gott, o Seelenkraft (P. 272); — O starker Zebaoth, du Leben (P. 566); — Sieh', hier bin ich, Ehrenkönig (P. 261); — Unser Herrscher, unser König (P. 605); — Weg mit Allem, was da scheinet (P. 770); — Wie fleuht dahin der Menschen Zeit

P. 889); — ▓▓▓▓▓▓▓▓▓▓▓▓ (P. 277); — Wunderbarer König (P. 608); — Zieh' mich, zieh' mich mit den Armen (P. 574)." —

207. Dr. Johann Wilhelm Petersen, ein Mystiker, wurde geboren den 4. Juli 1649 zu Osnabrück. Er bekleidete zuerst akademische und geistliche Aemter zu Rostock, Hannover und Eutin; dann wurde er 1688 Superintendent zu Lüneburg, aber 1692 dieses Amtes entsetzt, weil er, nachdem er sich am 7. September 1680 mit einem vieler göttlichen Offenbarungen sich rühmenden Fräulein Johanna Eleonore von Merlau zu Frankfurt a. M., von Spener getraut, verheirathet hatte, durch sie und die untengenannte Rosamunde von Asseburg zu schwärmischer Mystik bestärkt, in Schriften und Predigten einen phantastischen Chiliasmus verkündigte. Er zog sich darnach auf sein Gut Thiemern bei Zerbst zurück, wo er den 13. Januar 1727 auch starb. Spener schätzte ihn wegen seines glühenden Eifers für lebendiges Christenthum sehr hoch, aber durch seine mit feuriger Einbildungskraft ausgesponnene und verbreitete Schwärmerei bereitete er ihm manchen Kummer. Petersen schrieb viele lateinische und deutsche Lieder, unter letzteren auch: „Glück zu, Kreuz, von ganzem Herzen (P. 432); — Liebster Jesu, liebstes Leben (P. 414); — Mein Jesu, der du mich (P. 407)." —

408. Rosamunde Juliane von Asseburg, Petersens Schützling, aus einem adligen Geschlechte im Magdeburgischen, geboren 1672, von Allen wegen ihres kindlich frommen Wesens gerühmt, bekannte, 1691 seit ihrem siebenten Jahre von Zeit zu Zeit, besonders während ihres Gebets, wunderbare Gesichte und große Offenbarungen Gottes gehabt zu haben, die sich hauptsächlich auf den herrlichen Zustand der Kirche und auf das 1000jährige Reich bezogen. Den vornehmsten Bewunderer und Verkündiger ihrer Offenbarungen fand das Fräulein an Dr. Joh. Wilh. Petersen. Von ihr ist das Lied: „Bittet, so wird euch gegeben" (P. 1115)

Speners Dresdener Freunde.

209. Dr. Joh. Burkhard Freistein war zu der Zeit, als Spener chursächsischer Oberhofprediger war, Hof- und Justizrath zu Dresden, und eine von den Seelen, die durch Spener in den Jahren 1686—1689 zu ihrem Heilande geführt wurden, und daß es ihm Ernst gewesen, seinem Heiland treu zu folgen, bezeugt sein Lied: „Mache dich, mein Geist, bereit" (P. 288). — Freistein starb 1720.

210. Dr. Johann Friedrich Herzog, der Sohn des Diakonus M. Johann Herzog an der Kreuzkirche zu Dresden, wurde daselbst den 5. Juni 1647 geboren. Nachdem er die Schule in seiner Vaterstadt besucht hatte, bekam er eine Freistelle in der Fürstenschule zu Meißen. 1666 ging er auf die Universität Wittenberg; nachdem er hier Theologie studirt hatte, ergriff er das Studium der Rechte 1668, und disputirte öfter, verfertigte auch in dieser Zeit sein einziges Lied: „Nun sich der Tag geendet hat" (P. 667), — was jedoch erst 1680 bekannt wurde. 1671 begab er sich als Hofmeister zu dem General-Lieutenant von Arnimb nach Pretsch, kehrte aber noch in demselben Jahr mit den beiden Söhnen des Generals nach Wittenberg zurück, und blieb bis 1674 daselbst. Darauf sollte er mit seinen beiden Zöglingen eine Reise antreten, allein er schlug es aus und ging nach Dresden, um sich dort häuslich niederzulassen. 1678 wurde er Doctor der Rechte zu Jena, und verheirathete sich 1679. Er war ein frommer Mann und höchst ausgezeichnet in seinem Fache. Nichts konnte ihn mehr beunruhigen, als wenn er Unrecht sahe, und nahm er sich der Nothleidenden mit seltener Aufopferung an. Er starb in seinem 52. Jahre am 24. März 1699.

211. M. Salomo Liskovius, der Sohn des Johann Liskow, Predigers zu Niemitsch in der Niederlausitz, wurde daselbst am 25. October 1640 geboren. Er studirte zu Wittenberg, woselbst er auch Magister wurde. Kurz darauf wurde er dort zum Dichter gekrönt. 1664 kam er als Prediger nach Orterwisch, Inspection Grimma. 1685

…de er Diakonus zu Wurzen, westlich von Leipzig. Seine … der wurden zuerst 1672 herausgegeben. Er starb den … December 1689 zu Wurzen. Von ihm sind die Lieder: … traure, wer da will (P. 520); — Meines Lebens … e Freude (P. 906); — In Gottes Namen fang' ich an … 1001); — Schatz über alle Schätze (P. 568)." —

212. **Gottfried Arnold**, auch ein Mystiker, wurde … 5. September 1666 zu Annaberg geboren, woselbst sein … ter, Gottfried Arnold, sechster College bei der dortigen … hule war. Seine Erziehung war, da ihm seine Mutter … h starb, eine gar kümmerliche; denn bei der Armuth sei= … Vaters war er genöthigt, schon im 13. Jahr seines … ters sich durch Stundengeben seinen Unterhalt zu erwer= … . Aber schon damals wurde er „von der göttlichen … isheit immerdar merklich gerührt und gezogen, auch … ers nachdrücklich und empfindlich gezüchtigt." Nach= … n er 3 Jahre das Gymnasium zu Gera besucht hatte, … og er 1686 die durch ihre orthodoxe Streitsucht damals … ühmte Universität Wittenberg, und studirte dort, außer … eologie, die philologischen, philosophischen und historischen … issenschaften mit allem Ernst und Eifer. Seinen Unter= … lt fand er am Tische seines Lehrers, Deutschmann. Noch … erften Jahre seines Universitätslebens wurde er Magister, … 89 Hauslehrer in Dresden, wo er mit Spener bekannt … rde und auch dessen collegia pietatis fleißig besuchte; … er weil er gegen die Sünden seiner Umgebung durch … arfes Zeugniß auftrat, wurde er genöthigt, seinen Dienst … Hause des General Birkholz zu verlassen. Hierauf ging … nach Quedlinburg als Erzieher im Hause des Stiftshaupt= … nns von Stammern, und blieb dort 4 Jahre. Durch … aste, das Verderben der Kirche scharf strafende Schriften … achte sich Arnold in weitern Kreisen einen Namen, so daß … 1697 vom Landgrafen von Hessen=Darmstadt zum or= … utlichen Professor der Geschichte nach Gießen berufen … rde. Dort schrieb er sein berühmtes Werk: „Kirchen= … b Ketzerhistorie," in welchem er aber gegen die bestehende … rche, die er in Wittenberg freilich nicht von der vortheil= … ftesten Seite hatte kennen lernen, oft zu Gunsten der

Ketzer ungerecht eiferte. Das Verderben der academisch[en] Zustände veranlaßte ihn, sein Amt in Gießen bereits na[ch] einem Jahr niederzulegen. Er zog wieder nach Quedli[n]burg, lebte dort in der Stille im Hause des Hofdiakon[us] Sprögel, und verheirathete sich mit dessen Tochter. Weg[en] seiner Kirchengeschichte, in welcher sich allerdings sein Myst[i]cismus deutlich genug aussprach, gerieth er in vielfach[e] Anfeindungen, und fiel auch in den Vorwurf der Schwä[r]merei. Trotzdem berief ihn 1700 die verwittwete Herzog[in] von Sachsen-Eisenach zu ihrem Hofprediger nach Altstäd[t]. In diesem Amte blieb er trotz mannichfacher Verfolgung b[is] 1704, da hatten es aber seine Feinde dahin gebracht, d[aß] er am 16. September 1704 des Landes verwiesen wurd[e], aber Friedrich I., König von Preußen, berief ihn sofort a[ls] Inspector und Pastor nach Werben in der Altmark. V[on] dort ging er 1707 auf Bitten der Perleberger Gemein[de] als Inspector und Pastor nach Perleberg. Hier litt er vi[el] an einer scorbutartigen Krankheit, wirkte aber übrigens rec[ht] ruhig und segensreich in seiner Gemeinde. Er starb a[m] 30. Mai 1714. Die Veranlassung zu seinem Tode w[ar] traurig. Arnold theilte am Pfingstfeste seines Sterbejahr[s] gerade das heilige Abendmahl aus, als preußische Werb[er] mit Trommelschlag in die Kirche drangen und einige Jün[g]linge vom Altar hinweg schleppten. Dieser Unfug an h[ei]liger Stätte war für den in seiner Gesundheit ohnehin sch[on] geschwächten Mann der Todesstoß. Im Herzen tief erschü[t]tert, ging er nach Hause. Am folgenden Tage hielt er no[ch] eine Leichenpredigt, aber bereits so schwach, daß der Bü[r]germeister dem Küster befahl, hinter ihm zu stehen, um i[hn] auffangen zu können, wenn er etwa umsänke. Todt mü[de] kehrte er in sein Zimmer zurück, wo er 3 Tage in seine[m] Lehnstuhl in kindlichem Gebet zu Gott verblieb. Die [zu] ihm kamen, vermahnte er in seiner sanften, ernsten Weis[e]. Einmal rief er fröhlich aus: „Ich hätte nicht geglaubt, d[aß] Gott mich so ruhig auf meinem Todtenbette machen würd[e]"; dann sprach er zu seiner Frau: „Wie wohl, wie wohl, a[ch] wie wohl ist mir! Siehst du nicht die Engel? Ach, w[ie] schön!" Aber in dieser Freudigkeit blieb er nicht imme[r]. Es kamen auch Stunden herber Angst, daß er betete: „B[e] ift's möglich, so gehe dieser Kelch von mir. Doch nicht ich will, sondern wie du willst!" — Einige Stunden vor [s.] Tode, als er schon wie eine Leiche dalag, richtete er [sich] plötzlich auf im Bette, und sprach: „Frisch auf, frisch [an,] die Wagen her, und fort'!" — Darauf ward er ganz [still] und verschied sanft unter Gesang und Gebet seiner [Freunde]. Die ganze Stadt folgte dem Sarge des innig [geliebten] Seelsorgers. — Seine geistlichen Lieder, 130 an [der] Zahl, athmen innig gläubiges Gefühl. Darunter fin[den] sich in unsern Gesangbüchern: „Ach, sei gewarnt, o [See]le, vor (L. S. 293); — Dein Blut, Herr, ist mein [Sacra]ment (P. 220); — Entfernet euch, ihr matten Kräfte [(P.] 742); — Ewige Weisheit, Jesu (P. 403); — Herr, [du] Himmel (L. S. 309); — Herzog unsrer Seligkeiten [(P.] 748); — Herrlichste Majestät (P. 832); — Holdse[liges] Gotteslamm (P. 586); — Komm, beug' dich tief, mein [Her]z und Sinn (P. 589); — Laß deinen Sinn nicht dies [und] das zerstreuen (L. S. 616c.); — Mein König, schreib' [mir] dein Ges. (P. 818); — Nehmt hin den heil'gen Geist [(L. S.]325); — O, der Alles hätt' verloren (P. 731); [— O,] Durchbrecher aller Bande (P. 802); — O, du süße [Las]t (P. 398); — So führst du doch recht selig, Herr, [die] Deinen (P. 363); — So oft ein Blick mich aufwärts [kehr]t (P. 761); — Wenn Vernunft von Christi Leiden [(P.]727); — Wo mein Schatz liegt, ist mein Herze [(P.]572); — Zieh' meinen Geist, o Herr, von hinnen [(P.]573)."

Speners Berliner Freunde.

213. Johann Caspar Schad ist den 13. Januar [16]66 zu Kühndorf im Hennebergischen geboren, woselbst [sein] Vater, Jakobus Schad, damals Prediger und Decan, [hernach] aber Vice-Superintendent und Ephorus in [S]chleusingen war. Seine Mutter, Barbara Herlin, wurde [in] Joh. Casp. Schad's zweitem Lebensjahre schon Wittwe, [und] er blieb mit 5 unerzogenen Geschwistern zurück. Nach [vie]ler Zeugniß hat er schon, ehe er noch reden konnte, seine [Lu]st an Predigten mit kindlichem Lallen angezeigt und in [spä]teren Kindheitsjahren weiter geübt. Als ihm in seinem

12. Lebensjahre auch seine Mutter starb, nahm sich [sein]
Oheim, Joh. Ernst Schad, Rector des Gymnasiums [zu]
Schleusingen, seiner Erziehung an. Im 19. Jahr sei[nes]
Alters, 1685, ging er auf die Universität Leipzig, wo [er]
sich durch Unterrichten fortzuhelfen suchte. Er war erst k[urze]
Zeit daselbst, als er zu Herrn Magister A. H. Fran[cke]
auf die Stube kam, welcher ihm Privatstunden ertheil[te]
und sich innig mit ihm befreundete. Im 3. Jahr sei[ner]
Studien wurde er Magister Philosophiae in Wittenb[erg,]
um nur dem Collegio Philo-Bibliko in Leipzig beiwoh[nen]
zu können, welches durch A. H. Franke daselbst eingeri[chtet]
war. Es thaten sich nämlich mehrere junge Magister [zu]
sammen und lasen die Bibel in den Grundsprachen. [An]
den Sonntagen aber versammelten sich Lehrer und St[udi]
rende, später auch Bürger der Stadt, und nahmen die [Bi]
bel zur Hand. Einer von ihnen nahm eine Stunde l[ang]
ein Kapitel des alten, und darnach ein Anderer eine Stu[nde]
lang ein Kapitel des neuen Testaments durch; die Uebri[gen]
machten nachher ihre Anmerkungen dazu. Diese Art [der]
Kollegien fand großen Beifall, und die Zahl der Theiln[eh]
mer ward sehr groß. Im Sommer 1687 kam Spener [von]
Dresden nach Leipzig, die Universität amtlich zu revidir[en.]
In einer Gastpredigt daselbst sprach er von der Verbesser[ung]
der Hochschulen, und von der Nothwendigkeit, dem geistli[chen]
Stande bessere und würdigere Mitglieder zu erziehen. [Die]
Hauptmittel, dies zu ergreifen, seien 1) daß das S[tu]
dium der heiligen Schrift allen übrigen Studien vorgezo[gen]
werde, und 2) daß die Studirenden es selbst einse[hen]
müßten, wie ohne rechtschaffene und thätige Gottseligkeit [das]
Studium der Theologie nicht glücklich und mit Segen [ge]
trieben werden könne. Die Predigt machte auf Schad ei[nen]
heilbringenden Eindruck, und da der Herr ihn in dieser Z[eit]
auch mit einer heftigen Krankheit heimsuchte, so faßte er [den]
Vorsatz, sein Herz von jetzt ab ganz Gott zu ergeben, [wie]
er dies auch ausspricht in seinem Liede: „Mein Gott, [mein]
Herze bring' ich dir" (P. 799). — Von dieser Zeit an v[er]
wendete er unter Gebet alle Mühe auf das Studium [der]
heiligen Schrift und die sonntäglichen collegia philobibli[ka.]
Der junge Magister hatte viel mehr Zuhörer, als die P[ro]

ger in den Kirchen, wo sich dieselben über den rechten
lauben stritten, ohne selbst nur eine Ahnung von demsel-
n zu haben; so war es erklärlich, daß zuletzt die Prediger
it den Professoren der Universität, die nur todtes theolo-
sches Wissen lehrten, gemeinschaftliche Sache gegen die
ngen Magister und ihre Lehrart machten. Zuerst gaben
 ihnen den Spottnamen Pietisten; als aber dadurch nichts
wonnen war, so brachten sie es dahin, daß A. H. Franke
d J. C. Schad 1680 aus Leipzig verwiesen wurden.
ranke wurde Prediger in Erfurt. Schad hatte Aussicht,
chfolger des Liskow in Wurzen zu werden; aber durch
st und Ränke brachten es seine Feinde dahin, daß er
 nicht wurde. Er trug auch diese Zurücksetzung mit
elassenheit, Geduld und innigem Gottvertrauen. Seine
eele war stille zu Gott (P. 717), — den er dennoch lieb
tte (P. 59). — Aber wo sollte er seinen Fuß hinsetzen,
 die Welt ihn ausstieß. Auch darüber war er unbesorgt:
Will die Welt kein'n Ort mir geben, bei ihm ist Platz"
. 516), — singt er. Er ging auf Reisen, und überall,
hin er kam, da predigte er seinen gefundenen Erlöser.
ollten ihn seine Freunde hier oder da festhalten, damit er
sruhe von seinen Strapatzen, so ruft er ihnen zu: "Hier
b dort ist keine Ruh', als bei Gott; zu ihme zu! Gott
 die Ruh'" (P. 390). — Auf diesen seinen Reisen kam
 auch nach Berlin. Dort fand er seinen hochverehrten
ener wieder, und mit Freuden wurde er dessen Diakonus
 der St. Nicolaikirche; er trat dies Amt schon im No-
mber 1691 an. Hier hat er 7 Jahre lang als Prediger
e tiefeingreifende Thätigkeit entfaltet. Seine Predigten
ngen überall in die Herzen; denn der Herr "sandte seine
ener zu zweien," und hatte darum dem sanften Spener
sen feurigen Schad an die Seite gesetzt, von welchem
ener selbst sagt: "er ist ein so ungemein treuer Diener
 Herrn, daß ich keinen seines gleichen weiß," und von
n er ein andermal sagt: "Ich zweifle, ob Jemand Schad
ren kann, ohne gerührt und bestraft zu werden." In der
elsorge war er unermüdlich Tag und Nacht; oft kam er
e einen Pfennig Geld nach Hause, weil er alles an die
men weggegeben hatte. Ja, er ließ einmal etliche Tausend

Neue Testamente drucken, um sie an hungernde Seelen zu vertheilen. Weil aber seine Predigten wie ein zweischneidiges Schwert in das Herz des Hörers drangen, erregten sie auch, weil er oft schonungslos hart und bitter strafte, Haß und Feindschaft gegen ihn. Er klagt es seinem Gott: „Hilf Gott, wie geht's doch jetzo zu? Was sind doch das für Zeiten? Die Menschen hassen ihre Ruh', und wollen's gar nicht leiden, daß man sie lehr' den rechten Weg, daß man sie führ' den schmalen Steg, der nach dem Himmel führet. Sie sagen ungescheuet: nein! wir wollen bleiben, wie wir sein" (P. 750). — Schad, zur Melancholie geneigt, konnte jedoch die Anfechtungen seiner Feinde nicht so leicht, muthig und siegreich übertragen. Er konnte öfter in seinem Herzen so geängstet werden, daß er alles Friedens leer wurde. Auf diese Weise machte ihm denn die Seelsorge, wegen der damit verbundenen schweren Verantwortlichkeit vor Gott, wahrhafte Pein, so daß er manche Nacht, besonders zwischen Sonnabend und Sonntag, wo er vorher im Beichtstuhl gesessen hatte, mit Aengsten und Jammern zubrachte. Kein Trost, kein Zuspruch, selbst aus Speners Munde, konnte etwas dagegen ausrichten. Besonders fühlte er sich darüber in seiner Seele geängstet, daß so Viele unbußfertig zur Beichte kämen, und der Absolution nicht würdig wären, die er ihnen doch ertheilen müsse, wofür sie dann ein beliebiges Beichtgeld bezahlten. Mit der Zeit war es leider dahin gekommen, daß die Leute auf die Ermahnungen zur Besserung nicht achteten, sondern das Formular der Beichte hersagten, und darauf mußte ihnen der Pfarrer schon die Absolution ertheilen. Schad schrieb über diese Verderbniß im Beichtwesen nun sein Büchlein: „Praxis des Beichtstuhls und des Abendmahls," worin es zum Schluß heißt: „Es lobe, wer da will! Ich sage: Beichtstuhl, Satansstuhl, Feuerpfuhl." Spener, der zwar alle diese Bedenken über das Beichtwesen mit Schad theilte, suchte, da er voraussah, daß auf solche Weise dem Uebel nicht gesteuert werden konnte, das Büchlein zu unterdrücken, aber es war schon in zu viele Hände gekommen, und machte fast überall böses Blut. Als er 1697 nun auch gar in einer Predigt dieselben Ausdrücke gebrauchte und eigenmächtig eine allgemeine Beichte einführte, indem er re Beichtkinder zu sich in die Sacristei versammelte, und ihnen, nachdem er sie auf das Beweglichste ermahnt te, niederkniete, ihnen die Beichte vorsprach, und nach er ausführlichen Prüfung und Auseinandersetzung, wie allein würdig das heilige Abendmahl feiern könnten, in über alle zugleich die Absolution aussprach, da erhob eine öffentliche Klage bei der Kirchenbehörde gegen ihn, ener entband ihn vom Beichtstuhl. Doch seine Kläger langten, Schad sollte entweder sein Amt niederlegen, oder Beichthandlung nach voriger Ordnung üben. Beides weigerte der Diakonus, weil sein Gewissen ihm weder Eine, noch das Andere erlaube. Durch diese Weigerung wegen der Beharrung in dem von ihm eingeführten schwesen wurde die Unruhe in den Gemüthern immer ßer, und die Forderung, den Diakonus seines Amtes zu sehen, immer lauter und leidenschaftlicher. Der gottlose ufe fluchte und tobte wider ihn. Er aber blieb fest. kam vor's Verhör. Zeugen traten für und gegen ihn f. Schad vertheidigte sich mit solcher Festigkeit und Sicher- l; daß Niemand des Unrechts ihn zeihen konnte. Als rauf der große Haufe seiner Gegner ihm drohete, sang „Laß abnehmen alle Glieder, laß verwesen diesen Leib; us giebet Alles wieder." Doch warfen ihn diese Unru- n sein zu Schwermuth und Aengstlichkeit geneigtes Gemüth f ein schweres Krankenlager. Er erkannte aber auch darin, ß: „Wunderlich sind Gottes Wege, dessen sich mein Herz freut, meinen schwachen Leib ich lege hingestreckt; doch wird neu's meiner Seelen geistlich Leben. Eins nimmt Gott, daß kann' geben Bessers; drum mir nichts gebricht, Jesum ß ich nimmer nicht!" Doch mußte er auch schwere elenkämpfe auf seinem Lager durchkämpfen, aber der Herr ß ihn nicht unterliegen. Seine getreuen Gemeindeglieder sammelten sich um sein Siech- und Sterbebette. Schad nußte, ermahnte, sang und betete mit ihnen; er war, wie jener sagt, ein Faß voll Most, wo man es nur anbohrte, quoll der süße Trank hervor. Immer mehr betete er h in Jesu hinein: „Du mein, du mein schönstes Leben, esus, voller Süßigkeit, sieh', ach sieh', ich bin umgeben hier on Leiden, Angst und Streit. Hol' mich zu dir, Herz und

Sinn nach dir verlanget, weil mein Herz an deinem hanget. Ach komme schier" (P. 493); — doch der Herr rief ihm zu: „Harre noch ein wenig, harre!" Er harrte, wiewohl mit Sehnen, daß er endlich ausrief: „Es ist genug, Herr, hole mich, mein Herz das wart't und sehnet sich nach einer sanften Himmelfahrt. Herr Gott, mein Heil, mich heimzuholen nicht verweil'!" Der Herr holte ihn heim am 25. Juli 1698 sanft und selig. — Seine Feinde und Widersacher waren voller Wuth, und erregten schon am Tage vor seiner Beerdigung, aber mehr noch am Abend nach derselben auf dem Kirchhofe bei der Nicolaikirche einen großen Tumult, wollten seinen Leichnam aus dem Grabe reißen, und als dies ihnen verwehrt wurde, zertraten und zerstörten sie den Grabhügel, daß die Obrigkeit dem Unwesen steuern mußte. Juden wurden die Schützer seines Grabes. Am 31. Juli hielt ihm Spener die Leichenpredigt über seinen Wahlspruch: „Gott, du bist mein Gott" (Pf. 63, 42). — Seine Lieder, deren er 41 gedichtet hat, wurden aus seinen hinterlassenen Papieren gesammelt und von Spener herausgegeben. In unsern Gesangbüchern finden wir: „Ach Gott, in was für Freudigkeit (P. 514); — Auf, hinauf zu deiner Freude (P. 516); — Das ist ja gut, was mein Gott will (P. 700); — Du mein, du mein schönstes Leben (P. 493); — Es ist genug, Herr, hole mich (P. 853); — Frisch auf, mein' Seel', und traure nicht (P. 497); — Geist aller Geister, unerschaff'nes Wesen (P. 170); — Herzliebster Jesu Christ, wir danken (P. 196); — Hilf Gott, wie geht's doch jetzo zu (P. 750); — Ich freue mich von Herzensgrund (P. 863); — Ich hab' ihn dennoch lieb (P. 59); — Ich liebe dich herzlich, o Jesu (P. 62); — In meines Herzens Grunde (P. 340); — Laß abnehmen alle Glieder (P. 868); — Lebt Christus, was bin ich betrübt (P. 142); — Meine Seele, willst du ruh'n Vers 5—12., (P. 342); — Meine Seel' ist stille (P. 717); — Meine Seel', ermunt're dich (P. 99); — Mein Gott, das Herze bring' ich dir (P. 799); — Mein Jesu, schönstes Leben (P. 143); — Ruhe ist das ste Gut (P. 390)." —

214. M. Samuel Rodigast ist den 19. October 1649 in Gröben unweit Jena geboren, studirte auch in Jena, und wurde daselbst 1671 Magister, 1675 Adjunct der philosophischen Fakultät. 1680 ward er Rektor des grauen Klosters zu Berlin, und lebte seit Speners Ankunft in Berlin 1691 mit demselben in innigster Freundschaft. Er starb auch zu Berlin den 19. März 1708. Wegen seiner Klugheit, Geduld und Gelassenheit genoß er große Hochachtung. Sein Lied: „Was Gott thut, das ist wohl gethan" (P. 534), — dichtete er seinem kranken Freunde Severin Gasterinus 1675 zu Jena zum Troste, der, wieder genesen, eine schöne Melodie dazu componirte. Es war das Lieblingslied Friedrich Wilhelms III., Königs von Preußen.

215. Lic. Israel Clauder, der Sohn des Superintendenten Dr. Johann Jakob Clauder zu Delitsch im Meißnischen, wurde den 20. April 1670 daselbst geboren. Er besuchte das Gymnasium zu Merseburg, und 1689 die Universität Leipzig, wurde 1693 daselbst Magister. 1694 erhielt er die Aufsicht über den zu Gießen studirenden mittleren Sohn des Dr. Spener, ging mit demselben nach Berlin, und von da 1696 nach Liefland. Auf der Reise dahin überfiel sie im August auf der Ostsee ein heftiger Sturm; während desselben dichtete Clauder, da er in der Nacht vor den heftigen Bewegungen des Schiffes nicht schlafen konnte, das Lied: „Mein Gott, du weißt am allerbesten" (P. 343). — Nachdem der junge Spener zu Lindenhof unweit Riga gestorben war, kehrte Clauder nach Deutschland zurück, wurde 1697 Pastor am Hospital zum heiligen Geist in Halberstadt, und 1698 Inspector und Hofprediger zu Darmstadt, 1706 Pastor zu Dürenburg, 1708 Pastor an der St. Paulskirche zu Halberstadt, und 1718 Superintendent und Consistorialrath, auch Pastor prim. zu Bielefeld, woselbst er am 24. November 1721, 52 Jahr alt, starb.

216. Friedrich Rudolph, Freiherr von Canitz, wurde nach dem Tode seines Vaters, des churfürstlich brandenburgischen Hof- und Kammergerichtsraths Freiherrn von

Canitz, am 27. November 1654 zu Berlin geboren, und d[a] seine Mutter, geborne von Burgsdorf, sich bald darauf m[it] dem nachherigen sächsischen Feldmarschall von der Golz ve[r]mählte, so blieb Friedrich Rudolph unter der trefflichen E[r]ziehung seiner Großmutter, der Ober-Kammerherrin vo[n] Burgsdorf. Canitz besaß Talente, und zeichnete sich so a[us] daß er 1671 die Universität Leyden besuchen konnte, welch[e] er 1672 mit der zu Leipzig vertauschte. Dort fing er a[n] sich mit seinem neugewonnenen Freunde, Nicolas Zopf, [in] der Dichtkunst zu üben. Von Leipzig nach Berlin zurüc[k]gekehrt, ging er von hier aus auf Reisen, und besuch[te] außer ganz Deutschland auch noch England, Holland, Fran[k]reich und Italien. Sein Begleiter war der churfürstlic[he] Secretair Gottfried Weiß. Nach der Rückkehr von diese[n] Reisen begleitete er den Churfürst Friedrich Wilhelm d. G[r.] auf seinen Kriegszügen in Pommern als Kammerjunk[er] 1678 und 1679. Im Jahr 1680 wurde er vom Chu[r]fürsten zum Amtshauptmann von Trebbin und Zossen e[r]nannt. Er verheirathete sich 1681 mit Fräulein Doroth[ea] Emerertia von Arnimb, und lebte mit derselben zum The[il] auf seinem Gute Blumberg. Nach kurzer Zeit wurde [er] zum Hof- und Legationsrath ernannt und nach Hambur[g] gesandt. Friedrich III. machte ihn zum Geheimrath. D[er] Tod seiner Gattin, welche 1695 starb, betrübte ihn tie[f.] Seinen von derselben hinterlassenen Sohn gab er de[m] Dr. Joachim Lange zur Erziehung. Er selbst verheirath[ete] sich zum zweiten Mal mit der Freundin seiner ersten Fra[u] Dorothea Sophia von Schwerin, und wurde 1697 z[um] wirklichen Geheimen Staatsrath ernannt. In demselb[en] Jahr erhob ihn Kaiser Leopold in den Reichsfreiherrnstan[d.] Während des Congresses zu Haag war er abgesandter M[i]nister daselbst, und hielt sich als solcher über ein Jahr la[ng] daselbst auf. Als er aber an einem gefährlichen Brustg[e]schwür erkrankte, nahm er seine Entlassung. Die Krankh[eit] gerieth ihm zum Tode, dem er mit seltener Seelenruhe e[nt]gegen ging. Als die versammelten Aerzte nach gehalten[er] Berathung frei gestanden, daß sie ihm kaum noch 8 Ta[ge] Hoffnung zum Leben machen könnten, beunruhigte ihn di[e] Nachricht so wenig, daß er die anderen Freunde bei sich

[...] besetzt. Während der Mahlzeit redete er mit der [...]sten Freudigkeit des Geistes, und brachte, als er nach [...] dem Weinhause einen Todtenkopf hatte herbeiho[...]lassen, so viele erbauliche Gedanken dabei vor, ließ auch wenig Furcht blicken, daß sein unerschrockenes freimüthi[ges] Bezeigen seine niedergeschlagenen Freunde in die größte [Ver]wunderung setzte. Blieb unterhielt er sich in den letzten [Tagen] seines Lebens mit dem sanften Spener, und die treue [An]sprache desselben tröstete ihn über alle Schrecken des To[des]. Am Morgen seines Todestages ließ er sich von einer [Ver]wandten an's Fenster führen, um frische Luft zu schöpfen. [Als] er das Fenster öffnete, und die eben aufgehende Sonne [mit] unverwandtem freudigen Anschauen betrachtete, rief er [aus]: „Ei, wenn das Anschauen dieses irdischen Geschöpfes schön und erquickend ist, wie vielmehr wird mich der An[blick] der unaussprechlichen Herrlichkeit des Schöpfers selbst [er]zücken!" — Nach welchen Worten er plötzlich niedersank [und] augenblicklich sanft verschied am 1. August 1699. [Sein] einziger Sohn folgte ihm nach wenigen Wochen, und [mit] ihm erlosch das freiherrliche Haus von Canitz. — [Sei]ne Gedichte, deren er in seinem Leben keins hat drucken [lassen] erschienen zuerst 1700, und erlebten bis 1727 zehn [Auf]lagen. Canitz ist ein eleganter Dichter in der vollsten [Be]deutung dieses Worts, und in vollster Reinheit, Klarheit [und] Geschmackheit fließen seine Verse dahin. Von ihm sind [hier „]Du lässest mich erreichen (P. 659); — Ich seh' das [alles verschwinden]; — Seele, du mußt munter werden [(S. 471)."] —

217. Veit Ludwig von Seckendorf, Sohn des [fürst]lich Bambergischen Stallmeisters und Amtmanns [Joa]chim von Seckendorf, wurde zu Herzogen-Aurich unweit [Cob]burg den 20. December 1626 geboren. Wegen der [Kriegsunruhen] mußte sich der junge Seckendorf bald zu Co[bur]g, bald zu Mühlhausen aufhalten. Bei anhaltendem [Flei]ße brachte es Seckendorf in der lateinischen, griechischen, [ita]lienischen und französischen Sprache zu einer bedeutenden [Fe]rtigkeit. Herzog Ernst nahm ihn an seinen Hof nach [Co]burg, wo er mit 2 Prinzen von Wittenberg unterrichtet

wurde. Er bezog, 16 Jahr alt, die Universität Straßburg, und nach beendeten Studien ging er an den Hessen-Darmstädtischen Hof. Bei einem Besuche in Gotha wurde er von Herzog Ernst zum Kammerjunker ernannt. Bald darauf wurde er Hof- und Kirchenrath, und später Geheimer Rath und Oberdirector der Regierung, des Consistoriums und der Kammer. Aus besondern Gründen nahm er 1664 zu Zeitz die Stelle eines Geheimen Raths, Kanzlers und Präsidenten des Stifts-Consistoriums an. Nach dem Tode des Herzogs Moritz zu Sachsen-Naumburg wurde er Geheimer Rath zu Eisenach. Endlich berief ihn der Churfürst zu Brandenburg, Friedrich III., zum Geheimen Rath nach Berlin. Er war es auch, der mit Spener wegen seiner Uebersiedelung nach Berlin verhandelte. Bei Errichtung der Universität Halle wurde er zum Canzler derselben ernannt, woselbst er auch am 8. December 1692 starb, als Mensch wie als Christ gleich hoch geachtet. Seiner hinterlassenen Lieder sind 7, darunter auch: „Liebster Vater, soll es sein" (L. S. 547). —

Durch Spener angeregte Männer.

218. Johann Adam Haßlocher, Sohn des Rathsherrn und Oberspitalpflegers Joh. Georg Haßlocher zu Speyer, wurde geboren den 24. September 1645, besuchte 7 Jahre das Gymnasium seiner Vaterstadt, ging 1664 nach Straßburg, wo Spener zur Zeit Pastor an der Thomaskirche war, machte darnach eine gelehrte Reise durch Holland, Preußen und Dänemark, und kehrte 1670 in seine Heimath zurück. Hierauf erhielt er das Diakonat zu St. Johannes in Kronweißenburg, dann das Pastorat zu St. Michael daselbst. 1675 kam er als Pastor der Augustinerkirche nach Speyer. 1689 wurde er Hofprediger in Weilburg und Nassau-Saarbrückischer Superintendent und Consistorialrath. Er starb zu Weilburg den 9. Juli 1726 in einem Alter von 81 Jahren. Lieder hat er 25 gedichtet, die zuerst ohne sein Wissen einzeln gedruckt wurden; darunter auch: „Du sagst, ich bin ein Christ" (P. 320), — eine Umarbeitung aus J. Arndts „Wahrem Christenthum."

219. Lic. Johann Christoph Nücke, zu Bingenmünde im Hessen-Darmstädtischen, Amtmann und Licentiat beider Rechte, gab 1712 eine Sammlung geistlicher Gedichte: „Frühlingsblumen aus der geistlichen Erde" heraus, darunter auch seine Lieder: „Wohl dem, der sich auf seinen Gott (P. 537); — Schlaf' sanft und wohl, schlaf', liebes Kind (L. S. 546)." —

220. Johann Friedrich Sannom, ein 8jähriger Knabe zu Offenbach, von welchem daselbst eine Sammlung seiner gedruckten Lieder erschien. D. G. Schober nennt ihn in seinem Geistlichen Liedersegen: „Diltey," woraus zu schließen, daß Sannom nur ein angenommener Name sei. Ihm werden zugeschrieben: „Herr Jesu Christ, mein Licht und Leben (P. 791); — Herr Jesu Christ, mein Leben (P. 792)." —

221. M. Ernst Stockmann ist zu Lützen am 18. April 1634 seinem Vater, dem dortigen Pastor und Senior des Ministeriums, geboren. Er studirte zu Jena, wurde dort auch 1658 Magister. Später wurde er Pastor zu Baier-Naumburg im Mansfeldischen, 1682 Superintendent zu Allstädt, einem Weimarschen Städtchen, 1691 Consistorialassessor zu Eisenach, 1709 Weimarscher Oberconsistorial- und Kirchenrath. Er gab heraus: „Poetische, evangelische Schriftlust," Leipzig 1701, und starb am 28. April 1712. Von ihm ist: „Gott, der wird's wohl machen" (P. 856). —

222. Salomo Frank ist den 6. März 1659 zu Weimar geboren, lebte auch daselbst als Consistorialsecretair, dichtete 146 Lieder, und starb am 11. Juni 1725. Von ihm ist: „So ruhest du, o meine Ruh'" (P. 945). —

223. Adam Drese, 1630 im Thüringschen geboren, war von 1651—1655 mit Georg Neumark zu Weimar, und fertigte schon Arien, die Neumark in seinen Lustwald von 1657 aufnahm. 1657 wurde er Kapellmeister in Weimar, und dann bei dem Herzog Ferdinand von Braunschweig

Secretair und Kapellmeister, wo er ein sehr weltliches Leben führte. Nach dessen Tode wurde er durch Speners Schriften und Dr. Luthers Vorrede zum Römerbriefe gänzlich in seinem inwendigen Menschen umgewandelt 1680, und lebte dann eine Zeitlang still und eingezogen als Privatmann in Jena. Darnach wurde er Capellmeister bei dem Fürsten von Schwarzburg-Sondershausen, in Arnstadt, wo er seines „Pietismus" wegen hart geschmäht wurde. Er starb dort 1718. Von ihm sind: „Jesu, rufe mich (P. 39); — O du Liebe meiner Liebe (P. 102); — Seelenbräutigam (P. 351); — Seelenweide, meine Freude (P. 722)." —

XXX. Christian Günther, zu ▓▓▓▓▓▓▓▓▓ 1650 (Koch sagt 1649) geboren, war dritter ▓▓▓▓▓ am Gymnasium zu Gotha. Er hat mehr als 30 ▓▓▓▓▓▓▓▓ Lieder gedichtet, und starb zu Gotha 1704 im October, 55 Jahr alt. Von ihm sind: „Halt im Gedächtniß ▓▓▓ ▓▓▓ Christ (P. 903); — ▓▓▓▓▓ ▓▓▓ ▓▓▓ Herrn ▓▓▓ Ehr (P. 852)." —

XXX. Laurentius Laurentii, Sohn ▓▓▓ ▓▓▓▓▓▓ ▓▓▓▓▓ Bürgers zu Husum, den Hülften, war ▓▓▓▓ 8. Juni 1660 geboren. Der Vater, ein großer ▓▓▓▓▓▓ der Musik, suchte seinem Sohn die gleiche Liebe ▓▓▓▓▓▓ zu erwecken, welches ihm auch nach ▓▓▓▓▓ ▓▓▓▓▓▓▓ ▓▓▓▓▓▓▓ Sohn wurde, nachdem er zuerst in ▓▓▓▓▓ dann in Kiel studirt hatte, 1684 Corrector und ▓▓▓▓ director an der Domkirche in Bremen, und starb ▓▓▓ den 29. Mai 1722, nachdem er kurz vorher seine ▓▓▓▓ niedergelegt hatte. Er hat 148 Lieder hinterlassen, welchen mehrere vorzügliche, durch Salbung und Einfach▓▓▓ ausgezeichnet sind. Er gab sie heraus unter dem ▓▓▓ „Evangelica melodica, d. i. Geistliche Lieder und Lo▓▓▓ sänge nach dem Sinn der ordentlichen Sonn- und Festevangelien, eingerichtet von Laurentius Laurentii, Direct▓▓ der Musik an der Königlichen Dom- und Hauptkirche ▓▓ Bremen," 1700 in 12. Daraus sind: „Ach Gott, ▓▓▓▓▓ drückt ein schwerer (P. 129); — Ach, wie erschrickt die

Welt (P. 22); — Die Engel, die im Himmelslicht (B. 1122); — Du bist ein guter Hirt' (B. 1125); — Du wesentliches Wort (L. S. 744); — Ermuntert euch, ihr Fr. (P. 904); — Es sind schon die letzten Zeiten (B. 1127); — Fließt, ihr Augen, fließt (P. 79); — Ihr armen Sünder, kommt zu Hauf' (P. 379); — Komm', Tröster, komm' (P. 179); — Nun ist es Alles wohlgemacht (P. 101); — O himmlische Barmherzigkeit (B. 1177); — O Mensch, wie ist dein Herz bestellt (P. 204); — Wach' auf, mein Herz, die Nacht ist hin (P. 151); — Wer im Herzen will erfahren (B. 1192); — Wer sich im Geist beschneidet (P. 690); — Wie wird doch so gering (P. 614); — Wohl dem, der fest im Gl. (B. 1196)."

Franke und seine Hallischen Helfer.

226. August Hermann Franke wurde im Jahr 1663 den 23. März in der freien Reichsstadt Lübeck geboren, woselbst sein Vater, Johannes Franke, Doctor der Rechte und Syndicus bei dem Domkapitel des Stifts war, der aber im dritten Jahr seines August Hermann 1666 auf den Ruf Herzog Ernst des Frommen als Hof- und Justizrath nach Gotha ging. So erhielt nun unser Franke seine erste Bildung auf dem damals berühmten Gymnasium zu Gotha. Sein Vater starb ihm 1670; da blieb zur Erziehung des Sohnes die Mutter. Einen segensreichen Einfluß auf Franke übte seine 3 Jahr ältere, fromme und heitere Schwester; sie führte ihn in die Bibel ein und las mit ihm Arnds wahres Christenthum. Aber auch sie folgte ihrem Vater bald nach in die Ewigkeit. Zwei harte Schläge für Franke. 1679 ging er auf die Universität Erfurt, später nach Kiel, und zuletzt nach Leipzig, Theologie in Verbindung mit alten und neuen Sprachen zu studiren. In Leipzig war es, wo er, von Spener angeregt, mit Paul Anton und Caspar Schad einen Verein „zum tiefern Studium der heiligen Schrift in den Grundsprachen" stiftete. Zuerst nahmen nur wenige Studenten an ihren Vorlesungen Theil, aber bald wuchs die Zahl der Theilnehmer so sehr, daß der Professor Carpzov zu diesen Versammlungen, collegia philobiblica

geheißen, ein großes Zimmer einzuräumen für gut fand. Doch nur kurze Zeit war es ihm vergönnt, dem Verein vorzustehen; er wurde nämlich von seinem Oheim, Dr. Gloxin, aufgefordert, seine Studien in seiner Geburtsstadt Lübeck fortzusetzen. Deshalb verließ er Leipzig, begleitete als Reiseprediger 1687 den Churprinzen von Sachsen, ging dann über Magdeburg zu Christian Scriver nach Lüneburg. Hier ist er nach heftigen Anfechtungen und erschütternden Zweifeln erst seines Glaubens gewiß geworden, und „es ist ihm von hier an mit dem Christenthum ein rechter Ernst, und leicht geworden, alles ungöttliche Wesen und die weltlichen Lüste zu verleugnen." Lüneburg nannte er von da an seine geistliche Geburtsstadt. Hierauf war er kurze Zeit Vorsteher einer Schule in Hamburg; darauf kehrte er nach Sachsen zurück, um in Dresden seinen hochverehrten Spener aufzusuchen. Bei ihm hielt er sich einige Zeit auf, um seinen Glauben zu befestigen und zu stärken. Um die Passionszeit 1689 kehrte er nach Leipzig zurück, und begann seine biblischen Vorlesungen auf's Neue, und zwar nicht, wie es bisher üblich gewesen, in lateinischer, sondern in deutscher Sprache. Und siehe! der Zulauf war gleich von Anfang unerwartet groß. Nicht nur Studenten, sondern auch Bürger in großer Zahl waren seine Zuhörer. Die Hörsäle aber der übrigen Professoren der Thoelogie standen leer, und die Prediger hatten in der Kirche der Zuhörer gar wenig, weil sie nicht Gottes Wort lebendig, sondern nur starren, todten Buchstaben predigten. Diese gemeinschaftlich neideten den Franke und seine Anhänger, und da Franke seinen Zuhörern die praxis pietatis, d. i. die Ausübung der Frömmigkeit im Leben angelegentlichst empfahl, so gaben sie ihm und den Seinen dafür den Spottnamen „Pietisten." Die Feinde Franke's brachten es dahin, daß die biblischen Vorlesungen verboten wurden und Franke aus Leipzig weichen mußte. Er reiste, da sein Oheim Gloxin gestorben war, nach Lübeck, erhielt dort den Ruf als Diakonus nach Erfurt. Dort fand er als Pastor und Senior seinen Freund von Kiel her, den Dr. Breithaupt. Franke's Predigten fanden großen Zulauf, selbst Katholiken kamen zu denselben, und mehrere traten zum evangelischen Glauben über. Da bestimmten katholische Eltern, dem Erzbischof von Mainz, dem Erfurt damals zugehörte, daß er dem Erfurter Magistrat befahl, Franke aus der Stadt zu entfernen. Dieser gebot: Franke solle binnen 48 Stunden die Stadt verlassen. Er ging, aber unter heißen Thränen begleiteten ihn viele Bürger und ihre Kleinen, deren sich Franke besonders angenommen, am 27. September 1691 zum Thore hinaus. Er schlug den Weg zu seiner Mutter nach Gotha ein, voller Freuden, daß er gewürdigt war, um des Herrn willen leiden zu dürfen, und sang: „Gottlob, ein Schritt zur Ewigkeit ist abermals vollendet" (P. 549). — An demselben Tage, wo er aus Erfurt weichen mußte, war von dem gottesfürchtigen Churfürsten Friedrich III. zu Brandenburg der Ruf an ihn ergangen, in Halle eine Professur der griechischen Sprache an der neu zu errichtenden Universität, und zu seiner bessern Subsistenz die Pfarre zu Glaucha, einer Vorstadt von Halle, anzunehmen. Er folgte dem Ruf. Am 27. Januar 1692 traf Franke, seine Vocation in der Tasche und den Herrn im Herzen, in Halle ein. Franke fing auch hier wieder eifrig im Weinberg des Herrn zu arbeiten an. Wild und wüst sah es in Glaucha aus; viel Armuth und Sünden gab es dort. Franke suchte die Unwissenden und Verwilderten auf, um ihnen zu helfen; der Armen, Elenden und Unglücklichen nahm er sich thätig an, seine Predigten rüttelten die schlafenden Gewissen auf, und durch milden Zuspruch fanden viele Seelen den wahren Frieden durch ihn. Die rechtgläubigen Prediger warnten vor dem Gange in Franke's Kirche, wie vor dem Gange in die Hölle, verbreiteten die schmutzigsten Erzählungen über seine Abenderbauungsstunden, und richteten 26 Klagepunkte gegen ihn ein, gegen die er sich aber völlig rechtfertigen konnte; er ging unbeirrt seinen Weg. Um für arme Schulkinder das Schulgeld zu beschaffen, hängte er in seiner Stube eine Büchse auf mit den Unterschriften 1 Joh. 3, 17. und 2 Cor. 9, 7. Als ihm der Commissionsrath Knorr in diese Büchse einst 4 Thaler 20 Silbergroschen legte, sprach Franke: „Das ist ein ehrlich Kapital, davon muß man etwas Rechtes stiften; ich will eine Armenschule damit anfangen." Die Armenschule wurde eröffnet, zuerst in einem gemietheten Local; Studenten er-

theilten den Unterricht. Gott segnete das Werk. Von allen Seiten flossen Unterstützungen zu, und den 13. Juli 1698 konnte Franke auf dem Platz, wo früher Bier- und Tanzhäuser standen, in Gottes Namen den Grundstein zu seinem großen, hernach weltberühmten Waisenhause legen, zu welchem der Herr oft wunderbar, Woche für Woche, die nöthigen Kapitalien durch Liebesgaben herbeischaffte. Die Anstalt wuchs so, daß noch bei Franke's Lebzeiten 143 Waisenkinder unter 10 Aufsehern erzogen, 2207 Kinder von 175 Lehrern unentgeldlich unterrichtet, und 150 Schüler und 225 arme Studenten aus der Kasse des Waisenhauses täglich gespeist wurden. Eine Buchdruckerei, Buchhandlung zc. kam hinzu, so daß alle die drei- bis vierstöckigen Gebäude der Anstalt zwei 800 Fuß lange Häuserreihen bilden. — Daneben hat er als Professor durch seine Vorlesungen, als Pastor in Glaucha, und späterhin an der Ulrichskirche in Halle auf's Segensreichste gewirkt. Franke, so ununterbrochen thätig er war, war doch stets mit Geschäften überhäuft; dazu nahmen ihn häufig Besuche und Briefschreiben in Anspruch, so daß er zu seinen schriftstellerischen Arbeiten vor dem Abendessen nicht kommen konnte. Durch so vielseitige Thätigkeit wurde seine Gesundheit arg mitgenommen; sie zu stärken, reiste er 1705 durch Deutschland und Holland, und Viele, bei denen Franke's Name nicht zum Besten angeschrieben stand, wurden durch seine Predigten, die er aller Orten hielt, für Christi Reich gewonnen. — So reiste er auch 1717 und 1718 durch Thüringen, Hessen und Schwaben. Seine letzte Reise machte er 1726 in's Altenburgische. — Mit seiner Frau, Anna Magdalena von Wurm, führte er eine gottgesegnete Ehe, aus der ihm ein Sohn, Gotthilf August, später Director über seines Vaters Stiftungen, und eine Tochter, später Gemahlin J. A. Freylinghausens, erwuchsen. — Im November 1726 wurde Franke an der linken Hand gelähmt, und litt den Winter hindurch viele Schmerzen; dessen ungeachtet wollte er doch im Sommer 1727 seine Vorlesungen an der Universität wieder beginnen, am 15. Mai hielt er die erste des Semesters, welches zugleich die letzte seines Lebens wurde. Am 18. Mai genoß er zum letzten Mal in der Kirche hienieden das heilige
zum

Abendmahl; am 4. Tage darauf legte er sich zu Bette, betete viel, und die Worte: „Herr, Herr! ich warte auf dein Heil," wiederholte er oft, bis er am 8. Juni 1727 im Herrn entschlief. —

227. **Johann Anastasius Freylinghausen,** dieser eifrige Schüler, und später auch Schwiegersohn August Hermann Franke's, wurde geboren den 11. December 1670 zu Gandersheim im Wolfenbüttelschen, wo sein Vater Bürgermeister war. Er wurde von seiner frommen Mutter in äußerer Frömmigkeit erzogen. In seinem 12. Jahre besuchte er die Schule zu Eimbeck. 1689 bezog er die Universität Jena, um Theologie zu studiren; von hieraus lernte er auf einer Reise in Erfurt Franke und Breithaupt kennen, und erhielt auch durch Breithaupt's Vermittelung bald dort eine Hauslehrerstelle. Im Umgange mit diesen frommen Männern fand er, was er so ernstlich suchte, Jesum von Nazareth, seinen Heiland. Seine Eltern wußten von der mit ihm vorgegangenen Veränderung noch nichts; als seinem Vater kurz darnach eine Schmähschrift auf die Erfurter Pietisten zu Gesicht kam, in welcher alle genennt waren, und er auch seines Sohnes Namen darin. Er bekam einen gewaltigen Schreck, und schickte sogleich den älteren Bruder hin, damit er dem jüngern den Kopf wieder zurecht setze. Der Bruder kam, und auch er wurde dem Herrn gewonnen, und durch ihn wurden darauf auch die Eltern erweckt. — Auf Franke's Ruf zog J. A. Freylinghausen 1695 freudig zu seinem theuren Franke nach Halle, und wurde dessen Gehülfe, ohne einen Pfennig Gehalt, um Gotteslohn. 20 Jahre entsagte er allen schönen Aussichten und Aufrufen zu andern Aemtern und Versorgungen, um nur Franke Hilfe leisten zu können; dennoch durfte er bekennen: „Ich habe in der ganzen Zeit bei Niemand Schulden machen dürfen, sondern immer noch so viel Fülle gehabt, daß ich Nothleidenden etwas zuwenden konnte." Als Franke 1715 von Glaucha nach Halle selbst an die St. Ulrichskirche berufen wurde, erhielt Freylinghausen die erste öffentliche Anstellung, 45 Jahr alt, und verheirathete sich jetzt mit Franke's einziger Tochter, Johanna Anastasia; deren Taufzeuge er gewesen; die auch

ihre Taufnamen nach den Seinigen erhalten hatte. Demuth und Sanftmuth war der waltende Geist in seinem Familienleben. Nach Franke's Tode 1627 wurde er dessen Nachfolger im Predigtamt zu St. Ulrich und im Directorium des Waisenhauses und des Pädagogiums. Im größten Segen führte er dessen Werk fort, so daß gegen sein Ende die von Franke gestifteten Anstalten die schönste Blüthe erreichten. Er endete sein im Segen vollbrachtes Tagewerk, hoch geehrt und tief betrauert, 69 Jahr alt, den 12. Februar 1739. — Er war mehr still und in sich gekehrt, nicht so offen und heiter, als Franke. Er litt aber auch viel an heftigen Körperschmerzen, die er aber, ohne daß man eine Klage aus seinem Munde hörte, oft durch seine angestrengte Thätigkeit zu besiegen wußte. Bei heftigem Zahnweh dichtete er Trostlieder, wenigstens sind: „Mein Herz, gieb dich zufrieden, — und: Geduld ist noth, wenn's übel geht," — von ihm unter den heftigsten Schmerzen gedichtet. Auch sammelte Freylinghausen die Lieder seiner Zeit- und Glaubensgenossen, sowie auch viele alte Lieder zu einem Gesangbuch, welches mehr denn 1500 Lieder enthält, und neben Porst und Bollhagen eines der besten alten Gesangbücher ist. Von ihm sind die Lieder: „Der Tag ist hin, mein Geist und Sinn (P. 655); — Die Nacht ist hin, mein Geist (P. 1024); — Ein Kind ist uns geboren heut' (P. 28); — Jehovah ist mein Hirt' (L. S. 419); — Mein Herz, gieb dich zufrieden (B. 1205); — O Licht vom Licht, o Vaters Glanz (P. 418); — Unerschaff'ne Lebenssonne (P. 669); — Unveränderliches Wesen (P. 124); — Herr und Gott, der Tag und Nächte (P. 661); — Wer ist wohl, wie du (P. 68)." —

228. Dr. Joachim Justus Breithaupt wurde 1658 im Februar zu Nordheim im Hanoverschen geboren, wo sein Vater, Christian Breithaupt, Superintendent und Pastor war. Er studirte zu Helmstädt. 1680 war er Conrector zu Wolfenbüttel. Da aber die Pest die Schüler zumeist vertrieb, ging er nach Kiel, seine Studien fortzusetzen, und von da zu Spener nach Frankfurt. Darauf wurde er Prediger und Professor der Beredsamkeit in Kiel 1685, wo

er mit A. H. Franke zusammentraf, mit welchem er sich innig befreundete. Von Kiel ging er noch in demselben Jahr als Prediger und Consistorialrath nach Meiningen. 1687 wurde er Senior und Pastor an der Augustiner Kirche zu Erfurt; auch Professor der Theologie war er daselbst, nachdem er zu Kiel Doctor derselben geworden. Als Franke aus Erfurt vertrieben und nach Halle gegangen war, folgte ihm Breithaupt bald dahin nach und wurde daselbst 1691 erster Professor der Theologie, Domprediger und Consistorialrath. Er hatte dort anfangs auch, wie Franke, mit der Halleschen Stadtgeistlichkeit, die über Pietismus schrie, viel zu kämpfen; sie stieß sich besonders an den biblischen Collegien, die er Sonntags den Studirenden hielt. Auch das Volk hörte ihn gar gern, war doch die Universitätskirche, in der er Sonntags predigte, so voll, wie Franke's zu Glaucha. 1705 wurde er Generalsuperintendent des Herzogthums Magdeburg, und dazu 1709 Abt des Kloster Bergen, von welcher Zeit an er sich mehr in Magdeburg, als in Halle aufhielt, obgleich er sein academisches Lehramt noch beibehielt. Da traf er nun überall die heilsamsten Einrichtungen mit unermüdeter Thätigkeit. Er betrieb eine durchgehende Verbesserung des Schulwesens, errichtete auf Filialen neue Predigerstellen, und leitete die ihm untergebenen Prediger mit einer seltenen Liebe, Weisheit und Geduld. — Die, welche ein Predigtamt begehrten, prüfte er gründlich, ob ihre Absichten lauter und rein wären, und ob sie mit Wahrheit sagen könnten: „Ich glaube, darum rede ich." Leichtsinnige, heuchlerische und unsittliche Leute zum Predigtamt zu ordiniren, war er durchaus nicht zu bewegen; dabei nahm er sich aber der Irrenden mit väterlicher Liebe an. Auf Kloster Bergen bildete er Jünglinge zu christlich frommem Kirchendienst heran. Er hatte ein Herz für Jedermann, vorzüglich gegen die Armen. An Spott und Verfolgung von Seiten der Feinde des Kreuzes Christi hat es ihm nicht gefehlt. Auch körperlich hatte er viel zu leiden. Als mit herannahendem Alter seine Gichtschmerzen immer heftiger wurden, trug er sie doch mit standhafter Geduld, und wenn ihm je einmal bei allzugroßer Heftigkeit des Schmerzes ein Seufzen entfuhr, so bestrafte er sich alsbald selbst und sagte zu den Umstehenden: „Ach Kinder, ärgert euch an mir doch nicht, daß ich so ungeduldig bin." Seiner vielen Geschäfte wegen blieb er im ledigen Stande. Er starb den 6. März 1732 zu Kloster Bergen. Von ihm sind die Lieder: „Jesus Christus, Gottes Lamm (P. 92); — O Gottessohn von Ewigkeit (P. 362); — O Lamm Gottes, hoch erhaben (P. 112); — O reicher Gott von Gütigkeit (P. 734); — Versuchet euch doch selbst (P. 283)." —

229. Dr. Joachim Lange, geboren den 26. October 1670 zu Gardelegen in der Altmark, wo sein Vater Senior des Magistrats war, studirte 1687—1689 auf dem Gymnasium zu Quedlinburg, und ging dann nach Magdeburg. Darnach studirte er zu Leipzig, und war, wie J. C. Schad, Stubengenosse A. H. Franke's, und bei dem berühmten Thomasius Hauslehrer. Mit Franke ging er 1690 nach Erfurt, hielt sich darnach in Halle auch einige Zeit auf, und kam 1693 zu Canitz (S. Nr. 216.) nach Berlin als Hofmeister. Von Franke an Spener gewiesen, lebte er mit demselben und mit J. C. Schad (S. Nr. 213.) in engster Freundschaft. Von Berlin wurde er als Conrector an das Gymnasium nach Cöslin berufen, und nach kurzem Aufenthalt daselbst, wieder zurück. Er wollte aber „nicht ein bloßer Sprachmeister, sondern auch der geistliche Vater der unsterblichen Seelen sein," mit denen er es zu thun hatte. Als er in dieser Zeit von einer schweren Augenkrankheit befallen war, die Blindheit befürchten ließ, dichtete er das Lied: „O Jesu, süßes Licht" (P. 646); — 1669 wurde er Pastor auf der Friedrichsstadt. 1709 kam er als Professor, Adjunct des J. J. Breithaupt, nach Halle zu seinen Jugendfreunden Anton und Franke. 1717 wurde er Dr. der Theologie. Er ist der eigentliche Vorkämpfer in den pietistischen Streitigkeiten. Er starb den 7. Mai 1744. Außer: „O Jesu, süßes Licht" (P. 646), — haben wir auch noch von ihm: „Herr, wann wirst du Zion bauen" (P. 833). —

230. Dr. Johann Daniel Herrnschmidt, den 11. April 1675 zu Bopfingen im Würtembergischen, gebo-

ren und Sohn des Predigers daselbst, studirte 1698 zu
Halle unter Francke und Breithaupt, und wurde Ersterem,
wie Dr. Anton, durch seinen Fleiß und lautere Jugendliche
besonders lieb, ja zuerst von Anton, dann von Francke ins
Haus und an den Tisch genommen, und mit der Beauf-
sichtigung anderer junger Studenten betraut. Nachdem er
eine Zeit lang am Pädagogium unterrichtet hatte, wurde er
1702 seines Vaters Gehülfe und Amtsgenosse zu Bopfingen,
woselbst er im spanischen Erbfolgekriege viel Noth erlitt,
aber dafür auch die Verwundeten an Geist und Leib getreu-
lich pflegte. 1712 wurde er Superintendent und Consistorialrath zu Nassau-Idstein, 1715 Doctor der Theologie,
1716 Professor der Theologie und Mitdirector des Hallischen
Waisenhauses. Er beschäftigte sich früh mit seinem Abschiede
aus dieser Zeit, und in den Erbauungsstunden, die er 1722
im Hällischen Waisenhause hielt, redete er nur über Sprüche,
die vom ewigen Leben handeln. So war er bis Offenbarung 22, 1—4. gekommen, und zeigte an, in der nächsten
Stunde wolle er über Offenbarung 22, 21. sprechen und
damit diese Materie beschließen. Er hielt wirklich noch diese
Stunde, aber gleich darauf legte er sich und starb nach
kurzem Krankenlager den 12. Februar 1793. Sein treues
Weib, die ihm 13 Kinder geboren hatte, folgte ihm 18 Stunden darauf im Tode nach. Er ist der Verfasser von 17 Liedern,
in denen er sein in vielen Kümmernissen und Trübsalen ge-
läutertes Herz in demüthigem, aber unerschütterlichem Glauben
seinem Heiland darbringt, und freudig dankend auf die Hilfe
des Herrn hoffet. Wir haben von ihm: „Du hochgelobter
Gott (P. 579); — Er führt hinein (P. 427); — Er wird
es thun, der fromme (P. 428); — Gott will's machen
(P. 707); — Lobe den Herrn, o meine Seele (P. 1015);
— Singt dem Herrn, nah und fern (P. 601)." —

231. Dr. Christian Friedrich Richter, geboren
1676 zu Sorau in der Niederlausitz, der fromme Arzt am
Hallischen Waisenhause, woselbst er auch Medicin und Theologie studirt hatte, war ein vortrefflicher, gottgeheiligter Mann,
er nur für A. H. Francke's Waisenhaus lebte. Sein ganzes väterliches Vermögen vermachte er den Waisen, und

als Franke die Recepte zu verschiedenen Arzeneien von seinem sterbenden Freunde H. Burgsteller für das Waisenhaus erhalten hatte, war es C. F. Richter mit seinem Bruder, Dr. Christian Sigismund Richter, welche, nach einigen vergeblichen Versuchen, die zur Zeit berühmte Goldarznei (assentia dulcis) verfertigten, durch welche dem Waisenhause viel Einnahme zugewandt wurde, was zum Emporkommen desselben viel beigetragen hat. 1698 ward Richter auch Inspector des Pädagogiums. Richters Herz war vom Irdischen frei, Reichthum suchte er nicht, Feinde haßte er nie, sondern überwand sie mit Sanftmuth. Sein einziges Vergnügen bestand darin, daß er den Nothleidenden und Armen zu dienen Gelegenheit hätte, und seinem himmlischen Vater für alle erzeigte Güte im Geistlichen und Leiblichen dienen könnte. So führte Richter in seltener Bescheidenheit ein mit Christo in Gott verborgenes Leben; aber seine durchaus gesalbten Lieder, deren er 33 hinterlassen, zeugen nicht blos von seinem inwendigen Menschen, sondern zeigen und haben schon Vielen gezeigt den Weg zum Leben. Er starb am 5. October 1711, 35 Jahr alt, nachdem er einige Zeit vor seinem Tode gesungen: „Denn in Kurzem wird gescheh'n, daß ich werd' zur Hochzeit geh'n. Er hat mein Gebet erhört, und mir meinen Wunsch gewährt, denn er hat mir meine Tage auf mein Bitten abgekürzt, und des Satans Reich gestürzt." Von seinen Liedern finden wir: "Das Leben unsers Königs sieget (P. 465); — Der schmale Weg ist br. (P. 785); — Die lieblichen Blicke (P. 393); — Es glänzet der Christen inwendiges Leben (P. 787); — Es ist nicht schwer, ein Christ zu sein (P. 1050); — Es kostet viel, ein Christ zu sein (P. 471); — Hier legt mein Sinn (P. 474); — Hüter, wird die Nacht (P. 632); — Jesus ist das schönste Licht (P. 555); — Meine Armuth macht mich schreien (P. 733); — Mein Freund zerschmilzt aus Liebe (P. 446); — Mein Salomo, dein (P. 389); — O Liebe, die den Himmel (P. 937); — O, wie selig sind die Seelen (P. 412); — Seid zufrieden, lieben Brüder (P. 49); — Wirf ab von mir das schwere Joch (P. 279); — Wo ist meine Sonne blieben (P. 672)." —

232. Dr. Jakob Gabriel Wolf, 1684 zu Greifswald geboren, wurde 1716 Professor und Doctor der Rechte [in] Halle, und machte an seinem Theil das Sprüchwort: „Juristen sind schlechte Christen," auf das Herrlichste zu Schanden. Er war mit A. H. Franke durch die innigste Freundschaft verbunden. Er starb den 6. August 1754, und hat uns folgende Lieder hinterlassen: „Es ist gewiß ein köstlich Ding (P. 673); — O, was für ein herrlich's Wesen (P. 1179); — Seele, was ermüd'st du dich (P. 557); — Wohl dem, der sich mit Ernst (P. 487)." —

233. Dr. Justus Henning Böhmer, auch ein Jurist wie Wolf, wurde geboren den 29. Januar 1674 in Hannover. Er erwarb sich durch seine eifrige Thätigkeit den Titel: Geheimer Rath, wurde Kanzler und Director der Universität Halle und Doctor der Rechte; aber über alles dies trachtete er nach der Gerechtigkeit Christi, die vor Gott gilt. Er starb den 23. August 1749. Von ihm ist das Lied: „Brich durch mein angefocht'nes" (P. 518). —

234. Maria Magdalena Böhmer, Schwester des Justus Henning Böhmer, lebte zu Hannover unverheirathet, und dichtete: „Ach, möcht' ich meinen Jesum sehen (P. 541); — und: Ein's Christen Herz sehnt sich (P. 331)." —

235. Jacob Baumgarten, der Sohn eines Fleischers und Bierbrauers zu Wolmirstädt, und daselbst geboren den 30. August 1668, war ein Schüler Chr. Scrivers (S. Nr. 180.), später Breithaupts (S. Nr. 228.), und A. H. Frankes zu Erfurt. 1697 wurde er Inspector des Waisenhauses und 1700 Adjunct der theologischen Facultät [in] Halle, 1713 wurde er als Garnisonprediger nach Berlin berufen, wurde aber 1717 Prediger bei der Friedrichswerderschen und Dorotheenstädtschen Gemeinde zu Berlin; dort starb er am 29. Juni 1713. Er war ein durchaus frommer und tieffühlender Mann. Von ihm sind die Lieder: „Es mag dies Haus, das aus der Erden (L. S. 870); — Mein scher Jesu, hoch von Adel (P. 814); — Ja, höchst selig sind wir (P. 909)." —

236. Andreas Bernstein, Sohn des Predigers B. z[u] Dommnitz im Saalkreise, wurde, nachdem er seine theolo[gi]schen Studien beendet hatte, Lehrer am 1695 vo[n] A. H. Franke gestifteten Pädagogium zu Halle. Einig[e] Jahre später berief ihn sein Vater zu seinem Adjunct nac[h] Dommnitz, erfreute sich dieser Hilfe aber nicht lange, d[a] Andreas Bernstein schon am 18. (19.) October 1700 starb. Er hatte im Leben um Liebe und Eintracht für die Kirch[e] Christi mit anhaltendem Fleiße gerungen, deshalb ließ ih[n] der Herr den oft unseligen Streit der Glieder seiner Kirch[e] nicht hier erleben, sondern führte ihn zur himmlischen Einig[keit] in jene Friedenshütten. Seine bekanntesten Lieder sind: „Großer Immanuel, schaue von oben (P. 829); — I[hr] Kinder des Höchsten, wie steht's (P. 817); — Mein Vate[r] zeuge mich, dein Kind (P. 65); — Zuletzt geht's wohl, de[m] der gerecht (L. S. 728)." —

237. Levin Johann Schlicht ist der Sohn de[s] Archidiakonus Matthias Schlicht zu Calbe an der Mulde und wurde daselbst geboren den 23. October 1781. De[n] ersten Unterricht ertheilte ihm der Vater selbst, und da e[r] gute Anlagen hatte, brachte er es in den alten Sprache[n] sehr weit; im 10. Jahre konnte er schon lateinisch spreche[n.] 1699 ging er auf die Universität Halle, erhielt 1700 ein[e] Lehrerstelle am Pädagogium daselbst, 1508 einen Ruf al[s] Rector nach Brandenburg an der Saldernschen Schule, wur[de] 1714 Katechet und Diakonus daselbst. In demselben Jah[re] wurde er noch Pastor zu Parei, jedoch nach 14 Tagen sch[on] Pastor zu Minden. Darnach wurde er Director des P[ä]dagogiums zu Hildburghausen, und 7 Monat später P[re]diger an der St. Georgenkirche zu Berlin, welches Amt [er] aber erst 1717 antrat, wo er auch den 10. Januar 17[2.] am Schlagfluß starb. Von ihm ist: „Ach, mein Jesu, sie[h] ich trete" (P. 650). —

238. Christian Jakob Kritsch, zu Meißen 16[..] geboren, war von 1700—1705 Inspector des Königlich[en] Pädagogiums zu Halle, dann Rector und Professor des G[ym]nasiums zu Elbing, und starb dort 1735. Ein fromm[er]

…, der uns 14 geistliche Lieder hinterlassen, darunter: …ch, mein Gott, wie lieblich ist (P. 539); — Du bist … Jesu, meine Freude (P. 468); — Herr, so wirst du … mir sein (P. 693); — Lasset uns den Herren preisen … 590); — O Jesu Christ, ich preise dich (P. 213); — … Ursprung des Lebens (P. 567); — Mein Herze, wie …est (P. 957); — Woran sieht's immer mehr (P. 812)." —

239. Johann Christian Nehring ist zu Gotha …oren. Er war anfänglich Rector zu Essen in Westphalen, …n Waisenhausinspector zu Halle, hierauf Pfarrer am …tersberge zu Neuendorf, 1716 Pfarrer zu Mörl bei Halle. … starb 1736, und ist Verfasser mehrerer Lieder, die noch … Manuscript vorhanden sind, darunter auch: „Ach, treuer …ott, wie nöthig ist (P. 782); — die Tugend wird durch's …euz geübet (P. 467); — Hilf, Jesu, hilf siegen, und … (P. 473, Antwort ist von Heubach); — Schütte bei …ichtes Strahlen (P. 482); — Wachet auf, ihr lieben …rzen (P. 458)." —

240. Lampertus Gedike, eines Superintendenten …hn, wurde den 6. Januar 1683 zu Gardelegen in der …mark geboren, studirte 1701 in Halle, und war später …rer am dortigen Waisenhause. Wegen seiner lautern …ommigkeit wurde er innig befreundet mit dem Baron von …nstein und dem Probst Porst zu Berlin. 1709 wurde … Feldprediger zu Berlin im dortigen Garderegiment, und …chte als solcher die Kriegszüge nach Brabant und Pom…rn mit. 1717 wurde er Feldpropst und Garnisonprediger … Berlin, und starb dort den 21. Februar 1735. Von … ist: „Wie Gott mich führt, so will ich geh'n" … 1103). —

241. M. Friedrich Roupp war Anfangs Prediger zu …ederweiler bei Straßburg, darauf Adjunct der theol. Fakultät … Halle und Inspector der Königlichen Freitische. Er starb … 24. Mai 1708. Von ihm sind: „Erneu're mich, o … Licht (P. 706); — Hilf, lieber Gott, wie große

Noth (B. 1148); — Schwing dich auf, o meine Seel[e] (B. 1182)." —

Frankes Gothaer Freunde.

242. Dr. Adam Tribbechow, den 11. Augu[st] 1641, wie Franke, zu Lübeck geboren, studirte zu Rosto[ck] und begab sich hierauf nach Magdeburg, Wittenberg, Leipz[ig] und Helmstädt. Am letzteren Orte hielt er sich einige Ze[it] in des Calixt Hause auf und benutzte dessen Bibliothek. E[s] wurden ihm zwar verschiedene Aemter an Gymnasien ange[]tragen; er schlug sie aber aus und begab sich nach Rosto[ck] wo er Magister wurde. 1662 ging er mit des lübeckisch[en] Bürgermeisters David Glorins einzigem Sohn nach Gießen wobei er das reiche Schappelianische Stipendium erhielt ließ sich auch daselbst nicht nur öfter auf der Kanze[l] hören, sondern bekam auch von der philosophischen Fakultä[t] Erlaubniß zum Dociren, bis er 1664 zum außerordentlich[en] Professor der Moral an die neuerrichtete Universität Kie[l] berufen wurde, wo er nachher die ordentliche Professur de[r] Geschichte erhielt. 1672 berief ihn Herzog Ernst der Fromm[e] nach Gotha zu seinem Oberhofprediger und Kirchenrath und 1677 ward er daselbst Generalsuperintendent, starb a[ls] solcher den 17. August 1687. Unter seinen Schriften si[nd] Andachten von dem ewigen Leben, — Betrachtungen de[s] Leidens Christi. Sein Lied ist: „Meine Liebe hängt a[m] Kreuze" (P. 100), — welches der Superintendent Roup[e] zu Salzungen mit einem Verse vermehrt hat.

243. Ludwig Andreas Gotter, der Sohn de[s] Oberhofpredigers und Superintendenten G. zu Gotha, ist de[n] 26. Mai 1661 geboren. Er war zuerst Geheimsecretai[r,] dann Hof= und Assistenzrath auf Schloß Friedenstein be[i] Gotha. Er hat 251 geistliche Lieder gedichtet, das Manu[]script davon befindet sich in der Bibliothek zu Wernigerode Er gehört seiner Gemüthsrichtung nach der Franke'sch[en] Schule an. Seine Frömmigkeit und Demuth spricht sich i[n] seinen Liedern, die sich durch Herzlichkeit und Salbung au[s]zeichnen, genugsam aus, und doch wollte er, als bei eine[m]

ner Weise sein Name genannt wurde, alle seine Lieder verbrannt, weil doch, wenn auch etwas Erbauliches in ihnen anzutreffen wäre, die Nennung seines Namens die Erbaulichkeit hindern dürfte. Er starb am 19. September 1735. Von ihm sind: „Ach, mein Jesu, welch' Verderben (P. 242); — Schaffet, schaffet, Menschenkinder (P. 767); — Sei hochgelobt, barmherz'ger Gott (P. 352); — Siehe, gefall'ner Knecht (P. 273); — Treuer Vater, deine Liebe (P. 324); — Wachet auf, ihr faulen Christen (P. 808); — Womit soll ich dich wohl loben (P. 368)." —

243a. Cyriakus Günther, zu Goldbach bei Gotha 1650 (Koch sagt 1649) geboren, war dritter Lehrer am Gymnasium zu Gotha. Er hat mehr als 30 meist gute Lieder gedichtet, und starb zu Gotha 1704 im October, Jahr alt. Von ihm sind: „Halt' im Gedächtniß Jesum Christ (P. 993); — Bringt her dem Herren Preis und Ehr' (P. 852)." —

244. Joachim Bartholomäus Meyer, war noch nach 1700 herzoglich Sächsisch-Gothaischer Bibliothekar zu Schloß Friedenstein bei Gotha. Lieder von ihm sind: „Gewonnen, gewonnen, der Satanas lieget (P. 611); — Mein Herz, o Gott, spricht selbst zu mir (P. 480); — Wo denk' o armer Mensch doch hin (P. 486)." —

245. Johann Eusebius Schmidt wurde 1670 zu Hohenfeld in Thüringen geboren, Schüler und Freund A. H. Francke's, war 1697 Pfarrer zu Siebleben bei Gotha, und starb daselbst 1645. In Freylinghausens Gesangbuch stehen von ihm 48 Lieder, darunter: „Es ist vollbracht, vergiß ja nicht (L. S. 96); — Fahre fort, Zion (P. 472); — Wie groß ist deine Herrlichkeit (P. 1296)." —

Francke's Freunde in Mitteldeutschland.

246. Clemens Thieme, zu Zeitz geboren, wurde 1690 Reiseprediger bei Georg IV. von Sachsen, dem damaligen Churprinzen, dann Archidiakonus zu Wurzen, und zu-

letzt Superintendent zu Colditz. In seinen jungen Jahren wurde er in die pietistischen Streitigkeiten mit verflochten. Seine Mittheilungen über dieselben finden sich im 11. Theile des Thomasischen juristischen Handels. Er hat das Colditzer Gesangbuch mit einer Vorrede herausgegeben. Lied: „Ich bin vergnügt, und halte stille" (P. 523); — Er starb 1732.

247. **Ludwig Rudolph von Senft** wurde 1681 zu Pilsach geboren, wo sein Vater, Ernst von Senft, Geheimrath und Oberconsistorialpräsident zu Dresden war. Ludwig Rudolph von Senft hatte die Rechte studirt, und machte verschiedene Reisen, ward darnach sächsischer Hof-, Justiz- und Legationsrath und Domprobst zu Naumburg im Jahre 1706. Er starb am 21. September 1718 an der Auszehrung. Er dichtete: „Herr Gott, du kennest mein" (B. 957). —

248. **Philipp Balthasar Sinold**, genannt von Schütz, auch unter dem Schriftstellernamen Amadeus Creutzberg bekannt, wurde den 5. Mai 1657 auf dem hessendarmstädtischen Schlosse Königsberg bei Gießen geboren, wo sein Vater, Johann Hedwig Sinold, genannt von Schütz, aus der berühmten Familie der Sinolde von Schütz, als hessischer Oberamtmann lebte. Philipp Balthasar Sinold studirte in Jena, reiste darauf nach Italien, wo er zwei Jahre lang in der Garde des Großherzogs von Florenz Kriegsdienste leistete. Nach seiner Rückkehr in's Vaterland hielt er sich längere Zeit als Privatgelehrter in Leipzig auf, wo er neben andern Geschichtsarbeiten die zu ihrer Zeit berühmte „Europäische Fama" schrieb. 1704 wurde er mit dem Titel eines Raths Hofmeister bei dem Grafen Reuß zu Köstritz, 1705 Hofmeister bei der verwittweten Herzogin von Sachsen-Merseburg zu Forst in der Niederlausitz, wo er sich mit Maria Elisabeth von Posen verheirathete. Im Jahr 1711 ward er Regierungsrath bei dem Herzog von Wartemberg zu Bernstadt in Schlesien, 1718 Geheimrath und Präsident der Collegien des Grafen von Hohenlohe-Pfedbelbach, und zuletzt 1727 gräflich Solmsscher Geheimrath und Lehrprobst des ganzen reichsgräflichen Hauses Solms-

dort starb er auch, ein fast 85jähriger Greis, den 6. März 1742. Seine Frau folgte ihm 8 Tage darauf im Tode nach. Die letzte Arbeit, die man von ihm vorfand, war eine geschriebene Betrachtung über die Worte: „Es ist vollbracht." In der fruchtbaren Gesellschaft hieß er „Faramond." Unter diesem Namen, so wie unter dem Namen „Amadeus Kreutzberg" gab er viele erbauliche und moralische Schriften heraus. Er hat 74 Lieder im herzlichen Glaubenston gedichtet, darunter: „Fahre fort mit Liebesschlägen (P. 429); — Lebst du in mir, o wahres Leben (P. 409); — Wer überwindet, soll vom Holz genießen (P. 408)."

Frankes Freunde in Norddeutschland.

249. **Ernst Lange**, zu Danzig 1650 geboren, auch Bürgermeister daselbst, gab heraus: „C. L. Psalmen auf die bei den evangelischen Gemeinden üblichen Melodien, nach der heutigen Poesie in deutsche Reime gebracht, Danzig 1713 in 8." Er war ein edler tiefsinniger Mann, voll Geist und Kraft, dessen geistliche Dichtungen einer genauern Nachforschung werth sind. Er starb 1727 zu Danzig, alt 77 Jahr. Von ihm sind: „Gott ist die wahre Liebe (P. 1053); — Unter denen großen Gütern (L. S. 708); — Wer recht die Pfingsten feiern will (P. 970)." —

250. **Johann Joseph Winkler**, den 23. December 1670 zu Lübeck geboren, war zuerst Nachmittagsprediger an der St. Petrikirche zu Magdeburg, dann Feldprediger. Als solcher kam er nach den Niederlanden und Italien. Später wurde er Diakonus in Magdeburg, 1703 Inspector des Saalkreises, Oberdomprediger und Consistorialrath zu Magdeburg. Mit Spener war er innig befreundet. Als König Friedrich I. 1703 die Lutheraner und Reformirten zu uniren suchte, wurde auch Winkler zu den Unionsverhandlungen geladen. Er wohnte denselben auch bei. Wir wissen aber, daß die Union nicht zu Stande kam. Winkler war ein vortrefflicher Mann. Seine Lieder, deren er 10 verfaßt hat, wurden zuerst im Freylinghausenschen Gesangbuch herausgegeben. In ihnen spricht sich auf die

kindlichste und einfachste Weise die Aufrichtigkeit seines Glaubenslebens aus. Winkler starb am 11. August 1732. Im Porst sind von ihm: „Entbinde mich, mein Gott (470); — Meine Seele senket sich (P. 698); — O süßer Stand, o selig's Leben (P. 805); — Ringe recht, wenn Gottes Gnade (P. 989); — Sollt' ich aus Furcht vor Menschenkindern (P. 207)." —

251. Johann Heinrich Schröder, 1666 zu Hallersprünge im Fürstenthum Calenberg geboren, war, als er in Leipzig studirte, ein Schüler A. H. Frankes. 1696 wurde er Pastor zu Möseberg bei Wollmirstädt im Magdeburgischen, woselbst er 1728 starb. Von seinen 5 Liedern merke folgende 3: „Ach, ein Wort von großer Treue (P. 370); — Ein's ist noth, ach Herr (P. 741); — Jesu, hilf siegen, du Fürste (P. 477)." — Seine Frau war:

252. Tranquilla Sophia Schröder, geborne Wolf, die Ehegattin J. H. Schröders (Nr. 251.), — an denselben 1694 verheirathet. Sie starb aber bald nach ihrer Verheirathung. Von ihr stehen im Freylinghausenschen Gesangbuch folgende 2 Lieder: Traut'ster Jesu, Ehrenkönig (P. 569); — und: Gott stärk' uns, Jesu, hilf siegen ohn' End'. — Auf letzteres Lied dichtete J. H. Schröder, das Gedächtniß seiner Frau zu ehren: „Jesu, hilf siegen, du Fürste" (P. 477). —

253. Dr. Heinrich Georg Neuß, der Sohn eines Chirurgus, wurde geboren 1654 den 11. März zu Elbingerode am Harz. Er studirte Theologie, und ward Doctor derselben. 1683 ward er Conrector, und 1684 Rector zu Blankenburg. 1690 wurde er aus Wolfenbüttel, wo er Prediger war, wegen seines Pietismus vertrieben. 1692 war er Reiseprediger des Herzogs Rudolph August von Braunschweig, 1693 war er Superintendent zu Remlingen, noch in demselben Jahr Superintendent, Consistorialrath, auch Ephorus, zu Wernigerode; dort starb er den 30. September 1716. Er hat 134 Lieder gedichtet, darunter: „Dankt dem Herrn, ihr Gottesknechte (P. 577); —

Herz, Herr, schaff in mir, schleuß (P. 813); — Ich armes Menschenkind (P. 475); — O Jesu Christe, Gottes Lamm (P. 107); — O Jesu, du bist mein (P. 760); — O Jesu, meiner Seelen Leben (P. 804); — O Vater der Barmherzigkeit (P. 819)." —

254. **Wilhelm Erasmus Arends** war zuerst Informator des frommen Kindes Christlieb Lebrecht von Exter, darnach ward er Pastor zu Crottorf, und starb 1721 als Pastor an der Petri-Paulskirche zu Halberstadt. Von ihm ist: „Rüstet euch, ihr Christenleute" (P. 466). —

255. **Abraham Hinkelmann**, der Sohn eines Apothekers zu Döbeln bei Meißen in Sachsen, wurde den 2. Juli 1652 geboren, studirte in Wittenberg Theologie, ward 1672 Rector zu Gardelegen, 1674 Director des Gymnasiums zu Lübeck, wo er die Wittwe des dortigen Rectors Nottelmann heirathete, und sodann 1685 Pastor an St. Nicolai zu Hamburg wurde. Von da kam er 1687 zu dem Landgrafen von Darmstadt, kehrte aber schon im nächsten Jahre wieder nach Hamburg zurück als Hauptpastor der Katharinenkirche und als Scholarch daselbst. Hier bereiteten ihm aber seine Amtsgenossen, besonders der Pastor an St. Jakob, Meyer, wegen seines christlich frommen Wandels und seiner Freundschaft für Spener den bittersten Verdruß; noch mehr aber der streitsüchtige Dr. Friedrich Mayer deshalb, weil er seinen Herzensfreund, den unschuldig verfolgten Prediger Johann Horb, Speners Schwager, vertheidigte, und brachten es dahin, daß Hinkelmann an den Folgen des steten Aergers im Jahr 1698 starb. Er hat 4 Lieder gedichtet, darunter: „Der wahre Gott und Gottessohn (P. 491); — O heil'ger Geist, o heil'ger Gott (P. 183); — Seligstes Wesen, unendliche Wonne (P. 12)."

255a. **Peter Lackmann**, auch ein Schüler und Freund Frankes, war zuerst Pfarrer zu Wenningen im Sachsen-Lauenburgischen, dann war er Pfarrer zu Wagria, zuletzt, 1694, wurde er Oberpfarrer und Schulinspector zu Oldenburg. Er starb im October 1613. Viele seiner

Lieder werden mit Unrecht dem Diakonus zu Colmar, Johann Langenar, oder seinem Sohn Adam Heinrich Lackmann zugeschrieben. Zu Peter Lackmanns Liedern gehören: „A[ch] was sind wir ohne Jesu (P. 372); — Auf Leiden folgt [die] Herrlichkeit (P. 824); — Der Tod führt uns zum [Heil] (P. 901); — Erhebe dich, o meine Seel' (P. 627)." —

256. Dr. **Friedrich Adolph Lampe**, den 17. Februar 1683 zu Detmold geboren, und der Sohn des P[re]digers Heinrich Lampe daselbst, studirte zu Frankfurt, Bremen und Utrecht, wurde 1703 Prediger zu Wees im Clevischen, 1706 zu Duisburg, und 1709 zu Bremen. 1720 wurde er Professor der Theologie und Pastor in Utrecht, 17[20] Doctor der Theologie. Im Jahr 1727 kam er wieder n[ach] Bremen als Pastor an der St. Ansgaritkirche und a[ls] Professor der Theologie. Er starb am 8. December 17[29] am Blutsturz. Er hat 30 Lieder gedichtet, die gewiß n[ach] ihrem tiefen und frommen Inhalte mehr kirchliche Geltu[ng] hätten, wenn sie nicht meist in ungangbaren Versmaaße[n] und Untermengung fremdartiger Dinge gedichtet wären. I[m] Porst finden sich: „Mein Fels hat überwunden (P. 953); — Mein Leben ist ein Pilgrimsstand (P. 762); — [O] Liebesgluth, die Erd' und Himmel (P. 408)." —

Frankes Freunde in Westdeutschland.

257. **Bartholomäus Crasselius**, den 21. Februar 1667 zu Wernsdorf bei Glaucha im Meißnischen g[e]boren, war ebenfalls Franke's Schüler und darnach Pfarr[er] in Niedden in der Wetterau; zuletzt war er Prediger [in] Düsseldorf, woselbst er am 10. November 1724 starb. [Er] war ein durchaus edler Mann, von welchem wir im Ganze[n] 9 Lieder überkommen haben, darunter: „Dir, dir, Jehova[h] will ich singen (P. 286); — Friede, ach Friede (P. 385); — Hallelujah, Lob, Preis und Ehr' (P. 583); — He[i]ligster Jesu, Heiligungsquelle (P. 789); — Herr Jes[u,] ew'ges Licht (P. 1033)." —

258. Dr. **Johann Christian Lange**, seinem [Va]ter, einem Advocaten und Rechtsconsulenten, am ersten We[ih]

nachmittags 1669 zu Leipzig geboren, wurde bis in sein 16. Jahr privatim unterrichtet; dann kam er auf das Gymnasium zu Zittau, ging aber 1687 nach Leipzig zurück, um Philosophie und Philologie zu studiren. Er wurde durch seinen Fleiß und seine guten Anlagen schon 1688 Baccalaureus, und 1689 Magister. Jetzt ging er zum Studium der Theologie über, besuchte das Collegium philobiblicum (S. Nr. 226.), übte sich im Predigen und ging hierauf nach Lüneburg, wo er in Dr. Petersens (S. Nr. 207.) Hause freundliche Aufnahme fand. Hier unterrichtete er dessen Sohn und einen jungen Grafen von Waldeck, und blieb einige Jahr in diesem Verhältniß. Nachdem er eine Reise nach Hamburg, Lübeck, Eutin und andern Städten gemacht hatte, kehrte er 1694 in seine Vaterstadt zurück. Er machte auf seiner Reise nach Berlin die Bekanntschaft Speners, dessen Freund er auch wurde. Nun ging er nach Gießen und wurde dort 1697 Professor in der Moral, und 1716 Superintendent und Hofprediger zu Nassau-Idstein. Dort starb er auch, beinahe 87 Jahr alt, den 16. December 1756. Von ihm sind: „Fröhlich, fröhlich, immer fröhlich (P. 521); Mein Herzens-Jesu, meine Lust (P. 64); — Mein Jesu, süße Seelenlust (P. 66)." —

259. **Rudolph Friedrich von Schult** wurde 1669 landgräflich hessischer Regierungsrath zu Darmstadt, und dichtete das Lied: „Jesu, komm mit deinem Vater" (P. 197). — Wo ist mein Schäflein (P. 571), ist von Juliane Patientia von Schult.

260. **Michael Müller**, 1673 zu Blankenburg am Harz geboren, war in Halle Frankes und Breithaupts Schüler, hatte aber kaum ausstudirt, als er 1687 von einem heftigen Blutsturz befallen wurde, der ihn nur noch am Grabesrand fortleben ließ. Als er sich ein klein wenig erholt hatte, wurde er Hauslehrer zu Schaubeck im Würtembergischen, wo er 1704 auf den Tod erkrankte. Kurz vor seinem Ende blickte er die Umstehenden mit starrem Blicke an und rief: „Haltet Glauben, haltet Glauben!" und entschlief dann selig am 13. März 1704, Abends 6 Uhr, wie

er es vorher verkündet hatte. Von seinen Liedern stehen 34 im Freylinghausenschen Gesangbuch. Er gab heraus: „Psalmen Davids, nach mehrentheils bekannten Gesangmelodien reimweise übersetzt." Sein Lied ist: „Auf, Seele, auf und säume nicht (P. 23), — und Vers 3. 4. 7—14 von: Sieh', wie lieblich und wie fein (P. 820)." —

Die Gegner der Pietisten-Orthodoxen.

261. Dr. **Valentin Ernst Löscher**, den 29. December 1673 zu Sondershausen geboren, und Sohn des Superintendenten Caspar Löscher, besuchte zuerst die Schule zu Zwickau, ging dann 1690 auf die Universität Wittenberg, wurde 1692 daselbst Magister, und 1695 Adjunct der philosophischen Fakultät, besuchte darnach 1696 die Universität Jena, reiste nach Holland und Dänemark, wurde 1698 primarius, und schon 1699 Superintendent zu Jüterbogk, ein Jahr darauf Doctor der Theologie zu Wittenberg, und 1709 Superintendent und Consistorialassessor zu Dresden. Er ist einer der gelehrtesten Gegner der Pietisten. Zu Anfang des 18. Jahrhunderts gab er eine Zeitschrift: „Unschuldige Nachrichten von alten und neuen theologischen Sachen" heraus, in welcher er den Streit gegen die Pietisten eröffnet. In seinem Eifer hat er besonders A. H. Franken und seinen Stiftungen hart zugesetzt und sie herunter zu setzen gesucht. Als 1703 reformirte und wankend gemachte lutherische Geistliche (S. Nr. 250.) zusammentraten und auf unlautere Weise eine Union zwischen beiden Confessionen bewerkstelligen wollten, erhob Löscher seine Stimme kräftig dagegen, auch gegen die Herrnhuter war er sehr eingenommen; doch konnte er, als er 1735 ein Mitglied der amtlichen Untersuchungscommission war, nicht umhin, die Herrnhutergemeinde mit Thränen zu ermahnen, auf ihrem Grund der Lehre in Verbindung mit der evangelischen Kirche zu bleiben, und ihnen schließlich seinen Segen zu ertheilen, und in Dresden seiner Gemeinde die Herrnhuter als Muster vorzustellen. 1749 feierte er sein 50jähriges Jubiläum, und kurz darauf am 3. Sonntag nach Epiphanias mit seiner Gemeinde das heilige Abendmahl, wobei er das Lied:

„Valet will ich dir geben," singen ließ. Acht Tage darauf gab er selbst der Welt Valet; er starb am Schlage den 12. Februar 1749. Seine geistlichen Lieder verfertigte er, wenn der Herr ihn mit Trübsal heimsuchte; dahin gehören: „Du kannst's nicht böse meinen (B. 818); — O König, dessen Majestät (L. S. 390); — Sei stille, Welt, und lasse mich (L. S. 615)." —

262. Dr. Johann Friedrich Mayer ist der Sohn des Doctors an der St. Thomaskirche zu Leipzig Johann Ulrich Mayer, und wurde daselbst geboren den 6. December 1650. Er studirte in seiner Vaterstadt, wurde dort im 17. Jahre Magister, und ging darauf nach Straßburg. 1672 wurde er Sonntagsprediger zu Leipzig, 1673 Superintendent zu Leißnig, 1674 Doctor der Theologie, 1676 Superintendent zu Grimma, 1684 war er Professor zu Wittenberg und Probst an der Schloßkirche daselbst. 1686 kam er als Professor an St. Jakob nach Hamburg (S. Nr. 255.), und ward zugleich Pastor Honorarius zu Kiel. 1691 wurde er Oberkirchenrath der schwedisch-deutschen Provinzen, 1698 Oberkirchenrath der Aebtissin zu Quedlinburg, 1699 Kaiserlicher Hof- und Pfalzgraf, und endlich 1701 Generalsuperintendent über Pommern und Rügen, Präsident des Consistoriums, erster Professor der Theologie und Prokanzler zu Greifswald, auch Pastor an der St. Nicolaikirche daselbst. Kurz vor seinem Tode besuchten ihn Friedrich VI. von Dänemark und Friedrich August, König von Polen. Der damaligen Kriegsunruhen wegen mußte er sich nach Stettin begeben, wo er am 30. März 1712 in der Brustwassersucht, 62 Jahr alt, starb. Lieder von ihm sind: „Auf, auf, mein Geist, ermuntre dich (L. S. 269); — und: Meinen Jesum laß ich nicht, meine Seel' ist nun genesen (L. S. 282)." —

263. M. Erdmann Neumeister, in Uechteritz bei Weißenfels den 2. Mai 1671 geboren, ist der Sohn eines Schulmeisters, der sich in seiner Jugend im Felde und in den Ställen umher trieb, und durchaus keine Lust zum Lernen hatte. 14 Jahre alt, war er auf Schulpforte bis nach

vollendetem 18. Jahre, darauf bezog er die Universität Leipzig und studirte 6 Jahre daselbst. Nachher bekleidete er mehrere Kirchenämter, zuerst 1691 in Bibrach, 1704 war er Hofdiakonus des Herzogs Johann Georgs zu Weißenfels, und 1706 Superintendent zu Sorau. 1715 ward er Pastor zu St. Jakob und Scholarch in Hamburg, wo er 41 Jahre das Hirtenamt führte und am 17. August 1756 starb, nachdem er am 30. Juni sein 50jähriges Amtsjubiläum gefeiert hatte, als glücklicher Familenvater von 13 Kindern, und als Großvater von 50 Enkeln. Er war ein gläubiger Mann und ein strenger Eiferer für die evangelische Kirche (Siehe 265.). Er ist der Verfasser vieler Schriften und Dichter von etwa 700 Liedern, wovon manche recht ansprechend sind, als: „Herr Jesu Christ, mein höchstes Gut (P. 546); — Jesu, großer Wunderstern (P. 940); — Jesus nimmt die Sünder an (P. 994); — Lasset mich voll Freuden sprechen (L. S. 265)." —

264. M. Johann Ludwig Schlosser, den 11. October 1702 zu S. Goar in Hessen geboren, und Sohn des damaligen Pastors und Inspectors, spätern Kirchenraths, Philipp Casimir Schlosser, erhielt seit 1712, nach dem Tode seines Vaters, seine Vorbildung zu Marburg, woselbst seine Mutter ihren Wittwensitz genommen hatte. 15 Jahr alt, besuchte er das Gymnasium zu Gießen, und studirte später dort auch bis zum Jahr 1727, wo er nach Hannover ging, und dort von dem Hofprediger Menzer in sein Haus und an seinen Tisch genommen wurde. 1730 wurde er Pfarradjunkt an der Neustädter Kirche zu Hannover, 1733 dritter Diakonus, 1738 zweiter Diakonus an der S. Katharinenkirche zu Hamburg, und endlich 1741 Hauptpastor an dieser Kirche, als Nachfolger des berühmten Pastors Wolf, und als College des Erdmann Neumeister, dem er zwei Jahre zuvor am 7. April 1754 in die Ewigkeit voranging, eben so gelehrt und glaubenseifrig, wie derselbe. Er war klein von Körper. Lieder hat er 4 hinterlassen, darunter „Sorge doch für meine Kinder" (P. 1002). —

Die Friedlichen und Stillen im Lande.

265. Dr. Bernhard Walther Marperger, Sohn eines angesehenen Kaufmanns und politischen Commerzienraths, Paul Jakob Marperger, zu Hamburg, wurde geboren den 14. Mai 1681. Er kam früh zu seinen frommen Großeltern nach Nürnberg. Im Mai 1699 bezog er die Universität Altdorf, wo er den Dr. Wegleiter (S. Nr. 167.) zum Lehrer hatte. Zuerst studirte er mit größtem Eifer Mathematik, doch bald war ihm das Evangelium von Christo theurer und werther. — Ein Unfall hätte ihm fast das Leben gekostet. Nämlich gegen Ende seines Aufenthalts auf der Universität wurde er am Lichtmeßfeiertagabend bei dem Nachhausegehen von einem Schlagfluß befallen. Er stürzte nieder und mußte lange Zeit auf dem kalten Pflaster liegen. Endlich wurde er gefunden, aufgehoben und nach Hause getragen. Eine darauf folgende lange Krankheit brachte ihn an den Rand des Grabes. Er selbst nennt aber diese Krankheit „seine rechte hohe Schule, da er in derselben für den Himmel geschult und mit beständigem Himmelsheimweh beseelt worden sei." Er konnte daher 1718 sein Wort: „Es halten edle Gemüther die Erde für ihr Vaterland" recht aus Erfahrung und Grund des Herzens sagen. Das Karlsbad, welches er noch in großer Schwachheit besuchte, stärkte ihn so, daß er seine Studien bei vermöglichen Verwandten beenden konnte. 1706 wurde er Vicar bei dem Antistes Joh. Conr. Feuerlein, und bald Diakonus an der St. Aegidienkirche in Nürnberg, worauf er sich im October glücklich verheirathete. 1710 gab er ein Communionbuch heraus. 1711 wurde er Diakonus an der St. Sebalduskirche, 1714 Antistes an St. Aegidius und Inspector des Gymnasiums. Als solcher weihete er 1718 die neue Aegidienkirche ein. 1725 gab er: „Das Kranken- und Sterbebett, mit dem Wort des Lebens beleuchtet," heraus. Am 5. Sonntag nach Trinitatis 1724 verabschiedete er sich von seiner Nürnberger Gemeinde unter Vergießung vieler Thränen und traf, nachdem er am 13. Juni zu Altdorf Doctor der Theologie geworden, am 8. Sonntag nach Trinitatis als Oberhofprediger in Dresden ein. Er machte zum Frieden in den pietistischen Streitigkeiten, und erwirkte das Verbot „der unschuldigen Nachrichten" von Löscher. Ueber diese Friedensversuche wurde er hart angefochten, besonders von Erdmann Neumeister in Hamburg, aber mit gründlicher Gelehrsamkeit wies er alle Anschuldigungen zurück. — In seinen letzten Lebensjahren hatte er die heftigsten Köperschmerzen zu erleiden. Er ließ sich aber weder in Erfüllung seiner Amtspflichten, noch auch in seiner Geistesruhe stören, bis endlich das Heimweh dieses gottverlobten Herzens gestillt und er erlöst ward von dieser rauhen Pilgerbahn den 29. März 1746. Von seinen 3 Liedern beginnt das eine: „Wer sich auf seine Schwachheit steu'rt" (P. 774). —

266. Dr. Johann Gottfried Hermann ist der Nachfolger Marpergers als Oberhofprediger zu Dresden. Er wurde am 12. October 1707 zu Alt-Jeßnitz, Inspection Bitterfeld, seinem Vater, dem M. Gottfried Hermann, Pfarrer daselbst, geboren. Er studirte auf der Fürstenschule zu Grimma und dann zu Leipzig. 1731 war er Diakonus zu Rahnis, zwei Jahre darauf zu Pegau. Dort bekam er die Einladung, eine Gastpredigt bei der lutherisch-deutschen Gemeinde in Amsterdam zu halten; er that's und sollte darauf ihr Prediger werden. Als er aber in Dresden um seine Dimission ansuchte, wurde er zum Pastor und Superintendenten in Plauen ernannt. 1739 wurde er Doctor der Theologie zu Wittenberg, und 1746, nach Marpergers Tode, als Oberhofprediger und Oberconsistorialrath nach Dresden berufen. Er starb 1791 den 30. Juli als Senior aller chursächsischen Geistlichen und Aufseher der Doctoren der Theologie, nachdem er 1782 sein Amts- und Doctorjubiläum gefeiert hatte. Außer seinen gelehrten Schriften hat er auch einige geistliche Lieder gedichtet, als: „Geht hin, ihr gläubigen Gedanken (P. 922); — Edler Geist im Himmelsthron (B. 1228)." —

267. M. Gotthard Schuster, geboren zu Langenhessen bei Zwickau 1673 und Sohn des dortigen Pfarrers studirte zu Altenburg und Leipzig, war 1703 Pastor zu Stein, Diakonus an der Katharinenkirche und zuletzt Archi-

iakonus an der Hauptkirche in Zwickau. Von ihm ist:
Ihr Eltern, gute Nacht" (P. 1062). —

267a. Dr. Lüder Menke, geboren zu Oldenburg
en 14. December 1658, studirte zu Nordhausen und Mer-
burg und dann zu Leipzig Jura; 1680 wurde er zu Leip-
g Magister, 1682 Doctor und Professor jur. Er war
ein von Körper, aber recht fromm und fleißig. 1726
hrte ihn der Schlag, als er eben in der Bibel las, wo-
uf er nach 3 Tagen, den 29. Juni 1726, starb. Von
m ist das Lied: „Ach komm, du süßer Herzensgast"
P. 212). —

268. Wolfgang Christoph Deßler, Sohn eines
uweliers, den 11. Februar 1660 zu Nürnberg geboren,
ollte Anfangs die Kunst seines Vaters erlernen, aber seines
hwachen Körpers und öftern Kränkelns wegen wurde der
edanke aufgegeben, und Deßler sollte studiren. Sein Va-
r schickte ihn zuerst nach Altdorf auf Schulen, von dort
ollte der junge Deßler nach Straßburg gehen, mußte aber
nes Kränkelns wegen in die Vaterstadt zurückkehren. In
ürnberg schloß er sich an Erasmus Frazisco (S. Nr. 158),
urde von ihm unterwiesen, und half ihm bei der Heraus-
abe seiner Schriften, übersetzte auch selbst mehrere Bücher
us fremden Sprachen. Im Jahr 1705 wurde Deßler
onrector an der Schule zum heiligen Geist, aber auch jetzt
elten ihn oft Krankheiten von seinen Geschäften ab, ja ein
chlagfluß hinderte ihn sogar zwei Jahre lang, seinem Amte
orzustehen. Auch litt er an Steinschmerzen und an einem
eschwür auf der Brust, was tödtlich zu werden schien,
er durch eine Schenkelgeschwulst geheilt wurde. Doch litt
bis zu seinem Tode an fortdauernden Uebeln, und zeigte
nter denselben die größte Geduld und christliche Ergebung.
r starb den 11. März 1722. Von seinen Liedern, deren
56 gedichtet, voll tiefsinnigen Inhalts, merke: „Frisch
ch, hiernach, mein Geist und Herz (P. 430); — Mein
esu, dem die Seraphinen (P. 281); — Oeffne mir die
erlenthore (P. 908); — Was frag ich nach der Welt

(P. 765); — Wie wohl ist mir, o Freund der Seelen (P. 391)." —

269 Lorenz Wilhelm Crantz, Sohn des Seniors und Consistorialassessors C. zu Markbreit in Franken, wurde den 6. (9) November 1674 geboren. 1695 war er Pfarrer zu Rothenbau und Fuchsstädt, im Ochsenfurter Gau gelegen, 1694 Pfarrer zu Frühstockheim, wozu noch 1602 die nahgelegne Pfarre zu Rudelsee kam, endlich ward er Pastor zu Babenhausen, und Cosistorialassessor zu Hanau. Er starb, 68 Jahr alt, den 16. Mai 1742. Auf Veranlassung der verwittweten Frau Gräfin zu Hanau, Charlotte Wilhelmine, gebornen Herzogin zu Sachsen, gab er ein „Wittwenbuch" heraus, in welchem auch seine Lieder stehen. Von ihm ist: „Ich halte Gott in allem stille" (P. 798). —

270. Johann Friedrich Stark ist den 10. Octbr. 1680 zu Hildesheim geboren, und wurde 1709 deutscher Nachmittagsprediger in Genf, 1715 Prediger zu Sachsenhausen, 1723 zu Frankfurt am Main, wo er am 17. Juli 1759 im 76. Jahre seines Alters als Consistorialrath, Sonntagsprediger an der Kirche zu'n heiligen Geist und zugleich Prediger an der holländischen lutherischen Gemeinde daselbst, starb. Bekannt ist sein „Tägliches Handbuch in kranken und gesunden Tagen." Von ihm ist: „Mein Geist und Sinn ist hoch erfreut" (B. 1170); — und: „Ich bin getauft, ich steh' im Bunde" (L. S. 314). —

270a. Christoph Gensch von Breitenau, Erbherr auf Grünhof in der Grafschaft Oldenburg, ein sehr gelehrter und frommer Mann, den 12. August 1638 zu Naumburg geboren, und Sohn des churfürstlich sächsischen Amtmanns zu Zeitz, Christoph Gensch. Er besuchte zuerst die Schule Pforta, und dann zu Naumburg, begab sich 1655 auf die Universität Leipzig, um die Rechte zu studiren, wurde dann Hofmeister des Herzogs Rudolph Friedrich von Schleswig-Holstein-Norburg, 1667 Hofrath des Herzogs Joachim Ernst zu Plöne, 1678 Rath bei dem Könige Christian V. von Dänemark. 1681 wurde er geadelt und erhielt den

Namen von Breitenau. 1682 ward er Kanzler in der Grafschaft Oldenburg, 1693 Conferenzrath und Staatsminister, 1694 Landdrost im Butjadinger Lande, 1700 erhob ihn König Friedrich IV. zum Geheimrath und 1701 zum Ritter vom Dannebrog. Er starb, nachdem er in den letzten Jahren privatisirt hatte, zu Lübeck am 11. Januar 1722, alt 93 Jahr. Er machte sich um die Stadt Plöne nicht nur durch Gründung einer Schule, welche noch besteht, verdient, sondern er veranstaltete auch für dieselbe die Herausgabe eines vorzüglichen Gesangbuchs, das 1674 erschien, welches er mit mehr als 20 von ihm geänderten und neu verfaßten Liedern beschenkte, darunter auch: „Werde munter, liebe Seele" (P. 887). —

271. Johann Langemack, den 7. April 1655 zu Neustadt in Holstein geboren, wurde 1681 Pfarrer an seinem Geburtsort, hernach Diakonus in Colmar. Er starb den 27. September 1712, und gab sieben Gesänge über die verschiedenen Benennungen Jesu heraus, Glückstadt 1706. Von ihm ist: „Zerfließ mein Geist" (P. 238). —

271a. Joh. Ernst Greding, geboren den 30. Juni 1674 in Weimar, war Rector der evangelischen Schule in Hanau, zuletzt Pfarrer in Altheim bei Hanau. Er ist Verfasser des schönen Passionsliedes: „Der am Kreuz ist meine Liebe" (P. 74). —

272. Dr. Gerhard Molan, 1633 zu Hameln geboren, war Calixts Schüler, wurde 1660 Professor der Mathematik, und nachdem er die Doctorwürde angenommen, noch Professor der Theologie zu Rinteln. 1672 wurde er Abt zu Lockum, ferner Director des ganzen Fürstenthums Braunschweig-Lüneburg, und erster Landstand des Fürstenthums Calenberg. Er starb 1722, den 7. September. Von ihm ist das Lied: „Ich trete frisch zu Gottes Tisch" (P. 529). —

273. Veit Ludwig Megander, war erst königlich dänischer Quartiermeister, und dann herzoglich sächsischer

Secretair; als solcher starb er 1709. Von ihm ist: „Schlage, Jesu, an mein Herz" (L. S. 575). —

274. **Magister Christian Junker,** zu Dresden den 16. October 1668 geboren, wurde 1696 Conrector zu Schleusingen, 1707 Rector zu Eisenach, 1713 Director des Gymnasiums zu Altenburg. Seit 1704 war er auch Sachsen-Hennebergischer Historiograph, seit 1711 Mitglied der königlichen Societät der Wissenschaften zu Berlin. Im Gesangbuch von Neustadt an der Orla von 1717, und im Schleusing'schen von 1719 ist von ihm das Lied: „Kehre wieder, meine Seele" (P. 502). —

274a. **Sophie Regina Gräf,** Tochter des M. Johann Rudolph Gräf, des Pastors in Weltewitz bei Eisenburg, und Ehegattin des Chr. Gotthold Laurenti, gewesenen Pastors zu Wehlen. Sie war eine geschickte deutsche Dichterin, deren erbauliche poetische Gedanken ihr Gatte, ohne ihr Wissen, in den Druck gegeben, unter dem Titel: „Einer gläubigen Seele ihrem Jesu dargebrachte Liebesopfer." 1715. Daraus das Lied: „Ach, wo ist mein Jesus blieben" (P. 247).

Die Schlesier.

275. **Benjamin Schmolk,** der Sohn des Pastors Martin Schmolk zu Brauchitschdorf, im Fürstenthum Liegnitz, wurde geboren den 21. December 1672, und von dem frommen Vater, der sein Söhnlein zum Dienst des Herrn bestimmte, dem Herrn in der heiligen Taufe am heiligen Christtage dargebracht. Schon sehr zeitig äußerten sich bei Benjamin Schmolke die herrlichsten Geistes-Anlagen, daher seine Eltern mit besonderer Sorgfalt seine Erziehung begannen; doch die Mutter konnte nicht lange mehr die Erziehung ihres Lieblings überwachen, sie starb schon den 4. September 1676; eine Freundin des Hauses wurde Pflegerin des Kleinen. Seinen ersten Unterricht erhielt Schmolk gemeinschaftlich mit den von Rothkirch'schen Kindern durch Peter Paul Wießner. Diesem Lehrer folgte Schmolk auch, als er nach Schmiedeberg versetzt wurde

1681 besuchte er die Steinauer Schule, und wohnte im Hause des dortigen Adjuncten Joh. Georg Schubbart, unter dessen besonderer Leitung er den ersten Grund in Sprache und Wissenschaft legte. 1784 bezog er das Gymnasium zu Liegnitz, und bildete sich dort weiter, unter den Rectoren Ephraim Heermann und Georg Maywald. 1688 ging Schmoll nach Breslau, folgte aber dem nach Lauban versetzten Rector Wende nach kurzem Aufenthalt in Breslau. In Lauban wurde er außer Rector Wende auch von M. Gottfried Hoffmann (S. Nr. 199.) unterrichtet. Hier kränkelte er oft, dazu mußte er seinen Unterhalt durch Unterrichten beschaffen. Nach einem 5jährigen Aufenthalt zu Lauban bezog er die Universität Leipzig im Vertrauen auf Gottes mächtige Durchhülfe. Zuvor aber begab er sich erst noch einmal zu seinem Vater nach Brauchitschdorf, um dessen Segen auf die Universität mitzunehmen. Außer diesem empfing er von dem Patron seines Vaters, Nicol. Heinr. von Haugwitz, durch Schmoll's Fleiß und gute Anlagen dazu bewogen, ein Stipendium von 300 Thalern auf 3 Jahre verliehen. Doch noch Mehreres sollte geschehen. Als Schmoll einmal auf der Kanzel seines Vaters über die Worte des 40. Ps. predigte: „Denn ich bin arm und elend, der Herr aber sorget für mich; du bist mein Helfer und Erretter, mein Gott verziehe nicht!" — wurde ein Verwandter des Herrn von Haugwitz so gerührt, daß er obiges Stipendium noch um ein Bedeutendes vermehrte. — Zu Michaelis 1693 trat er zu Leipzig seine academische Laufbahn an, unter Leitung von Joh. Schmiede. Treu dem Gelübde seiner Mutter, studirte er Theologie mit allem Eifer. Seine Lehrer waren: Günther, Pritius, Seligmann, Carpzow, Olearius und Rothe. Hier wurde er wieder öfter von schweren Krankheiten heimgesucht, von denen er Spuren bis in sein Alter empfunden. In seinen Mußestunden war die Poesie seine Lieblingsbeschäftigung. — Er erwarb sich durch seine Versuche in derselben die Achtung vieler angesehener Männer, welche ihn leicht bewogen hätten, außer seinem Vaterlande ein Pfarramt anzunehmen, wenn ihn nicht sein Vater zurückgerufen hätte, damit er ihn, da er bereits 70 Jahr alt war, in seinem Amte unterstützte. Vier Jahr hatte Schmoll mit Nutzen in

Leipzig verweilt, und kehrte 1697 mit freudiger Hoffnung in die Arme seines alten Vaters zurück. Groß war der Beifall, den er durch seine Beredtsamkeit auf der väterlichen Kanzel erwarb, weshalb auch der Patron ihm am 2. Januar 1701 die Adjunctur bei seinem Vater übertrug, welche er, nachdem er in Leipzig ordinirt war, mit freudigem Dank annahm. Aber schon am 12. December 1702 wurde er zum Diakonus an der Friedenskirche nach Schweidnitz berufen, nachdem er sich am 2. Februar desselben Jahres mit Anna Rosina Rehwald, Kaufmannstochter in Lauban verheirathet hatte. Er wußte die Liebe und das Vertrauen seiner Schweidnitzer Gemeinde in reichem Maaße zu gewinnen; aber die Katholiken, welche es dahin gebracht hatten, daß sein Vorgänger seines Amtes entsetzt worden, bereiteten auch ihm bittere Tage; doch sein liebevoller Umgang mit seinen Pfarrkindern, seine treue Sorge für ihr Seelenheil und vorzüglich seine Verträglichkeit mit Jedermann, machte sie schweigen. Von Schweidnitz aus erschien Schmolks erste Liedersammlung, 50 an der Zahl, als: „Heilige Flammen der himmlisch gesinnten Seele." Schweidnitz 1704. Im Jahr 1708 wurde er Archidiakonus, 1712 Senior, und 1714 Pastor primarius und Schulinspector. — Auch an häuslichem und Familienleiden hatte Schmolk reichlich zu tragen. 1712 starb ihm sein alter Vater, auch verlor er zwei blühende Töchter durch den Tod; er selbst wurde gar häufig von Krankheiten heimgesucht, welche er aber stets stille und mit gottergebenem Herzen ertrug. 1730 wurde er vom Schlage getroffen; doch predigte er seiner Gemeinde noch immer fleißig Gottes Wort. 1735 kam zu dem wiederkehrenden Schlage noch der Staar, der zuerst operirt, dann aber unheilbar sein Auge verdunkelte. Auch jetzt war er noch im Beichtstuhl thätig. Als ihn seine Krankheit an's Bett fesselte, strömte auch da noch Trost und Erbauung von seinen gesalbten Lippen. Sanft schlummerte er, nachdem er die Seinen mit stummer Handauflegung zum letzten Mal gesegnet hatte, hinüber in's ewige Leben am 12. Febr. 1637, und hinterließ 2 Söhne und eine Tochter. Von seinen 1188 Liedern merket folgende: „Ach, wenn ich dich, mein Gott, nur habe (P. 543); — Allein und doch nicht ganz allein (P. 925); — Angenehme Morgenblicke (B. 92); — Bedenke Mensch das Ende (P. 846); — Bestell' dein Haus, denn du mußt sterben (B. 1210); — Dennoch bleib ich stets (P. 1008); — Das Grab ist da, hier steht mein Bette (B. 1007); — Der beste Freund ist in dem Himmel (P. 346); — Der Tod ist todt, das Leben lebet (B. 312); — Der Sabbath ist vergangen (B. 89); — Die Nacht giebt gute Nacht (B. 100); — Die Nacht ist Niemands Freund (B. 97); — Die Woche geht zum Ende (B. 101); — Du Aufgang aus der Höhe (B. 94); — Ein neuer Tag, ein neues Leben (P. 974); — Ein Tag geht nach dem andern hin (B. 95); — Gott, du wohnst in einem Lichte (B. 96); — Gott lebt, wie kann ich traurig sein (P. 395); — Hirte deiner Schafe (P. 1035); — Hosianna, Davids Sohne (P. 926); — Himmelan (P. 747); — Ich geh zu deinem Grabe (P. 951); — Ich bin gewiß in meinem Glauben (P. 396); — Ich habe Lust zu scheiden (B. 973); — Ich suchte dich in meinem Bette (B. 95); — Je größer Kreuz, je näher Himmel (Lieder-Segen 759); — Lamm Gottes, schaue mich (B. 99); — Liebster Jesu, wir sind hier, deinem Worte (L. S. 266); — Licht vom Licht, erleuchte mich (P. 978); — Meinen Jesum laß ich nicht, ach was kann (B. 1168); — Mein Gott, ich weiß wohl, daß (P. 1064); — Mein Jesus lebt, was soll ich sterben (B. 327); — Nun, Gottlob, es ist vollbracht (P. 987); — O Mensch, gedenk' an's Ende (B. 995); — Schmückt das Fest mit Maien (P. 966); — Seele, geh' auf Golgatha (P. 117); — Seelengast, erscheine (B. 546); — Seele, sei zufrieden (B. 1084); — Seht, welch' ein Mensch ist das (B. 299); — Sterblicher, du gehst vorbei (B. 1091); — Theures Wort aus (P. 979); — Thut mir auf die schöne Pforte (P. 980); — Weine nicht, Gott lebet noch (B. 1099); — Welt, gute Nacht, mein Weg (B. 1101); — Wer nur mit seinem Gott verreist (L. S. 657); Wir liegen hier zu deinen (B. 1250)." —

276. M. Johann Neunherz, seinem Vater, einem Kaufmann, zu Schmiedeberg am 16. August 1653 geboren, studirte 1673—76 zu Leipzig, und ward darauf Pfarrer zu Pehlingswalde, 1696 zu Geibbsdorf bei Lauban Oberpfar-

rer, und Senior zu Hirschberg, welches ein Jahr früher erst Kirche und Schule erhalten; dort feierte er 1731 sein Amtsjubiläum, und starb 1737 mit Schmolk in einem Jahr. Er hat mehrere Schriften und Lieder verfaßt, darunter: „Mein Freund ist mein und ich (P. 410); — Zween der Jünger geh'n mit S. (L. S. 149)." —

277. M. Jonathan Krause, Sohn des Bürgers und Tuchmachers Christian Krause, zu Hirschberg den 5. April 1701 geboren. Sein Vater war zugleich Oberältester des Tuchmachergewerks und Glöckner bei der evangelischen Kirche vor Hirschberg. Anfänglich wurde er privatim unterrichtet; als aber 1708 die Stadt selbst eine evangelische Kirche und Schule bekam, da besuchte er diese. 1716 ging er nach Breslau auf's St. Elis.-Gymnasium; 1718 begann er das Studium der Theologie zu Leipzig, 1723 wurde er zu Wittenberg Magister, machte dann mit einem jungen Herrn von Birkens einige Reisen, worauf er 1726 wieder nach Schlesien kam, und 5 Jahre Hofmeister bei den Kindern des Freiherrn von Nostitz auf Polgsen bei Wehlau war. Durch Nic. Sigm. von Reder erhielt er 1728 am 24. Juli den Ruf als Diakonus nach Probstheim im Liegnitzschen. 1739 am 11. März ward er einstimmig zum Pfarrer an der Oberpfarrkirche zu St. Peter und Paul in Liegnitz ernannt. Er gab außer andern Schriften heraus: „Die besungene Gnade in Christo Jesu in heiligen Liedern über alle Sonn- und Festtagsevangelien und Episteln, Lauban 1739." Im Jahr 1741 am 5. September wurde er zum Superintendenten und Assessor im Consistorium des Fürstenthums Liegnitz ernannt. Von ihm ist das Lied: „Hallelujah, schöner Morgen" (L. S. 482). —

278. M. Gottfried Edelmann, Sohn des Amtmanns Mauritius Edelmann, zu Marggliſsa den 20. December 1660 geboren, besuchte die Schule zu Zittau unter dem Rector Weise (S. Nr. 198.), ging 1681 nach Leipzig, wo er Magister wurde, ward hierauf Pfarrer zu Holzkirch in der Lausitz, 1693 Pfarrer zu Geibbsdorf bei Lauban, 1696 Diakonus, 1707 Pastor primarius zu Lauban, woselbst

1727 starb. Von ihm ist das Lied: „Gott, gieb Fried'
deinem Lande" (L. S. 588). —

Die Oberlausitzer.

279. **Henriette Katharina, Freifrau von Gersdorf**, geborne Freiin von Friesen, den 6. October 1648 zu
[Sul]bach geboren, verheirathete sich mit dem Geheimen
[Ra]thsdirector und Landvoigt zu Dresden, Nicolaus von Gers-
[dor]ff, mit dem sie mehrere Kinder hatte. Sie ist die Groß-
[mu]tter des Nicolaus Ludwig, Graf von Zinzendorf. Sie
[wa]r eine gelehrte Dame, was aber noch vielmehr ist, eine
[got]tselige und fromme Frau, die mit den Gottesmännern
[Spe]ner, Franke, Anton und dem Baron von Kanstein in
[per]sönlichem und brieflichem Umgange stand. Am 23. August
[17]02 verlor sie ihren Gatten durch den Tod, er starb in
[ein]em Alter von 73 Jahren. 1704 nimmt sie, da der Ge-
[mah]l ihrer Tochter, Georg Ludwig Graf von Zinzendorf,
[scho]n im Juli 1700 gestorben war, und diese sich nun an den
[pre]ußischen Feldmarschall von Natzmer verheirathet, den
[da]hrigen jungen Grafen Nicolaus Ludwig von Zinzendorf
[zu] sich, und leitet ganz seine Erziehung. 1722 verkaufte
[sie] dem Grafen auch ihr Gut Berthelsdorf bei Zittau, und
[sieh]t mit Engelsfreude die Liebeswerke ihres geliebten Enkels.
[Al]s sie ihre Kräfte schwinden fühlt, händigt sie ihm noch
[Ta]usende von Thalern zur Förderung des begonnenen Werks
[ein], läßt sich dann an einen Ort hinaus auf's Feld tragen,
[wo] sie das von Zinzendorf gegründete Herrnhut sehen kann,
[seg]net die Gemeine, kehrt heim auf ihr Gut Groß-Henners-
[dor]f und fährt auf in das ewige Zion am 5. März 1726
[in] einem Alter von 78 Jahren. 1729 wurde eine Samm[lun]g ihrer Lieder und poetischen Betrachtungen heraus[gege]ben, aus welchen uns der Geist und das Gemüth dieser
[herr]lichen Frau unverkennbar belebend entgegen strahlt, wie
[auc]h in folgenden von ihr gedichteten Liedern: „Befiehl dem
[Her]rn deine Wege (P. 699); — Immanuel, deß Güte nicht
[zu] zählen (P. 380); — O Blindheit, bin ich denn der
[Art (P. 687); — Treuer Hirte deiner Heerde (P. 1012);
[—] Wohl dem, der Jakobs Gott (P. 513)." —

280. Johann Andreas Rothe, Sohn des Pfarrers M. Aegidius Rothe zu Görlitz, daselbst geboren, den 12. Mai 1688, besuchte zuerst das Magdalenen Gymnasium zu Breslau, ging 1708 auf die Universität und ward 1711 unter die Zahl der Candidaten aufgenommen. 1721 lernte Graf Zinzendorf in ihm einen Candidaten kennen, "dessen Gleichen er später nicht wieder gesehen" und berief ihn auf sein eben übernommenes Gut Berthelsdorf 1722 zum Pfarrer. Beide, dazu Schäfer und Wattewille, traten zu einem Vierfreundschaftsbündniß zusammen, die Herrschaft Christi im Herzen der Menschheit zu sichern. Sie wollen im heiligen Wandel vorangehen. Reisen, Briefwechsel, Vertheilung erbaulicher Schriften, Alles soll helfen. Dieser Bund ist der Anfang der gesegneten Wirksamkeit Zinzendorf's. Rothe sah die Entstehung Herrnhuts in seiner Gemeinde, erquickte sich an dessen christlichem Leben, und arbeitete mit gründlichem Fleiße an demselben bis 1739. Dann folgte er einem Ruf als Pastor zu Hermsdorf, und starb 1748. Er gab einige 20 kleinere theologische Schriften heraus, in welchen zum Theil seine Lieder, 45 an der Zahl, befindlich sind, darunter: "Ich habe nun den Grund gefunden (P. 397). — Wenn keine Himmelserben (P. 1066)." —

281. Johann Mentzer, den 27. Juli 1650 zu Jahmen in der Oberlausitz geboren, war von 1700 ab Pfarrer zu Kemnitz bei Bernstadt in der Oberlausitz, stand in freundlichem Verkehr mit der Freifau von Gersdorf, und später auch mit Zinzendorf; auch Schwedler, (S. Nr. 282) Pfarrer zu Niederwiesa, war sein Freund. Er stand seiner Gemeinde in reich gesegnetem Wirken, und starb allgemein geachtet den 24. Febr. 1734. Von ihm sind die Lieder: "O daß ich tausend Zungen hätte (P. 598); — O Jesu, einig wahres Haupt (P. 964); — Wer das Kleinod will erlangen (P. 484)." —

282. M. Joh. Christian Schwedler, den 21. Dec. 167 zu Krobstorf in Schlesien geboren, und Sohn eines Schulheißen, besuchte 1689 das Gymnasium zu Zittau, 1695 die Universität Leipzig, wo er Magister wurde. 1698, na

… Adolphs Lobe, wurde er zu Niederwiesa in der Lau-
… Diakonus, nachdem er vorher Substitut gewesen war.
…äter wurde er Pastor und Frühprediger daselbst. Er
…b am 12. Januar 1730 am Schlagfluß, 57 Jahr alt.
…ls in seinen Schriften, theils in verschiedenen Gesang-
…ern finden sich von ihm 18 Lieder, darunter auch:
…ollt ihr wissen, was mein Preis" (P. 413). — Er war
… sehr ernster Christ, und mit seiner Donnerstimme drang
… oft so tief in die Herzen seiner Zuhörer, daß man ihn
… dem Schluchzen derselben fast nicht mehr verstehen
…nte.

283. **Hans Christoph von Schweinitz**, 1645 zu
…sdorf im Fürstenthum Schweidnitz geboren, war Lan-
…ältester im Görlitzschen Kreise, auch königlich polnischer
… chursächsischer Rath und Kammerherr, er war zuerst
… Theodore von Festerberg verheirathet, als diese ihm
…b, dichtete er auf ihren Tod das Lied: „Wird das nicht
…ube sein," und der Diakonus Chr. Adolph zu Nieder-
…sa setzte die rührende Melodie zu dem Liede. Schwei-
… starb 1722.

284. **Samuel Grosser**, den 18. Febr. 1664 ge-
…en zu Paschkerwitz, woselbst sein Vater, Sam. Grosser,
…tor war, besuchte die Gymnasien zu Brieg, Breslau
… Zittau, ging dann auf die Hochschule zu Leipzig,
…rde dort 1685 Magister, erhielt 1690 das Conrectorat
… der Nicolaischule daselbst, 1691 ging er nach Altenburg
… Rector, 1695 als Rector nach Görlitz, wurde 1712
…tglied der königlichen Akademie zu Berlin, und starb in
…rlitz als Emeritus am 24. Juni 1736, alt 72 Jahr.
… zeichnete sich ganz besonders als Schulmann aus, hielt
…ng auf wahrhafte Frömmigkeit, und erzog 2347 Schü-
… Seine geistlichen Lieder stehen in seiner: „Bet- und
…ngschule für die studirende Jugend. Leipzig und Görlitz
…07, 8," und in: „Beicht- und Abendmahlsandachten,
…rlitz, 1734," und endlich in seiner „Christlichen Vor-
…ellung zur Reise aus der Welt gen Himmel, Wittenberg

1730." Sein ist auch das Lied: „Liebster Jesu, sei willkommen" (L. S. 11). —

285. **Gottfried Tollmann**, aus Lauban gebürtig, war Pfarrer zu Leula in der Oberlausitz um's Jahr 1723. Sein Lied ist: „Die Ernt' ist nun zu Ende" (P. 1005). —

Die Herrnhuter Sänger.

286. **Nicolaus Ludwig, Graf von Zinzendorf**, war den 26. Mai 1700 zu Dresden, woselbst sein Vater einer der angesehensten Minister war, geboren. Kaum zwei Monat alt, starb ihm sein Vater, und als seine Mutter sich 1704 an den preußischen Feldmarschall von Natzmer verheirathete, übernahm seine Großmutter, die Freifrau von Gersdorf, (S. Nr. 279.) die Erziehung des 4jährigen Enkels. Schon als Knäblein lebte Zinzendorf ganz als ein Hausgenosse der Kinder Gottes im Hause seiner Großmutter, mit dem 10. Jahre brachte diese ihn in das Pädagogium zu Halle, wo er fast 6 Jahre unter der Leitung von A. H. Franke blieb. Hatte er schon als Kind im Hause seiner Großmutter „Gebetbanden" im Verein anderer Kinder gegründet, so wird es nicht befremden, daß er in Halle mit Gleichgesinnten eine Gemeinschaft zur Uebung in der Gottseligkeit „den Senfkornorden" stiftete, der sich zur Aufgabe stellte, in Lehre und Leben Jesu nachzuwandeln, und besonders die Bekehrung der Heiden und Juden sich angelegen sein zu lassen. Im Jahre 1716 versetzte ihn sein Vormund auf die Universität Wittenberg, damit er dort die Rechte studire. Er that's, doch vergaß er auch das Studium der Theologie nicht. — 1719 ging er auf Reisen und kam durch Holland, Frankreich und die Schweiz, und lernte dadurch die Vorzüge der verschiedenen christlichen Confessionen erkennen, aufsuchen und schätzen. 1721 wurde er nach dem Willen der Großmutter Hof- und Justizrath zu Dresden, 1723 trat er in die heilige Ehe mit Erdmuth Dorothea, Schwester des Grafen Heinrich XXII. von Reuß-Ebersdorf, einer mit ihm auf das Innigste übereinstimmenden Christin, mit der er von vornherein den Bund machte: „auf des Herrn Wink

…nden den Pilgerstab in die Hand zu nehmen, und zu den …den zu gehen, um ihnen das Evangelium zu predigen." …och der Herr wollte ihn fürerst noch anderweitig gebrau… …n. Die böhmischen und mährischen Brüder (S. Nr. 17.) …tten sich trotz aller Verfolgung im 30jährigen Kriege …. Nr. 113. und 157.) und nachher, wo ihnen durch die un… …lässige Feindschaft der Katholiken fast alle Kirchen genom… …n waren, doch bei dem wahren Glauben durch Gottes …nade erhalten. Des ewigen Druckes matt und müde, …men Einzelne zu Zinzendorf und baten um Aufnahme bei …n, damit sie frei und ungehindert ihres Glaubens leben …nten. Er wies ihnen einen Bauplatz am Hutberge auf …: Straße von Löbau nach Zittau an. Am 17. Juli 1722 …lte der mährische Zimmermann Christian David den ersten …aum unter dem Ausruf: „Der Vogel hat sein Nest gefun… …, und die Schwalbe ihr Nest, da sie Junge hecken, näm… …) deine Altäre, Herr Zebaoth, mein König und mein …tt" (Psalm 84, 4.). Das ist der Anfang von Herrnhut. …e Einwohnerzahl zu Herrnhut mehrte sich schnell und …t. Am 12. Mai 1724 legte Zinzendorf den Grundstein … einem Versammlungshause. Zinzendorf hielt eine ergrei… …de Rede; dann kniete Wattewille (S. Nr. 280.) nieder …d that ein Gebet, daß die Anwesenden alle in Thränen …ossen. Noch kehrte Zinzendorf nach Dresden zu seinem …te zurück, als aber durch den Zuzug von allerlei Volk … Glaube der Herrnhuter Gefahr litt, da hielt es ihn …t nicht länger. Er gab 1727 sein Amt auf und zog …f sein Gut Berthelsdorf, nahe bei Herrnhut, um der Ge… …nde stets nahe sein zu können. Mit seltener Demuth …d harrender Geduld trug er die Widerspenstigen. Er …tte selbst seine Wohnung zu Herrnhut, um nur dem Herrn … Seelen der Brüder zu erhalten. Da es ihm nun nicht …ders gelingen wollte, sie zufrieden zu stellen, als wenn er …nen ihre uralte Kirchenordnung ließe, so ging er gern dar… …f ein, und entwarf mit seinem Pfarrer Rothe (S. Nr. 280.) …e christbrüderliche Gemeindeverfassung nach dem Muster … apostolischen Gemeinde in der alten mährischen Kirche. …n 12. Mai 1727 legte Zinzendorf, nach einer 3stündigen …de, der Gemeinde diese Verfassung zur Annahme vor.

Alle schämten sich der bisherigen Religionszänkerei, Mähren, Reformirte und Lutheraner, alle reichten ihm die Hand und versprachen in Liebe Eins sein zu wollen. So wurde die neue Brüdergemeinde gestiftet, und am 13. August, durch Feier des heiligen Abendmahls, bei welcher der heilige Geist merklich unter ihnen gespürt wurde, versiegelt; dieselbe erstarkte in kurzer Zeit innerlich so sehr, daß schon 1732 die ersten Missionare nach Westindien und Grönland ausgesandt werden konnten. — Damit aber die Brüdergemeinde nicht als eine Separistengemeinde möchte angesehen werden, ließ er die Verfassung von der theologischen Facultät zu Tübingen prüfen, und diese erklärte, daß die herrnhut'sche Gemeinde als augsburgische Confessionsverwandte im Verband der lutherischen Kirche bleiben könne. Um aber mit der Kirche in ordentlicher Gemeinschaft zu bleiben, und auf sie desto besser wirken zu können, kam nun auch der Entschluß des Grafen, in den geistlichen Stand zu treten, zur Ausführung. Dieser Entschluß wurde 1734 zu Tübingen ins Werk gesetzt. Der Graf wurde aber seines Glaubens wegen, und mit ihm die herrnhuter Gemeinde hart verlästert und verfolgt. Zinzendorf wurde sogar 10 Jahre des Landes verwiesen. Dies irrte ihn aber nicht; sondern er reiste nun durch ganz Deutschland und Europa, und knüpfte überall Verbindungen an. Zweimal führte ihn sein sehnliches Verlangen, Seelen für den Heiland zu gewinnen, weit über das Meer hin nach Amerika zu den Negersclaven, zu den im geistlichen Elend schmachtenden Ausgewanderten, und zu den rothen Indianern. Vor seiner ersten Abfahrt 1738 hielt er noch eine Conferenz mit den Brüdern in London, woselbst das gerade erledigte Oberältsten-Amt dem Herrn Christus übertragen wurde. Bald nach seiner zweiten Rückkehr aus Amerika kam eine Sichtungszeit über ihn und die Brüdergemeine, welche so weit ging, daß sie mit dem ernsten Streit des Christen, in Namen, Ausdrücken und Liedern, mit dem Leiden des Heilandes spielten. Als aber Zinzendorf nach 5 Jahren das Uebel recht erkannte, that er das Seinige, um wieder alles ins rechte Gleis zu bringen, was ihm endlich auch gelang. Zum Schluß dieser Periode bekannte sich die ganze Brüdergemeine 1749 zu unveränderten augsburgischen Confession, und sicherte dadurch ihren Verband mit der lutherischen Kirche. In seiner Familie hat Zinzendorf des Hauskreuzes auch die Fülle gehabt; fünf Söhne und drei Töchter hat er schon begraben, da stirbt ihm 1752 sein letzter Sohn, der 26jährige Renatus (siehe Nr. 287.), und im Jahr 1755 seine treue Gemahlin. Da eine Gehilfin bei der Last auch seiner äußeren Geschäfte unumgänglich nöthig war, so verheirathete er sich nach einem einjährigen stillen Wittwenstande 1757 mit Anna Nitschmann, einer vieljährig bewährten Freundin. Bald darauf, 1760, bereitete sich sein Ende vor. Am 5. Mai hatte ihn ein hitziges Katarrahlfieber ergriffen. In der Nacht des 9. Mai trat ein Anfall von Stilfluß ein, der ihm das Reden unmöglich machte. Als er aber am Morgen die Sprache wieder erhielt, sagte er: „Ich werde nun zum Heiland gehen; ich bin fertig; ich bin in den Willen meines Herrn ganz ergeben, und Er ist mit mir zufrieden. Will er mich nicht länger hier brauchen, so bin ich ganz fertig, zu ihm zu gehen, denn mir ist nichts mehr im Wege. Jetzt eilen seine Kinder herbei, der sterbende Vater kann nicht mehr sprechen. Er grüßt sie mit dem Kopfe, und segnet sie. Mit unbeschreiblich vergnügtem Blick sieht der Sterbende noch alle Versammelte, gegen 100 Personen, an, als Antwort stürzen ihre Thränen hervor. Gegen 10 Uhr legt er das Haupt zurück auf's Kissen und schließt selber das Auge. Sein Schwiegersohn, Joh. von Wattewille, spricht: „Herr, nun läßt du deinen Diener in Frieden fahren," legt ihm die Hand auf, und fährt fort: „Der Herr segne dich und behüte dich! Der Herr erleuchte sein Angesicht über dir, und sei dir gnädig! Der Herr erhebe sein Angesicht auf dich, und gebe dir Frieden!" Mit dem Wort: „Frieden!" steht Herz und Athem still, und der Jünger ist ohne Klage hinüber in das Hallelujah des seligen Jenseits! Zwölf Tage darauf folgte ihm seine Frau, wie sie vorher verkündet hatte. Zinzendorf's zahlreiche Lieder haben eine gar verschiedene Beurtheilung erfahren; Wahrheit bleibt aber, daß die Lieder, welche vor oder nach der Sichtungsperiode gesungen worden, eine Innigkeit durchbringt, welche dem Erbauung suchenden Herzen so wohlthuend wird. Im Porst finden sich:

„Du unser auserwähltes Haupt (P. 544). — Herz und Herz vereint (P. 1064); — Jesu geh' voran (P. ...). — Die Christen geh'n von Ort (E. G. 809)."

287. **Renatus von Zinzendorf**, Sohn des Grafen Nicolaus Ludwig von Zinzendorf, am 19. September 1727 geboren, ein Pathe des Prinzen von Dänemark, war schon als Kind eine Gott verlobte Seele voll reicher Erkenntniß. Als am 16. Mai 1732 sein Bruder Johann Ernst im Sterben liegt, und seine Schwester Benigna weint, fragt er: „Was weinst du?" — Daß mein Bruder stirbt! „Er stirbt ja nicht, sondern sein Elend!" Als er zum Jüngling herangewachsen begleitete er häufig den Vater auf seinen Reisen, und theilte dessen Geschick, so mußte er auch 1743 mit demselben 20 Tage auf der Citadelle zu Riga sitzen. Später wurde er ein thätiger und gar eifriger Arbeiter unter den ledigen Brüdern, gerieth aber auch während der Sichtungszeit der Brüder in gefährliche Schwärmerei. Als der Vater es erfährt, wird er sofort zu demselben nach London berufen. An der Seite des Vaters genas er bald von seiner Verwirrung. Um den erlittenen und verursachten Schaden wieder einzubringen, arbeitete er Tag und Nacht an sich und der ganzen Gemeine. Er wurde so der Liebling der ganzen Brüderkirche und die volle Freude seines Vaters. Aber er war nach dieser Zeit in eine klagende Stimmung verfallen, und härmte sich, wenn's nicht nach seinem Feuereifer zu gelingen schien. Es entspann sich die Schwindsucht, ein Blutsturz beschleunigte sein Ende; noch nicht 26 Jahre alt, entschlummerte er 1653 als der letzte männliche Erbe des Grafen von Zinzendorf's. Seine Lieder glühen von der Liebe zu Christo, und den Thränen des Schmerzes folgen die Psalmen des feurigsten Dankes. Von ihm ist: „Marter Gottes, wer kann dein vergessen" (P. 111). —

288. **Christian Gregor**, 14 Tage nach dem Tode seines Vaters, am 1. Januar 1723 zu Tiersdorf in Schlesien geboren, wurde von seiner gar frommen Mutter unter Gebet und Flehen zum Herrn erzogen, weshalb er schon frühe, in seinem 7. Jahre, die Wirkungen der Gnade an

seinem Herzen spürte. Doch auch diese fromme Mutter verlor er schon in seinem 9. Jahre, wurde aber jetzt von dem dasigen Gutsbesitzer, einem Herrn von Pfeil, zur fernern Erziehung und Versorgung in's Haus genommen, wo er viel Gutes genoß. Im Jahr 1736 ward er, um sich dem Schulfach zu widmen, in eine gute Dorfschule gebracht, wo er zugleich seine Neigung zur Musik befriedigen konnte. 1742 kam er zur Brüdergemeine, wo er viele Jahre hindurch Musikdirector in Herrnhut war. 1767 wurde er Presbyter der Brüderkirche und Mitglied der Unitäts-Direction, machte auch verschiedene Reisen nach England, Amerika 2c., und starb 1801 am 6. November, 78 Jahr alt. Er war ein begabter und gesegneter Mann, der Asaph Herrnhuts. Er gab 1778 „ein Gesangbuch zum Gebrauch der Brüdergemeine" heraus, in welchem auch manches schöne Lied von ihm sich befindet; zu diesem Gesangbuch schrieb er auch ein Choralbuch. Von ihm ist: „Ach, mein Herr Jesu, dein Nahesein" (P. 402). —

289. **Karl Bernhard Garve,** den 4. Jan. 1763 im Kirchdorf Jeinsen, 2 Meilen von Hannover, geboren, wo sein Vater, ein gottesfürchtiger, und mit der Brüdergemeine verbundener Mann, Pachter eines, dem hannover'schen Minister von Münchhausen zugehörigen, Gutes war. Seine Eltern waren bemüht, ihn schon in zarter Kindheit mit seinem Schöpfer und Erlöser bekannt zu machen, und übergaben ihn als 5jähriges Kind der Knaben-Erziehungsanstalt zu Zeist. In seiner frühesten Jugend empfand er schon die Züge des heiligen Geistes, besonders bei Betrachtung des Leidens Jesu, so daß ihm der Charfreitag, als der Gedächtnißtag des Todes Jesu, von Kind auf sein ganzes Leben lang ein Tag der innigsten Andacht war. Nachdem er darnach in die Anstalt zu Neuwied versetzt worden war, und je länger je mehr eine tiefere Geistesrichtung und ausgezeichnete wissenschaftliche Anlage gezeigt hatte, wurde er zum Studiren bestimmt, und deshalb in's Pädagogium zu Niesky, und 1780 in's Seminar zu Barby aufgenommen. Nach vollendeten Studien wurde er dann als Lehrer an diese Lehranstalten berufen, und hatte namentlich an dem,

unterdessen nach Niesky verlegten, Seminar von 1789 bis 1797 als Lehrer der philosophischen und historischen Wissenschaften seine vielseitigen und fortwährend durch eigene Studien erweiterten Kenntnisse im Jugendunterricht nützlich anzuwenden, was er denn auch treulich that. Sein Hang zu tieferm Forschen, verbunden mit der ganzen damaligen Richtung des wissentschaftlichen und religiösen Zeitgeistes, blieb aber nicht ohne merklichen Einfluß auf seinen Lehrvortrag, und erregte allmählig die Besorgniß, daß manches jugendliche Gemüth dadurch in Bezug auf die Herzenseinfalt und dem kindlichen Glauben möchten leiden. Deshalb wurde ihm im Jahr 1797 ein anderer Wirkungskreis angewiesen, und zwar zunächst die Aufsicht und Besorgung des Unitäts-Archivs in Zeist, wo er Gelegenheit hatte, sich aus den Quellen mit der Brüderkirche bekannt zu machen. Zwei Jahre darnach aber wurde er, nachdem er als Diakonus der Brüderkirche ordinirt war, als Arbeiter und Prediger an die Gemeine zu Amsterdam berufen. Seine Predigten zeichneten sich, je länger je mehr durch tiefe und gründliche Schriftforschung, durch Aussprechung eigener Herzenserfahrung, und eine stete Richtung auf practische Anwendung der vorgetragenen Lehre im geistlichen Leben aus, erforderten aber aufmerksame und tiefer nachdenkende Zuhörer. In Amsterdam hatte er den Schmerz, seine treue und liebe Lebensgefährtin, mit der er sich in Niesky vor 5 Jahren erst verbunden hatte, 1799 durch den Tod sich entrissen zu sehen. Nachdem er im Sommer 1800 von Amsterdam an verschiedene Orte zu anderweitiger Verwendung abberufen worden war, erhielt er 1801 von dem Fürsten Heinrich LI. von Reuß einen Ruf als Prediger und Anstaltsinspector nach Ebersdorf, worauf er im März 1802 zum 2. Mal in den Ehestand trat mit Marie Johanne, geb. Lindemann; dieser wurde ihm aber durch die fortgesetzte Kränklichkeit zu einer ganz besondern Erziehungsschule für's Himmelreich, wobei seine Glaubenskraft und Ergebung hart und lang geprüft worden. Dazu kamen noch die Schrecken und Gefahren des Krieges beim Durchzug des großen französichen Heeres 1806. Dennoch zählt er die siebenjährige Dienstzeit zu Ebersdorf zu der vergnügtesten Zeit seines Lebens;

denn der Herr hatte ihm eine schöne Thür des Glaubens aufgethan in seiner sichtlich gedeihenden Erziehungsanstalt nicht blos, sondern auch und vornehmlich in der Gemeinde. Nach blos einjähriger Verwendung zu Norden, wohin er im Sommer 1809 abberufen wurde, wo er manches Opfer zu bringen, und schwere Erfahrung zu machen hatte, doch aber eine für Geist und Herz besonders gesegnete Zeit verlebte, wurde er in einen umfassenderen Wirkungskreis versetzt, durch seine im Jahr 1810 erfolgte Berufung als Arbeiter der Brüdergemeinde und Brüderunität zu Berlin. Dort hat er ein dankbares Andenken hinterlassen. Denn er half nicht nur dem gesunkenen Gemeinehaushalte wieder auf, sondern entwickelte auch während des Befreiungskrieges eine ausgedehnte hilfreiche Thätigkeit in Berathung und Unterstützung der durch Kriegsnoth oder Krankheit Bedrängten. Im Mai 1816 kam er dann als Gemeinhelfer und Prediger nach Neusalz a. d. O. Hier war ihm sein längstes und letztes Arbeitsfeld beschieden. 20 Jahr lang diente er hier der Brüdergemeine, und durfte da auch am 31. März 1834 das Gedächtniß seiner 50jährigen Geschäftigkeit im Dienst der Brüderunität feiern. Doch traf ihn auch der erneuerte Schmerz, abermals die Gattin zu verlieren. Es war dies am 13. April 1826, worauf er sich im folgenden Jahre abermals vermählte mit der Wittwe Zäslein, geb. Altenbahl, die ihm in seinem Alter eine treue Pflegerin wurde, und ihn überlebt hat. Eine besondere Erquickung für sein heranrückendes Alter war, daß er zwei seiner Söhne im Dienst der Brüdergemeinde angestellt sah. — Oefters wiederkehrende körperliche Beschwerden veranlaßten ihn endlich, auf der Synode 1836 sein Amt niederzulegen, und sich in Herrnhut zur Ruhe zu setzen. Fünf Jahre verlebte er da noch in stiller Zurückgezogenheit, aber in ununterbrochener Geistesthätigkeit, bis ihn am 1. Mai 1841 ein durch Erkältung herbeigeführtes Brustfieber überfiel und den in der Krankheit besonders liebenden Bruder am 12. Juni Mittags 12 Uhr hinüberführte in die ewigen Hütten, in einem Alter von 78 Jahren. Von ihm sind die Lieder: „Wir warten dein, o Gottessohn (P. 459); — Stark ist meines Jesu Hand (P. 837); — So lange

Christus, Christus (P. 968); — Dein Wort, o Herr, ist milder Thau (P. 973)." —

Die Würtemberger.

290. Dr. Johann Reinhard Hedinger stammte aus dem alten Geschlechte der Hedinger, und wurde geboren den 7. September 1664 zu Stuttgart. Schon früh als Knabe war er ausgezeichnet durch Frömmigkeit und hohe Geistesgaben. Nach vollendeten Studien machte er als Reiseprediger des Herzogs Friedrich von Würtemberg Reisen durch Frankreich, Deutschland, Holland, England, Schweden und Dänemark, mußte auch 1688 mit demselben in Frankreich Arrest halten. Nach seiner Rückkehr 1692 wurde er bei dem Administrator, Herzog Friedrich Karl, Feldprediger, und machte als solcher 3 Feldzüge mit, wurde hierauf Professor naturae et gentium und Pastor zu Gießen, daselbst 1694 Doctor der Theologie, dann 1698 bei dem Herzog Eberhard Ludwig von Würtemberg Hofprediger und Consistorialrath zu Stuttgart. Hier verwaltete er sein Amt mit großer Freimüthigkeit, rief gleich in seiner Antrittspredigt dem leichtsinnigen Herzog zu, er solle seine Seele mit allem Fleiß bewahren, und verhehlte nicht, „daß einem treuen Prediger ein herzliches Grauen ankommen müsse, der die jämmerliche Zerrüttung des Hoflebens nach dem gemeinen Schrot mit erleuchteten Augen ansehe." Diese Freimüthigkeit hat er seinem Herzog gegenüber allezeit bewiesen auch durch die That. Einmal wollte er ihm wegen einer ärgerlichen Maaßregel, die derselbe angeordnet hatte, Vorstellungen machen. Er ging im Amtsornate auf das Schloß; der Herzog hatte aber den Wachen befohlen, sie sollten keinen hereinlassen. Dieselben verwehrten Hedingern mit gekreuzten Gewehren den Eingang. Er aber drückte sanft die Gewehre zu Boden, schritt über sie weg und trat vor den Herzog. Dieser floh vor ihm aus einem Zimmer in das andere. Hedinger folgte ihm bis er stille stand und ihn anhörte, und auf seine ergreifende Anrede die Maaßregel zurücknahm. — Ein andermal, als der Herzog einer Dame zu Liebe an einem Sonntagsmorgen vor dem Gottesdienst

wehren wollte, und noch dazu gerade an der Hofkirche vorüberfuhr, stellte sich Hedinger im amtlichen Ornate in den Weg, und erinnerte den Herzog daran, wie schwer er sich durch solches Beispiel von Sonntagsentheiligung an Gott versündige. Der Herzog blickte finster darein. Hedinger aber vor den Pferden stehend, sprach: "Wenn Ew. Durchlaucht mit einem Käpplein voll Blut gedient ist, so fahren Sie nur zu, ich fürchte den Tod nicht!" Der Herzog, in einem Gewissen getroffen, kehrte um und achtete den freimüthigen Zeugen um so höher. — Im Uebrigen war Hedinger ein Mann voll Salbung, Milde und Freundlichkeit gegen Jedermann, insonderheit gegen die Schwachen. Rastlos führte er sein Amt und rieb darüber seine Leibeskräfte früh auf. Schon den 15. December 1704 wurde er auf das Todtenbett gestreckt. Mit großer Freude jauchzte er seinem Ende entgegen. Sein Kapellmeister Schwarzkopf mußte ihm das Lied anstimmen: "Jesu, hilf singen!" Da rief er plötzlich aus: "Victoria, Victoria! der Sieg ist errungen." So starb er am 28. December 1704 sanft und selig. Von ihm ist das Lied: "Welch' eine Sorg' und F." (S. 810). —

291. Dr. Gottfried Hoffmann, 1669 zu Stuttgart geboren, studirte zu Tübingen, machte darnach verschiedene Reisen, und wurde darnach Diakonus zu Stuttgart. Später wurde er Professor der Theologie und Superintendent des Prologischen Stipendiums zu Tübingen. In den letzten Jahren verlor er die Sprache. Er starb 1798. Von ihm ist das Lied: "Geist vom Vater und vom Sohne" (S. 959). —

292. Dr. Christian Eberhardt Weißmann, den . September 1677 zu Hersau geboren. In früher Jugend empfand er schon den Zug der göttlichen Gnade. 12 Jahr alt, kam er in das Tysscreltische Stift zu Tübingen. Nach vollendeten Studien und verschiedenen Reisen wurde er, . Jahr alt, Diakonus zu Calv, wo er sich mit Agnes Christine Bader verheirathete. Nach Hedingers Tode, 1704, wurde er Hofcaplan zu Stuttgart, 1707 Professor der Kir-

chengeschichte und Philosophie am Gymnasium, und Mittagsprediger an der Stiftskirche zu Stuttgart. 1721 wurde er zum Professor der Theologie nach Tübingen berufen, 1722 wird er Doctor der Theologie, und 1730 erster Superintendent des theologischen Stifts. Am 26. Mai 1747 starb er am Schlagfluß und Lungenentzündung. Er schrieb unter Anderem eine Kirchengeschichte. Zinzendorf, gegen den er auch geschrieben, nennt ihn: „den lieben Weißmann, den gemäßigten und unbefleckten Theologen." Von ihm ist: „Wohl recht wichtig und recht tüchtig" (P. 419). —

293. **Friedrich Conrad Hiller**, 1662 geboren, war würtembergischer Rechtsconsulent und Canzlei-Advocat und hat 1711 einen Band geistlicher Lieder herausgegeben, darunter auch: „Ruhet wohl, ihr Todtenbeine" (L. S. 867). —

294. **M. Philipp Friedrich Hiller**, geboren am 6. Januar 1699 zu Mühlhausen an der Enz, und Sohn des Pfarrers J. J. Hiller daselbst, welchen er aber sehr früh verlor. 1713 kam er nach einer Flucht vor den Franzosen in das Kloster Denkendorf unter die Aufsicht des berühmten Dr. Bengel, 1716 nach Maulbron, 1719 in das Stipendium zu Tübingen, und wurde 1720 daselbst Magister. 1724 wurde er Vicar in Bretach. Nach 3 Jahren ging er in's väterliche Haus zurück und unterrichtete seinen Bruder. 1729 wurde er Informator bei dem Marktvorsteher von Müller zu Nürnberg, 1731 ging er aber wieder in seine Vaterstadt, und wurde bald darauf Vicar in Heßgen, ein Jahr darauf Pfarrer in Neckergrüningen, 1736 Pfarrer zu Mühlhausen, und endlich 1748 den 11. Juni Pfarrer zu Steinheim an der Brenz bei Heidenheim. In seinen spätern Lebensjahren verlor er die Sprache. Er starb am 24. April 1769. Ein edler, sehr fruchtbarer und volksthümlicher Dichter. Sein geistliches Liederkästchen, mehr als 1000 Lieder an der Zahl, ist im Würtembergischen nach der Bibel fast das verbreitetste Buch, und enthält kurze, vielfach treffliche Lieder, die einen eigenen sprüchwörtlichen Styl haben. Außerdem gab er noch mehrere Schriften, z. B. eine poetische Uebersetzung von Joh. Arndts wahrem

Christenthum, dessen Paradiesgärtlein, eine Thpologie, poetischer Morgen- und Abensegen, und ein Gedicht über den Thau ꝛc. heraus. Sein Gedächtniß wird als ein hochgesegnetes bei den Christen Würtembergs nie verlöschen. In seinem Wandel war er ein exemplarischer Christ. Zu seinen Liedern gehören: „Die Gnade sei mit Allen (L. S. 555); — Jehovah, Herr und König (P. 999); — Jesus Christus herrscht als König (L. S. 763); — Viel besser nicht geboren (P. 1070); — Weicht, ihr Berge, fallt (P. 399)." —

295. M. Johann Christian Storr, Sohn eines Pfarrers und Scholarchen zu Heilbron, und daselbst den . Juni 1712 geboren. Als Christian kaum 8 Jahr alt war, starb ihm sein Vater und kurz darauf auch seine Mutter. Der Bürgermeister Wachs wurde nun sein Pflegevater. 4 Jahr alt, kam er in die Schule zu Denkendorf, wo er in J. A. Bengel einen rechten Lehrer der Gottseligkeit bekam. 1727 und 1728 bekam er den grauen Staar und erblindete fast; die Operation war nutzlos; durch Gebet und andere Mittel wurde er darnach geheilt. 1729 kam er auf die Klosterschule nach Maulbron, und 1731 auf das theologische Stift zu Tübingen. Noch 1735 war er Vicar in Nagold, Geglingen, Ludwigsburg, Sulz und Großaspach, wo sein ältester Bruder Pfarrer war. 1737 wurde er Hofmeister bei einem Herrn von Gemmingen auf Kirchheim, dann Hofvicar und Pagenpräceptor am Hof der Herzogin Johanna Elisabeth daselbst. Am 25. Februar 1747 wurde er Hofcaplan zu Stuttgart, dann am 18. October 1757 Stiftsprediger und Consistorialrath daselbst. Er starb am . Mai 1773. Er war ein gründlich gelehrter Mann, von tiefer, frommer Gesinnung und großem Eifer für das Reich Gottes. Er ist der Verfasser mehrerer geistlicher Lieder und anderer Schriften, die noch im Segen wirken. Sein ist auch das Lied: „Es ist etwas, des Heiland sein" (S. 392). —

296. Johann Ludwig Fricker, den 14. Juni 1727 zu Stuttgart geboren, wo sein Vater, J. Chr. Fricker, Kürschner war, der ihm aber schon im 9. Jahr starb. Seine

Mutter gab ihm den ersten Unterricht im Deutschen und Lateinischen. Seiner Frömmigkeit und seiner guten Anlagen wegen wurde er trotz der Armuth zum Studiren bestimmt. Nachdem er das Stuttgarter Gymnasium durchlaufen, wurde er 1749 in das Tübinger Stipendium aufgenommen. Zuerst studirte er Philosophie, Physik und Mathematik, und wurde besonders stark darin, aber auch in der Theologie ist er zu einer so hohen und erfahrungsmäßigen Erkenntniß in geistlichen Dingen gelangt, daß Alle, die ihn hörten, in Verwunderung gesetzt wurden. Nach vollendeten Studien kam er nach Mähren zu dem Dr. theol. Divisch in Prendy bei Znaim, der ihn sehr lieb gewann. Von dort zog er nach Ungarn, wo er bei eifrigen und treuen katholischen Priestern in große Religonsanfechtungen gerieth. In's Vaterland zurückgekehrt, war er 1½ Jahr Hofmeister im Detingerschen Hause zu Stuttgart. 1755 kam er durch Steinhofer nach Holland als Hofmeister bei dem Kaufmann Cornelius van der Wiet, eines Mennoniten, wo er für Geist und Herz reichen Segen fand. 1757 reiste er mit dessen ältestem Sohn nach England, und lernte dort Whitefield und Wesley näher kennen. Zwei Jahre später kehrte er in sein Vaterland zurück. Nachdem er mehrere Jahre hier und dort vicarirt hatte, berief ihn der Herr zum Helfer in Dettingen unter Urach, worauf er sich den 18. Februar 1762 mit der Wittwe des Helfers Baumann verheirathete, die ihm 2 Töchter und einen Sohn geboren hat. Zwei Jahre darauf wurde er Pfarrer daselbst. Nach kurzer aber recht gesegneter Wirksamkeit daselbst starb er am 13. September 1766. In seinem Büchlein: „Die Weisheit im Staube," hat er uns 5 Lieder hinterlassen, darunter auch: „O, daß doch bald dein Feuer brennte" (P. 491). —

297. **Christoph Karl Ludwig von Pfeil**, Reichsfreiherr und Kammerherr, auch königlich preußischer Minister bei dem fränkischen und schwäbischen Kreise, 1712 zu Grünstadt im Leiningischen geboren, gestorben den 14. Februar 1784 auf seiner Besitzung Deußstetten bei Dinkelsbühl. Ein ganz dem Herrn ergebener Mann. Seine Lieder erschienen unter dem Titel: „Evangelischer Liederpsalter

Stuttgart 1747. Von ihm sind: „Betgemeinde, heilige
*** (P. 995); — Nur in Jesu Blut und Wunden
*** S. 532); — Wohl einem Haus, wo Jesus Christ
*** S. 682)." —

297a. Johann Scheitberger, 1658 geboren, lebte
*** 1685 im Teserecker Thal im Salzburgischen, wurde
*** seines Glaubens wegen aus demselben vertrieben, und
*** darnach zu Nürnberg als Drathzieher. Er ließ evan=
***ische Sendbriefe zu Schwabach 1710 drucken, worin zwei
*** von ihm stehen, auch ist von ihm sein Pilgerlied:
***ch bin ein armer Exulant" (L. S. 625). —

Die jüngern Hallenser.

298. Karl Heinrich von Bogatzky, Sohn eines
***erlichen Oberstlieutenants, wurde auf dem väterlichen
*** Nankewo in Niederschlesien am 7. September 1690
***boren. Er war ein frommes Kind. Als 8jähriger Knabe
***tete er schon aus dem Herzen. 14 Jahr alt, wurde er
***ge am Hofe zu Weißenfels, und blieb dort 4—5 Jahr
*** frommer Page unter den Weltgesinnten „bei der Herr=
***aft in Gnaden." Darnach holte ihn sein Vater dort ab,
***mit er ihm nach Breslau folge, dort Reitstunden nähme
*** Soldat werde. Der Herr lenkte aber auf des jungen
***gatzky Gebet das Herz des Vaters, daß er nach einer
***ankheit seines Sohnes für jetzt von seinem Plane abstand;
***ch erweckte ihm der Herr in dem Grafen von Reuß=Köst=
*** einen Gönner, der ihm die Mittel verschaffte, daß er
***diren konnte. Dies that er zuerst mit übermäßigem Fleiß
*** Breslau, und 1713 in Jena, indem er sich auf die
***chte legte. 1715 ging er nach Halle, um in der Nähe
***es lieben Franke zu sein. Bald darauf starb ihm die
***liebte Mutter. Noch war er nicht von ihrem Begräbniß
*** Halle zurückgekehrt, als ihm sein Vater schrieb, er sollte
***leich zu ihm kommen und Soldat werden. Als Christ
***llte er gehorchen, stellte aber vor seinem Hingange dem
***ter in kindlicher Weise vor, daß er eine völlige Abneigung,
***es schwachen Körpers und ängstlichen Gemüths wegen,

gegen den Soldatenstand habe. Da brach der Vater gänzlich mit ihm. Jetzt sich selbst überlassen, entschied er sich für das Studium der Theologie in seinem 26. Jahre. Unter Gebet und Danken studirte er mit unvergleichlichem Fleiß. Er kürzte seinen Schlaf und studirte von der Morgenfrühe an unausgesetzt. Dabei war er selig in seinem Gott, die köstlichen Sprüche schrieb er auf Zettel und dazu Reimgebete, und verwahrte sie in einem Kästchen. Das ist der Anfang seines Schatzkästchens. Endlich krach seine Kraft unter den Anstrengungen der Studien zusammen. Er mußte seine Studien unterbrechen und Halle verlassen; er ging mit seinem jüngern Bruder nach Breslau, dort erfuhr er den plötzlichen Tod des Vaters. In Breslau war er nicht müßig, sondern täglich arbeitete er mündlich und schriftlich für Christi Reich. Eine Pfarre hat er aber nie übernommen, da er zu schwach für das laute Sprechen war. Von Breslau ging er zunächst nach Glaucha in Schlesien, wo er dem frommen Pfarrer Mischke ein Waisenhaus errichten half, für welches er später fast alle seine Habe hingab. Nachdem er verschiedene Reisen über Halle nach Köstritz und in's Karlsbad, seine Gesundheit zu stärken gemacht, verheirathete er sich 1726 am 26. Februar mit seiner Cousine, Fräulein Eleonore von Fels, mit der er acht Jahre lang eine in Gott vergnügte Ehe führte, zwar oft in großer Armuth, in der sie aber auch stets die wunderbare Hülfe Gottes erfuhren. Sie hat ihm zwei Kinder geboren und starb am 11. November 1734. Jetzt lebte Bogatzky als Wittwer, und unterrichtete seine und seiner Schwester Kinder; als ihm die Erziehung durch seine Freunde abgenommen war, hielt er sich fünf Jahre am herzoglichen Hof zu Saalfeld auf. 1746 zog er in das Waisenhaus nach Halle, wo der vielgeprüfte und erfahrene Christ den Studirenden regelmäßig Erbauungsstunden hielt, auch in der Umgegend treulich Seelsorge trieb; dazu verfaßte er verschiedene erbauliche Schriften, deren mehr als 40 von ihm erschienen sind. Durch sein sanftes, theilnehmendes, stilles Wesen gewann er aller Herzen. Eine große Erbschaft, die ihm zufiel, verwandte er ganz im Dienste des Herrn, für das Waisenhaus. So ist er, wie er gelebt, hebet verschieden am 15. Juni 1774, und eingegangen zu den Thoren der Stadt Gottes. Lieder hat er 411 gedichtet, die er als ein eigenes Liederbuch herausgab, darunter sind zu merken: "O Vaterherz, o Licht und Leben (L. S. 570); — Wach' auf, du Geist der ersten Zeugen (P. 969); — Wie herrlich ist's, ein Kind des Höchsten werden (L. S. 435)." —

299. **Kellner von Zinnenberg, Johann Wilhelm,** den 15. Januar 1665 zu Ankendorf, wo sein Vater, Matthias, Lehrer war, geboren. Er stammt aus altadligem Geschlechte. Zuerst besuchte er die Schule zu Quedlinburg, 1688 die Universität Leipzig, darnach war er bei dem General-Feldmarschall von Schöningen Feldprediger in Chursachsen, ging auch als Generalstabsprediger mit dem König Friedrich August von Polen nach Ungarn. 1696 wurde er Pfarrer in Kießlingswalde in der Oberlausitz, wo er 1709 seines Amtes entsetzt wurde, weil er das Tanzen als ein sündliches Vergnügen verbot. Er ging nach Halle und privatisirte anfänglich daselbst, kaufte darnach das Rittergut Obergurk, und wurde königlich preußischer Hofrath und Pfarrer in Halle. Er starb 1758 im November, 74 Jahr alt. Von ihm ist das Lied: "Christe, mein Leben, mein Hoffen" (P. 329). —

300. **Johann Ludwig Conrad Allendorf,** zu Josbach bei Marburg den 9. Februar 1693 geboren, war anfänglich lutherischer Prediger zu Cöthen, wo er mit Lehr, dem Hofmeister der Prinzessin und nachherigem Diakonus daselbst, in inniger Herzensfreundschaft lebte. Darnach wurde er Pastor und Consistorialrath zu Wernigerode, endlich 1759 Pastor zu St. Ulrich in Halle und des dortigen Gymnasiums Scholarch. Er starb am 5. Juni 1774, in einem Alter von 85 Jahren. Er war ein ausgezeichneter Gelehrter, dabei ein fleißiger, bescheidener und sehr frommer Mann. Er dichtete "132 Liebeslieder auf Christum, das Lamm Gottes und den Bräutigam der gläubigen Seele," in welchen ein besonderer Schwung herrscht, darunter: "Einer

ist König, Immanuel sieget (P. 955); — Unter Lilien jener Freuden (P. 565)." —

301. Dr. Johann Jakob Rambach, der Sohn eines armen Tischlers zu Halle, und daselbst geboren den 24. Februar 1693, zeigte als Kind nicht allein gute Anlagen, sondern war auch von Herzen fromm und seinen Eltern stets gehorsam; deshalb wollten seine frommen Eltern, er solle ein Prediger werden. Er ging nun auf Schulen und machte gar erfreuliche Fortschritte; als er nun aber sah, wie sauer es seinen Eltern ankam, die Kosten für seinen Unterricht zu erschwingen, trat er selbst von seinen lieben Studien zurück und ging als Tischlerlehrling in seines Vaters Werkstatt. Der Herr wollte aber doch aus dem Johann Jakob einen Zeugen von ihm haben. Nach kurzem Aufenthalt bei seinem Vater verrenkte er sich den Fuß der Art, daß er untauglich zum Tischler wurde. Auf Zureden seiner Eltern kehrte er jetzt zu seinen Studien zurück. Nach 4 Jahren bezog er die Universität, und wollte schon, weil er an einer etwas schweren Sprache und angebornen Heiserkeit litt, Medicin studiren, allein der fromme Wunsch seiner Eltern bewog ihn, doch Theologie zu studiren, und der Herr war mit ihm, daß er einer der bedeutendsten Kirchenlehrer und ein sehr beliebter Jugendschriftsteller seiner Zeit wurde. Als er 1723 Professor in Halle geworden, waren oft die Hörsäle nicht groß genug, seine Zuhörer zu fassen. Er war mit der Tochter des Dr. Joachim Lange (S. Nr. 229.) glücklich verheirathet. 1731 folgte er einem Ruf als Professor nach Gießen. Die Streitigkeiten in den Kirchen selbst, auch persönliche Kränkungen konnten ihn nicht bewegen, die Feder zum Gegenstreit zu ergreifen; er diente seinem Herrn in stiller Liebe und mit eifrigem Gebet. Seine Wohlthaten spendete er im Verborgenen sehr reichlich. Einen Ruf, als erster Professor der Theologie nach Göttingen 1734 zu gehen, lehnte er ab, als ihn aber der Herr 1735 zu sich in jene Herrlichkeit rufen wollte, da sprach er stets: "Gott mache es, wie es ihm gefällt." Mit Thränen in den Augen segnete er seine 4 Kindlein, betete für sie und bereitete sich auf seinen Abschied. Seine Frau, die ihn fragte, was

noch im Stillen seufze, antwortete er: "Ich bete die
bitte Bitte: Herr, dein Wille geschehe." "Bete du sie
auch und wirf dein Anliegen auf den Herrn." Als sein
Freund Frisenius ihm die Frage vorlegte: "Hältst du dich
noch beständig an Jesum?" war sein letztes Wort: "omnino
ita est. Ja, ich halte mich an meinen Jesus, und bin
bereit, zu ihm zu gehen." So verschied er am 19. April
1735, in einem Alter von 42 Jahren. Seine Erbauungsschriften und Predigtbücher, die Geistestiefe mit schöner
Klarheit vereinigen, wirken noch im Segen. Seine Lieder
kamen zuerst in seinem "Hausgesangbuch" 1735 heraus,
darunter: "Anbetungswürd'ger Gott (B. 1231); — Ein
Jahr geht nach dem andern hin (L. S. 67); — Ewige
Liebe, mein Gemüthe (L. S. 412); — Gesetz und Evangelium (L. S. 639); — Großer Mittler, der (B. 957);
— Ich bin getauft auf deinen Namen (P. 983); — König, dem kein König gleichet (P. 405); — Mein Jesu,
wer sind deine Brüder (P. 232); — O theures Kind
(L. S. 53); — Wie herrlich ist's, ein Schäflein Jesu
(P. 400); — Wirf, blöder Sinn, den Kummer hin
(L. S. 60); — Zum Bilde Gottes war der erste Mensch
formiret (B. 566)." —

302. **Heinrich Theobald** (nicht Theodor) **Schenk,**
aus einem Dorfe bei Alsleben gebürtig, war zuerst Prä-
ceptor am Pädagogium, und dann Stadtpfarrer in Gießen,
wo er 1727 starb. Johann Jakob Rambach nahm in sein
Hessen-Darmstädtisches Kirchengesangbuch von 1735 das
Sterblied von ihm auf: "Wer sind, die vor Gottes Throne"
(P. 1071). —

303. **Ulrich Bogislaus von Bonin,** geboren den
28. September 1682 zu Cartzin, 2 Meilen von Cöslin, wo
sein Vater, Christoph Ulrich von Bonin, der churfürstlich-
brandenburgische Kammerrath und Amtshauptmann zu Bub-
litz, zur Zeit seinen Sitz hatte. 1696 kam er nach Stolpe
auf Schulen, und da sein Vater 1700 starb, schickten ihn
seine Verwandten nach Berlin, damit er dort die Kadetten-
schule besuche. Seine Aufnahme aber wurde durch verschie-

bene Umstände verhindert, deshalb ward er Corporal bei dem Dönhoffschen Regiment, und ging in dieser Eigenschaft nach Königsberg zur Krönung. 1704 ward er Fähnrich, ging 1705 mit dem Regiment nach der Mosel, und wohnte darnach der Belagerung der Stadt Hagenau bei. 1706 ging er mit nach den Niederlanden, und war mit bei der Eroberung der Festungen Dendermonde und Ath. Durch die Bekanntschaft mit einem frommen Studenten, Gorinus, ward er zum wahren Glauben erweckt, und zwar durch das Lesen von A. H. Frankes Bußpredigten und Johann Bunians Reise eines Christen nach der seligen Ewigkeit. 1708 war er bei der Belagerung der Stadt Ryssel, 1709 bei der Belagerung von Doornick; endlich verließ er 1710 den Kriegsdienst und begab sich nach Halle, wo er Theologie zu studiren anfing. Durch die Bekanntschaft des Grafen Reuß zu Köstritz XXIV. (S. Nr. 298.), nahm er die Hofmeisterstelle bei dem jungen Grafen Reuß zu Ebersdorf XXIX. an. 1715 ging er mit dem jungen Grafen nach Halle, und studirten beide dort bis 1719. Dann gingen sie nach Holland, Frankreich, und dann zurück nach Ebersdorf. 1720 vermählte er sich mit einem Fräulein von Geusau, die sich aber wenig gesunder Tage zu erfreuen hatte, was ihm bei seiner zärtlichen Liebe zu ihr viel Schmerzen verursachte, bis sie 1732 im Herrn von hinnen schied. Er verheirathete sich zum zweiten Mal mit einem Fräulein von Wegern, mit der er bis in sein 60. Jahr recht glücklich lebte. Er starb als Reuß-Ebersdorfscher Rath den 2. Januar 1752. Seine geistlichen Lieder gab er unter dem Titel: „Theophili Pomerani, Gottgeheiligte Poesien, auch Freuden- und Trauergedichte, Graitz 1727 in 8.," heraus, auch in seinen „Erbaulichen Schriften, Leipzig 1760 in 12." befinden sich viele Lieder. Sein ist: „Richte Gott mir meinen Willen" (B. 691). —

304. **Johann Siegmund Kunth**, den 5. October 1700 zu Liegnitz in Schlesien geboren, studirte 1723 zu Jena, dann in Wittenberg und Leipzig, wurde 1730 Pfarrer zu Pölzig, wohin ihn der Patron, Graf Erdm. Heinrich von Henkel, berufen hatte. Mit diesem reiste er ums Jahr

1732 nach Schlesien zur Besitznahme der Standesherrschaft Oderberg. Schon auf schlesischem Boden angekommen, brach die Wagenachse. Dem darüber verdrießlichen Grafen dichtete Kunth, mit Hinweisung auf Ebr. 4, 9., das herrliche Lied: „Es ist noch eine Ruh' vorhanden" (P. 823). — Schon durch den Spruch beruhigt, erbaute sich nachher der Graf und die ganze Reisegesellschaft an dem köstlichen Liede herzlich. 1737 kam Kunth als Pfarrer nach Löwen im schlesischen Fürstenthum Brieg, und wurde endlich 1743 noch in Baruth in der Niederlausitz Pastor und Superintendent, wo der Reichsgraf von Solms sein Patron war. Hier starb er 1779. Er hat 3 Lieder gedichtet.

305. **Leopold Franz Friedrich Lehr**, ein frommer, vom Geist Gottes tief durchdrungener Lehrer, welcher nicht nur selbst das thätige Christenthum mit Eifer übte, sondern es auch bei Andern zu befördern strebte, wurde geboren den 3. September 1709 zu Kronenberg bei Frankfurt a. M., wo sein Vater, Joh. Jak. Lehr, fürstlich Nassau-Idsteinscher Kammerrath und Hofrath war. Er besuchte bis 1727 das Gymnasium zu Idstein, ging 1729 auf die Universität Jena, 1730 nach Halle, wo er Freylinghausens Kinder (S. Nr. 227.) unterrichtete. 1731 wurde er Informator der jungen Prinzessin von Cöthen, und 1740 Diakonus bei der lutherischen Gemeinde daselbst. Er starb zu Magdeburg bei seinem Schwiegervater, 35 Jahr alt, den 26. Januar 1744. Lieder hat er 24 gedichtet, darunter auch: „Mein Heiland nimmt die Sünder an (L. S. 420b); — Was hinket ihr, betrogne Seelen (P. 769)." —

306. **Ernst Gottlieb Woltersdorf**, den 21. Mai 1625 zu Friedensfelde bei Berlin geboren, besuchte zuerst das graue Kloster zu Berlin, und 1742 die Universität Halle, wo er durch eine Predigt des Diakonus Lehr (S. Nr. 305.) erweckt wurde, nun bemühte er sich, bis er trübe und matt wurde, sein Herz besser zu bestellen, damit Christus sein Heiland werden könne. Anderthalb Jahre

rang er in gesetzlichem Wesen, bis ihn ein erfahrener Freund den rechten Weg zeigte, nicht in eignen Werken, sondern in Christo das Heil zu suchen, worauf er Frieden in Christi fand. 1744 wurde er Hauslehrer zu Zerrenthin bei Prenzlau im Hause des Pastor Stilke, wo er so lebendig des Herrn Wort verkündigte, daß Viele in der Umgegend erweckt wurden, 1746 kam er nach Drehna in der Niederlausitz, wo er wendisch lernte, um auch den dort wohnenden Wenden Christum predigen zu können. 1748 wurde er Pastor zu Bunzlau, und streute daselbst mit regem Eifer reichlich Saamen aus, darüber entzündete sich ein solcher Hunger nach Gottes Wort in seiner Gemeinde, daß er oft, da die Kirche die Hörer nicht fassen konnte, im Freien predigen mußte. Besonders lagen ihm die Kleinen am Herzen, und er schrieb einst an einen Freund: „Ich hoffe, mit den Kindern werden wir noch den Teufel aus Bunzlau jagen!" Er errichtete hier, nachdem er ein Jahr einer kleinen vom Maurermeister Zaha gegründeten Waisenanstalt vorgestanden hatte, 1755 unter großen Mühen und Kämpfen ein Waisenhaus nach dem Muster des Hallischen, welches im Jahr 1760 schon aus 104 Personen und 5 studirten Lehrern bestand. Hatte er sich des Tages müde gearbeitet, dichtete er dennoch des Nachts Lieder und Psalmen. Aber über der vielen Arbeit brach seine Kraft, über den Anstrengungen der Liebe, in der er glühte. „Liebe," sprach er, „und zwar Liebe zu Christo muß mein ganzes Herz erfüllen, und mein Geist zur Heerde drängen, aus meinen Augen leuchten und in Freundlichkeit erscheinen allen Menschen." Diese Gluth der Liebe athmen nun auch die zahlreichen schönen Lieder, 212 an der Zahl, mit welchen er uns beschenkt hat. Seinen Beruf zum Dichten hat er nicht von Menschen, sondern von Gott. Er sagt: „Es war mir oft wie ein Brand im Herzen, der mich trieb, dem Herrn und seinem Volk von dieser oder jener wichtigen Sache ein Lied zu singen." Diese Lieder haben denn auch schon manchen Brand in andern Herzen angezündet. — Am 14. December 1761 streckte ihn ein Fieber darnieder; am 17. traf ihn der Schlag, die Schmerzen nahmen zu, die Klagen ab. Abends hörte man ihn ?? sprechen. Zu verstehen war:

Hallelujah, es jauchzet, es singet, es springet das Herz,
Es weichet zurücke der traurige Schmerz.

Gegen 5½ Uhr Abends fragte er, ob es noch nicht [6] Uhr sei. Nachdem er denn auch ein wenig Suppe ge[gess]en, fragte ihn sein Bruder: „Nicht wahr, das Manna [schm]eckt wohl besser?" — Er erwiederte mit lächelndem [Blick]: „Wenn man dich genießet, wird Alles versüßet." [E]s waren seine letzten Worte, und als die Uhr 6 schlug, [s]chlummerte er sanft, erst 36 Jahr alt. Er hinterließ [ein]e Wittwe und 6 unerzogene Kinder. Aus seinen Liedern [mer]ke: „Kommt in's Reich der Liebe (P. 1055); — O [Va]ter, der du mich (L. S. 333)." —

307. Dr. Christian Ludwig Scheidt, 1709 zu [W]ebenburg im Fürstenthum Hohenlohe geboren, war Hof[rat]h und Bibliothekar zu Hannover, wo er im Jahr 1761 [star]b. Seine Lieder stehen im 4. Theil der vollständigen [Lut]herschen Liedersammlung von 1766 und 1768, und [sch]on im Ebersdorffschen Gesangbuch von 1742. Das be[kann]teste seiner Lieder ist: „Aus Gnaden soll ich selig wer[den]" (P. 990). —

308. Fr. Aug. Wethe, den 19. Mai 1721 zu Har[s]f im Halberstädtschen geboren, studirte zu Halle. Im [17..] Jahre wurde er Feldprediger während des zweiten schle[sis]chen Krieges. Nach 8 Jahren erhielt er das Pfarramt [zu ..]hfeld im Fürstenthum Minden, wo er 1771 den 15. De[cem]ber gestorben ist. Eine Beschreibung seines Lebens und [sei]nes Characters ist zu Minden 1780 herausgekommen. [Er] schrieb: „Sammlung neuer Lieder von altevangelischem [In]halt zum Bau des Reiches Gottes. Corbach 1762." [Es] sind ihrer 57, darunter auch: „Komm, du sanfter Gna[den]regen" (P. 962). —

309. Gerhard Tersteegen, eines Kaufmanns Sohn, [de]n 25. November 1697 zu Mörs in Westphalen geboren, [soll]te nach dem Willen der Mutter auch Kaufmann werden. [Au]f einer Reise nach Duisburg wurde er unterwegs plötz[lic]h von heftigen Kolikschmerzen befallen, die ihm den Tod

Lieberborn. 12

bedrohten. Da bat er Gott, er möge ihm nur noch so lan[ge]
Frist geben, daß er sich zum Tode gehörig vorbereiten könn[e].
Plötzlich ward er gesund, und brachte nun oft ganze Näch[te]
mit Gebet und Nachdenken zu. Weil ihn die Handlung
sehr zerstreute, so griff er zu einer stillern Profession, wur[de]
Leinweber, und da er dies Geschäft mit seinem schwächlich[en]
Körper nicht fortsetzen konnte, Seidenbandweber zu Mühlhei[m]
an der Ruhr, wo er auch zeitlebens wohnen blieb. [Er]
lebte in großer Dürftigkeit, und sein schwächlicher Körp[er]
verzehrte sich unter den Arbeiten des Gebets und der Lie[be].
In seinem 30. Jahre fing er an auch in Privatversam[m]-
lungen zu reden, und Gott gab ihm Gnade, daß er du[rch]
sein tiefes, stilles Zeugniß Manchen zum Glauben erweck[te].
Bald hieß er überall „Vater Terstegen," und weit u[nd]
breit war er die Zuflucht aller Bekümmerten. Von sei[ner]
Armuth gab er den Armen, er verwachte halbe und ga[nze]
Nächte bei den Kranken, in den Versammlungen, die er hi[elt,]
weckte und nährte er geistliches Leben in Unzähligen, die [zu ihm]
aus den entferntesten Gegenden Deutschlands, aus Holla[nd,]
Schweiz und England herbeikamen. Oft mußte er 10—[12]
Tage lang in der Gegend umherziehen, man paßte ihm üb[er]-
all schon auf, und wo er dann Erbauungsstunden hi[elt,]
stiegen die Leute auf Leitern bis an die Fenster, um [ihm]
zuhören zu können. Wir haben von ihm auch noch 111 L[ie]-
der, welche den Geist der tiefsten Liebe und Hingebung [an]
den Heiland athmen, im Bau zwar ganz kunstlos sind, a[ber]
es finden sich doch mehrere ersten Ranges darunter, v[on]
unnachahmlicher Tiefe, Klahrheit und Einfalt. Trotz sei[nes]
schwächlichen Körpers und der oft übermäßigen Anstrengu[n]-
gen, brachte er sein Leben doch durch Gottes Kraft bis [ins]
sein 74. Jahr. Endlich befiel ihn die Wassersucht und [da]-
mit verbunden Engbrüstigkeit, so daß er nur noch im Le[hn]-
stuhl aushalten konnte. Indeß, so sehr er litt, so verna[hm]
man von ihm kein ungeduldig Wort, ja nicht einmal e[ine]
ungeduldige Miene. Wenn er nach einigen Minuten Schlu[m]-
mers erwachte, so seufzte er gewöhnlich: „O Gott, o Je[sus,]
süßer Jesus!" Die, welche ihn besuchten, tröstete er [mit]
erbaulichen Worten. Einer Frau sagte er, als sie weggi[ng:]
„O Schwester, der Weg ist ein guter Weg, folge nur d[em]

…ue getrost nach, wo es mit dir auch hingehen möchte!" …ich fiel er in einen tiefen Schlaf, aus dem er nicht …er erweckt werden konnte. So sanft schlummerte er …über, daß man nicht einmal unterscheiden konnte, welches …letzter Athemzug gewesen sei, am 5. April 1769. Von …en Liedern merke: „Brunn' alles Heils, dich ehren …972); — Gott ist gegenwärtig (P. 996); — Jauchzet …Himmel, frohlocket ihr englischen Chöre (P. 933); — …u, der du bist alleine (L. S. 818); — Kommt, Kinder, …t uns gehen (P. 1052); — Mein Auge wacht …S. 548); — Nun, so will ich denn mein Leben …S. 618); — Nun schläfet man (P. 1037); — O …u, meines Lebens Licht (P. 1028)." —

310. **Franziska Barbara Reiß**, die Tochter des …tors und Consistorialraths M. Joh. Adam Bernhard …tz, wurde am 7. Juni 1715 zu Marktbreit in Franken …oren. Von Kindheit an war sie schwach und gebrechlich, …och von trefflichen Geistesgaben. Ihr Lieblingsbuch war …heilige Schrift, und deshalb war sie in derselben auch …r erfahren. Zu ihrer Lieblingsbeschäftigung gehörte auch …s Dichten geistlicher Lieder, deren sie eine ganz beträcht…e Zahl hinterlassen, welche in der Amtsjubelfreude ihres …ters, Rothenburg 1752 in 4. angezeigt werden. Sie …rb zu Sommerhausen 1785, in einem Alter von 85 Jah…. Von ihr ist das Lied: „Schaffet, daß ihr selig wer…t" (P. 807). —

…us der Nacht des Unglaubens und Zeit der weltlichen Aufklärung.

Der Leipziger Dichterbund.

311. **Christian Fürchtegott Gellert** wurde zu …ainichen, einem kleinen Städtchen bei Freiberg im Erzge…rge, den 4. Juli 1715 geboren. Sein Vater, zweiter …rediger daselbst, ein gar würdiger Mann, der über ein

halbes Jahrhundert mit dem Segen Gottes auf seine Ge[meinde] wirkte, hatte mit seiner frommen Frau, einer gebor[e]nen Schütz, 13 Kinder, wovon unser Gellert der 5. Sohn war. Den ersten Unterricht genoß Christian Fürchtego[tt] in der Schule seiner Vaterstadt. Außer den Schulstunde[n] mußte er Acten für die Gerichte des Amtsorts Rügen schre[i]ben. 1729 kam er auf die Fürstenschule zu Meißen, w[o] er den Freundschaftsbund mit Gärtner und Rabener schloß[,] diese begleiteten ihr auch 1734 auf die Universität Leipzi[g,] wo der treffliche Mosheim und A. seine Lehrer waren[.] Nach 4 Jahren berief ihn sein Vater nach Hause, u[nd] nicht ohne Zagen wagte er sich auf die Kanzel. Kaum h[atte] er das Eingangsgebet gesprochen, so verläßt ihn das untre[ue] Gedächtniß so gänzlich, daß er besinnungslos vor Schaa[m] wieder herabsteigen mußte. Dieser Vorfall machte ein[en] unauslöschlichen Eindruck auf ihn, und er hielt sich von de[m] Augenblick an nicht für den gewählten Stand berufen. I[m] väterlichen Hause blieb Gellert deshalb auch nicht lang[e.] Schon nach einem Jahre erhielt er eine Hauslehrerstelle i[n] Dresden. Hier unterrichtete er nebenbei die Söhne sein[er] daselbst verheiratheten Schwester, und begleitete den ein[en] später nach Leipzig, um dessen Studien zu leiten und di[e] eigenen zu vollenden. — Gerade um diese Zeit war es, w[o] sich in Leipzig ein Kreis der ausgezeichnetsten Männer sam[]melte und unter Schwabe's Leitung zu einem Dichterbund[e] zusammentrafen, der es sich zur Aufgabe stellte, den allge[]mein herrschenden Geschmack in der Poesie zu verfeinern[,] und zu diesem Zweck die „Bremer Beiträge" herausga[b] von 1744 ab. Mit entscheidendem und glücklichem Erfolg[e] wirkte dieser Verein für seinen Zweck, und wir haben [in] den Stiftern desselben, in Gieseke, Zachariä, Gärtner, Klop[]stock, Rabener, Ebert, Elias und Adolph Schlegel, Andrea[s] Kramer, Andreas Schmidt u. A. die frühesten und herrlich[]sten Zierden unserer classischen Literatur zu suchen. I[n] Leipzig bekam Gellerts Körper eine siechhaft kränkelnde Ri[ch]tung, und an steten körperlichen Leiden erkrankte auch sei[n] Lebensmuth zu gewissen Zeiten, aber fest in seinem Got[t] gegründet, erhob er sich stets zur Freude in Gott. Da e[r] der Meinung war, er könne den Pflichten eines öffentliche[n]

tes bei seinem kranken Körper nicht genügen, so wurde
Privatdocent an der Universität Leipzig. Bis zum Jahr
50 erschienen seine Fabeln; sie wurden mit großer Be-
terung aufgenommen, und waren bald das Buch des
kes. Man zollte ihm für dieselben innige Liebe. Ein-
l wurde er bis zu Thränen gerührt, als ihm ein Bauer
härtesten Winter einen großen vierspännigen Wagen voll
lz vor die Thür fuhr, damit, wie er sich ausdrückte, der
ue Poet, der ihm und seiner Familie am warmen Kamin
Freuden so viele gemacht habe, sich auch wärmen könne. —
t eben solcher Begeisterung wurden seine „geistlichen Lie-
," die 1757 erschienen, aufgenommen. Bald sang man
seinen Worten dem Herrn Preis und Ehre in allen Kir-
n des evangelischen Deutschlands, mit ihnen fuhr der
dmann auf seinen Acker, und zog der Soldat gegen den
nd. Das machte, Gellert hatte von Herzen gesungen
b in stetem Aufschauen zu Gott gedichtet. Dafür kamen
n auch von allen Seiten Geschenke und Unterstützungen
geflossen, als Zeichen der Dankbarkeit und Hochachtung.
nmal drückte ihm ein junger preußischer Officier ein Pa-
r mit 100 Thalern, mit der Erklärung in die Hand:
Sie haben mein Herz durch Ihre Schriften gebessert, und
gen dieses Glück vertausche ich die ganze Welt nicht."
och wurde Gellert dadurch nicht reich; aber groß war seine
eude, daß er um so mehr für die Armen hatte, welche
i ihm stets eine offene Hand und ein liebevolles Herz fan-
n. — Ganz Deutschland feierte nach dieser Zeit Gellerts
amen. Wie ein Heiliger stand er unter seinen Freunden,
ter der Jugend. Von allen Seiten wählte man ihn zum
athgeber und Vertrauten in den wichtigsten Familienange-
heiten. Väter befragten ihn, wie sie ihre Söhne, Müt-
r, wie sie die Töchter erziehen, Zweifler, wie sie den Un-
auben bekämpfen, Gatten, wie sie Liebe erhalten, oder ver-
rene wieder gewinnen sollten, und Niemand wendete sich
rgebens an ihn. Die größten Männer, auch Friedrich
r Große, besuchten ihn in Leipzig; er aber blieb demüthig
nd bescheiden, lehnte auch alle höhern Aemter und Wür-
en ab, weil seine Körperkraft den Bürden derselben nicht
wachsen wäre; denn stets litt er Schmerzen, und sei

Körper verfiel immer mehr. 1763 und 1764 besuchte er auf den Rath der Aerzte das Karlsbad, doch ohne Erfolg, und 1769 seine Vaterstadt, „um sie noch einmal zu sehen, und seine Lieben auf Erden noch einmal zu umarmen." — Seine Ahnung, daß er die Reise wohl nicht aufschieben dürfe, um ihren Zweck zu erreichen, betrog ihn nicht, denn bereits im December desselben Jahres ergriff ihn seine letzte tödtliche Krankheit. Mit Blitzesschnelle flog die Kunde seines Zustandes durch das Land. Sein Fürst schickte ihn mit Estaphette den ersten seiner Leibärzte von Dresden, und die Leipziger Aerzte eiferten in ihren Bemühungen, des Allgeliebten Leben zu retten. Es war fruchtlos, und seiner Ueberzeugung nach mußte es wohl fruchtlos sein. Ergeben und ohne alle Furcht eilte er dem Tode entgegen. Mit aller Ruhe ordnete er seine Familienangelegenheiten, und begehrte dann seinen Beichtvater. Vier Tage vor seinem Scheiden segnete er seine Freunde, und erhob sich dann wie neubelebt von seinem Schmerzenslager, entblößte sein greises Haupt, und betete mit einer solchen Erhebung des Herzens, mit einer so feurigen Andacht, mit einem so ganz zu Gott gewendeten Herzen, daß seine Freunde einen sterbenden Apostel in ihm zu sehen glaubten. — Als sein Beichtvater, der Pastor Thalmann, zu ihm hereintrat mit den Worten: „Herr, siehe, den du lieb hast, der liegt krank!" da seufzte er aus tiefem, tiefem Herzen: „Ach, wenn ich doch das wäre" — setzte aber gleich hinzu: „Nun, ich hoffe es zu deiner Gnade, mein Heiland, daß du auch mich, als den Deinigen, lieb hast!" Dann nahm er alle Kraft zusammen und legte ein feierlich ernstes Bekenntniß seiner Buße und seines Glaubens ab, worauf er zu den Umstehenden sagte, er hätte noch nie in dem Maaße, wie jetzt, die Süßigkeit der evangelischen Verheißungen empfunden, und darum sind die wohl recht bemitleidenswerth, die nicht ihren Trost im Verdienst ihres göttlichen Erlösers suchen. Als seine Schmerzen immer heftiger wurden, seufzte er: „Ach, welche Schmerzen! doch was sind sie gegen diejenigen, welche mein Erlöser erduldet hat. Er wurde unter den Seinigen verspeit, und mich ehret mein Fürst!" — Dann sprach er zu den Umstehenden: „Weil ich nicht mehr viel fassen kann, so rufet mir nur n Namen des Erlösers zu. Wenn ich den nenne oder re, so fühle ich eine neue Kraft und Freudigkeit in mir." ine Stunde vor seinem Abscheiden fragte er, wie lange nn der Kampf wohl noch dauern könne; man sagte ihm, elleicht noch eine Stunde. Da erhob er mit fröhlichem ntlitz seine Hände, und sprach: „Nun, Gott Lob, nur noch 1e Stunde!" Dann wandte er sich auf die Seite; seine reunde beteten über ihn, und er schlummerte ruhig ein den 3. December 1769. — In seinen Liedern redet Gellert ufig die Sprache seiner Zeit, und nicht die Bibelsprache; er es weht eine innige Wärme, Frische und Volksthümlich- t in denselben, die selbst auch Gott entfremdete Herzen griff, und zum Wort des Lebens zurückführte. In unsern esangbüchern finden wir von ihm: „Auf Gott, und nicht f meinen Rath (P. 1007); — Dies ist der Tag, den ott gemacht (P. 932); — Du willst, Gott, daß mein erz (B. 1254); — Ein Herz, o Gott, in Leid (B. 1286); - Ein Jahr ist wieder hin (B. 1214); — Erinn're dich, ein Geist, erfreut (P. 949); — Er ruft der Sonn' und afft den Mond (B. 1215); — Freiwillig hast du dar- bracht (B. 1226); — Für alle Güte sei gepreist . S. 519); — Gedanke, der uns Leben giebt (B. 1220); - Herr, stärke mich, dein Leiden (P. 87); — Ich hab' guten Stunden (B. 1302); — Ich komme, Herr, und che dich (P. 231); — Ich komme vor dein Angesicht B. 1247); — Jesus lebt, mit ihm auch ich (P. 952); - Laß deinen Geist mich stets mein (B. 1223); — Meine benszeit v. (B. 1308); — Mein Erstgefühl sei Preis nd Dank (L. S. 465); — Nach einer Prüfung kurzer age (B. 1313); — Nicht, daß ich's schon ergriffen hätte B. 1280); — Oft denkt mein Herz, wie schwer (B. 1259); - So Jemand spricht: Ich liebe Gott (B. 1268); — as ist's, daß ich mich quäle (B. 1266); — Wie sicher st der Mensch der St. (B. 1309); — Wenn ich, o Schö- er, deine Macht (B. 1300); — Wie groß ist des All- ächt'gen Güte (L. S. 725); — Wohl dem, der beß're chätze liebt (B. 1284)." —

312. Johann Adolph Schlegel ist den 18. September 1721 zu Meißen in Sachsen geboren. Nachdem er zu Schulpforte seine erste gelehrte Bildung empfangen hatte, bezog er die Universität Leipzig 1741, und wurde dort auch Mitherausgeber der „Bremer Beiträge." Späterhin gaben die Verfasser derselben, unter denen J. A. Schlegel einer der eifrigsten war, unter dem Titel: „Vermischte Schriften," eine Monatsschrift heraus, die als Fortsetzung jener Beiträge zu betrachten ist. Von 1748—1751 lebte Schlegel bei seinem Freunde Cramer (S. Nr. 313.) zu Crellwitz, und arbeitete mit an der von demselben herausgegebenen Wochenschrift: „Der Jüngling." In ästhetischer Hinsicht erwarb ihm aber seine Uebersetzung: „Batteux, Zurückführung der schönen Künste auf einen Grundsatz," welche er mit Abhandlungen und Anmerkungen begleitete, einen Ruf. 1751 wurde er Lehrer zu Schulpforte; 1754 kam er als Oberpfarrer nach Zerbst, und Professor der Philosophie am Gymnasium daselbst, von wo er 1658 als Pfarrer an die Hauptkirche nach Hannover kam, wo er, durch die Herausgabe von Gellerts Liedern dahin geführt wurde, daß er sich besonders mit dem Kirchenliede beschäftigte. 1775 wurde er mit Beibehaltung seiner bisherigen Aemter Generalsuperintendent des Fürstenthums Calenberg, jedoch mit der Veränderung, daß er nun Pfarrer an der neustädter Hofkirche wurde. Seine geistlichen Lieder erschienen zu Berlin 1786. Schlegel starb den 16. September 1793. Von ihm sind die Lieder: „Anbetung bringen wir (B. 1230); — Dich zu erzürnen, Gott (B. 1217); — Dir befehl' ich meine Kinder (B. 1246); — Dir, Gott, sei mein Dank geweiht (B. 1254); — Du bester Trost der Armen (B. 1303); — Hilf Gott, daß mein Herz und Leiden (B. 1288); — Gott, dessen Aug' uns stets bewacht (B. 1301); — Wie grundlos sind die Tiefen (B. 1224)."

313. Dr. Johann Andreas Cramer, ist wie Gellert, der Sohn eines Predigers im sächsischen Erzgebirge, und wurde am 29. Januar 1723 zu Jöhstadt bei Annaburg geboren, bezog 1742 arm und mit gar geringen Mitteln die Universität Leipzig; mit literarischen Arbeiten und Pri-

Unterricht-Ertheilen suchte er sich daher seinen Unterhalt erwerben, wurde auch Mitherausgeber der „Bremer Beiträge." 1745 wurde er Magister, und hielt als solcher Vorlesungen, 1748 wurde er Pfarrer zu Cretlwitz, zwischen Magdeburg und Halberstadt gelegen, wo er bald als trefflicher Kanzelredner einen großen Ruf gewann. 1750 wählte er unter mehreren ihm angetragenen Stellen, die eines Hofpredigers in Quedlinburg; nach 4 Jahren wurde er durch Klopstocks Einfluß Oberhofprediger und Consistorialrath zu Kopenhagen unter König Friedrich V. 1765 wurde er dazu Professor der Theologie. Er wurde hier ebenso sehr seiner Kenntnisse und seiner ausgezeichneten Kanzelvorträge wegen, als auch eines vortrefflichen, tadellosen Wandels und Characters willen, so geliebt und hochgeachtet von Jedermann, daß man ihn: „Ehegode," d. i. „der durchaus Gute," nannte, ein Beiname, den vor ihm einer der ehrwürdigsten dänischen Könige im 11. Jahrhundert geführt hatte. Als späterhin am dänischen Hofe leichtere Sitten einrissen, hielt er sein unerschrockenes Zeugniß nicht zurück, worüber er viel Anfindungen zu erdulden hatte, welche durch die Revolution des Grafen Streuensee und der Königin Caroline Mathilde bis auf's Höchste stiegen, und ihn bewogen, die zwar minder glänzende Stelle eines Superintendenten zu Lübeck, welche ihm 1771 angetragen wurde, gern anzunehmen. Aber schon nach 3 Jahren, als inzwischen die Verhältnisse in Kopenhagen sich geändert hatten, berief ihn der dänische Hof zur höchsten theologischen Würde des Reiches, zum Kanzler und Curator der Universität Kiel. Diesem hohen Posten stand er mit Ruhm und Auszeichnung bis zu seinem Tode vor. Auf seinem Sterbebette legte er ein gut Zeugniß ab, und ging heim in der Nacht vom 11—12. Juni 1788. Außer vielen geschichtlichen und theologischen Schriften haben wir von ihm eine poetische Uebersetzung der Psalmen und drei Theile Gedichte, unter denen die Oden und geistlichen Lieder die vorzüglichsten sind. Zu seinen Liedern gehören auch: Betet an, laßt uns lobsingen (B. 1232); — Dein bin ich, Herr, dir will ich (B. 1256); — Der Herr ist Gott und keiner mehr (B. 1233); — Herr, höre mein Gebet (B. 1258); — Herr, wie lange muß ich ringen (B. 1281),

— Kommt, laßt uns niederfallen (B. 1299); — Sollten Menschen meine Br. (B. 1269); — Sollt' ich an deiner Macht, o Gott (B. 1265); — Wem Weisheit fehlt, der bitte (B. 1278)."

314. **Friedrich Gottlieb Kloppstock**, den 2. Juli 1724 zu Quedlinburg, wo sein Vater zur Zeit Commissionsrath war, geboren, erhielt seine erste Erziehung auf dem Amte Friedeburg in der Grafschaft Mansfeld, welches sein Vater, ein frommer, biederer, freimüthiger, origineller Mann, nach seiner Geburt in Pacht hatte; besuchte, 13 Jahre alt, das Gymnasium zu Quedlinburg, und ging dann nach Schulpforte, wo er schon 1739 den Gedanken faßte, sein großes Heldengedicht, „den Messias," zu schreiben. Voll des großen Gedankens, bezog er 1745 die Universität Jena, um dort Theologie zu studiren, doch blieb er bei der Poesie. Da er sich überhaupt dort nicht gefiel, wanderte er nach dem ersten halben Jahre nach Leipzig; dort von seinem Freunde Schmidt bei den Herausgebern der „Bremer Beiträge" eingeführt, trat er dem Bunde bei, und 1748 erschienen seine ersten Gesänge vom Messias in dem tönenden prachtvollen Rhythmus des Homers gekleidet, — in einem von der deutschen Muse noch nie getragenen Gewande des Hexameter. Außerordentlich war das Aufsehen, welches diese Erscheinung in ganz Deutschland machte; einige Prediger fingen sogar an, in Hexametern zu predigen. In demselben Jahre ging er noch als Hauslehrer nach Langensalza, 1750 machte er eine Reise nach Zürich in der Schweiz, um eine unglückliche Liebe zu verschmerzen. Von dort wurde er 1751 nach Kopenhagen berufen, wo ihm König Friedrich V. ein Jahrgehalt von 400 Thalern aussetzte, damit er ruhig den Messias vollenden könne. In Kopenhagen gab er 1756 den ersten Theil seiner geistlichen Lieder heraus. 1770 ging er nach Hamburg als dänischer Legationsrath, und vollendete dort 1773 seinen Messias. 1775 lud ihn der Markgraf von Baden nach Carlsruhe, von wo er 1776 nach Hamburg zurückging, um dort in der Stille sein hohes Alter zu verleben. — Zuletzt nahm er noch an der französischen Revolution warmen Antheil, so daß die Franzosen

m das Bürgerrecht schenkten; als er jedoch die Gräuel
r entarteten Menschen, und an Ludwig XVI. den Kö-
gsmord erleben mußte, strafte er mit der ganzen Kraft
iner Rede diese gräuliche Gottlosigkeit, entsagte sich auch
ler Verbindung mit diesen Schreckensmenschen, und es that
m auch sehr leid, daß die goldene Freiheit ein so erschreck-
ches Ende nahm. Er starb im festen Glauben an seinen
rlöser 1803, den 14. März. Seinen Kirchenliedern fehlt
e rechte edle Einfalt, ihre Sprache ist eine künstlich in die
öhe geschraubte. Er selbst ist aber in der glaubensarmen
eit, der er angehörte, ein rühmliches Beispiel eines Be-
nners, und ein denkwürdiges Zeugniß davon, daß Gott
uf mancherlei Weise will angebetet, gelobt und besungen
ein. Von ihm sind die Lieder: „Auf ewig ist der Herr
ein Theil (B. 1297); — Ich, Staub vom Staube, wer
in ich (B. 1249); — Laßt uns unsers Vaterlands
B. 1311); — Wie wird mir dann, o, dann mir sein
B. 1310)." —

Die nordischen Dichter.

315. **Matthias Claudius,** der wohlbekannte und
veltberühmte Wandsbecker Bote, der durch Hütten und Pa-
äste gewandert ist, und alles, Hoch und Niedrig, Gelehrt
nd Ungelehrt, in seiner lieblichen und traulichen Weise mit
em Evangelium begrüßt hat, wurde 1741 zu Reinfeld im
Holsteinischen in der Nähe von Lübeck geboren. In den
Wissenschaften vielfach gebildet, lebte er anfangs zu Wandsbeck bei Altona als Privatmann, ward 1776 Oberlandes-
commissar zu Darmstadt, gab aber die Stelle auf und ging
1777 wieder nach Wandsbeck zurück. 1778 wurde er Re-
visor bei der Schleswig-Holsteinischen Bank zu Altona. Bei
diesem Amte blieb ihm Zeit genug zu der Zeitschrift: „Der
Wandsbecker Bote," seine so gern gelesenen Beiträge zu
liefern. Ebenso lieferte er Beiträge zu den Hamburger
Adreßcomtornachrichten und zum Göttinger Musenalmanach,
dem deutschen Museum ꝛc., welche er später, mit Hinzufü-
gung von mehrerm Ungedrucktem unter dem Titel: „Asmu
omnia sua secum portans," oder: „Sämmtliche Wer

des Wandsbecker Boten," gesammelt herausgab. Man findet hier Lieder, Romanzen, Elegien, Fabeln, Sinngedichte, prosaische Aufsätze, durch und mit einander vermengt in der buntesten Abwechselung, in allen spricht die lauterste Kindeseinfalt, der gesundeste Menschenverstand, ein heiterer Mutterwitz, und unter scheinbarer Leichtfertigkeit predigt das tiefbewegte Gemüth dieses wahren Boten Gottes der Welt das Evangelium, in einer Weise, daß man zugleich lachen und weinen, immer aber dem liebenswürdigen Prediger, und zugleich dem die Hand küssen möchte, den er predigt. Es ist unberechenbar, was er gewirkt hat. Gott hat diesen Mann in seiner Gnade recht eigentlich seiner Zeit gegeben, denn wohin sonst wohl kein Zeugniß des biblischen Glaubens hat dringen können, weil die Herzen diesem abgestorben waren, da hat dieses Boten holdselige Stimme sich einzuschmeicheln gewußt, und Töne angeschlagen, welche wiederklingen, und die verborgene Sehnsucht nach dem verlornen Guten auf's Neue wecken mußten. Aus diesem gesegneten Wirken wurde Claudius abgerufen durch den Tod am 21. Januar 1815. Von ihm ist auch das Lied: "Der Mond ist aufgegangen" (r. S. 509). —

316. **Balthasar Münter** ist der Sohn eines angesehenen Kaufmanns zu Lübeck, wo er auch am 24. März 1735 geboren wurde. Seine Eltern gaben ihm die sorgfältigste Erziehung; da sie aber in ihren Glücksumständen plötzlich zurückkamen, mußten sie die ferneren Kosten zu seiner Erziehung beschränken. Dies war für den jungen Mann aber ein neuer Sporn, sich die Wissenschaften recht gründlich zu eigen zu machen. Er besuchte die Schule seiner Vaterstadt, wo er sich in der lateinischen Beredsamkeit und in der Poesie auszeichnete. 1754 ging er nach Jena, Theologie zu studiren. Nachdem er sich durch academische Schriften, meist philosophischen Inhalts, und ihre öffentliche Vertheidigung berühmt gemacht hatte, wurde er 1757 Privatdocent, darauf Adjunct der philosophischen Facultät in Jena, erhielt 1760 einen Ruf als Waisenhausprediger und Hofdiakonus nach Gotha. Hier genoß er die Gunst des Hofes und die Liebe Aller; auch als er 3 Jahre später als

Superintendent nach Tonna versetzt wurde, mußte er jeden Monat ein Mal vor dem Herzog predigen. Er verheirathete sich er, und erhielt den Ruf als Prediger bei der deutschen Privatgemeinde zu Kopenhagen. Dieses Amt bekleidete er bis an seinen Tod zur großen Zufriedenheit seiner Gemeinde. Er lebte dort im vertrauten Umgange mit Cramer und Kloppstock. Vorzüglich wurde seine Aufrichtigkeit und Demuth gerühmt. Er starb den 5. October 1793. 1769 gab er geistliche Kantaten heraus; dann 1773 und 1774 zwei Sammlungen geistlicher Lieder. 1772 ward ihm die traurige Pflicht, den unglücklichen Grafen Streuensee zum Tode auf dem Blutgerüste vorzubereiten, und die Bekehrungsgeschichte dieses Staatsmannes, welche er herausgab, und welche fast in alle Sprachen übersetzt wurde, machte seinen Namen in Europa berühmter, als alle seine Schriften. In seinen letzten Jahren erwarb sich Münter durch Einrichtung des Armenwesens in seiner Gemeinde, und durch Einrichtung einer Freischule für Töchter, ein neues Verdienst. Aus seinen Liedern finden wir: „Ach, wie ist der Menschen Liebe (B. 1263); — Allen, welche nicht vergeben (B. 1270); — Der du dem Tode noch (B. 1271); — Der letzte meiner Tage (B. 1304); — Gott, ich will mich ernstlich prüfen (B. 1257); — Ich weiß, und bin's gewiß (B. 1243); — Jesus kommt, von allem Bösen (B. 1289); — Zitternd, doch voll sanfter Freude (B. 1253)."

317. **Johann Christian Eberwein,** den 3. September 1730 zu Göttingen geboren, studirte auch daselbst, wurde 1758 Pastor zu Hohenaspe im Holsteinischen, und auch Beisitzer des Münsterdorfischen Consistorii. 1772 kam er an Albertis Stelle als Diakonus bei der Katharinenkirche nach Hamburg, wo er am 10. Mai 1788 starb. 1768 gab er „Geistliche Lieder, Itzehoe," heraus. Von ihm ist: „Herr, laß mich in Frieden fahren" (B. 1305). —

318. **Heinrich Julius Tode,** den 30. Mai 1733 zu Zollenspieker in den holländischen Vierlanden bei Hamburg geboren, studirte zu Hamburg und Göttingen. 1761 wurde er Pastor zu Pritzier im Magdeburgischen, 1768

Präpositus des Wittenbergischen Kreises, und zuletzt Mecklenburg-Schwerinscher Consistorialrath, Hofprediger und Domprobst. Er starb den 30. December 1797. Seine Lieder, welche zu Hamburg und Lüneburg 1771 herausgekommen, zeugen von einem andächtigen Gemüth. Lies von ihm: „Geist vom Vater und vom Sohne (B. 1299); — Der Mensch, der Menschenfurcht (B. 1292)."—

319. **Johann Friedrich Löwen**, geboren 1729 zu Clausthal, konnte Armuths halber seine Studien nicht vollenden, und wurde deshalb 1757 Sekretair in Berlin, 1767 Director und Lehrer der jungen Schauspieler in Hamburg, woselbst er sogar seine Frau und Kinder die Bühne betreten ließ. Da das Schauspielinstitut sich dort nicht halten konnte, und die Gesellschaft weiter zog, wollte er nicht mitziehen, und nahm lieber die kärgliche Stelle eines Registrators zu Rostock an, wo er mit Nahrungssorgen viel zu kämpfen hatte. Durch solche Leiden früh gealtert, starb er den 23. December 1771, erst 42 Jahre alt. Er war ein frommer Christ. Von ihm ist: „Lamm Gottes, das geduldig" (B. 1222). —

320. M. **Christoph Christian Sturm**, den 25. Januar 1740 zu Augsburg geboren, war 1765 Conrector zu Sorau, nachdem er zu Jena und Halle studirt hatte. 1769 wurde er zweiter Prediger an der Heiligen-Geist-Kirche zu Magdeburg, und 1778 Hauptprediger an St. Petri und Scholarch zu Hamburg, wo er als ein freimüthiger Mann ohne Menschenfurcht und Menschengefälligkeit sowohl, als auch als Religionslehrer trotz mancher Anfeindungen sehr hoch geachtet wurde und im großen Segen wirkte. Als ihn am 11. August ein heftiger Bluthusten befiel, ließ er sich Münters Lied: „Der letzte meiner Tage ist mir vielleicht nicht fern," vorlesen, und antwortete: „Wohl dem, der seine Buße nicht auf's Krankenbett verschiebt! Ach, wie irren die Gedanken herum, wenn man im Fieber liegt."— Während Alle um ihn her weinten und zagten, wies er auf sein Herz und sprach: „Hier ist es ganz ruhig." — Die

ssen hatte, bewährte er bis an den Tod, der ihn am 5. August 1786 heimrief. Sturm bewährte überhaupt den Grundsatz, daß man jede Erkenntniß der Wahrheit erst bei sich selbst zur Gottseligkeit fruchtbar werden lassen müsse, ehe man letztere durch Mittheilung solcher Erkenntniß bei Andern bewirken wolle. Seine gründliche Gelehrsamkeit, innige Frömmigkeit, ausgezeichnete Predigtgaben, rastlose Thätigkeit, unermüdliche Amtstreue, und sein wahrhaft christlicher Sinn und Wandel erwarben ihm die ungetheilte Achtung und Liebe. Er schrieb eine große Zahl Andachtsbücher, welche sich durch die darin ausgesprochene Ueberzeugung, so durch Herzlichkeit empfehlen. Von seinen Gedichten sind erschienen: „Gebete und Lieder für Kinder 1770; Gesangbuch für das reifere Alter 1777; Lieder für das Herz 1787; und Gesangbuch für Gartenfreunde." Von ihm sind: „Ich weiß, an wen mein Glaub' (B. 1294); — Was soll ich ängstlich klagen (B. 1291)." —

Die preußischen Dichter.

321. **Theodor Gottlieb Hyppel**, den 31. Januar 1741 zu Gerdauen im Ostpreußischen geboren, woselbst sein Vater Prediger und Rector war, erhielt seine erste wissenschaftliche Bildung im elterlichen Hause. Schon als Knabe zeigte er einen großen Hang zur Einsamkeit. Mit tüchtigen Kenntnissen in den alten Sprachen ausgestattet, bezog er in seinem 16. Jahre die Universität Königsberg, um Theologie zu studiren, und machte hier die Bekanntschaft mit dem holländischen Juristen Wohl, der ihn in sein Haus aufnahm, und mit dem russischen Lieutenant von Kayser, der ihn 1760 nach Petersburg nahm, und ihn zuerst in die Kreise der großen Welt einführte. Nach Königsberg zurückgekehrt, war er in einer sehr gebildeten Familie Hauslehrer, gab aber 1762 diese Stelle auf, um sich dem Studium der Rechtswissenschaft zu widmen. Die Liebe zu einem vornehmen und reichen Mädchen hatte ihn zu diesem Entschluß gebracht, und er verfolgte sein Ziel mit unermüdlichem Eifer, entsagte aber nach Erreichung desselben seiner Liebe, um im ehelosen Stande seine hochfliegenden Pläne nachdrücklicher verfolgen

zu können. Im Jahr 1765 wurde er Rechtsconsulent bei dem Stadtgericht in Königsberg, und stieg nun schnell von einer Ehrenstelle zur andern. Friedrich II. ernannte ihn 1780 zum dirigirenden Bürgermeister in Königsberg, und Polizeidirector mit dem Character eines geheimen Kriegsraths und Stadtpräsidenten. Um Minister werden zu können, ließ er nun den vernachläßigten Adel seiner Familie durch den Kaiser erneuern, starb aber vor Erfüllung seines Lieblingswunsches den 23. April 1796, mit Hinterlassung eines Vermögens von mehr als 140,000 Thalern. Hyppels Character war eine sonderbare Mischung von Vorzügen und Fehlern. Frömmigkeit und warmer Tugendeiser paarten sich mit starker Leidenschaft. Von ihm ist das Lied: „Singt dem Versöhnten" (B. 1212). —

— 322. M. David Bruhn, der Sohn eines Kaufmanns und Magistratsmitgliedes zu Memel in Ostpreußen, wo er auch am 30. September 1727 geboren wurde. In seinem 16. Jahre besuchte er die Universität Königsberg und 1747 die Hochschule zu Halle, wo er in das Haus des berühmten Baumgarten kam, der ihm seine bedeutende Bibliothek zur Aufsicht anvertraute. 1750 wurde er daselbst Magister, und in demselben Jahr noch Conrector am cölnischen Gymnasium zu Berlin. 1752 ward er Prediger bei dem königlichen Cadettencorps, 1754 dritter, 1756 zweiter Prediger bei der St. Marienkirche daselbst. Vier Jahre vor seinem Tode überfiel ihn auf der Kanzel eine solche Gedankenschwäche, daß er seinen Vortrag abbrechen mußte. Er konnte ein ganzes Jahr nicht wieder predigen, doch übernahm er sein Amt wieder, konnte aber seiner Schwäche wegen nur dann und wann predigen. Endlich starb er aber am 27. April 1782, 54 Jahr alt. Außer 7 Liedern, welche er veränderte, verfertigte er 4 neue zu den „Liedern für den öffentlichen Gottesdienst, Berlin 1765," darunter auch: „Der du uns als Vater liebest" (B. 1227). —

323. Dr. Joh. Thimoth. Hermes, geboren den 31. Mai 1728 zu Petznick bei Stargard in Pommern, wo sein Vater, ein Anhänger der Wolfischen Philosophie, Pastor

war. In seiner Kindheit zeigte Joh. Timoth. sich als ein früh reifes Genie, indem er, erst 5 Jahr alt, die Methode erfand, ohne Buchstabiren lesen zu lernen. Auf dem Gymnasium zu Stargard war er ein Jahr lang in's Zimmer gesprochen durch einen Gabelstich, der ihm seinen Arm lähmte. Als er nach Königsberg reiste, um dort zu studiren, bekam er während eines heftigen Sturmes auf der Seefahrt eine solche Quetschung auf der Brust, daß ein fast tödtlicher Blutsturz erfolgte. Von Allem entblößt, bloß 3½ Thaler in der Tasche, kam er in Königsberg an, und fand dort die ihm vorausgeschickten 100 Thaler nicht. Er verbarg seine Noth, und wäre sicher zu Grunde gegangen, wenn nicht edle Menschen ihn unterstützt hätten. Durch seine Kenntniß der französischen Sprache wurden ihm bald die besten Häuser der Stadt eröffnet. Dr. Arnold und Kant waren seine Lehrer. Kant aber zog ihn mit seiner kritischen Philosophie nicht an. Arnold sagte einmal die denkwürdigen Worte zu ihm: „Die Zeit naht, wo wir als Prediger den Menschen wenig mehr werden beikommen können; alsdann wird das Wahre und Schöne eines gefälligen Gewandes bedürfen, und Sie, wenn Sie fortfahren, Ihre Beobachtungen und Erfahrungen niederzuschreiben, können ein deutscher Richardson werden." Von Königsberg begab er sich zu weiterer Ausbildung nach Berlin, wurde sofort Lehrer an der Ritteracademie zu Brandenburg, kam dann als Feldprediger bei den Krokowschen Dragonern nach Lüben in Schlesien, und einige Jahre nachher als Anhalt-Köthenscher Hof- und Schloßprediger nach Pleß in Oberschlesien. Endlich 1772 kam er nach Breslau als Inspector des Gymnasiums. 1808 wurde er Superintendent des Fürstenthums Breslau und erster Professor der Theologie, zuletzt Probst an der heiligen Geistkirche und Oberconsistorialrath. Hier vollendete er das berühmte Werk: „Sophias Reise von Memel nach Sachsen," das zu Leipzig 1769—1773 erschien. Er war ein sogenannter „Popularphilosoph, und ein aufgeklärter, hellsehender Theologe." Sehr gerühmt wird an ihm seine Menschenliebe, und sein warmer Eifer für das Heil der Brüder. Er starb zu Breslau in dem hohen Alter von 83 Jahren, den 24. Juni 1821. Er dichtete 112 größtentheils minder gelungene geistliche Lieder.

In seinem Werke: „Sophiens Reise," befindet sich das aber wirklich schöne Lied: „Ich hab' von ferne" (P. 548). —

Sänger im westlichen Deutschland.

324. **Johann Daniel Karl Bickel**, geboren den 24. Juni 1737 zu Altenweilau im Herzogthum Nassau, war Nassau=Usingscher Hofprediger zu Biberach, und seit 1792 Consistorialrath in Usingen, starb am 28. Juni 1809. Er dichtete nur 3 geistliche Lieder, darunter 2 über die Heilighaltung des Eides, als: „Gott, der du Herzenskenner bist" (P. 1051). —

325. **Dr. Friedrich Adolph Krummacher**, den 13. Juli 1767 zu Tecklenburg, wo sein Vater, Friedrich Jakob Krummacher, Hoffiscal, Bürgermeister und Advocat war, geboren, studirte in Lingen und Halle, war von 1790 bis 1794 Conrector am Gymnasium zu Hamm. 1794 bis 1801 Doctor und Professor der Theologie zu Duisburg an der Universität. 1807 Pfarrer zu Kettwig an der Ruhr, dann Landes=Superintendent, erster Consistorialrath und Oberprediger an der Schloßkirche zu Anhalt=Bernburg, welche Stelle er bis 1824 bekleidete. Von dieser Zeit an ist er Pastor an der St. Ansgariikirche zu Bremen, wo er den 4. April 1845 gestorben ist. Am bekanntesten ist er durch seine herrlichen Parabeln geworden. Von ihm ist das Lied: „Eine Heerde und ein Hirt'" (P. 939). —

326. **Susanna Catharina von Klettenberg**, geboren 1723, gestorben 1774, dichtete das Lied: „Mich überfällt ein sanft Vergnügen" (L. S. 613). —

Aus der Zeit des Erwachens.

327. **Johannes Daniel Falk** ist der Sohn eines Perückenmachers zu Danzig, wo er 1770 geboren wurde. Sein Vater brauchte den Knaben schon in seinem 8. Jahre

seinem Handwerksgehülfen, und schalt oft hart den Kna-
wenn er statt zum Geschäfte zu den Büchern griff.
ssenungeachtet machte sein Trieb zur Wissenschaft sich
hn, und schaffte sich auf den ungewöhnlichsten Wegen
friedigung. Geliehene Bücher las er oft des Abends,
er dem Vorwande, seinen Großvater zu besuchen, im
nkel einer einsamen Straße unter einer Laterne, und
r als einmal setzte er sich der Gefahr aus, bei seinen
udien, die er selbst in den rauhesten Winterabenden nicht
eute, zu erfrieren. — Des Tages an die ekelhaften Ge-
äfte des Haarkräuselns geschmiedet, wurde ihm zuletzt seine
ze so unerträglich, daß er mit dem Vorsatze, sich als
hiffsjunge zu vermiethen, davon lief. Tage lang irrte er
Meerstrande umher, um Königsberg zu erreichen. Er
sich mehreren Schiffern an, aber Jeder wies den wirren,
zweifelnden, ausgehungerten 16jährigen Jungen zurück. —
schöpft, auch im Gewissen beunruhigt, kehrte er in's vä-
liche Haus zurück. Aber eben dieser verzweiflungsvolle
chritt, dessen Ursache kein Geheimniß blieb, weckte für den
aben Theilnahme, und bewog seinen Vater, seinem un-
erstehlichen Trieb, zu studiren, nicht mehr entgegen zu
rken. Obschon arm, bot er nun alles auf, seinen Sohn
seiner wissenschaftlichen Laufbahn zu unterstützen. Dieser
suchte noch 6 Jahr das Danziger Gymnasium. Uner-
üdlicher Fleiß und sittlicher Wandel gewannen ihm bald
e Achtung und Liebe aller seiner Lehrer und ehrenvolle
uszeichnung. In seinem 22. Jahre bezog er die Univer-
ät Halle, nach vollendeten Studien ging er nach Weimar,
d stand bald im freundlichen Verkehr mit Göthe, Schil-
r, Herder, Wieland, und lebte dort als Privatgelehrter.
ach der Jenaer Schlacht 1806, bei der Plünderung Wei-
ars, leistete Fall durch seine furchtlose Entschlossenheit
er Stadt große Dienste, und wandte von Einzelnen man-
es Unglück. Nach der Rückkehr des Herzogs erhielt er
en Titel Legationsrath. Aber weit größere Verdienste er-
arb sich Fall um die leidende hilfsbedürftige Menschheit
m Jahre 1813 nach der Leipziger Schlacht, als Sachsen
on Freunden und Feinden verheert wurde. Da drang die
Noth der verlassenen Kinder, die in großer Noth um Brod

Sachsen durchzogen, und die Furcht vor dem unvermeidlich scheinenden Verderben derselben an sein Herz. Damals legte er, ein zweiter Franke, mit männlichem Gottvertrauen den Grundstein zu dem noch jetzt wohlthätig wirkenden Verein: „Gesellschaft der Freunde in der Noth." Ihr öffentlich bekannter Zweck war, die Erziehung verlassener und verwilderter Kinder. Der edle Mann verfolgte diesen Zweck unermüdlich, mit gänzlicher Opferung seines Ichs inmitten unter den widerwärtigsten Verhältnissen, zwischen den Stürmen, die sein häusliches Glück schmerzlich betrafen. Vier geliebte hoffnungsvolle Kinder raubte ihm in einem Jahr der Tod. Aber seine Mühe krönte endlich der schönste Erfolg. Auf seinen Ruf versammelten sich endlich Menschenfreunde aus der Nähe und der weitesten Ferne, um ihn in seinem frommen Zwecke zu unterstützen. Oft fehlte ihm für seine Waisenschaar Brod für den nächsten Morgen; und doch kam nie ein Morgen, ohne zugleich, oft aus weiter Ferne, die Mittel mitzubringen, das Kinderheer zu sättigen, das in ihm seinen Erretter und Vater sah. Am Abend seines Lebens hatte er noch die Freude, ein schönes geräumiges Gebäude für seine Pfleglinge erstehen zu sehen, aufgeführt mit Hilfe Derjenigen, die er wenige Jahre früher aus seiner Pflege zur Erlernung eines Handwerks oder einer Kunst entlassen hatte. Bis zu seinem Tode hat Falk über 400 größtentheils in gänzlicher Verlassenheit und Verwilderung aufgegriffene Kinder erzogen, und über 100 Mädchen brachte er bei wackern Familien unter. Seine höchste Freude war, daß auch an vielen Orten, so wie bei ihm, für die Kinder gesorgt wurde. Er starb am 14. Februar 1826. Von ihm sind die Lieder: „O du fröhliche, o du selige, gnadenbringende Weihnachtszeit (L. S. 667); — Wie mit grimmigen Unverstand (L. S. 652)." —

328. **Ernst Moritz Arndt**, zu Schoritz auf Rügen den 26. December 1769 geboren, eines Bauern Sohn, studirte 3 Semester zu Jena, und auch zu Greifswalde Theologie und Philosophie, durchreiste dann von 1794—1796 den größten Theil von Europa. Seine Reisebeobachtungen in Schweden, Frankreich und Italien übergab er in mehreren

…stellungen dem Druck; war 1796 Hauslehrer bei Th. Kosegarten zu Altenkirchen auf Rügen. Bonaparte, …mals der Held der Freiheit, der Frankreich aus der …chreckensherrschaft der Tyrannen befreite, fand durch diese …chriften auch in Arndt seinen Bewunderer und aufrichtigen …obredner. Aber als Arndt sah, daß Napoleon fremde …ölker unterjochte und knechtete, da ward auch Arndt, der …05 außerordentlicher Professor der philosophischen Facultät …Greifswalde geworden, sein entschiedenster und furchtloser …r Gegner. In einer Zeit, wo die meisten Kaiser und …ürstige Europas vor dem fast Allmächtigen im Staube kro…en, und sich zu den feigen, demüthigen Dienern seiner …ünke erniedrigten, und die großen Gelehrten unsers Volkes …üchtern verstummten, da erhob sich plötzlich, und wie ein …onner, die Stimme Arndts, und predigte des Welterstür…rs entsetzliche Pläne zur Austilgung aller Freiheit mit …spielloser Kühnheit dem erstaunten Europa 1807. — Vor …m erzürnten Despoten rettete sich Arndt nach Schweden, …ter dem Schutz des charakterfesten Königs Gustav …dolph IV. Nach der Entthronung des Königs zog sich …ndt in die tiefste Verborgenheit zurück, durch diese allein …r der Faust des Allherrschers sicher. — 1809 war er …f kurze Zeit in Berlin. Endlich tagte in den Flammen …oskaus der Tag der Befreiung. Nun kehrte auch Arndt …s Petersburg in sein Vaterland zurück. Haß und Kampf …f Leben und Tod, Freiheit und Unabhängigkeit zu predigen …gen die Unterdrücker. Rastlos überstreute er Deutschland …t einer Menge von Schriften, alle voll Feuer und Geist, …lches in die Herzen deutscher Männer und Jünglinge …erall hoch in Flammen aufschlug. Größeres hat in jener …vergeßlichen Zeit nicht wohl Jemand gewirkt, als unser …ndt. Seine Worte, seine Lieder hallten in Aller Herzen …eber, und führten, mächtiger als Proclamationen, Hun…ttausende zum Kampf gegen die Tyrannen und Unterdrücker …r Freiheit. — Nach den Freiheitskriegen wurde er Pro…sor in Bonn. Freimüthige Aeußerungen in seinen Vorle…ngen über Geschichte, veranlaßte die preußische Regierung, …ne Papiere mit Beschlag zu belegen. Sie übergab deren …tersuchung, trotz Arndts Protestation, einer Specialkommisston, und klagte ihn der Verdächtigung der Demagogie an. Von seinem Lehramt wurde er entlassen, wiewohl man ihn trotz der strengsten Untersuchung gänzlich freisprechen mußte. Arndt verhielt sich ruhig in Bonn. 1840, als Friedrich Wilhelm der IV. den preußischen Thron bestieg, wurde auch Arndt wieder in sein Amt, als Professor der Geschichte an der Universität zu Bonn, gesetzt. In den unruhevollen Jahren 1848 und 1849 wurde der Greis in die deutsche Nationalversammlung zu Frankfurt am Main gewählt, und zeigte dort, daß sein Geist immer noch lebendig sei und streiten könne „für Freiheit, Pflicht und Recht." Der Herr hat ihm ein hohes Alter verliehen; über 90 Jahr alt, starb er am 29. Januar 1860. Doch bis an sein Ende „ließ er nicht ab bis in das Grab mit Herz und Mund und Hand," die deutsche Jugend zu lehren, wie sie sollen deutsche Männer werden. Eins von seinen Liedern ist: „Geht nun hin und grabt mein Grab" (L. S. 815). —

329. **Friedrich Rückert**, im deutschen Dichtergarten eine Blüthe voll Duft, Farbenschmelz und Schönheit, ist zu Schweinfurt am 16. Mai 1789 geboren; sein Vater war Amtmann der Stadt. Zum kräftigen Jünglinge herangewachsen, bezog er nach erhaltener Vorbildung auf dem Gymnasium seiner Vaterstadt die Universität Jena, um sich nach dem Willen seiner Eltern dem Studium der Rechte zu widmen. Doch bald wandte er sich von demselben ab und studirte Philosophie und Philologie. Bereits 1811 trat er zu Jena als Lehrer an der Universität auf, ging aber bald nachher auf erhaltenen Ruf nach Hanau als Lehrer am dortigen Gymnasium, doch kurz darauf ist er wieder von dort gegangen und wohnte zu Würzburg. Das Jahr 1813 erweckte gewaltig seinen edlen Dichtergeist. Unter dem Dichternamen „Freimund Reimar" sang er dem Volke seine „Geharnischten Sonetten" und „deutschen Lieder," welche Begeisterung erweckten. Bald folgten die kriegerischen „Spott- und Ehrenlieder" anregend, anstachelnd zum beharrlichen Kampfe gegen die schnöde Fremdherrschaft und Knechtung. Durch seine Gedichte auf Rückert aufmerksam gemacht, lud der Buchhändler Cotta ihn nach Stuttgart. Rückert siedelte

1815 dahin über und betheiligte sich an der Redaction des Morgenblattes. 1817 verließ er Stuttgart, von Allen geschätzt und geliebt, und begab sich nach Italien. In Rom genoß er den vertraulichen Umgang der berühmtesten Künstler und Gelehrten. Gegen Ende des Jahres 1818 verließ er Rom, begab sich zunächst nach Wien, und begann das Studium der orientalischen Sprachen, welches er zu Koburg eifrig fortsetzte, bis er 1826 als Professor der orientalischen Sprachen an die Universität Erlangen berufen wurde. In Erlangen wuchs sein Ruhm als Dichter, und als Gelehrter, wuchs sein häusliches Glück. Er hatte nämlich in Koburg eine Lebensgefährtin gefunden, und jetzt umblühten gesunde hoffnungsvolle Kinder die Eltern. Er blieb daselbst bis 1841, wo ihn König Friedrich Wilhelm IV., der damals sich mit den Größten und Besten der Nation zu umgeben suchte, in einem ehrenvollen Handschreiben als Geheimrath und Professor nach Berlin berief. Rückert nahm den Ruf an, lebte jedoch einer besondern Begünstigung zufolge nur im Winter in Berlin, während die Sommermonate ihm zur beliebigen Verfügung standen. Die Ereignisse des Jahres 1848 veranlaßten ihn, um seine Entlassung nachzusuchen. Sie wurde ihm gewährt. Seitdem lebt Rückert im Schooß seiner Familie auf seinem anmuthigen Landsitze Neuseß bei Koburg, wo er seine Zeit zwischen der Poesie, den Wissenschaften und den Freuden der Gartencultur theilt. Alle, welche ihn in seinem stets gastlich geöffneten Hause besuchen, nehmen das Bild ihres berühmten Wirthes mit den langen Haaren und dem ernst-milden geistvollen Angesicht, mit dem ungezwungenen Aeußern, der liebenswürdigen Laune und dem reichbegabten Geiste als theure Erinnerung mit hinweg. Von ihm ist das köstliche Adventslied: „Dein König kommt in niedern Hüllen" (L. S. 3). —

330. **Johann Porst**, der Sohn eines Ackermanns zu Oberkotzau im Voigtlande, wurde am 11. December 1668 geboren. Seine Eltern waren arm. Da er aber große Lust und Fähigkeiten zum Studiren zeigte, nahm der benachbarte Prediger Degen zu Rautenhorf sich seiner an,

und ließ ihn mit seinem eigenen Sohn unterrichten und erziehen, bis er in das Gymnasium zu Hof aufgenommen werden konnte. — Ein kräftiger Jüngling von 18 Jahren bezog er die Universität Leipzig, wo zur selben Zeit Franke und Schab ihre Collegia philobiblica zu halten anfingen. Porst war nach seinen Universitätsjahren Hauslehrer bei angesehenen Leuten, und das mehrere Jahre; er erwarb sich durch Lehren und Predigen große Liebe, Achtung und Beifall; doch, wie er selbst bekennt, fehlte ihm immer noch die Freudigkeit seines Glaubens.

Der Herr führte ihn aber 1695 nach Berlin, wo er die theologischen Vorlesungen Dr. Speners fleißig hörte, dessen Predigt auch eines Charfreitags sein Herz heftig zur Buße erschütterte, so daß er an selbigem Tage, und auch am folgenden, nichts aß noch trank, sondern in stetem Gebet mit Gott um seine Seele rang. Am Osterheiligabend besuchte er wieder den Gottesdienst, und hörte die Predigt über 1 Mose 45, 1—9. Die Worte: „Ich bin Joseph, euer Bruder, den ihr mit euren Sünden verkauft habt; und nun bekümmert euch nicht, und denkt, daß ich euch zürne, daß ihr mich hierher verkauft habt, denn um eures Lebens willen hat mich Gott in den Tod gegeben," zündeten das Freudenlicht in seiner Seele an, und er glaubte fest, Jesus selber habe diese Worte zu ihm gesprochen. In dieser Glaubensfreudigkeit arbeitete er nun auch mit beispielloser Treue an dem Seelenheil seiner Brüder. Der Herr gab ihm bald einen Wirkungskreis, wo er als Hirte seine Schafe weiden sollte.

Um diese Zeit etwa, als J. C. Schab 1698 zu Berlin gestorben war, wurde Johann Porst von dem Herrn von Prinz, (später preußischer Minister und Erzieher des Königs Friedrich des Großen) nach Malchow, unweit Berlin, als Prediger berufen. Da kam ein gottesfürchtiger Patron und Prediger zusammen. Porst wurde durch die treue Erfüllung seines Amtes und durch die specielle Seelsorge, die er ganz besonders übte, ein Licht, das die ganze Gegend erleuchtete, ein Vorbild für Prediger, und sein Patron stand ihm als treuer Helfer zur Seite.

Einiges aus seiner Seelsorge: um jedes Gemeindeglied recht

kennen und anfassen zu lernen, besuchte Porst seine Zuhörer in ihren Häusern, schrieb ihre Namen, Alter und Umstände auf, forschte nach ihrer christlichen Erkenntniß, ihren Andachtsbüchern, ermahnte besonders zum fleißigen Lesen der heiligen Schrift bei ihren Hausgottesdiensten ꝛc. Um die Gemeindeglieder gewiß zu treffen, machte er die Besuche des Abends, er ging auch in die Hütten der Aermsten, und behandelte sie mit gleicher Freundlichkeit wie die Reichen. Begegnete er seinen Pfarrkindern im Dorfe oder auf dem Felde, wohin er manchen nachging, so unterließ er nicht, sie durch einen kurzen Zuspruch zu ermuntern. Die Kleinen seiner Pfarrkinder unterrichtete er manche Stunde selbst, und befliß sich auf allerlei Art, Eltern und Kindern das Schulwesen möglich angenehm, und durch merkbare Förderung in heilsamer Erkenntniß der Wahrheit erfreulich zu machen. Die Knechte und Mägde kamen von Martini bis Ostern etliche Abende in der Woche, wenn sie ihr Vieh besorgt, zu ihm in den Unterricht, und da sie zu Hause erzählten, wie angenehm es an solchem Abend bei ihrem Herrn Pastor wäre, kamen auch alte Männer und Frauen, um dem Unterricht beizuwohnen. Gefordert und ungefordert eilte Porst zu den Kranken und Elenden, und war von ganzem Herzen um ihre Seelenkrankheit, Erkenntniß und um die Heilmittel derselben bemüht. Die zum heiligen Abendmahl Gehenden waren angewiesen, sich vorher bei ihm zu melden, wo Porst dann in herzlicher Weise sie zum würdigen Genuß des Sacraments vorzubereiten suchte. 6 Jahre stand er in solcher gesegneten Wirksamkeit. Da wurde er 1704 zum Prediger an die evangelisch-lutherische Kirche auf dem Friedrichswerder zu Berlin berufen. Porst's mildernste Wirksamkeit brachte es dahin, daß er 1705 (Speners Todesjahr) auch zum Prediger an der Dorotheenstädtschen Kirche, welche die Reformirten mit den Lutheranern gemein hatten, berufen wurde.

In Berlin richtete Porst die von Spener besonders empfohlenen Abenderbauungsstunden in seinem Hause ein, welche besonders von Handwerksgesellen viel besucht wurden, die dann den Segen dieser Versammlungen in alle Welt trugen.

Sein Eifer am Werk des Herrn erwarb ihm das [be]sondere Vertrauen der königlichen Majestäten. Die r[egie]rende Königin erwählte sich ihn 1709 zum Beichtvater [und] Hofprediger. Durch alle genannten Aemter mit Amt[sge]schäften überhäuft, erbat er sich einen Amtsgehülfen [aus]. Er erhielt denselben an dem redlichen, nachher höchst [be]rühmt gewordenen J. G. Reinbeck. Um diese Zeit st[arb] Probst Blankenburg an der Nicolaikirche. König Friedrich [er]nannte Porst an dessen Stelle zum Probst und Ober[]prediger an gedachter Kirche, zum Inspector des Gymnasi[ums] und der Kirchen, die dieser Diöcese einverleibt waren, [und] Porst wurde in der Osterwoche 1713, also erst nach [Frie]drich I. Tode, in sein Amt eingeführt. War Porst ein [ge]wissenhafter treuer Pastor gewesen, so wurde er auch [ein] rechtschaffener treuer Inspector, dem auch das Heil [der] Gemeinden sehr am Herzen lag. Da er durch die Inspe[c]tionen nur selten und ihm ungenügend auf die Gemein[de] einwirken konnte, so that er's durch Schriften, unter de[nen] außer seinem Gesangbuche „Göttliche Führung und Wa[chs]thum der Gläubigen" von J. H. Staudt, Stuttgart 18[..] auf's Neue herausgegeben, die bekannteste ist, auch viel [Segen] zu gewirkt hat und fortwirkt.

So arbeitete Porst bei allen Gelegenheiten, an [allen] Arten von Menschen, um zu retten und zu fördern bis [an] seinen Tod. Noch sieben Tage vor demselben hatte er [eine] neue Auflage seines Gesangbuchs besorgt, damit das Christ[en]volk hier schon dem Herrn würdig und von Herzen sin[gen] möchte, so schied er als ein getreuer Knecht seines und [un]sers Herrn von hinnen am 9. Januar 1728, um einzug[ehen] zu seines Herrn Freude.

Inhalt.

Kurze Geschichte des geistlichen Liedes.

	Seite
Das geistliche Lied im alten Bunde	5
Das geistliche Lied in den ersten Jahrhunderten des neuen Bundes	8
Die Zeit des ambrosianischen Kirchengesanges	9
Der gregorianische Kirchengesang	11
Deutsche Lieder vor Luther	13
Luther als Begründer des deutschen Kirchengesanges	14
Luthers Zeitgenossen	16
Die Zeit der Lehrstreitigkeiten	18
Die Zeit des dreißigjährigen Krieges	21
Das neue Leben, a) der Frühling	24
do. b) der Sommer	28
Die Nacht des Unglaubens und der weltlichen Aufklärung	35
Die Zeit des Erwachens	37
Die Jetztzeit	38
Gesangbücher	39

Biographien der Liederdichter.

Die Zeit der Reformatoren 1523—1560.

Die sächsischen Reformatoren: 42
1) Dr. M. Luther, 1b) M. Joh. Walther, 2) Just. Jonas,
3) Dr. Paul Eber, 4) Phil. Melanchthon, 5) Dr. Joh.
Bugenhagen, 6) Elisab. Cruziger, 6b) Erh. Hegenwalt.
Kurfürstlich brandenburgische Geistliche: 53
7) Joh. Agrikola, 8) Dr. Erasmus Alberus.
Die preußischen Reformatoren: 54
9) Paul Speratus, 10) Joh. Graumann, 11) Joh. Böschenstein.
Sänger an der Oder: 56
12) Nic. Decius, 13) Joh. Heß.
Sänger aus Böhmen: 57
14) Nic. Hermann, 15) Joh. Mathesius, 16) Mich. Weiß.
Die Nürnberger: 60
17a) Veit Dietrich, 17b) Laz. Spengler, 18) Hans Sachs.
19) Seb. Heyd.

13*

Sänger im westlichen Deutschland: 63
   20) Joh. Spangenberg, 21) Joh. Schneesing, 22) Hans Witzstadt, 23) Adam Reußner, 24) Jak. Dachser.

Fürstliche Sänger: 65
   25) Albrecht d. J., Markgraf zu Brandenburg-Culmbach, 26) Maria, Königin v. Ungarn.

Plattdeutsche Dichter: 67
   27) Hermann Bonnus, 28) Joh. Freder, 29) Joach. Magdeburg, 30) Herm. Vespasius 31) Andreas Knöpken.

Reformirte Dichter: 69
   32) Ambros. Blaurer, 33) Joh. Zwick, 34) Joh. Kohlros, 35) Wolfg. Fabr. Capito, 36) Wolfg. Dachstein, 37) Heinr. Vogther, 38) Ludw. Oeler, 39) Matth. Greiter, 40) Conr. Hubert, 41) Burkh. Waldis, 42) Wolfg. Musculus, 43) Chr. Solius, 44) Buchfelder.

Die Zeit der Lehrstreitigkeiten 1560—1618.

Sänger in der Mark: 71
   45) Barth. Ringwald, 46) Barth. Gesius, 46a) Barth. Fröhlich.

Sänger in Chursachsen: 74
   47) Christian II., Churfürst zu Sachsen, 48) Dr. Nic. Selneccer, 49) Dr. Corn. Becker, 50) Dr. Vinc. Schmuck, 51) Lic. Joh. Mühlmann, 51a) Dr. Veit Wolfrum, 52) M. Casp. Füger, 52a) Dr. Georg Mylius, 53) Urb. Langhans.

Sänger in Sachsen-Weimar: 75
   54) M. Martin Rutilius, 55) Dr. Joh. Groß, 56) Melch. Frank, 56a) Joh. L. Stoll, 57) Melch. Vulpius, 58) Bas. Förtsch.

Die weitern Sänger Thüringens: 78
   59) M. Ludw. Helmbold, 60) M. Chr. Schneegaß, 61) M. Joh. Kämpf, 61b) Joh. Lindemann, 62) Joh. Leo, 63) Joh. Steuerlein, 64) Melch. Bischof, 65) Dr. Casp. Bienemann, 65b) M. Erasm. Winter, 66) Joh. Siegfried, 67) Anna, Gräfin zu Stollberg.

Die norddeutschen Sänger: 81
   68) M. Christoph Vischer, 69) Joh. Arndt, 69a) Jak. Tapp, 70) Mich. Prätorius, 70b) Dr. Aeg. Bas. Sattler, 71) Dr. Phil. Nicolai, 71b) M. Georg Rollenhagen.

Die süddeutschen Sänger: 85
   72) Dr. Joh. Pappus, 73) Mart. Schalling, 74) Sigism. Weingärtner, 75) Casp. Schmucker, 75a) Balth. Schnurr.

Schlesische und Lausitzer Sänger: 87
   76) Mart. Behemb, 77) Christoph Cnoll, 77a) Melch. Eckhart, 78) Mart. Moller, 78a) Greg. Richter, 79) M. Joh. Gigas, Dr. Georg Reimann.

Nordische Sänger: 89
   81) Peter Hagies, 82) Dr. Ambr. Lobwasser, 83) Paul Oderborn, 84) Bal. Herberger.

Unbekannte Dichter: 91
   85) Joh. Hiltstein, 86) Heinr. Knaust, 87) Paul Lückemann, 88) Halbmehr von Merkendorf, 89) Burch. Wiesenmayer.

Die Bluttaufe 1618—1648.

Schlesische Dichter: 93
90) Mart. Opitz, 91) Johann Heermann, 92) Andr. Gryphius, 93) Matth. Ap. v. Löwenstern, 94) David Böhm, 95) Andr. Tscherning, 96) Heinr. Held, 97) Fr. v. Logau, 97a) David v. Schweinitz, 98) M. Jak. Schechs, 99) Abraham v. Frankenberg.

Süddeutsche Dichter: 104
100) Josua Wegelin, 101) Dr. Joh. Höfel.

Thüringens Sänger: 105
102) Dr. Andr. Keßler, 103) Mich. Ziegenspeck, 104) Dr. Mich. Altenburg, 105) Dr. Sam. Zehner, 106) Barth. Helder, 107) Joh. Rosenthal, 107a) Dr. Matth. Meyfart, 107b) A. Kritzelmann.

Chursächsische Sänger: 107
108) Martin Rincart, 109) Lic. Jer. Weber, 109a) J. H. Schein, 110) M. Aug. Buchner, 110a) Sim. Graf.

Hannoveraner und Lüneburger: 111
111) Dr. Just. Gesenius, 112) David Denike, 113) Sigm. Scherertz, 114) Bodo v. Hodenberg.

Norddeutsche Sänger: 113
115) Dr. Jos. Stegemann, 116) P. Flemming, 117) Joh. Rist, 118) J. B. Schuppius, 119) Luc. Backmeister.

Preußische Dichter in der Kürbishütte: 118
120) Georg Weißel, 121) R. Roberthin, 122) S. Dach, 123) H. Albert, 124) V. Thilo, 125) Dr. V. Derschau, 125a) H. Cäsar.

Gustav Adolph und sein Hofprediger: 122

Das neue Leben, a) der Frühling. 1650—1690.

Paul Gerhard und seine Freunde: 125
127) P. Gerhard, 128) M. Mich. Schirmer, 129) Chr. Runge, 130) J. Pauli, 131) Luise Henriette, Churf., 132) J. Frank, 133) Chr. Connow.

Die Sänger in Sachsen: 140
134) E. Chr. Homburg, 135) J. G. Albinus, 136) Dr. J. Olearius, 137) B. Prätorius, 138) M. Mich. Hunold, 139) M. Just. Sieber, 139a) Just. Falkner, 140) Dr. Gotth. Meißner, 141) Dr. Casp. Ziegler, 142) M. G. Heine, 142a) M. Chr. Klemm.

Thüringens Sänger und Sängerinnen: 145
143) Wilhelm II., Herzog zu Sachsen, 144) G. Neumark, 145) Phil. v. Zesen, 146) M. Joh. Bornschürer, 146a) M. O. Schenk, 147) M. J. F. Zihn, 148) M. Mich. Pfefferkorn, 149) Mich. Frank, 150) M. Seb. Frank, 151) M. Casp. Nüchtenhöfer, 151a) Chr. Bruchorst, 152) Ludämilie Elisabeth, Gräfin

zu Schwarzburg, 153) Aemilie Juliane, Gräfin zu Schwarzburg, 154) Dr. Ahasv. Frisch, 155) M. J. G. Olearius.

Nürnberger Sänger des Blumenordens:
156) G. Phil. Harsdörfer, 157) S. v. Birken, 158) Erasm. Finx, 159) M. Chr. Tietze, 160) Joh. Mich. Dilherr, 161) Grg. Chr. Schwämlein, 162) M. Dan. Omeis, 163) Andr. Ingolstetter, 163a) J. L. Stöberlein, 164) M. C. F. Lochner, 165) M. J. Chr. Arnschwanger, 166) M. Sim. Bornmeister, 167) Dr. Chr. Wegleiter.

Süddeutsche Sänger:
168) M. Gottl. Balduin, 168a) Dr. G. Händel, 169) H. Arn. Stockfleth, 169a) M. Caspar Heunisch, 170) Lic. J. H. Calisius, 171) J. J. Beck, 171a) Sam. König, 172) Tob. Clausnitzer.

Sänger aus Hessen und Braunschweig:
172a) M. Andr. H. Buchholz, 173) Anna Sophia, Landgräfin zu Hessen, 174) Anton Ulrich, Herzog zu Braunschweig, 174a) M. J. Schindler, 175) Dr. G. Werner.

Nordische Sänger:
176) M. H. Elmenhorst, 177) Dr. M. Kramer, 178) Dr. Joh. Lassenius, 179) Dr. H. Müller, 180) M. Chr. Scriver, 181) Dr. G. Sacer, 182) Joh. Flittner, 183) Dr. Fr. Fabricius.

Sänger in Preußen und Polen:
184) Fr. v. Derschau, 185) Mich. Kongehl, 186) Abrah. Klesel, 187) Zach. Hermann.

Sänger in Schlesien und der Lausitz:
188) J. Angelius, 189) Casp. Neumann, 190) G. Linzner, 191) Tob. Tscheutschner, 192) M. Chr. Knorr v. Rosenroth, 193) J. Heinr. v. Hippen, 194) Adam Gretgen, 195) Martin Janus, 196) M. Matth. Büttner, 197) M. Chr. Keymann, 198) M. Chr. Weise, 199) M. G. Hoffmann, 200) M. Martin Grünwald, 201) H. v. Assig.

Das neue Leben, b) der Sommer, 1690—1750.

Spener und die Frankfurter Freunde:
202) Dr. Phil. J. Spener, 203) C. G. Spener, 204) Georg Sig. Borberger, 205) Lic. J. J. Schütz, 206) J. Neander, 207) Dr. J. W. Petersen, 208) Asseburg.

Speners Dresdener Freunde:
209) Dr. Burth. Freistein, 210) Dr. J. Herzog, 211) M. Salomo Liskovius, 212) G. Arnold.

Speners Berliner Freunde:
213) J. C. Schad, 214) S. Robigast, 215) Lic. Isr. Clauder, 216) Freih. R. v. Canitz, 217) Veit L. v. Seckendorf.

Durch Spener angeregte Männer:
218) J. A. Hoßlocher, 219) Lic. J. Chr. Rube, 220) J. Friedr. Sommer, 221) M. C. Stockmann, 222) Sal. Franck, 223) Adam Drese, 224) C. Günther, 225) L. Laurenti.

	Seite
Francke und die Hallenser:	207
226) A. H. Francke, 227) J. A. Freylinghausen, 228) Dr. J. J. Breithaupt, 229) Dr. J. Lange, 230) Dr. J. D. Herrnschmidt, 231) Dr. Chr. Fr. Richter, 232) Dr. J. G. Wolf, 233) Dr. J. H. Böhmer, 234) M. M. Böhmer, 235) J. Baumgarten, 236) A. Bernstein, 237) L. J. Schlicht, 238) Ch. J. Kritsch, 239) J. Chr. Nehring, 240) L. Gedike, 241) J. Fr. Rupp.	
Franckes Gothaer Freunde:	220
242) Dr. A. Tribbechow, 243) L. A. Gotter, 243 a) C. Günther, 244) J. B. Meyer, 245) J. C. Schmidt.	
Franckes Freunde in Mitteldeutschland:	221
246) Cl. Thieme, 247) L. R. Senft v. Pilsach, 248) Phil. Balth. Sinold.	
Franckes Freunde in Niederdeutschland	223
249) E. Lange, 250) J. J. Winkler, 251) J. H. Schröder, 252) Tr. S. Schröder, 253) H. G. Neuß, 254) W. E. Arends, 255) A. Hinkelmann, 255 a) P. Lackmann, 256) F. A. Lampe.	
Franckes Freunde in Westdeutschland	226
257) B. Crasselius, 258) Dr. J. Chr. Lange, 259) R. Freih. v. Schult, 260) Mich. Müller.	
Die Gegner der Pietisten-Orthodoxen	228
261) Dr. Val. E. Löscher, 262) Dr. J. Fr. Mayer, 263) M. Erdmann Neumeister, 264) J. L. Schlosser.	
Die Friedlichen und Stillen im Lande	231
265) Dr. B. W. Marperger, 266) Dr. J. G. Hermann, 267) M. G. Schuster, 267 a) Dr. L. Menke, 268) W. Chr. Deßler, 269) L. W. Crantz, 270) J. F. Stark, 270 a) Chr. Gensch v. Breitenau, 271) J. Langemack, 271 a) J. Grebing, 272) Dr. Gerh. Molan, 273) B. L. Meganber, 274) M. Ch. Junker, 274 a) S. R. Gräf.	
Die Schlesier	236
275) B. Schmolk, 276) M. J. Neunherz, 277) M. Jon. Krause, 278) M. G. Edelmann.	
Die Oberlausitzer	241
279) Henr. Cath. Freifr. v. Gersdorf, 280) J. A. Rothe, 281) J. Mentzer, 282) M. J. Schwebler, 283) H. Chr. v. Schweinitz, 284) S. Grosser, 285) G. Tollmann.	
Herrnhuter Sänger	244
286) Nic. L. Graf v. Zinzendorf, 287) R. v. Zinzendorf, 288) Ch. Gregor, 289) L. B. Garve.	
Die Würtemberger	252
290) Dr. J. R. Hedinger, 291) Dr. G. Hoffmann, 292) Dr. Chr. E. Weißmann, 293) F. C. Hiller, 294) M. Phil. F. Hiller, 295) M. J. Ch. Storr, 296) J. L. Fricker, 297) Chr. K. L. v. Pfeil, 297 a) Joh. Schaitberger.	
Die jüngern Hallenser	257
298) K. H. v. Bogatzky, 299) Kellner v. Zinnenberg, 300) J. L. C. Allendorf, 301) J. J. Rambach, 302) Th. Schenk,	

303) U. B. v. Bonin, 304) J. S. Cunth, 305) L. F. Fr. Lehr, 306) G. Woltersdorf, 307) Dr. Chr. L. Scheidt, 308) F. A. Weihe, 309) G. Tersteegen, 310) F. B. Reitz.

Aus der Nacht des Unglaubens, 1750—1818.

Der Leipziger Dichterbund 267
 311) Chr. F. Gellert, 312) J. A. Schlegel, 313) J. A. Cramer, 314) F. G. Klopstock.
Die nordischen Dichter 275
 315) M. Claudius, 316) B. Münter, 317) J. Chr. Eberwein, 318) H. J. Tode, 319) J. Fr. Löwen, 320) Chr. Chr. Sturm.
Die preußischen Dichter 279
 321) Th. G. v. Hyppel, 322) Dav. Bruhn, 323) J. Thim. Hermes.
Sänger im westlichen Deutschland 282
 324) J. D. K. Bickel, 325) F. A. Krummacher, 326) Suf. Cath. v. Klettenberg.

Aus der Zeit des Erwachens. 282
327) J. Falk, 328) E. M. Arndt, 329) F. Rückert.
330) J. Porst 287

Verzeichniß der Liederdichter.

	Nr.
Aemilie Juliane, Gräfin zu Schwarzburg	153
Agricola	7
Alber, Erasmus	8
Alberti, Heinrich	123
Albinus, J. G.	135
Albrecht d. J., Markgraf zu Brandenburg-Culmbach	25
Allendorf	300
Altenburg	104
Anna, Gräfin zu Stollberg	67
Anna Sophia, Landgräfin zu Hessen	173
Anton Ulrich, Herzog zu Braunschweig	174
Angelus, Joh.	188
Arndt, Ernst Moritz	328
Arndt, Joh.	69
Arends, W. E.	254
Arnold, G.	212
Arnschwanger	165
Asseburg, Rosamunde von	208
Assig, Hans von	201
Backmeister, Luc.	119
Balduin	168
Baumgarten	235
Beck, J.	171
Becker, Dr. Corn.	49
Behemb, M.	76
Bernstein	236
Bickel	325
Birken, Sigm. von	157
Bienemann (Melissander)	65
Bischof, Melch.	64
Blaurer, Ambr.	32
Bogatzky	298
Bohemus (Böhm), M.	76

	Nr.
Böhm, David	94
Böhmer, J. H. von	233
Böhmer, M. M.	234
Bonin, U. B. von	303
Bonn, H.	27
Bornmeister	166
Bornschürer	146
Böschenstein	11
Breithaupt	228
Bruhe, D.	322
Bruchorst	151a
Buchfelder	44
Buchholz	172a
Buchner, A.	110
Büttner	196
Bugenhagen	5a
Calistus	170
Canitz	216
Capito	35
Christian II., Churfürst zu Sachsen	47
Claudius, Israel	215
Claudius, M. (Asmus)	315
Clausnitzer	172
Cnollius	77
Connow	133
Crantz	269
Cramer, J. A.	313
Crasselius	257
Crutziger	6
Dach, Sim.	122
Dachstein, Wolfg.	36
Dachser	24
Decius, Nic.	12
Denike, Dav.	112
Derschau, Bernh.	125

	Nr.		Nr.
Derschau, Fr. von	184	Graumann, (Pollander)	19
Deßler	268	Gregor, Chr.	268
Dietrich, B.	17a	Gretgen	193
Dilher	160	Greding	271a
Drese, A.	224	Greiter	30
		Groß, (Major)	55
Eber, P.	4	Grosser	284
Eberwein	317	Grünwald	209
Eckhart	77a	Gryphius (Greif)	22
Edelmann	278	Günther, Chr.	291
Elmenhorst	176	Gustav Wolph, König von	
Emilie, Juliane	153	Schweden	
Fabricius, Dr. Fr.	183	Hagius	81
Fabricius, Dr. Jak.	126	Halbmeyr von Mortendorf	
Falk, Joh.	327	Händel	140
Falkner	195	Harsdörfer	150
Finx, Erasm.	158	Haßlocher	218
Flemming, P.	116	Hedinger	220
Flittner	182	Hegenwalt	
Förtsch, Bas.	58	Held, H.	
Frank, Joh.	132	Heine	140
Frank, Melch.	56	Helder	106
Frank, Mich.	149	Helmbold	50
Frank, Sal.	222	Herberger	84
Frank, Seb.	150	Heermann, Joh.	91
Franke, A. H.	226	Hermann, Nic.	14
Frankenberg, Ab. von		Hermann, Joh. Gottfr.	266
Freder, Joh.	28	Hermann, Zach.	187
Freistein	209	Hennes, J. Tim.	
Freylinghausen, J. A.	227	Herrnschmidt	230
Fricker	296	Herzog	210
Fritsch, Dr. Ahasv.	154	Heß, Joh.	13
Fröhlich, B.	46a	Heune (Gigas)	79
Füger	52	Hennisch	160
		Heyd, Seb.	19
Garve, B.	289	Hiller, Ph. F.	294
Gedike, Lampertus	240	Hiller, Fr. Conr.	295
Gellert	311	Hiltstein	85
Gensch von Breitenau	270	Hinkelmann	255
Gerhard, Paul	127	Hippen	
Gesenius	111	Hippel, von	
Gesius, L.	46	Hodenberg, Bodo von	114
Gersdorf, Cath. von	279	Höfel	101
Gigas (Heune)	79	Hoffmann, M. Gottfr.	199
Gotter	243	Hoffmann, Dr. Gottfr.	201
Grafius, S.	110a	Homburg, E. Chr.	134
Gräf, Regina	274	Hubert (Huber)	40

		Nr.			Nr.
Hunold	. . . . . .	188	Ludämilie Elisabeth, Gräfin zu Schwarzburg	. .	152
Ingolstetter	. . . .	168	Louise Henriette, Churfürstin		131
Janus	. . . . .	194	Lüttemann		87
Jonas	. . . . .	8	Luther, Dr.	. . . . .	1
Junker	. . . . .	274			
			Magdeburg Joachim	. .	29
Kämpf	. . . . .	61	Maria, Königin von Ungarn		26
Keßler	. . . . .	162	Morperger	. . . .	265
Kellner von Zinnenberg	.	299	Major (Groß)	. . .	55
Keymann	. . . .	197	Matthesius	. . . .	15
Klemm	. . . . .	142	Mayer J. Fr.	. . .	262
Klesel	. . . . .	186	Megander	. . . .	273
Klettenberg	. . . .	326	Meißner	. . . .	140
Kloppstock	. . . .	314	Malanchthon	. . .	5
Knaust	. . . . .	86	Melissander (Bienemann)	.	65
Knorr von Rosenroth	.	192	Mentzer	. . . .	281
Knöpken (Cnophius)	.	31	Meyfart	. . . .	107a
Knoll (Cnollius)	. .	77	Menke	. . . . .	267a
König	. . . . .	171a	Meußlin (Muskulus)	. .	42
Kohlros	. . . . .	84	Mayer J. B.	. . .	244
Kritsch	. . . . .	238	Molan	. . . . .	272
Kongehl	. . . . .	185	Moller, N.	. . . .	78
Kramer, Maur.	. . .	177	Mühlmann	. . . .	51
Krause, Jonath.	. .	277	Müller, H.	. . . .	179
Kritzelmann, Andr.	.	107a	Müller, Mich.	. . .	260
Krummacher	. . . .	325	Münter	. . . . .	316
Kunth	. . . . .	304	Muskulus (Meußlin)	. .	42
			Mylius, Georg	. . .	52b
Lackmann, P.	. . .	255a			
Lampe	. . . . .	256	Nachtenhöfer	. . .	151
Lange, E.	. . . .	249	Neander, Joach.	. .	206
Lange, Joach.	. . .	299	Nehring	. . . .	239
Lange, M. Joh. Chr.	.	258	Neumann, C.	. . .	189
Langemack	. . . .	271	Neumark	. . . .	144
Langhans	. . . .	58	Neunherz	. . . .	276
Lassenius	. . . .	178	Neuß	. . . . .	253
Laurenti	. . . .	225	Neumeister	. . . .	263
Lehr	. . . . . .	305	Nicolai, Phil.	. . .	71
Leo (Leon)	. . . .	62			
Lindemann	. . . .	61a	Oberborn	. . . .	83
Linzner	. . . . .	190	Oeler	. . . . .	38
Liskovius	. . . .	211	Olearius, J.	. . .	136
Lobwasser	. . . .	82	Olearius, J. G.	. .	155
Lochner	. . . . .	164	Omeis	. . . . .	162
Logau, Fr. von	. .	97	Opitz	. . . . .	90
Löscher	. . . . .	261			
Löwenstern	. . . .	98	Pappus	. . . . .	72

	Nr.		Nr.
Pauli, J.	130	Schmolke	275
Petersen	207	Schmuck	50
Pfefferkorn	148	Schmucker	
Pfeil	297	Schneegaß	
Prätorius, M. B.	137	Schneesing	
Prätorius, Mich.	70	Schnurr	
		Schröder, H.	
Rambach	301	Schröder, Soph.	
Reimann	80	Schuppius	
Reußner	23	Schult, von	
Reitz	310	Schuster	
Richter, C. F.	231	Schütz	
Richter, Gregor	78a	Schütz, von (Sinold)	
Ringwald	45	Schwämlein	
Rincart	108	Schwebler	
Rist	117	Schweidnitz, D. von	
Roberthin	121	Schweidnitz, H. Chr. von	
Robigast	214	Scriver	
Rollenhagen	71b	Selnecker	
Rosenthal	107a	Seckendorf, von	
Rothe	280	Senft-Pilsach, von	247
Rube	219	Sieber	139
Runge	129	Siegfried	66
Roupp	241	Sinold	248
Rückert	329	Solius	43
Rutilius	54	Spangenberg, J.	20
		Spengler, L.	17
Sacer	181	Spener, Phil. J.	202
Sachs, Hans	18	Spener, C.	203
Sannom	220	Speratus, P.	9
Sattler	70b	Stark	
Schabe	213	Stegemann	15
Schalling	73	Steuerlein	
Schaitberger	297a	Stockfleth	
Schechsius	98	Stoberlein	
Schein	109	Stoll	
Scheidt	307	Storr	
Schenk, H.	146	Sturm	
Schenk, Theob.	302		
Scheffler, J.	188	Tapp	
Schererzius	113	Tersteegen	
Schindler	174a	Thieme	
Schirmer	128	Thilo, Bal.	
Schlegel, J. A.	212	Tietze (Titius)	
Schlicht	237	Tobe	
Schlosser	264	Tollmann	
Schmidt	245	Trebbechow, Adam	
		Tscherning	

Hentschner	191	Werner	175
		Wiesenmeier	89
ischer	68	Wilhelm II., Herzog zu Sachsen	143
gther	87	Winkler	250
rberger	204	Winter, M. Erasm.	90
lpius	57	Wißstädt von Wertheim	22
pasius	30	Wolf	232
		Woltersdorf	306
Walbis, Burk.	41	Wolfrum, Veit	51a
alther, J.	1b		
egelin	100	Zehner	105
egletter	167	Zesen, Phil. v.	145
eber	109	Ziegenspeck	103
eihe	908	Ziegler	141
ingärtner	74	Zihn	147
eiß, Mich.	16	Zinzendorf, N. L.	286
eißmann	292	Zinzendorf, Renatus	287
eßel, G.	120	Zwick	33
eise	198		

Verzeichniß

der in diesem Buche angeführten Lieder.

Abermal ein Jahr verflossen	206
bermal ist eins dahin	117
, bleib' bei uns, Herr Jesu	48
, bleib' mit deiner Gnade	115
, du edler Gast der Seelen	140
, ein Wort von großer Treue	251
, frommer Gott, wo soll ich hin	122
, Gnad' über alle Gnaden	173
Gott, der Satan giebt mir ein	151a
Gott, erhör' mein Seufzen	98
Gott, gieb du uns deine Gnad'	105
Gott, ich muß dir's klagen	71a
Gott, ich muß in Traurigkeit	91
Gott, in Gnaden von uns wend'	45
Gott, in was für Freudigkeit	213
Gott, ist noch dein Geist bei mir	174
Gott, mich drückt ein	225
Gott und Herr	54

Ach, Gott vom Himmel, sieh'	
Ach, wie schrecklich ist dein	
Ach Herre, du gerechter	
Ach Herr, mich armen Sünder	10
Ach Herr, wie lange willst du	
Ach, höchster Gott, verleihe mir	
Ach, ich armes Schäflein schreie	
Ach Gott, wie schwer ist mir mein Herz	
Ach Herr, behüte meine Seel'	
Ach Herr, ich liebe herzlich dich	
Ach Herr, wie ist dein Zorn	
Ach Herr, schone meiner, schone	
Ach Jesu, dessen Treu'	
Ach ja, fürwahr, er, der Herr	
Ach Jesu, meiner Seelen Freude	
Ach komm', du süßer Herzensgast	
Ach, laß dich jetzt finden	
Ach, laß dir, liebster Gott, gefallen	
Ach, lieben Christen, seid	
Ach, lieben Christen, trauert nicht	
Ach, mein Gott, wie lieblich ist	286
Ach, mein Herr Jesu, dein Nahesein	288
Ach, mein herzliebstes Jesulein	109a
Ach, mein Jesu, sieh', ich trete	297
Ach, mein Jesu, welch' Verderben	245
Ach, möcht' ich meinen Jesum	294
Ach, sagt mir nichts von Gold	188
Ach, schone doch, o großer	206
Ach, sei gewarnt, o Seele	212
Ach, stirbt denn so mein allerliebstes Leben	181
Ach, treuer Gott, barmherzig's Herz	
Ach, treuer Gott, wie nöthig ist	
Ach Vater, mein Gemüth	
Ach, wär' ich schon dort droben	
Ach, wann kommt die Zeit	
Ach, was ist doch unser Leben	
Ach, wenn ich dich, mein Gott, nur habe	
Ach, was sind wir ohne Jesum	
Ach, was soll ich Sünder machen	
Ach, wenn ich mich doch könnt'	
Ach, wer schon im Himmel wär	
Ach, wie betrübt sind fromme Seelen	
Ach, wie elend ist uns're Zeit	
Ach, wie erschrickt die böse Welt	
Ach, wie groß ist deine Gnad'	
Ach, wie hat das Gift der Sünde	
Ach, wie ist der Menschen Liebe	
Ach, wie nichtig, ach, wie flüchtig	

	Nr.
), wie wichtig, ach, wie richtig	157
), wie will es endlich werden	188
), wie schnelle wird verkehret	91
), wo ist mein Jesus blieben	274a
), wundergroßer Siegesheld	134
am hat im Paradies	189
e, du süße	179
e die Augen warten	14
ein auf Gott setz' dein Vertrau'n	45
ein Gott in der Höh' sei Ehr'	12
ein und doch nicht ganz allein	275
ein zu dir, Herr Jesu Christ	21
e Menschen müssen sterben	135
enthalben, wo ich gehe	154
en, welche nicht vergeben	316
es ist an Gottes Segen	34
e Welt, was lebt und webt	132
Gottes Lamm und Leue	127
gleich die Jünger saßen	91
Jesus Christus, Gottes Sohn	16
Jesus Christus in der Nacht	91
Jesus von der Taufe kam	91
o hat Gott die Welt geliebt	127
vierzig Tag' nach Ostern war's	14
o hoch hat Gott geliebet	91
xen, Gott Vater und Sohne	59
a Freitag muß ein jeder Christ	14
betungswürd'ger Gott	301
betung bringen wir	312
genehme Morgenblicke	275
Tod gedenk', o frommer Christ	104
Wasserflüssen Babylon	36
f auf, ihr meine Lieder	178
f auf, ihr Reichsgenossen	117
f auf, mein Geist, erhebe	206
f auf, mein Geist, und du	188
f auf, mein Geist, ermuntre	262
f auf, mein Herz, mit Freuden	127
f auf, mein Herz, und du	157
f, Christenmensch, auf auf	288
f bein' Zukunft, Herr Jesu Christ	64
f den Nebel folgt die Sonne	127
f diesen Tag bedenken wir	33
f dieses Tages Glänzen	178
f Gott und nicht auf meinen Rath	311
f, hinauf zu deiner Freude	213
f, ihr Christen, Christi Glieder	139a
f, laßt uns den Herren preisen	105

	Nr.
Auf Leiden folgt die Herrlichkeit	255a
Auf, mein Geist, auf und erhebe	122
Auf meinen lieben Gott	75
Auf, meine Seel', auf, mein Gesang	184
Auf, meine Seele, sei erfreut	145
Auf, mein Herz, des Herren Tag	189
Auf, Seele, auf und säume nicht	260
Auf, Seele, sei gerüst't	142
Auf, Seel', und danke deinem	180
Aus der Tiefe meiner Sinnen	132
Aus der Tiefe rufe ich	161
Aus Gnaden soll ich selig werden	307
Aus Lieb' läßt Gott der Christenheit	80
Aus meines Herzens Grunde	13
Aus tiefer Noth schrei' ich zu dir	1
Barmherz'ger Gott und Vater	181
Barmherzger Vater, höchster Gott	127
Bedenk', o Mensch, das Ende	275
Bedenk', o Mensch die große Noth	17
Befiehl dem Herren beine Wege	279
Befiehl du deine Wege	127
Bei dieser Sterbenssucht	122
Bereite dich, mein Herz	132
Bescher' uns, Herr, das täglich' Brod	14
Betet an, laßt uns lobsingen	313
Betgemeinde, heil'ge dich	297
Betrübtes Herz, sei wohlgemuth	107b
Bevor Christus ohne Schuld	156
Bewahr' mich, Gott, mein Herr	115
Bis hierher hat mich Gott gebracht	153
Bist du, Ephraim, betrübet	144
Bittet, so wird euch gegeben	208
Bis hierher ist mein Lauf vollbracht	181
Bleiches Antlitz, sei gegrüßet	117
Blödigkeit hat unsere Sinnen	140
Brich durch mein angefocht'nes Herz	233
Bringt her dem Herren Preis und Ehr'	225
Brauner Abend, sei willkommen	157
Brunn alles Heils, dich ehren	309
Brunnquell aller Güter	132
Christ, der du bist der helle Tag	8
Christe, der du bist Tag und Licht	42
Christe, du Beistand deiner	93
Christe, meiner Seelen Leben	176
Christe, mein Leben, mein	299
Christen, hört, was ihr sollt hören	140
Christ fuhr gen Himmel	43

	Nr.
Christi Tod ist Adams Leben	95
Christ lag in Todesbanden	1
Christo, dem Osterlämmelein	14
Christum wir sollen loben	1
Christus, der ist mein Leben	67
Christus, der uns selig macht	16
Christus ist erstanden	16. 56a
Da Christus geboren war	16. 51a
Da Christus an dem Kreuze stund	11
Danket dem Herrn, denn er ist	16
Dank sag'n wir alle Gott	8
Dankt dem Herrn, heut' und	14
Dank sei Gott in der Höhe	51
Dankt dem Herrn, ihr Gottesknechte	252
Dankt Gott an allen Enden	76
Das alte Jahr ist nun dahin	89
Das alte Jahr vergangen ist	63. 69
Das Alt' ist abgegangen	117
Das blinde Volk der Heiden	90
Das Grab ist da, hier	275
Das ist ja gut, was mein Gott will	213
Das ist je gewißlich wahr	108a
Das ist mir lieb, daß Gott mein Hort	127
Das Land wollst du bedenken	50
Das Leben unsers Königs sieget	231
Das liebe neue Jahr geht an	60
Das neugeborne Kindelein	60
Das walt' Gott, die Morgenröthe	200
Das walt' Gott Vater und	76
Das Wetter ist vorbei	91
Dein bin ich Herr, dir will ich	318
Dein Blut ist mein	212
Dein König kommt in niedern	329
Dein Wort, o Herr, ist milder Thau	289
Denk' an Gott zu aller Zeit	95
Den Herren meine Seel' erhebt	91
Dennoch bleib' ich stets an dir	275
Der am Kreuz ist meine Liebe	271a
Der beste Freund ist in dem Himmel	275
Der Bräut'gam wird bald rufen	2. 56
Der du bist drei in Einigkeit	1
Der du bem Tode nah	316
Der du, Herr Jesu, Ruh'	175
Der du uns als Vater liebest	322
Der Gnadenbrunn fließt noch	192
Der heil'ge Geist vom Himmel kam	59
Der Herr, der aller Erden	127

	Nr.
Der Herr ist mein getreuer . . .	42
Der Herr sprach in seinem . . .	41
Der Herr ist Gott und keiner mehr .	313
Der Höllen Pforten sind zerstört . .	128
Der letzte meiner Tage . . .	316
Der lieben Sonnen Licht und Pracht .	180
Der Maie, der Maie . . .	88
Der Meister ist ja lobenswerth . .	121
Der Mensch, der Menschenfurcht .	318
Der Mond ist aufgegangen . .	315
Der rauhe Herbst kommt wieder .	123
Der Sabbath ist vergangen . .	275
Der schöne Tag bricht an . .	110
Der Sturm ist weg, ich freue mich .	91
Der Tag bricht an und zeiget sich .	97a
Der Tag hat sich geneiget . .	83
Der Tag ist hin, der Sonnenglanz .	117
Der Tag ist hin, mein Geist und Sinn	227
Der Tag ist hin, mein Jesu . .	206
Der Tag ist hin, nun kommt die Nacht	130
Der Tag mit seinem Lichte . .	127
Der Tag vertreibt die finstre Nacht .	16
Der Tag ist nun vergangen . .	132. 135
Der Tod führt uns zum Leben . .	255a
Der Tod hat zwar verschlungen . .	175
Der Tod ist todt, das Leben . .	275
Der wahre Gott und Gottessohn . .	255
Dich zu erzürnen Gott . . .	312
Die Christen geh'n von Ort zu Ort .	286
Die Engel, die im Himmelslicht . .	225
Die Ernt' ist nun zu Ende . .	285
Die Gnade sei mit Allen . .	294
Die güldne Sonne voll . . .	127
Die helle Sonn' leucht' jetzt herfür .	14
Die Liebe leidet nicht Gesellen . .	158
Die lieblichen Blicke . . .	231
Die Morgensonne gehet auf . .	156
Die Nacht giebt gute Nacht . .	275
Die Nacht ist hin, der Tag bricht an	35
Die Nacht ist hin, mein Geist . .	227
Die Nacht ist Niemant's Freund .	275
Die Nacht ist nunmehr hin . .	178
Die Nacht ist nun vergangen . .	156
Die Nacht ist nun verschwunden .	117
Die Nacht ist vor der Thür . .	141
Dieses ist der Tag der Wonne . .	132
Dies ist der Tag, den Gott . .	311
Dies ist die Nacht, da mir . .	151

	Nr.
Dies sind die heil'gen zehn Gebot	1
Die Sonn' hat sich mit ihrem Glanz	115
Die Tugend wird durch's Kreuz geübet	239
Die Woche geht zum Ende	275
Die Zeit geht an, die Jesus	188
Die Zeit ist nunmehr nah	127
Dir befehl' ich meine Kinder	312
Dir, dir, Jehovah, will ich singen	252
Dir, Gott, sei mein Dank geweiht	312
Dreieinigkeit der Gottheit	132
Drückt dich hier Untreu, Hohn	136
Du bester Trost der Armen	312
Du bist ein Mensch, das	127
Du bist zwar und bleibest	127
Du bist ein guter Hirt	225
Du Aufgang aus der Höh'	275
Du bist ja, Jesu, meine Freude	238
Du fährst gen Himmel, Jesu	168a
Du Friedefürst, Herr Jesu Christ	59
Du Geist des Herrn, der du	171a
Du hochgelobter Gott	230
Du kannst's nicht böse meinen	261
Du Lebensbrod, Herr Jesu Christ	117
Du Lebensfürst, Herr Jesu Christ	117
Du liebe Unschuld, du	127
Du mein, du mein schönstes Leben	213
Du, meine Seele, singe	127
Du, o schönes Weltgebäude	132
Durch Adams Fall ist ganz verderbt	17
Durch bloßes Gedächtniß	192
Durch Trauren und durch Plagen	181
Durstige Seelen, kommet her	140
Du sagst: ich bin ein Christ	218
Du siehest Mensch, wie fort	122
Du sollst in allen Sachen	95
Du unbegreiflich höchstes Gut	206
Du, unser auserwähltes Haupt	286
Du Volk, das du getaufet bist	127
Du weinest vor Jerusalem	91
Du wesentliches Wort	225
Du willst, Gott, daß mein Herz	311
Edler Geist im Himmelsthron	266
Egypten, Egypten, gute Nacht	196
Eine Heerde und ein Hirt	325
Einen guten Kampf hab' ich	125
Einer ist König, Immanuel sieget	300
Ein' feste Burg ist unser Gott	1

Ein getreues Herz zu wissen	
Ein Herz, o Gott, im Leid	
Ein Jahr geht nach dem andern hin	
Ein Kind ist uns geboren heut'	
Ein Lämmlein geht und trägt	
Ein matter Hirsch schreit für und für	
Ein neuer Tag, ein neues Leben	
Ein neues Lied wir heben an	1
Ein reines Herz, Herr, schaff'	
Eil' mit Weil'	105
Einsam leb' ich und verlassen	163
Ein's Christen Herz sehnt sich	
Eins ist noth, ach Herr	
Ein Streit, ein großer	156
Ein Tag geht nach dem andern hin	
Ein Tröpflein von den Reben	
Ein Weib, das Gott den Herren liebt	117
Ein Wetter steiget auf	158
Ein Würmlein bin ich	44a
Eitelkeit, Eitelkeit, was	266
Entbinde mich, mein	260
Entfernet euch, ihr matten	212
Erbarm' dich mein, o Herre	6b
Er führt hinein, er muß auch	290
Erhalt' uns deine Lehre	194
Erhalt' uns, Herr, bei deinem Wort	1
Erhebe dich, o meine Seele	
Erhöre, Herr, mein Bitten	162
Erinn're dich, mein Geist, erfreut	311
Erleucht' mich, Herr, mein Licht	44
Erlöser, ich bin zwar nicht werth	168
Ermuntert euch, ihr Frommen	
Ermunt're dich, mein schwacher Geist	117
Erneu're mich, o ew'ges Licht	
Ermunt're dich, Herz, Muth und Sinn	10
Ermunt're dich, mein frommes	
Ermunt're dich, mein schwacher Sinn	
Errett' uns, lieber Herre	
Erscheine, süßer Seelengast	
Er ruft der Sonn' und schafft den Mond	
Erschienen ist der herrlich' Tag	
Erschrecklich ist es, daß man nicht	
Erstanden ist der heil'ge Christ	
Erwecke mein Herz, Ohr und Sinn	
Er wird es thun, der fromme	
Erweitert euch, ihr Pforten	
Es glänzet der Christen	
Es hat uns heißen treten	141

	Nr.
ist das Heil uns kommen	9
ist die helle Sonne	160
ist etwas, des Heilands sein	295
ist genug, Herr	217
ist gewiß ein köstlich Ding	282
ist gewißlich an der Zeit	45
ist schwer, ein Christ zu sein	231
ist noch eine Ruh' vorhanden	304
ist vollbracht, vergiß	245
kostet viel, ein Christ zu sein	231
mag dies Haus, das aus der Erde	235
sind schon die letzten Zeiten	225
spricht der Unweisen Mund wohl	1
steh'n vor Gottes Throne	59
traure, wer da will	211
wartet Alles, Herr, auf dich	117
wird schier der letzte Tag	16
woll' uns Gott gnädig sein	1
...ge Weisheit, Jesu Christ	212
...ige Liebe, mein Gemüthe	301
...iger Vater und Herr	34
...ig sei dir Lob gesungen	158
...ahre fort mit Liebesschlägen	248
...hre fort :|: Zion	245
...gt aus, sagt aus	136
...eßt ihr Augen, fließt von	225
...lget mir, ruft uns das Leben	117
...eiwillig hast du dargebracht	311
...eu' dich, ängstliches Gewissen	117
...eu' dich, du werthe Christenheit	81
...eu' dich sehr, o meine Seele	110a
...euet euch, ihr Christen alle	81. 175. 197
...eu't euch, ihr Kinder, in'sgemein	136
...eu't euch, ihr Gotteskinder	136
...iede, ach Friede, ach	257
...isch auf mein' Seel' in Noth	115
...isch auf, mein' Seel' und traure	213
...isch auf, mein' Seel', verzage	74
...isch, frisch, hiernach	268
...isch auf, und laßt uns singen	117
...isch und getrost nun reise	2. 100
...öhlich wollen wir	7. 10
...öhlich, fröhlich, immer fröhlich	258
...öhlich soll mein Herze springen	127
...ohlocket mit Händen	132
...omm bin ich nicht, das ist mir leid	15
...ühmorgens, da die Sonn' aufgeht	91

	Nr.
Für alle Güte sei gepreist	311
Für Gericht, Herr Jesu, steh'	160
Fürst der Fürsten, Jesu Christ	188
Gedanke, der uns Leben giebt	311
Geduld'ges Lämmlein, Jesu Christ	183
Geduld ist euch von Nöthen	127
Geduld will sein geübet	183
Gegrüßest seist du, Gott, mein Heil	127
Gegrüßet seist du, meine Kron'	127
Gehab' dich wohl, du schnöde Welt	100
Geh' auf, mein's Herzens Morgenstern	188
Geh' aus mein Herz, und suche	127
Geheimniß ist und wird genannt	136
Geht hin, ihr gläubigen Gedanken	266
Geht, ihr traurigen Gedanken	155
Gebt nun hin, und grabt mein Grab	325
Geist vom Vater und vom Sohne	291. 318
Geist aller Geister	213
Geketten Freund', was thut ihr	45
Gelobet sei der Herr, mein Gott	136
Gelobet sei Israels Gott	91
Gelobet seist du, Jesus Christ	50
Gen Himmel aufgefahren ist	301
Gesetz und Evangelium	244
Gewonnen, gewonnen, der Satan	12
Gieb dich zufrieden und sei	60
Gieb Fried', o frommer treuer	30
Gieb Fried' zu unserer Zeit	106
Gleich wie ein Hirsch eilt mit Begier	124
Gleichwohl hab' ich überwunden	115
Glück zu der frommen Heidenschaar	201
Glück zu Kreuz von ganzem Herzen	115
Gott, der dir ja Seel' und Leib	140
Gott, der du hast gelabet	324
Gott, der du Herzenskenner bist	140
Gott, der du jetzund deine Gäst	11
Gott, der du selbsten bist das Licht	130
Gott, der Reichthum deiner Güt'	1.
Gott, der Vater, wohn' uns bei	22
Gott, der wird's wohl machen	311
Gott, dessen Aug' uns stets bewacht	12
Gott des Himmels und der Erden	130
Gott, deß Güte sich nicht endet	18
Gott, dir sei Dank gegeben	210
Gott, du lässest mich erreichen	27
Gott, du wohnst in meinem Herzen	
Gottes Sohn ist kommen	1

	Nr.
ttes Mühlen mahlen langsam	97
tt fähret auf gen Himmel	181
tt, gieb einen milden Regen	171
tt, gieb Fried' in deinem Lande	278
tt, gieb mir zu erkennen	96
tt hat das Evangelium	8
tt, heiliger Geist, hilf uns	75
tt herrschet und hält	122
tt, heut' endet sich die Woche	157
tt, ich will mich ernstlich prüfen	316
tt ist die wahre Liebe	249
tt ist gegenwärtig	309
tt ist mein allerhöchstes Gut	136
tt ist mein Hirt, ich darf	90
tt lebet noch, Seele	147
tt lebt, wie kann ich traurig	275
tt Lob, der Sonntag kommt	136
tt Lob, der Tag ist nun dahin	136
tt Lob, die Stunde ist kommen	91
tt Lob, ein Schritt zur Ewigkeit	226
tt Lob, mein Jesus macht mich	136
tt Lob, nun ist erschollen	127
tt sei Dank in aller Welt	96
tt sei gelobet und gebenedeiet	1
tt sei Lob, der Tag ist kommen	153
tt Vater, der du deine Sonn'	14
tt Vater in dem Himmelreich	28
tt Vater, sende deinen Geist	127
tt Vater, Sohn und heiliger Geist	111
tt Vater, Ursprung, Quell und	45
tt will's machen	230
oßer Gott von alten Zeiten	189
oßer Immanuel, schaue	236
oßer Mittler, der zur Rechten	301
oßer Prophete, mein Herze	206
oß ist, Herr, deine Güte	124
te Nacht ihr eitlen Freuden	193
ter Hirte, willst du nicht	188
allelujah, lobet Gott	177
llelujah, Lob, Preis und Ehr'	257
llelujah, meiner Schmerzen	92
llelujah, schöner Morgen	277
lt' im Gedächtniß Jesum Christ	224
st du Angst im Herzen	129
iliger, heiliger, heiliger Herr G.	5
iligster Jesu, Heiligungsquelle	257
lfer meiner armen Seele	188

Helft mir Gottes Güte preisen	2
Herr, aller Weisheit Quell und Grund	12
Herr, auf dein Wort soll's sein gewagt	18
Herr, auf Erden muß ich leiden	18
Herr Christ, der ein'ge Gottes Sohn	6
Herr Christ, thu' mir verleihen	7
Herr Christe, treuer Heiland	5
Herr, deine Rechte und Gebot	11
Herr, deiner Himmel	21
Herr, der du vormals hast bein Land	12
Herr, du hast in deinem Rathe	18
Herr, dir trau' ich all' mein Tage	12
Herr, du wollest lehren	15
Herr, du erforschest meinen Sinn	12
Herr Gott, der du erforschest mich	87. 11
Herr Gott, dich loben alle wir	
Herr Gott, dich loben wir, Herr Gott	
Herr Gott, dich loben wir, regier'	13
Herr Gott, der du mein Vater	15
Herr Gott, du bist ja für und für	12
Herr Gott, du kennest meine Tage	24
Herr Gott, erhalt' uns für und für	5
Herr Gott, mein Jammer hat ein End'	14
Herr Gott, nun schleuß' den Himmel	10
Herr Gott, nun sei gepreiset	4
Herr Gott, Vater, Schöpfer aller	5
Herr Gott, Vater, speise uns	10
Herr, höre mein Gebet	31
Herr, höre, was mein Mund	12
Herr, ich denk' an jene Zeit	52
Herr, ich habe mißgehandelt	13
Herr Jesu Christ, der du selbst	11
Herr, Jesu Christ, dich zu uns wend'	14
Herr Jesu Christ, du höchstes Gut	4
Herr Jesu Christe, mein getreuer	9
Herr Jesu Christ, ich schrei' zu dir	17
Herr Jesu Christ, ich weiß gar	4
Herr Jesu Christ, mein höchstes Gut	26
Herr Jesu Christ, mein Herr und Gott	
Herr Jesu Christ, mein Leben	29
Herr Jesu Christ, mein Licht	29
Herr Jesu Christ, mein Trost	11
Herr Jesu Christ, wahr'r Mensch und Gott	
Herr Jesu Christ, thu' Glück und Heil	4
Herr Jesu, dir sei Preis und Ehr'	12
Herr Jesu, Licht der Heiden	13
Herr, laß mich in Friede fahren	31
Herrlichste Majestät	21

	Nr.
err, nicht schicke deine Rache	90
err, nun laß in Friede	94
err, öffne mir	136
err, so du wirst mit mir	238
err, stärke mich dein Leiden	311
err, straf' mich nicht in deinem	38
err und Gott, der Tag und Nächte	227
err, unser Gott, wie herrlich ist	38
err, unser Gott, laß nicht	91
err, wirst du Zion bauen	229
err, wenn ich dich nur werde haben	154
err, wie du willst, so schick's mit	65
err, wie lange muß ich ringen	318
err, willst du mich denn	145
err, wohin soll ich mich wenden	122
rzlich lieb hab' ich dich mein Gott	125
rzlich lieb hab' ich dich, o Herr	78
rzlich thut mich verlangen	77
rzliebster Jesu Christ	91. 213
rzliebster Jesu, was hast du	91
rzog unsrer Seligkeiten	212
rz und Herz vereint zusammen	286
ut fährt Gott auf und triumphirt	136
ut ist das rechte Jubelfest	117
ut ist der Tag der Freuden	117
ut ist des Herren Ruhetag	48
ut ist uns der Tag erschienen	182
ut triumphiret Gottes Sohn	41. 58
er habt ihr fromme Christen	182
er ist mein Herz, Herr	150
er legt mein Sinn sich vor	281
er lieg ich armes Würmelein	78
lf Gott, wie geht's doch jetzo zu	213
lf Gott, daß mein Herz und Leiden	312
lf, Helfer, hilf in Angst und Noth	78
lf, Herr Jesu, laß gelingen	117
lf, Jesu, hilf siegen	289
lf, lieber Gott, weß	183
lf, lieber Gott, wie nöthig ist	241
lf mir, Herr Jesu, weil ich leb	45
lf mir, mein Gott, hilf, daß	91
lf uns, Herr, in allen Dingen	108
mmelan geht	275
mmel, Erde, Luft und Meer	206
mmel, höre meine Lieder	178
munter ist der Sonnenschein	14
nweg, hinweg all' Fröhlichkeit	160
nweg, hinweg Melancholei	160

Liederborn. 14

	Nr.
Hinweg mit Furcht und	188
Hirte deiner Schafe	275
Hochgelobt sei unser Gott	178
Hochheilige Dreieinigkeit	188
Höchster Formirer der . . .	192
Höchster Priester, der du	188
Holdselig's Gotteslamm	212
Hört, ihr liebsten Kindelein	14
Hosianna Davids Sohne	197. 275
Hüter, wird die Nacht der Sünden	231
Ja, höchst selig sind wir lieben	235
Jammer hat mich ganz umgeben	117
Jauchzet ihr Himmel, frohlocket	300
Ich armer Erdenkloß	76
Ich armer Mensch doch gar nichts bin	62. 79
Ich armer Mensch, ich armer Sünder	159
Ich armer Sünder komm' zu dir	91
Ich armes Menschenkind	253
Ich bin bei Gott in Gnaden	122
Ich bin dein satt, o schnöde	120
Ich bin ein armer Exulant	297a
Ich bin ein Gast auf Erden	127
Ich bin getauft auf deinen Namen	301
Ich bin getauft, ich steh' mit Gott	270
Ich bin gewiß in meinem	275
Ich bin hierüber freudenvoll	132
Ich bin ja, Herr, in deiner Macht	122
Ich bin in Allem wohlzufrieden	153
Ich bin mit dir mein Gott	163
Ich bin müde, mehr zu leben	144
Ich bin's gewiß, mich kann	136
Ich bin vergnügt, und halte	246
Ich danke dir demüthiglich	127
Ich danke dir, mein Gott	136
Ich danke dir mit Freuden	127
Ich dank' dir, Gott, für alle Wohlthat	28
Ich dank' dir, lieber Herre	34
Ich dank' dir schon durch	70
Ich danke dir für deinen Tod	188
Ich danke dir, liebreicher Gott	91
Ich, der ich oft in tiefes Leid	127
Ich Erde, was erkühn'	204
Ich erhebe, Herr, zu dir	127
Ich freue mich in dir	141
Ich freue mich von Herzensgrund	213
Ich geh' zu deinem Grabe	275
Ich grüße dich, du frömmster Mann	127

, habe Luft zu scheiden	275
, habe nun den Grund gefunden	280
, hab', Gottlob, das Mein' vollbracht	175
, hab' ihn dennoch lieb	213
, hab' in Gottes Herz und Sinn	127
, hab' in guten Stunden	311
, hab' mein' Sach' Gott	72
, hab' mich Gott ergeben	62
, hab' oft bei mir selbst bedacht	127
, hab' o Herr, mein Gott	91
, hab's verdient	127
, hab' von ferne, Herr	323
, halte Gott in Allem stille	269
, heb' mein' Augen sehnlich auf	49
, klag' den Tag und alle Stund'	86
, komme Herr, und suche	311
, komm' jetzt als ein armer	139
, komm', o höchster Gott, zu dir	70a
, lasse Gott in Allem walten	153
, lebe nun nicht mehr	188
, liebe dich herzlich	213
, merk', o Gott, an Allem	183
, preise dich, Gott, der du	91
, preise dich, und singe	127
, ruf' zu dir, Herr Jesu	9
, seh' das Licht verschwinden	216
, seufz' und klag'	24
, singe dir mit Herz	127
, Staub vom Staube, wer bin	314
, steh' an deiner Krippen hier	127
, suchte dich in meinem Bette	275
, trau' auf Gott in allen Sachen	174
, trete frisch zu Gottes Tisch	272
, weiß, an wen mein Glaub'	320
, weiß, daß mein Erlöser lebt	59
, weiß, daß Gott mich ewig liebet	202
, weiß, mein Gott, daß all mein	127
, weiß mir ein fein's schön's Kindelein	86
, weiß und bin's gewiß	316
, will den Herren loben	117
, will dich lieben, meine Stärke	188
, will fröhlich sein in Gott	152
h will ganz und gar nicht	206
h will mit Danken kommen	127
h will von meiner Missethat	131
h will zu aller Stunde	136
größer Kreuz, je näher Gott	275
Jovah ist mein Hirt	227

14*

	Nr.
Jehovah ist mein Licht	296
Je mehr wir Jahre zählen	122
Jerusalem, du hochgebaute Stadt	107a
Jesaia, dem Propheten	1
Jesu, allerliebster Bruder	127
Jesu, dein betrübtes Leiden	172
Jesu, deine Liebesflamme	206
Jesu, deine Passion	157
Jesu, deine tiefen Wunden	91
Jesu, der du bist allein	309
Jesu, der du meine Seele	117
Jesu, du mein liebstes Leben	117
Jesu, frommer Menschenheerden	157
Jesu, geh' voran	286
Jesu, großer Wunderstern	263
Jesu, hilf siegen, du Fürste	251
Jesu, komm' doch selbst zu mir	188
Jesu, komm' mit deinem Vater	259
Jesu, Kraft der blöden Herzen	192
Jesu, meine Freude	132
Jesu, meine Liebe	129. 188
Jesu, meiner Freuden, Freude	181
Jesu, meiner Seelen Leben	180
Jesu, meiner Seelen Weide	182
Jesu, meiner Seelen Licht	96
Jesu, meiner Seelen Ruh'	119
Jesu, meiner Seelen Wonne	195
Jesus, meines Herzens Freud'	182
Jesu, meines Lebens Leben	134
Jesu, meine Stärke	92
Jesu, nun sei gepreiset	14. 91
Jesu, rufe mich von der Welt	223
Jesu, Ruh' der Seelen	154
Jesus Christus, Gottes Lamm	228
Jesus Christus, herrsch' als König	294
Jesus Christus, unser Heiland	1
Jesu, segne unser Werk	140
Jesus, Jesus, nichts als Jesus	162
Jesus ist das schönste Licht	231
Jesus ist der schönste Name	188
Jesus ist mein Freudenleben	154
Jesus kommt, von allem Bösen	316
Jesus lebt, mit ihm auch ich	311
Jesus, meine Zuversicht	131
Jesus nimmt die Sünder	199. 263
Jesu, wir sind kommen her	140
Jetzt muß die Nacht mit Schrecken	90
Jetzund betrachten wir	191

	Nr.
Ihr Alle, die ihr Jesum liebt	168
Ihr Alten mit den Jungen	175
Ihr armen Sünder kommt zu	225
Ihr Christen, auserkoren	175
Ihr Christen, seht, daß ihr	119
Ihr Eltern gute Nacht	267
Ihr, die ihr los zu sein begehrt	122
Ihr Himmel, träufelt Thau	182
Ihr Kinder des Höchsten, wie	236
Ihr Kinder kommet her zu mir	175
Ihr schwachen Kniee, jetzt steht	117
Ihr schwarzen Sorgen, weicht	178
Im finstern Stall, o Wunder	125
Im Leben und im Sterben	182
Immanuel, deß Güte nicht zu zählen	279
Immer fröhlich, immer fröhlich	162
In allen meinen Thaten	116
In Christi Wunden schlaf' ich ein	4
In dem Leben hier auf Erden	94
In dich hab' ich gehoffet, Herr	28
In dieser Abendstunde	125a
In dieser Morgenstunde	111. 135
In dir ist Freude	61a
In Gottes Namen fahren	14
In Gottes Namen scheiden	85
In Gottes Namen sang' ich	211
In Jesu Wunden reis' ich	91
In meiner Noth ruf' ich zu dir	106
In meines Herzens Grunde	213
Johannes sahe durch Gesicht	127
Ist gleich mein Elend kommen	117
Ist Ephraim nicht meine Kron'	127
Ist Gott für mich, so trete	127
Ist Gott mein Schild und Helfersmann	134
Ist meiner Sünde viel	135
Ist's oder ist mein Geist entzückt	154
Kehre wieder, meine Seele	274
Kein Christ soll ihm die Rechnung	122
Keinen hat Gott verlassen	102
Keine Schönheit hat die Welt	188
Kein größer Wunder findet	158
Ein Stündlein geht dahin	149
Keuscher Jesu, hoch von Adel	235
Kleiner Knabe, großer Gott	188
König, dem kein König gleicht	301
Komm, beug' dich tief, mein Herz	212
Komm, du sanfter Gnadenregen	308

Komm, Gott, Schöpfer, heil'ger
Komm, Heidenheiland, Lösegeld
Komm, heil'ger Geist, du
Komm, heil'ger Geist, Herre
Komm, heil'ger Geist, erfüll'
Komm, Liebster, komm in deinen
Komm, o komm, du Geist des Lebens
Kommst du, kommst du, Licht
Kommst du nun, Jesu, vom Himmel
Komm, Sterblicher, betrachte
Kommt her, ihr Christen
Kommt her und schauet an
Kommt her zu mir, spricht
Kommt, ihr traurigen Gemüther
Kommt in's Reich der Liebe
Kommt, Kinder, laßt uns gehen
Kommt, laßt euch den Herren . . . . 91.
Kommt, laßt uns niederfallen
Komm, Tröster, komm hernieder
Kommt und laßt uns Christum

Lamm Gottes, das geduldig
Lamm Gottes, schaue mich
Laß abnehmen diese Glieder
Laß deinen Sinn nicht dies und das
Laß dich nur nichts dauern
Lasset ab, ihr, meine Lieben
Lasset mich voll Freuden sprechen
Lasset die Kindlein kommen
Lasset uns den Herren preisen, o ihr
Lasset uns den Herren preisen, und
Lasset uns mit Jesu ziehen
Laß jetzt mit süßen Weisen
Laß mich dein sein und bleiben
Laß mich, o treuer Gott
Laßt uns Alle fröhlich sein
Laßt uns doch nicht begehren
Laßt uns früh dem Herren singen
Laßt uns jauchzen, laßt
Laßt uns mit Ernst betrachten
Laßt uns unsers Vaterlands
Lebst du in mir, o wahres Leben
Lebt Christus, was bin ich betrübt
Lebt Jemand so wie ich, so lebt er jämmerlich
Lebt Jemand so wie ich, so lebt er seliglich
Licht vom Licht, erleuchte mich
Liebe, die du mich zum Bilde
Lieber Gott, wann werd' ich sterben

	Nr.
Liebster Bräut'gam, denkst du	188
Liebster Jesu, sei gepriesen	117
Liebster Jesu, sei willkommen	284
Liebster Jesu, wir sind hier, beinem	275
Liebster Jesu, wir sind hier, dich	172
Liebster Immanuel	154
Liebster Vater, ich, dein Kind	159
Liebster Vater, soll es sein	217
Liebster Vater, soll ich dulden	136
Lobe den Herren, den mächtigen König	206
Lobe den Herrn, o meine Seele	230
Lobet den Herrn alle, die ihn	127
Lobet den Herrn, denn	48
Lobet den Herrn, und	45
Lob sei dem allerhöchsten Gott	16
Lob, Preis, Ruhm, Ehr' und Dank	136
Lobsinget Gott im höchsten Thron	87
Lobt Gott, ihr Christen allzugleich	14
Lobt Gott von Herzensgrunde	132
Mache dich, mein Geist, bereit	209
Mach's mit mir, Gott, nach deinem	109a
Macht hoch die Thür'	120
Mag ich Unglück nicht widerstah'n	26
Man lobt dich in der Stille	117
Marter Gottes, wer	267
Mein' Augen schließ' ich jetzt	93
Meine Armuth macht mich sehr	231
Mein Dankopfer, Herr, ich bringe	123
Meine Hoffnung stehet feste	206
Meine Liebe hängt am Kreuz	242
Meine Lebenszeit verstreicht	311
Meinen Jesum laß ich nicht, denn	190
Meinen Jesum laß ich nicht, weil	197
Meinen Jesum laß ich nicht	262. 275
Meinen Jesum ich erwähle	161
Mein Erstgefühl sei Preis	311
Meine Seel', ermuntere dich	213
Meine Seele senket sich	250
Meine Seele, willst du ruh'n	188. 213
Meine Seel' ist stille zu Gott	213
Meines Lebens beste Freude	211
Mein Fels hat überwunden	256
Mein Freund ist mein, und ich	276
Mein Freund zerschmilzt	231
Mein Gemüth, wie so betrübt	148
Mein Geist und Sinn ist hoch erfreut	270
Mein Gott, das Herze	213

Mein Gott, du weißt am 21
Mein Gott, ich habe mir 13
Mein Gott, ich lob' und preise 11
Mein Gott, ich weiß wohl, daß 27
Mein Heiland nimmt die Sünder an . . . .
Mein Gott, nun ist es 18
Mein Herr, und Gott, Herr Jesu Christ 18
Mein Herzens-Jesu, meine Lust . . . .
Mein herzer Vater weint . . . .
Mein Herz, gieb dich zufrieden . . . .
Mein Herze, schwinge dich 18
Mein Herze, wie wankest . . . .
Mein Herz, o Gott, spricht . . . . 151.
Mein Jesu, dem die Seraphienen . . . .
Mein Jesu, der du mich zum . . . .
Mein Jesu, hier sind deine Brüder . . . .
Mein Jesu, schönstes Leben 21
Mein Jesus kommt . . . . 118.
Mein Jesus ist getreu 134. 11
Mein Jesus lebt, was soll ich . . . .
Mein Jesu, süße Seelenlust . . . .
Mein König, schreib' mir dein 21
Mein Leben ist ein Pilgrimsstand . . . .
Mein lieber Herr, ich preise dich . . . .
Mein Mund soll fröhlich singen 1
Mein' Sach' hab' ich Gott heimgestellt 16
Mein Salomo, dein freundliches . . . .
Mein' Seel', sich freu und lustig . . . .
Mein' Seel', o Gott, muß loben dich . . . . . . 16.
Mein' Sünd' ich beicht' und klage 16
Mein Vater, zeuge mich, dein Kind . . . .
Menschenhülf' ist nichtig . . . .
Mensch, willt du leben . . . .
Mich überfällt ein sanft Vergnügen . . . .
Mir nach, spricht Christus . . . .
Mir ist ein geistlich Kirchelein . . . .
Mir vergeht, zu leben länger . . . .
Mit Ernst, ihr Menschenkinder . . . .
Mit Fried' und Freud', ich fahr' . . . .
Mit Tod'sgedanken . . . .
Mitten wir im Leben sind . . . .
Morgenglanz der Ewigkeit . . . .

Nachdem das alte Jahr verflossen . . . .
Nach dir, o Herr, verlanget . . . .
Nach einer Prüfung kurzer . . . .
Nehmt hin den heil'gen Geist . . . .
Nicht, daß ich's schon ergriffen hätte . . . .

	Nr.
ichts Betrübters ist auf Erden	138
icht so traurig, nicht so sehr	127
imm jetzt hinfort, o Gott	140
imm von uns, Herr	78
och dennoch mußt du	127
un bitten wir den heil'gen	1
un begehen wir auf's Best'	109a
un danket alle Gott	108
un danket Gott, ihr Christen	188
un danket Gott mit Herz und Mund	176
un freut euch, Gottes Kinder	8
un freut euch, lieben Christen	1
un geht das Sonnenlicht	178
un geht frisch d'rauf	127
un giebt mein Jesus gute Nacht	117
un, Gott Lob, es ist vollbracht, Singen	146a
un, Gott Lob, es ist vollbracht, und	275
un hat das heil'ge Gotteslamm	172a
un hat auch dieser Sonnenschein	178
un hat sich angefangen	119
un jauchzet all', ihr	128
un jauchzt dem Herren alle	49. 112
un ist auferstanden	202
un ist der Regen hin	127
un ist der Tag vergangen	178
un ist es alles wohlgemacht	225
un ist die Mahlzeit vollbracht	117
un ist es Zeit, zu singen hell	59
un komm, der Heiden Heiland	1
un kommt das neue Kirchenjahr	136
un lasset Gottes Güte	160
un laßt uns den Leib begraben	16
un laßt uns geh'n und treten	127
un laßt uns Gott dem Herren	59
un, liebe Seel', nun ist es Zeit	165
un lieg' ich armes Würmelein	128
un lob', mein Seel', den Herren	10
un, meine Seel', erhebe	156
un preiset Alle Gottes	93
un ruhen alle Wälder	127
un schlaf, liebes Kindelein	15
un schlafet man	309
un sich der Tag geendet hat	210
un sei getrost und unbetrübt	127
un tret' ich wieder aus der Ruh'	174
un treten wir in's neue Jahr	175
ur frisch hinein, es wird	185

O allerhöchster Menschenhüter
O Angst und Leid
O Blindheit, bin ich denn der Welt
O Christe, Morgensterne
O, daß doch bald dein Feuer brennte
O, daß ich könnte Thränen
O, daß ich tausend Zungen
O, der Alles hatt' verloren
O, du allersüß'ste Freude
O, du betrübte Seele
O du fröhliche, o du selige
O du Liebe meiner Liebe
O Durchbrecher aller Bande
O du süße Lust
Oeffne mir die Perlenthore
O Elend, Jammer, Angst und Noth
O Ewigkeit, du Donnerwort
O Ewigkeit, du Freudenwort
O Ewigkeit, o Ewigkeit
O frommer Christ, nimm eben
O frommer und getreuer Gott
O frommer und getreuer Gott, ich hab'
O frommer Gott, wo soll ich hin
Oft denkt mein Herz, wie schwer
O Gott, da ich gar keinen Rath . . . . . 91.
O Gott, der du aus Herzensgrund . . . . . 111.
O Gott, der du das Firmament
O Gott, der du in Liebesbrunst
O Gott, die Christenheit dir dankt
O Gott, du frommer Gott
O Gott, du höchster Gnadenhort
O Gott, du unser Vater bist
O Gottessohn, Herr Jesu Christ
O Gottessohn von Ewigkeit
O Gott, ich thu' dir danken
O Gott, mein Schöpfer, edler Fürst
O Gott, voll Gnad' und Gütigkeit
O Gott, von dem wir alles haben
O Gott, wenn ich bei mir betracht'
O Gott Vater in Ewigkeit
O großer Gott, ich komme hier
O großer Gott in's Himmelsthron
O großer Gott von Macht . . . . . . 75.
O großes Werk, geheimnißvoll
O Haupt voll Blut und Wunden
O heil'ge Fluth
O heil'ger Geist, kehr' bei uns ein
O heil'ger Geist, du höchstes Gut

	Nr.
heilige Dreieinigkeit	118
heilige Dreieinigkeit, erhalt'	153
heilige Dreifaltigkeit, o hochgelobte	76
heilige Dreifaltigkeit, voll	111
heiliger Geist, o heiliger Gott	255
Herr, dein' Ohren neige	45
Herr, gedenk' in Todespein	119
Herr Gott, begnade mich	39
Herr Gott, der du deiner	45
Herr Gott, in meiner Noth	48
Herr, mein Gott, ich hab' dich zwar	91
Herrscher in dem Himmel	127
Herz des Königs aller Welt	127
himmlische Barmherzigkeit	225
höchstes Werk der Gnade	117
Jesu Christ, dein Kripplein ist	127
Jesu Christ, der du mir bist	188
Jesu Christe, Gottes Lamm	255
Jesu Christe, wahres Licht	91
Jesu Christ, ich preise dich	238
Jesu Christ, mein schönstes	127
Jesu Christ, mein's Lebens Licht	76
Jesu, dir sei ewig Dank	136
Jesu, du bist mein	253
Jesu, du mein Bräutigam	91
Jesu, ewig wahres Haupt	281
Jesu, Gottes Lämmelein	78. 120
Jesu, Gottes Lamm	136
Jesu, Jesu, Gottes Sohn	91
Jesulein süß, o Jesulein	124
Jesu, meiner Seelen Leben	253
Jesu, meines Lebens Licht	309
Jesu, mein Verlangen	189
Jesu, meine Wonne	117
Jesu, süßes Licht	229
Jesu, süß, wer dein gedenkt	78
König aller Ehren	76
König, dessen Majestät	261
Lämmlein Gottes, Jesu Christ	106
Lamm Gottes, hocherhaben	228
Lamm Gottes, unschuldig	12
Lebensbrünnlein tief	51
Liebe, die den Himmel hat	231
liebe Seel', wo find' ich Ruh'	160
Liebesgluth, die Erd'	256
Licht vom Licht, o Vatersglanz	227
Licht geboren	90
Mensch, bewein' dein' Sünde	19

O Mensch, wie ist dein Herz bestellt 225
O Quell', daraus herfließt 140
O Mensch, bedenke stets dein End' 91
O Mensch, der Herr, Jesus 160
O Mensch, gedenk' an's Ende 275
O reicher Gott von Gütigkeit 228
O, so hast du nun dein Leben 188
O starker Gott in's Himmels Thron 75
O starker Gott, o Seelenkraft 205
O starker Zebaoth, du 205
O Sündenmensch, bedenk' den Tod 135
O süßer Stand, o selig's Leben 250
O theures Blut, o rothe Fluth 122
O Tod, wo ist dein Stachel nun 111
O Traurigkeit, o Herzeleid 117
O treuster Jesu, der du bist 188
O Ursprung des Lebens 233
O Vater aller Frommen 7
O Vater der Barmherzigkeit, ich 112
O Vater der Barmherzigkeit, wir 253
O Vater, der du mich 306
O Vaterherz, o Licht und Leben 298
O Vater, sieh' wie mich 192
O, was für ein herzlich Wesen 232
O Weisheit aus der Höh' 192
O welch' ein unvergleichlich Gut 117
O Welt, ich muß dich lassen 13
O Welt, sieh' hier dein Leben 127
O werthes Licht der Christenheit 93
O, wie mögen wir doch unser Leben 123
O, wie selig seid ihr doch 122
O, wie selig sind die Seelen 231
O, wir armen Sünder 27
O wüster Sünder, denkst du nicht 178

Prediger, du Gotteshirte 140

Rede, liebster Jesus, rede 173
Reiß durch, gekränkte Seele 181
Rett', o Herr Jesu, rett' 91
Richte, Gott, mir meinen Willen 303
Richt', Jesu, unser Herz 140
Ringe recht, wenn Gottes Gnade 250
Rüstet euch, ihr Christenleute 254
Ruhe ist das beste Gut 213
Ruhet wohl, ihr Todtenbeine 296

Sag', was hilft alle Welt 107
Schaffet, daß ihr selig werdet 310

	Nr.
haffet, schaffet, Menschenkinder	243
haff' in mir, Gott, ein reines	152
hatz über alle Schätze	212
haut, schaut, was ist für Wunder	127
lage, Jesu, an mein Herz	273
laf' sanft und wohl, schlaf	219
mücke dich, o liebe Seele	132
mückt das Fest mit Maien	275
öner Himmelssaal	122
önster Immanuel, Herzog	154
önster Jesu, Gotteslamm	140
önste Sonne, Himmelszier	137
önstes Seelchen, gehe fort	166
ütte deines Lichtes Strahlen	209
wing' dich auf, o meine Seele	241
wing' dich auf zu deinem Gott	127
le, du mußt munter werden	216
le, geh' auf Golgatha	275
le, mach' dich heilig	186
lenbräutigam	223
lengast, erscheine	275
lenweide, meine Freude	223
le, sei zufrieden	275
le, was ermüd'st du dich	232
d zufrieden, lieben Brüder	231
fröhlich Alles weit und breit	127
getreu in deinem Leiden	137
getreu, o Christenseele	140
getrost, der Herr weiß Rath	117
Gott getreu, halt' seinen	149
hochgelobt, barmherz'ger	243
Lob und Ehr' dem höchst'n	205
mir tausendmal willkommen	127
stille Welt, und lasse mich	261
tausendmal geküsset	178
wohl gegrüßet, guter Hirt	127
wohlgemuth, laß Trauern sein	63
t, welch' ein Mensch ist das	275
ligstes Wesen, unendliche Wonne	255
lig, wer ihm suchet Raum	188
h an, o Mensch, wie Gott und Mensch	136
he, ich gefallner Knecht	127. 243
h, hier bin ich, Ehrenkönig	206
h', wie lieblich und wie fein	260
e ist mir lieb, die werthe Magd	1
agen wir aus Herzensgrund	45
gt dem Herrn, nah und fern	230
gt dem Versöhnten	321

Sobald des großen Sabbaths	
So bleibet's denn also	
So brech' ich auf von diesem Ort	117
So führ'st du doch recht selig	
So geh'st du, mein Jesu hin	151
So grabet mich	144
So hab' ich nun vollendet	
So hab' ich obgesieget	
So hast du denn, o Seele	140
So Jemand spricht: ich liebe	311
So lange Christus, Christus ist	
Soll ich mich denn täglich kränken . . .	
Sollt' es gleich bisweilen scheinen . . .	
Sollten Menschen meine Brüder	
Sollt' ich an deiner Macht, o Gott . . .	313
Sollt' ich aus Furcht vor Menschenkindern . .	
Sollt' ich meinem Gott nicht singen . . .	117
Sollt' ich meinen Jesum lassen	
Sollt' ich meinem Gott nicht trauen . . .	
So oft ein Blick mich	212
So recht, mein Kind, ergieb	
Sorge doch für meine Kinder	
Sorge, Vater, sorge du	152
So ruhest du, o meine Ruh'	222
So versiegelt der Gerechte	
So wahr ich lebe, spricht dein Gott . . .	91
So wahr ich leb', spricht Gott der Herr . .	14
So wird die Woche nun beschlossen . . .	
So wünsch' ich nun ein' gute Nacht . . .	71
Speis' uns, o Gott, deine Kinder . . .	91
Spiegel aller Tugend	
Stark ist meines Jesu Hand	
Steht auf, ihr lieben Kinderlein	8
Steh' doch, Seele, steh' doch stille . . .	
Sterblicher, du gehst vorbei	275
Stell' all'zeit deinen Willen	117
Straf' mich nicht in deinem Zorn . . .	
Such', wer da will, ein ander Ziel . . . 120.	
Süßer Jesu, deine Gnade	
Süße Speise meiner Seele	
Süßer Trost der matten Herzen . . .	
Süßes Seelenabendmahl	
Theures Wort aus Gottes Munde . . .	275
Thut mir auf die schöne Pforte . . .	275
Trau' auf Gott in allen	
Traut'ster Jesu, Ehrenkönig	252
Traur' nicht so sehr, o frommer Christ . .	91

	Nr.
Treuer Gott, ich muß dir klagen	91
Treuer Hirte deiner Heerde	279
Treuer Vater, deine Liebe	243
Treuer Wächter Israel	91
Treu'ster Meister, deine Worte	188
Triumph, Triumph, es kommt mit	137
Tröstet meine Lieben	186
Unerschaffne Lebenssonne	227
Unser Herrscher, unser König	206
Unsre müden Augenlider	132
Unter deinen großen Gütern	249
Unter Lilien jener Freuden	300
Ursprung wahrer Freuden	129
Valet will ich dir geben	84
Vater, ach laß Trost	137
Vater aller Gnaden	140
Vater unser, im Himmelreich	1
Verleih' uns Frieden gnädiglich	1. 103
Versuchet euch doch selbst	228
Verwund'ter Heiland	188
Verzage nicht, du traurig Herz	117
Verzage nicht, du Häuflein klein	105. 126
Verzage nicht, o frommer Christ	14
Viel besser, nicht geboren	294
Voller Wunder, voller Kunst	127
Vom Himmel hoch, da komm' ich her	1
Vom Himmel kam der Engel	1
Von Adam her, so lange Zeit	16
Von allen Menschen abgewandt	31
Von Gott will ich nicht lassen	59
Vor deinen Thron tret' ich hiermit	114
Wach' auf, du Geist der ersten	298
Wach' auf, mein Ehr' auf Saiten	181
Wach' auf, mein Herz, denk'	157
Wach' auf, mein Herz, die Nacht	225
Wach' auf, mein Herz und singe	127
Wachet auf, ihr faulen Christen	243
Wachet auf, ihr lieben Herzen	239
Wachet auf, ruft uns die Stimme	71
Wachet, betet Tag und Nacht	117
Wäre meiner Sünd' auch noch	117
Wär' Gott nicht mit uns diese Zeit	1
Walt's Gott, mein Werk ich lasse	103
Wann deine Christenheit	124
Warum betrübst du dich mein	18
Warum machet solche Schmerzen	127
Warum sollt' ich mich denn grämen	127

	R.
Warum willst du doch für morgen	225
Warum willst du draußen stehen	127
Was alle Weisheit in der Welt	127
Was bedeut't dies, ihr Jungfrauen	188
Was betrübst du dich mein Herze	187
Was frag' ich nach der Welt, sie	269
Was frag' ich nach der Welt und	145
Was fürcht'st du Feind Herodes	1
Was giebst du denn	163
Was Gott gefällt, mein	127
Was Gott thut, das ist wohlgethan	104. 214
Was hinket ihr betrog'ne Seelen	305
Was ist doch das Menschenkind	156
Was ist's, daß ich mich quäle	311
Was kann ich doch für Dank	16
Was kann uns kommen an für	31
Was mein Gott will, das gescheh' allzeit	24
Was Menschenkraft, was Fleisch und Blut	14
Was mich auf dieser Welt	149
Was quälet mein Herz	182
Was soll ich ängstlich klagen	320
Was soll ich doch, o Ephraim	127
Was soll ich Jesu bringen	183
Was traur' ich doch, Gott lebet noch	101
Was willst du armer Erdenkloß	91
Was willst du dich betrüben	91
Weg mein Herz mit dem Gedanken	127
Weg mit Allem, was da scheinet	206
Weh' mir, daß ich so oft und viel	91
Weicht ihr Berge, fallt ihr Hügel	294
Weil ich schon die gold'nen Wangen	188
Weil nichts Gemein'res ist, als Sterben	198
Welch' eine Sorg' und Furcht soll nicht	290
Welt ade, ich bin dein müde	125
Weine nicht, Gott lebet noch	275
Welt, gute Nacht, mein Weg	275
Weltlich Ehr' und zeitlich Gut	16
Welt packe dich, ich	139
Wem Weisheit fehlt, der bitte	313
Wend' ab deinen Zorn	45
Wenn dein herzliebster Sohn	91
Wenn dich Unglück hat betreten	36
Wenn dich Unglück thut greifen an	65a
Wenn einer alle Kraft	119
Wenn ich betracht' mein sündlich's	158
Wenn ich in Todesnöthen bin	64
Wenn ich in Angst und Nöthen	183
Wenn ich mich mit Gedanken	160

	Nr.
Wenn ich, o Schöpfer, deine Macht	311
Wenn kleine Himmelserben	280
Wenn mein Stündlein vorhanden ist	14
Wenn meine Sünd' mich kränken	111
Wenn sich Alles widrig stellet	136
Wenn Vernunft von Christi	212
Wenn wir in höchsten Nöthen	3
Wer Christum recht will	117
Wer das Kleinod will erlangen	281
Werde Licht, du Stadt der Heiden	117
Werde munter, liebe Seele	270a
Werde munter, mein Gemüthe	117
Wer Gott's Wort hat und bleibt dabei	8
Wer Gott vertraut, hat wohlgebaut	29. 51
Wer Jesum bei sich hat	133
Wer im Herzen will erfahren	225
Wer in dem Schutz des Höchsten	19
Wer in's Herze Gott will fassen	97
Wer ist es, der die Segel lenkt	96
Wer ist wohl wie du	227
Wer nur den lieben Gott läßt walten	144
Wer nur mit seinem Gott verreist	275
Wer recht den Pfingsten feiern will	249
Wer sich auf seine Schwachheit steu'rt	265
Wer sich im Geist beschneidet	225
Wer stub, die vor Gottes Throne	302
Wer überwindet, soll	248
Wer unter'm Schirm des Höchsten	127
Wer weiß, wie nahe mir mein Ende	153
Wer will die auserwählte Schaar	137
Wer wird, o Gott, der dir vertraut	117
Wer wohlauf ist und gesund	127
Wie der Hirsch in großen Dürsten	127
Wie fleugt dahin der Menschen	206
Wie Gott mich führt, so will ich	240
Wie groß ist des Allmächt'gen Güte	311
Wie grundlos sind die Tiefen	312
Wie herrlich ist's, ein Kind	298
Wie herrlich ist's, ein Schäflein	301
Wie ist so groß und schwer	127
Wie ist es möglich, höchstes	127
Wie lieblich sind dort oben	117
Wie mit wildem Unverstand	327
Wie nach einer Wasserquelle	82
Wie schön ist's doch, Herr Jesu Christ	127
Wie schön leuchtet der Morgenstern, voll	71
Wie schön leuchtet der Morgenstern, vom	89
Wie's Gott gefällt	32

	N.
Wie soll ich dich empfangen	127
Wie soll ich, mein Gott, dir danken	136
Wie so sehr mein Herz entstellet	175
Wie sicher lebt der Mensch	311
Wie wird doch so gering	225
Wie wird mir dann, o dann	317
Wie wohl hast du gelabet	117
Wie wohl ist mir, o Freund	268
Willst du recht wohl und christlich	136
Willst du von deinen Plagen	117
Wir Christenleut'	52
Wir danken dir, Gott für und für	91
Wir danken dir, Herr Jesu Christ, daß du das	48
Wir danken dir, Herr Jesu Christ, daß du für	68
Wir danken dir, Herr Jesu Christ, daß du gen	49
Wir danken dir, Herr Jesu Christ, daß du unser	48
Wir danken dir, Herr Jesu Christ, daß du vom	52
Wir danken dir, Herr, insgemein	81
Wir danken dir, o treuer Gott	45
Wir danken Gott für seine Gaben	77
Wirf ab von mir	231
Wirf, blöder Sinn	301
Wir glauben all' an einen Gott	1
Wir haben jetzt vernommen	91
Wir liegen hier zu deinen Füßen	275
Wir Menschen sind zu dem, o Gott	112
Wir singen all' mit Freuden	80
Wir singen dir, Immanuel	127
Wir warten dein, o Gottes Sohn	289
Wir wissen nicht, Herr Jesu Christ	91
Wo denk' ich armer Mensch	244
Wo find' ich Hilf'	191
Wo Gott, der Herr, nicht bei	9
Wo Gott zum Haus nicht giebt	34
Wohl dem, der fest im Glauben steht	225
Wohl dem, der Jacobs Gott	275
Wohl dem, der den Herren scheut	127
Wohl dem, der beß're Schätze	311
Wohl dem, der Jesum liebet	175
Wohl dem, der in Gottes Furcht	9
Wohl dem, der ohne Wandel	117
Wohl dem, der sich mit Fleiß	25
Wohl dem Menschen, der nicht	127
Wohl recht wichtig und recht	29
Wo ist der Liebste hingegangen	18
Wo ist der Schönste, den ich liebe	18
Wo ist meine Sonne blieben	23
Wo ist mein Schäflein	25

		Nr.
Wollt ihr den Herren finden		188
Wollt ihr wissen, was mein Preis		288
Wo mein Schatz liegt		212
Womit soll ich dich wohl loben		243
Woran fehlt's immer mehr		238
Wo soll ich fliehen hin		91
Wo soll ich hin, wer hilfet		206
Wo willst du hin		188
Wunderanfang, herrlich's Ende		169
Wunderbarer Gnadenthron		136
Wunderbarer König		206
Zerfließt mein Geist in		271
Zeuch ein zu meinen Thoren		127
Zeuch hin, mein Kind, denn		199
Zeuch meinen Geist, o Herr		212
Zeuch mich, zeuch mich		206
Zeuch uns nach dir, so kommen		152. 188
Zion, gieb dich nur zufrieden		130
Zion klagt mit Angst und Schmerzen		91
Zions Berg ist meine Freude		140
Zitternd, doch voll sanfter Freude		316
Zu dieser österlichen Zeit		59
Zu dir, o Fürst des Lebens		187
Zu Gott allein hab' ich's gestellt		49
Zuletzt geht's wohl dem, der		236
Zum Bilde Gottes ward		301
Zwei Ding', o Herr, bitt'		3
Zweierlei bitt' ich von dir		127
Zween Jünger geh'n mit Sehnen		276

Gottes süße Liebe.

Schaut die reine Liebe,
Die im Gnadentriebe
Sünder zu sich zieht.
Gott nennt reu'ge Sünder
Sel'ge Gotteskinder.
Jauchze, mein Gemüth!
Er, der Herr, hebt uns so sehr,
Daß wir sollen einst erwerben
Seines Sohnes Erben.

Wir sind Gottes Kinder,
Eilt und sagt's geschwinder:
Gott nimmt mich zum Kind.

332

Wie bin ich erhoben! —
Köstlich will ich loben,
Wo ich Brüder find'.
Wir sind gleich im Himmelreich
Unserm Bruder Jesus worden
In dem Himmelsorden.

Doch ich fühl' mit Schmerzen
Sünd' in meinem Herzen,
Todesbitterkeit;
Schuld hat mich bedecket,
Unflath mich beflecket:
Das ist's, was mich reut'.
Was ich seh', zeigt mir Weh!
Ach, ich darf es ja nicht wagen,
Mich zu Gott zu tragen.

Herr, sollt ich nun dulden
Strafe für die Schulden,
Müßt's wohl ewig sein. —
Herr, woll'st dich erbarmen,
Bitte, schenk' mir Armen
Alle Straf' und Pein.
Nimm die Schuld durch deine Huld,
Und tilg' alle meine Sünden,
Laß mich Gnade finden. — —

Herr, durch deine Gnade
Ist getilgt der Schade,
Du birgst mich in dich;
Machst mich rein von Sünden,
Und läßt mir verkünden
Frieden mildiglich. —
Ach, bewahr' nun vor Gefahr
Und vor allen fernern Sünden;
Laß in dich mich grünben.

Gott's Kind will ich bleiben!
Laß mich fest bekleiben
In dem Weinstock süß.
Unsers Heiland's Gnade
Will auf seinem Pfade
Halten mich gewiß.
Drum preise ich recht inniglich
Aus dem reinsten Dankestriebe
Gottes süße Liebe.

ACME
BOOKBINDING CO., INC.

JUN 21 1986

100 CAMBRIDGE STREET
CHARLESTOWN, MASS.